suhrkamp taschenbuch
wissenschaft 2229

AF126443

Mit den hier versammelten Texten zielt Ingeborg Maus auf ein Paradox der Demokratie: Einerseits setzen die Bürger großes Vertrauen in die Justiz, insbesondere das Verfassungsgericht, während das Parlament am unteren Ende der Vertrauensskala rangiert. Wenn aber Verfassungsnormen in unbestimmte »Werte« aufgelöst werden, die es erlauben, auch verfassungskonforme Gesetze auszuhebeln, erscheint das Gericht andererseits als Kontrahent der Volkssouveränität. Die Kritik dieser juristischen Praxis, die heute auch auf EU-Ebene zu beobachten ist, wird ergänzt durch einen Rückblick auf Methoden der NS-Justiz.

Ingeborg Maus
Justiz als gesellschaftliches Über-Ich

Zur Position der Rechtsprechung
in der Demokratie

Suhrkamp

2. Auflage 2024

Erste Auflage 2018
suhrkamp taschenbuch wissenschaft 2229
Originalausgabe
© Suhrkamp Verlag AG, Berlin, 2018
Alle Rechte vorbehalten. Wir behalten uns auch
eine Nutzung des Werks für Text und Data Mining
im Sinne von § 44b UrhG vor.
Umschlag nach Entwürfen
von Willy Fleckhaus und Rolf Staudt
Druck und Bindung: BoD, Norderstedt
Printed in Germany
ISBN 978-3-518-29829-9

www.suhrkamp.de

Zur Erinnerung an Duško

In despotischen Staaten gibt es keine Gesetze: der Richter ist sich selbst Gesetz.

Unter der republikanischen Regierungsform entspricht es dem Wesen der Verfassung, daß die Richter sich an den Buchstaben des Gesetzes halten.

Montesquieu

Inhalt

Einleitung

Als »Herzkammern« unserer Demokratie wurden die beiden Senate des Bundesverfassungsgerichts anläßlich des 60. Jahrestages des Beginns seiner Entscheidungen bezeichnet – nicht zuletzt, weil durch ihre Judikatur »scheinbar feste Verfassungstexte […] bei immer erneuter Aktualisierung neue Gehalte gewinnen« können.[1] Was hier formuliert wird, ist aus gleichem Anlaß als Entgrenzung des Gerichts kritisiert: »Alle seine Aussprüche erzeugen Verfassungsrecht und können den demokratischen Gesetzgeber binden« – genau dadurch »entsteht ein Legitimationsproblem« hinsichtlich demokratischer Partizipation.[2] Während das Grundgesetz in der Präambel sich auf die »verfassungsgebende […] Gewalt« des Volkes bezieht und in Artikel 38 die Gesetzgebung des Bundestags allein durch allgemeine Wahlen legitimiert, sich also auf Volkssouveränität beruft, muß das Bundesverfassungsgericht aufgrund seiner Praxis als Kontrahent der Volkssouveränität bezeichnet werden.

Angesichts der dennoch quasi religiösen Verehrung des Bundesverfassungsgerichts in der Bevölkerung, die bereitwillig das Prinzip der Volkssouveränität an das höchste Gericht delegiert, ist es angebracht, die Rechtsprechung des Bundesverfassungsgerichts mit psychischen Mechanismen dieses Vorgangs zu korrelieren. – Das Spannungsverhältnis zwischen Demokratie und Justiz trat nur in wenigen Phasen öffentlicher Proteste zutage. Vor allem in den 1970er Jahren, als die sozial-liberale Koalition eine Reihe von Reformgesetzen beschloss, wies das Bundesverfassungsgericht alle diese Gesetze entweder ganz oder teilweise zurück oder unterwarf (wie im Mitbestimmungsgesetz für große Unternehmen) die Entscheidung des Gesetzgebers dem Vorbehalt einer Korrektur für den Fall einer zukünftigen Auswirkung des Gesetzes, die die »Funktionsfähigkeit der Unternehmen« und der »Gesamtwirtschaft« beeinträchtigen könnte.[3] – Die harsche Kritik am Bundesverfassungsgericht

---

1 Michael Stolleis (Hg.), *Herzkammern der Republik. Die Deutschen und das Bundesverfassungsgericht*, München 2011, Vorwort, S. 2.
2 Christoph Möllers, *Das entgrenzte Gericht. Eine kritische Bilanz nach sechzig Jahren Bundesverfassungsgericht*, Berlin 2011, S. 283-408, hier: S. 284, 332.
3 BVerfGE 50, 290, 332.

ist auf dessen Rechtsprechung in den 1970er Jahren fokussiert. Spätere (weniger kritikbedürftige) Phasen sind nicht berücksichtigt (Beitrag I).

Die Untersuchungen zur Position der Justiz im politischen System beziehen sich nicht nur auf das Bundesverfassungsgericht im Kontext demokratischer Strukturen, sondern auch auf die Gerichtsbarkeit im Nationalsozialismus unter besonderer Berücksichtigung der juristischen Methodologie, deren ungebrochene Kontinuität nach 1945 analysiert wird (Beiträge III und IV).

Diese Kontinuität besteht auch auf europäischer Ebene. Hier wird nicht nur die demokratische Gesetzgebung eliminiert, sondern auch die Rechtsprechung aufgrund der Kompetenzkonflikte der Gerichte im Mehrebenensystem und der Unterschiede zwischen den jeweiligen Rechtsgrundlagen auf extrem »weiches« Recht umgepolt. Dieser Vorgang verbindet sich mit der Reduktion des Prinzips demokratischer Gewaltenteilung, das unter anderem von Locke und Kant entwickelt wurde, auf das Modell des noch feudalständisch imprägnierten Gewaltensystems Montesquieus (der andererseits eine strikte Gesetzesbindung der Justiz forderte). Ausgerechnet Montesquieus Modell der »Gewaltenteilung«, das gegenwärtig als das einzig mögliche verstanden wird, beabsichtigt keine Teilung der Gewalten, sondern eine Souveränitätsteilung – während die demokratischen Modelle eine Gewaltenteilung gerade durch die Unteilbarkeit der Volkssouveränität hinsichtlich der gesetzgebenden »Gewalt« und deren strikte Trennung von der Exekutive erreichen. Bei Montesquieu hingegen besteht eine Koexistenz von Legislative und Exekutive in der Gesetzgebung aufgrund des Vetorechts des Königs. Abgesehen von Montesquieus Forderung, eine separate legislative Kammer des Erbadels zum Schutz seiner Privilegien und als Zwischengewalt zu installieren, enthält seine Version die konstitutiven Prinzipien des heutigen hegemonialen Präsidialsystems. Wie man weiß, tritt hinsichtlich des Vetorechts gegen Gesetze der Präsident an die Stelle des Königs. Das parlamentarische System, das Volkssouveränität immerhin mittelbar organisiert, gerät seit längerem in die Defensive. Der früheste Angriff auf seine Prinzipien formierte sich in der Ratifizierungsdebatte um die US-amerikanische Verfassung, und bis zur Gegenwart bestehen in der US-amerikanischen Literatur Mißverständnisse hinsichtlich parlamentarischer Strukturen und des Volkssouveränitätsprinzips.

Was die richterliche Entscheidung im jeweiligen Gewaltenteilungssystem angeht, so stimmen die gegensätzlichen Protagonisten überein. Sowohl Montesquieu als auch die Kontraktualisten – Locke, Kant, Rousseau und sogar Hobbes – fordern eine strenge Gesetzesbindung der Justiz. Dagegen führen die seit Beginn des 20. Jahrhunderts vordringenden juristischen Methodenlehren zu einer Entformalisierung des Rechts und entlassen nicht nur die Gerichte aus jeder Bindung an die Gesetze, sondern zerstören auch das System der demokratischen Gewaltenteilung (Beitrag II).

Was die Entwicklung der juristischen Methodologie in der Bundesrepublik angeht, so ist der Methodenstreit zwischen verschiedenen Schulen ein auffälliges Phänomen. Es kann gezeigt werden, daß vor allem privatrechtliche Positionen einerseits und verfassungs- sowie strafrechtliche Positionen andererseits aufeinanderprallen, wobei jede Partei ihren spezifischen methodologischen Ansatz generalisiert. Die hierbei herrschende Dominanz zivilrechtlicher Methoden, die auf eine wachsende Beschleunigung gesellschaftlicher Veränderungen mit der Flexibilisierung des Rechts reagieren, würden in verfassungs- und strafrechtlichen Kontexten in letzter Konsequenz ein demokratisches politisches System in ein autoritäres verwandeln. Aus diesem Grund ist eine rechtsgebietsspezifische Methodologie dringend zu empfehlen (Beitrag V).

Einen Gegenpol zu den rechtsauflösenden Methodiken findet sich in der hochkomplexen Theorie Friedrich Müllers. Sie hat (als juristische Methodenlehre, Verfassungs- und Rechtstheorie) das Verdienst, die rechtsstaatlichen und demokratischen Defizite der herrschenden juristischen Methodologie gekennzeichnet zu haben, die seine eigene juristische Methodik vermeidet. Diese führt allerdings nicht zur klassischen rechtspositivistischen Interpretationslehre zurück, sondern besteht auf einer *nach*positivistischen Konzeption, die das Ausmaß an Rationalität verbürgt, das der Rechtspositivismus bereits erreicht hatte. Müllers Rationalitäts- und Rechtsstaatspostulat fordert von der Justiz Methodenklarheit im Sinne der tatsächlichen Berechenbarkeit von Rechtsentscheidungen und dient zugleich der Analyse jener faktischen Abläufe richterlicher Entscheidungsfindung, die der Rechtspositivismus unbeachtet ließ. Müllers »strukturierende« Methodik entwirft eine Rangordnung der Konkretisierungselemente für das richterliche Arbeiten, die ein erhebliches Maß an Rationalität und Kontrollierbarkeit gerichtlicher Entscheidungen verspricht. Sie wird allerdings von der Rechtsnormtheorie konterkariert: Diese hält die Unterscheidung von Normprogramm und Normbereich aus rechtsstaatlichen Gründen für unverzichtbar, unterstellt aber, daß im Wortlaut einer Norm deren Normprogramm so unvollkommen enthalten ist, daß es nur mittels der Normbereichsanalyse entschlüsselt werden kann. In dieser Hinsicht ist die entschieden rechtsstaatlich und demokratisch orientierte Methodik kaum imstande, dem Gesetzgeber ein Stück des an die Justiz verlorenen Terrains zurückzugewinnen (Beitrag VI).

Das Spannungsverhältnis zwischen Demokratie und Justiz ist auch hinsichtlich historischer Varianten des Rechtsstaats zu bestimmen. Der demokratische Rechtsstaat entstand im Kontext der Französischen Revolution. Er war ein *formaler* Rechtsstaat, der die totale Verrechtlichung der Staatsapparate forderte, während er den Bürgern rechtsfreie Räume jenseits präzise formulierter Gesetze garantierte. Unter den restriktiven Bedingungen des deutschen Konstitutionalismus war der Rechtsstaat nur auf eine Mäßigung der Staatsgewalt angelegt, aber die Ausweitung des Gesetzesbegriffs auf jeden beliebigen Gegenstand (wie Robert von Mohl forderte)[4] stärkte die Gesetzgebung gegen Verordnungen der Exekutive und versuchte, das gesamte Staatshandeln unter die Gesetze zu stellen. Auch diese Rechtsstaatsversion war eine *formale*. Durch die heutigen Methoden der Rechtsprechung des Bundesverfassungsgerichts wurde dagegen der Rechtsstaat *materialisiert*: Die zu einem Wertesystem substantialisierten Grundrechte werden gegen den Gesetzgeber ausgespielt, mit der Konsequenz, daß Staatsapparate im Durchgriff auf die »höheren« Normen sich aus der Bindung an »einfache« Gesetze befreien und zur Selbstprogrammierung übergehen. So erweist sich in jeder Hinsicht der formale Rechtsstaat als Bedingung der Möglichkeit von Demokratie (Beitrag VII).

Die verbreitete Abneigung gegen den Rechtspositivismus argwöhnt, daß er beliebige Rechtsinhalte und die quantitative Zunahme von Recht zu verantworten hat. Die gegenläufige Position vertritt eine Remoralisierung des Rechts, in der Hoffnung, durch die Einführung moralischer Prinzipien in das Recht die Beliebigkeit

---

4 Robert von Mohl, *Das Staatsrecht des Königreiches Württemberg,* Bd. I, Tübingen ²1840, S. 67.

und Quantität von Rechtsetzung zu begrenzen. – Was die letztere Position betrifft, so kann gezeigt werden, daß das Gegenteil der Fall ist. Das positiv gesetzte Recht garantierte ursprünglich einen Rechtsformalismus, der rechtsfreie Räume zuläßt: Was nicht durch einen gesetzlichen Tatbestand im jeweils geltenden Recht erfaßt ist, unterliegt gar keiner rechtlichen Regelung und ist dem staatlichen Zugriff entzogen. Dagegen hat die Einbeziehung moralischer Prinzipien in das Recht zur Folge, daß die rechtsfreien Räume verschwinden: Die im Vergleich zu Rechtsnormen erheblich größere Unbestimmtheit moralischer Prinzipien läßt es zu, daß fast jeder Sachverhalt als ein rechtlich relevanter identifiziert und zum Gegenstand gerichtsförmiger Entscheidung gemacht werden kann. Insofern führt die Remoralisierung des Rechts zur Ausdehnung des Aktionsradius der Staatsapparate (Beitrag VIII).

An dieser Stelle sind mehrere Danksagungen angebracht. – Interdisziplinäres Arbeiten steht in der Wissenschaft hoch im Kurs. Die Vermittlung zwischen Rechts- und Politikwissenschaft kann jedoch zu einem existenzgefährdenden Spagat führen, aus dem Jürgen Habermas mich durch die Aufnahme in seine »Arbeitsgruppe Rechtstheorie« rettete. Wie immer gilt ihm mein ganz großer Dank. Ich danke auch sehr meinem ersten akademischen Lehrer, Carlo Schmid, der mich für die Wissenschaft entdeckte und mir einen ersten Eindruck davon vermittelte, daß normative Politikwissenschaft ohne rechtswissenschaftliche Kenntnisse unzulänglich ist. Auch dem Nachfolger auf seinem Lehrstuhl, Christian Graf von Krockow, danke ich sehr für die herrschaftsfreie Zusammenarbeit und für seine Beteiligung an meinem Promotionsverfahren. Erhard Denninger danke ich insbesondere für seine Bereitschaft, aus rechtswissenschaftlicher Perspektive das externe Gutachten zu meiner Habilitation zu verfassen, ohne das dieses Projekt möglicherweise gescheitert wäre. Helmut Ridder habe ich mehrfach zu danken: Daß das Manuskript meiner Dissertation (über Carl Schmitt) nach mehrjährigen vergeblichen Versuchen doch noch von einem Verlag angenommen wurde, ist ausschließlich seinem fulminanten Gutachten zu verdanken. Es war auch seine Empfehlung, die Erkenntnisse dieses Buchs auf die herrschende juristische Methodenlehre und die Arbeitsweise des Bundesverfassungsgerichts anzuwenden. Die entsprechenden Erträge finden sich in dem vorliegenden Band versammelt. Beitrag VIII entstand während der Zusammenarbeit mit Jürgen Habermas in der »Arbeitsgruppe Rechtstheorie«.

I. Justiz als gesellschaftliches Über-Ich.
Zur Funktion von Rechtsprechung in der »vaterlosen Gesellschaft«

Vor über 50 Jahren diagnostizierte Herbert Marcuse das »Veralten der Psychoanalyse«, genauer: das Veralten ihres Gegenstandes.[1] In der Familie wie in der Gesellschaft tritt die Bedeutung der Vaterfigur für die Konstitution des Ich und der »Massen« zurück. Nicht mehr bildet sich ein individuelles Gewissen in der Auseinandersetzung mit dem beherrschenden Vater, sondern unvermittelte gesellschaftliche Direktiven treten an seine Stelle. Die Gesellschaft wird immer weniger durch persönliche Herrschaft integriert, auf deren Träger noch ein klassisch gebildetes Über-Ich übertragen werden könnte. Beide Entwicklungen führen zu Verhältnissen, in denen Macht in dem Maße nicht mehr anschaulich und greifbar ist, wie gleichzeitig in der individuellen Sozialisation die Fähigkeit zur selbständigen Überprüfung gesellschaftlicher Gebote immer weniger ausgebildet wird. Dadurch befördert paradoxerweise die »vaterlose Gesellschaft«[2] den Infantilismus der Subjekte, denen auch noch das Bewußtsein ihrer Abhängigkeitsverhältnisse schwindet. Um so leichter können Individuen und Kollektive unmittelbar durch die Sachgesetzlichkeiten und Funktionsmechanismen der fortgeschrittenen Industriegesellschaft dirigiert und in Verwaltungsobjekte verwandelt werden.

Zu dieser Analyse Marcuses scheint auf den ersten Blick der Aufstieg der »Dritten Gewalt« seit dem 20. Jahrhundert im Gegensatz zu stehen, an der alle Züge der klassischen Vater-Imago erkennbar sind. Dabei handelt es sich nicht einfach um die objektive Funktionserweiterung der Justiz aufgrund der Ausdehnung ihrer Interpretationsmacht durch steigende Prozeßfreudigkeit und vor allem die Durchsetzung der verfassungsgerichtlichen Kontrolle

---

1 Herbert Marcuse, »Das Veralten der Psychoanalyse«, in: ders., *Kultur und Gesellschaft 2*, Frankfurt/M. 1965, S. 85 ff. Diese Analyse stützt sich bereits auf die Arbeiten in Max Horkheimer (Hg.), *Autorität und Familie*, Paris 1936. Entsprechend: Alexander Mitscherlich, *Auf dem Weg zur vaterlosen Gesellschaft*, München 1973, besonders S. 307 ff.
2 Marcuse, »Das Veralten der Psychoanalyse«, S. 96.

der Gesetzgebung besonders nach dem Zweiten Weltkrieg.[3] Diese Entwicklung ist auch von einem Justizverständnis der Bevölkerung begleitet, das Züge einer religiösen Verehrung annimmt. Nur in wenigen Ländern können angesichts dieses Phänomens noch »linke« und »rechte« Positionen der Justizdiskussion identifiziert werden. Dazu gehört Finnland, wo der politische Willensbildungsprozeß (ebenso wie zum Beispiel in Großbritannien) bis heute ohne jede verfassungsgerichtliche Normenkontrolle auskommt. Hier forderten die Konservativen die Einführung einer solchen Funktion, während die Linke alle argumentativen Anstrengungen versammelte, eine solche Entwicklung zu verhindern. Die Bundesrepublik gehört bekanntlich nicht zu diesen seltenen Ländern. Jede Kritik der real existierenden Verfassungsgerichtsbarkeit zieht hierzulande den Verdacht auf sich, außerhalb von Demokratie und Rechtsstaat zu stehen – ein Verdacht, der sich auch innerhalb der »Linken« findet. Auch alle übrigen Justizfunktionen finden in der Bundesrepublik eine grundsätzliche Zustimmung, die weniger den Charakter einer nüchternen Einschätzung prinzipieller Freiheitssicherung durch eine weisungsunabhängige Justiz hat, sondern auf jene libidinösen Besetzungen verweist, die Marcuse zufolge zu entpersönlichten Funktionsträgern technokratischer Herrschaft nicht mehr bestehen.[4]

Die ausgeprägteste Wiederkehr der Vater-Imago scheint sich in der US-amerikanischen Bewertung der Verfassungsgerichtsbarkeit abzuzeichnen. In den USA, die mit der Durchsetzung einer verfassungsgerichtlichen Gesetzesprüfung bereits zu Beginn des 19. Jahrhunderts eine Sonderentwicklung begründeten, indiziert die neuere Ausbildung einer ganzen Literaturgattung von Richterbiographien diese Wiederkehr. Aus der Retrospektive des 20. Jahrhunderts strukturiert sich die Rechtsprechung des Supreme Court nach der Abfolge großer Richterpersönlichkeiten, die Verfassungsgeschich-

---

3 Dazu unten.

4 Marcuse, »Das Veralten der Psychoanalyse«, S. 97 ff. – Dieses Vertrauenssurplus, das der Justiz, insbesondere dem Bundesverfassungsgericht, in Deutschland entgegengebracht wird, ist in Umfragen quantitativ erfaßt. Trotz prozentualer Schwankungen erreicht das Bundesverfassungsgericht stets Spitzenwerte, gefolgt von Polizei und Bundeswehr, während das abgeschlagene Parlament nur etwas höher bewertet wird als die in ihm vertretenen Parteien. S. *Wikipedia*, Stichwort »Institutionenvertrauen«, ⟨https://de.wikipedia.org/wiki/Institutionenvertrauen⟩, letzter Zugriff 19. 10. 2017.

te machten.[5] Die obersten Richter erscheinen als »Prophets«, als »Olympians of the Law«.[6] In den Darstellungen kommt mehr zum Ausdruck als der auch auf anderen Gebieten vordringende Trend zum Biographismus, der nur eine ohnmächtige Reaktion auf die Fungibilität der Persönlichkeit in einer von objektiven Mechanismen beherrschten Gesellschaft darstellt. Das Charakteristische dieser Richterbiographien scheint vielmehr in einer Vorstellung zu liegen, die wie eine justizstaatliche Reprise mittelalterlicher »Fürstenspiegel« anmutet, daß nämlich in der spezifischen Ausbildung der Richterpersönlichkeit eine Voraussetzung für vernünftige und gerechte Entscheidungen gegeben sei.

In der Rechtstheorie der Weimarer Zeit finden sich in den zahlreichen Begründungen eines richterlichen Prüfungsrechts gegenüber dem gerade demokratisierten Gesetzgeber genaue Pendants. Erich Kaufmann spricht für die damals konservative Fraktion dieser Diskussion insgesamt, wenn er befindet, daß »mit dem Wegfall der Monarchie unzweifelhaft ein wichtiges Einheitssymbol für das deutsche Volk verlorengegangen« sei, und als »Ersatz« die Grundrechte der neuen Verfassung – und deren richterliche Interpreten anbietet.[7] Der Aufstieg des »königlichen Richters«[8] wird über folgende Argumentationsschritte erreicht: Für das Verständnis der Grundrechte sei das rationalistische Naturrecht der Aufklärung überholt. Insbesondere der grundrechtliche Gleichheitssatz verweise auf einen Begriff von »Gerechtigkeit«, der »nicht bloß [...] eine Methode für Diskussionen, [...] sondern [...] eine materiale Ordnung« impliziere.[9] Bis hierhin ist deutlich, daß ein diskutierendes Parlament – geschweige denn eine diskutierende Öffentlichkeit – auf keinen Fall als »Ersatz« für die kaiserliche Vaterfigur wird dienen können. Die vom Gleichheitssatz geforderte Gerechtigkeit ist vielmehr, Kaufmann zufolge, eine der Ethik wie dem »Rechts-

---

5 So zum Beispiel Leon Friedman und Fred L. Israel (Hg.), *The Justices of the United States Supreme Court. Their Lives and Major Opinions*, New York, London 1969.

6 Diese Begriffe finden sich in Titel und Widmung von Alan Barth, *Prophets with Honor. Great Dissents and Great Dissenters in the Supreme Court*, New York 1974. Die Widmung bezieht sich auf Hugo L. Black und Felix Frankfurter.

7 Erich Kaufmann, »Die Gleichheit vor dem Gesetz im Sinne des Art. 109 der Reichsverfassung«, in: *VVDStRL* 3 (1927), S. 2-24, hier: S. 8 – hier im Anschluß an Formulierungen Friedrich Naumanns.

8 Zu diesem Topos insbesondere der Freirechtstheorie s. unten.

9 Kaufmann, »Gleichheit vor dem Gesetz«, S. 11, 13 f.

gewissen« gleichermaßen vorgegebene höhere Ordnung, die sich in dem »reinen Gefäß« des gerechten Richters offenbart. Die durch »sittliche Erziehung« bewirkte »hervorragende Juristenpersönlichkeit« ist Indiz sogar für die reale Existenz einer gerechten Wertordnung, kurz: »Eine gerechte Entscheidung kann nur eine gerechte Persönlichkeit fällen.«[10] In diesem Fluchtweg aus der Komplexität einer Gesellschaft, in der objektive Werte gerade in Frage stehen, ist unschwer das klassische Muster der Über-Ich-Delegation zu erkennen. Die Entlastung von Diskussion und Prozedere in gesellschaftlichen und politischen Konsensbildungsprozessen, in denen überhaupt erst über soziale Normen und Wertvorstellungen befunden werden könnte, wird durch die Zentralisierung des gesellschaftlichen »Gewissens« in der Justiz erreicht.

Daß in den modernen Theorien richterlicher Entscheidungsfindung Rechtsprechung und Moralverwaltung einander angenähert werden, bestätigt sich auch in sehr viel anspruchsvolleren Konzepten aktueller Theoriebildung. Ronald Dworkin bringt die ganz und gar herrschende Meinung zum Ausdruck, daß Recht und Moral in der Rechtsprechung nicht getrennt werden können. Ihm zufolge sind moralische Gesichtspunkte und Prinzipien auch dann, wenn sie in Gesetzestexten keinen Anhaltspunkt finden, dem Rechtsbegriff unmittelbar immanent und haben die richterliche Entscheidungsarbeit von Anfang an zu steuern.[11] Daß eine solche Theorie wider ihre bessere Absicht geeignet ist, einen richterlichen Dezisionismus moralisch zu verschleiern, liegt generell an der sehr viel größeren Unbestimmtheit moralischer Gesichtspunkte im Gegensatz zu Rechtsnormen, aber auch an dem ungeklärten Verhältnis, in dem die Verbindung von Moral und Recht die empirischen Moralüberzeugungen einer Gesellschaft und die persönliche Moral des Richters zueinander stehen sollen. Unter der ausdrücklichen Voraussetzung, daß keiner anderen gesellschaftlichen Gruppe als der der Richter bessere Fähigkeiten der moralischen Argumentation zuzutrauen sind, glaubt Dworkin das angegebene Dilemma so lösen zu können, daß er des Richters *eigenes* Verständnis dessen, was der objektive Gehalt gesellschaftlicher Moral (»community morality«) sei, zum ausschlaggebenden

10 Ebd., S. 12, 22.
11 Ronald Dworkin, *Law's Empire*, Cambridge, Mass. 1986, S. 3 ff.; ders., *Taking Rights Seriously*, Cambridge/Mass. 1978, S. 7, 81 ff.

Faktor der Rechtsauslegung macht.[12] Damit aber wird die »Moral«, die die Interpretation des Richters leiten soll, zum Produkt seiner Interpretation. Die Einbeziehung der Moral in das Recht immunisiert auf diese Weise die Rechtsprechung gegen jede Kritik. Sie hat immer einen durch ihre eigenen moralischen Erwägungen erweiterten Rechtsbegriff auf ihrer Seite.[13] Wenn so die Justiz selbst zur obersten moralischen Instanz der Gesellschaft aufsteigt, wird sie aus den Kontrollmechanismen herausgenommen, denen – nach demokratischen Prinzipien – alle Staatsapparate unterstehen sollten. In der Dominanz einer Justiz, die ein moralisch angereichertes »höheres« Recht gegenüber den lediglich mit »einfachem Recht« befaßten übrigen Staatsgewalten – und der Gesellschaft – geltend macht, ist die Regression zu vordemokratischen gesellschaftlichen Integrationsmustern offenkundig.

In der Nachzeichnung dieser Entwicklung und ihrer Gründe, wobei strukturelle gesellschaftliche Bedingungen ebenso zu betrachten sind wie deren Entsprechung in psychischen Mechanismen, wird allerdings zu untersuchen sein, ob es sich nur um eine einfache Regression handelt oder ob nicht in diesem Vorgang gegenläufig eine Anpassung an die Bedingungen des modernen anonymisierten Verwaltungsstaates vorliegt, der alle Vaterfiguren zur Abdankung gezwungen hat. Es könnte sein, daß auf dem inneren Forum jener Instanz, die sich selbst als moralische versteht und die so widerspruchslos als gesamtgesellschaftliches Gewissen anerkannt wird, die Prinzipien eben des Verwaltungsstaats auftreten, so daß die Vater-Imago zugleich als Bezugspunkt klassischer Über-Ich-Delegation und als Repräsentanz neuer entpersönlichter Integrationsmechanismen fungiert. Die Frage lautet also auch: Ist die Justiz in ihrer gegenwärtigen Funktionsweise nicht nur ein Ersatz-Kaiser, sondern auch ein Kaiser-Ersatz?

I.

Der starke Begriff der Regression, mit dem hier die justizstaatliche Entwicklung des 20. Jahrhunderts im Verhältnis zu den Autono-

12 Dworkin, *Taking Rights Seriously*, S. 128 ff.
13 Dazu und zur Moralisierung der Rechtsprechung überhaupt s. Beitrag VIII in diesem Band.

mie-Idealen in den Verfassungskonzeptionen des 18. Jahrhunderts belegt wird, bedarf zunächst einer Erläuterung aus der historischen Konfrontation. Der Verfassungskonstrukteur der Französischen Revolution, Emmanuel Sieyès, hatte in der frühen Phase seiner Theorie bürgerlich-liberale Forderungen in radikaler Weise zum Ausdruck gebracht, indem er die »Herrschaft des Gesetzes« an die Stelle der zu stürzenden absolutistischen Vatergottheit setzte. Ganz ausdrücklich argumentiert Sieyès im Jahr 1788, das Volk scheine nach »langer Geistessklaverei« nicht zu wissen, daß die Freiheitsrechte

vor allem anderen da waren, [...] daß sie allein die *väterlich* schützende Staatsgewalt *geschaffen* haben; daß diese ihnen ihr Eigentum nicht etwa bewilligen, sondern es schützen soll; und schließlich daß jeder Bürger ein unantastbares Recht habe nicht auf das, was das Gesetz erlaubt, denn das Gesetz hat nichts zu erlauben, sondern auf alles, was es nicht verbietet. [...] Alles, was das Gesetz nicht verbietet, liegt im Bereich der bürgerlichen Freiheit [...].[14]

Zwischen diesen scheinbar additiven Formulierungen besteht ein enger Zusammenhang. Er hat seine Grundlage in Sieyès' zentraler Prämisse, daß als »Gesetz« nur gilt, was das Volk über sich selbst beschlossen hat – eine Forderung, die in Sieyès' sehr repräsentativer Theorie zum Gesetzesbeschluß durch die vom Volk gewählten Repräsentanten abgeschwächt wird. Jedenfalls wird die schützende Autorität, die auch Sieyès noch anvisiert, dadurch ihrer klassisch-paternalistischen Züge entkleidet, daß sie überhaupt mit dem »Schutz des Gesetzes« zusammenfällt: sie wird zum »Beauftragten« der gesetzgebenden Souveränität des Volkes.[15] Die »väterlich schützende Staatsgewalt«, von der Sieyès spricht, ist also nicht mehr mit Priorität ausgestattet, so daß die Rechte und Freiheiten der »Untertanen« von ihr lediglich dekretiert wären. Vielmehr wird diese Staatsgewalt umgekehrt aus den vorgängigen Freiheitsrechten der

14 Das Zitat ist der ersten Fassung der Schrift entnommen: Emmanuel Sieyès, *Abhandlung über die Privilegien*, hg. v. Rolf H. Foerster, Frankfurt/M. 1968, S. 23-53, hier: S. 24 f. (Hervorhebung I. M.) Vgl. Eberhard Schmidt, Rolf Reichardt (Hg.), *Emmanuel Joseph Sieyès, Politische Schriften 1788-1790*, München, Wien ²1981, S. 91-116, hier: S. 94.

15 Sieyès, *Abhandlung über die Privilegien*, S. 41 – vgl. Schmitt/Reichardt (Hg.), *Emmanuel Joseph Sièyes 1988-1990*, S. 106.

Bürger überhaupt erst abgeleitet und durch diese begrenzt. Die Beziehung zwischen Staatsgewalt und Bürgern wird damit in genauem Gegensatz zu der noch auf lange Zeit vaterbeherrschten Familie konstruiert.[16] Die demokratische Staatskonzeption stellt die »natürlichen« Verhältnisse auf den Kopf: In ihr sind die »Kinder« das Erste, der »Vater« ist aus ihnen abgeleitet.

Dieser Umbau hat entscheidende Konsequenzen auch für das Verhältnis von Gesetzgebung und Justiz. Wenn Sieyès formuliert, das Gesetz habe »nichts zu erlauben«, der Bereich bürgerlicher Freiheit erstreckte sich vielmehr auf alles, »was es nicht verbietet«, so ist hier fürs erste noch einmal die grundsätzliche und vorgängige Freiheitsvermutung zugunsten der Bürger ausgesprochen, der gegenüber jede staatliche Aktion als nachträglicher Eingriff und darum in der negativen Form des Verbots erscheint. Der ursprüngliche bürgerliche Freiheitsraum bleibt dabei um so größer, je weniger »verboten« wird. Von gesetzlichen Verboten muß darum das Äußerste an Präzision gefordert werden, weil jede Vieldeutigkeit den Aktionsspielraum der Staatsapparate bei der Anwendung der Gesetze erhöht. Entsprechend muß die Interpretationsmacht der Gerichte gegenüber den Gesetzen möglichst beschränkt werden. Schon Montesquieu hatte befürchtet, man würde sonst »in der Gesellschaft leben, ohne genau die Verbindlichkeiten zu kennen, die man in ihr eingeht«.[17] So wurde in der Französischen Revolution der (unpraktikable) référé législatif eingeführt: Die Richter sollten bei auftretenden Unklarheiten des Gesetzes die authentische Interpretation der Legislative einholen. Wie illusionär auch immer angesichts der faktischen Rechtspraxis bis zu Beginn des 20. Jahrhunderts der Anspruch strikter Gesetzesbindung der Justiz erschien, so kam in diesem Modell doch eine emphatische Freiheitsidee zum Ausdruck, die bereits Montesquieu formulierte:

In despotischen Staaten gibt es keine Gesetze: der Richter ist sich selbst Gesetz. [...] Unter der republikanischen Regierungsform entspricht es dem Wesen der Verfassung, daß die Richter sich an den Buchstaben des Gesetzes halten.[18]

16 Das macht auch den Kern zum Beispiel von Lockes Auseinandersetzung mit Filmers *Patriarchia* aus.

17 Charles-Louis de Montesquieu, *Vom Geist der Gesetze*, Bd. 1, Ernst Forsthoff (Hg.), Tübingen 1951, S. 217.

18 Montesquieu, *Vom Geist der Gesetze*, S. 109.

Diese Freiheitsidee kann weder ausschließlich auf ökonomische Interessen reduziert noch als bloß »negativ« verstanden werden. Bereits Franz Neumann hat gezeigt, daß die frühbürgerliche Forderung strikter Gesetzesbindung der Staatsapparate zwar aus dem Bedürfnis einer liberalen Konkurrenzgesellschaft nach Berechenbarkeit der staatlichen Eingriffe, die neben der Sicherheit des Eigentums auch die Kalkulierbarkeit ökonomischer Investitionen und Marktbeziehungen garantieren, hervorgeht, daß sie aber ein starkes überschießendes Moment klassenunspezifischer Freiheitssicherung enthält.[19] Nur negativ ist diese Freiheitsidee deshalb nicht, weil sie – abgesehen von ihrer defizitären Variante im deutschen Konstitutionalismus – nicht bloß Freiheitssphären gegen staatliche Zugriffe ausgrenzt, sondern zugleich die inhaltliche Bestimmung der Bürger über diese Zugriffe enthält. Daß Herrschaft des Gesetzes mit der Souveränität des (durch Wahlrechtsbeschränkungen noch sehr begrenzten) Volkes identifiziert wurde, verwandelte der Idee nach Herrschaft in Selbstgesetzgebung. Die strikte Gesetzesbindung der (exekutivischen und) judikativischen Staatsapparate, die durch den Vorrang der gesetzgebenden Gewalt in der klassischen Gewaltenteilungslehre betont wird,[20] hatte den ausschließlichen Sinn, diese Apparate dem Willen des gesetzgebenden Volkes zu unterwerfen.

Damit ist ein Begriff gesellschaftlicher Autonomie entwickelt, der in der Moralkonzeption der Aufklärung seine individuelle Entsprechung findet. Auch hier stellt deren spezifische Fassung der Über-Ich-Funktion die Ergebnisse des »naturwüchsigen« Sozialisationsprozesses auf den Kopf. Freud beschreibt den letzteren folgendermaßen:

So wird das Über-Ich des Kindes [...] nach dem Vorbild [...] des elterlichen Über-Ichs aufgebaut; es wird zum *Träger der Tradition*, all der zeitbe-

---

19 Franz Neumann, »Der Funktionswandel des Gesetzes im Recht der bürgerlichen Gesellschaft«, in: ders., *Demokratischer und autoritärer Staat*, Frankfurt/M. 1967, S. 31-81, 48, 50 u. ö.

20 So zum Beispiel John Locke, *Zwei Abhandlungen über die Regierung*, in: Walter Euchner (Hg.), Frankfurt/M., Wien 1967, oder Immanuel Kant, *Die Metaphysik der Sitten/Rechtslehre*, in: Wilhelm Weischedel (Hg.), *Kant-Werkausgabe*, Bd. VIII, Frankfurt/M. 1974ff., S. 431. – Dazu Neumann, »Der Funktionswandel des Gesetzes im Recht der bürgerlichen Gesellschaft«, S. 46.

ständigen Wertungen, die sich auf diesem Wege über Generationen fortgepflanzt haben.[21]

In genauem Gegensatz überläßt Kant die Faktizität solcher gesellschaftlichen Moralbilder der »empirischen Anthropologie« und entwickelt in seiner Moralphilosophie mit dem Prinzip des kategorischen Imperativs ein Prüfungsverfahren der Universalisierbarkeit von Maximen des Handelns, das von jedem Individuum autonom gehandhabt werden soll. Die Einsetzung einer moralischen Instanz in diesem Sinne will die Traditionslinie empirischen Moralerwerbs gerade durchbrechen, indem sie die gesellschaftlich etablierten Verhaltenserwartungen, Moralnormen und ethischen Muster nicht etwa für verbindlich erklärt und zur Nachahmung empfiehlt, sondern diese selbst als »Maximen« dem Prüfungsverfahren des kategorischen Imperativs unterzieht.[22] Das autonome Subjekt der Aufklärungsphilosophie soll aus dem Infantilismus des Gewissenserwerbs in gleicher Weise befreit werden wie aus der Vaterorientierung im politischen Entscheidungsprozeß. Es verhält sich der Idee nach gegenüber den Geboten konventioneller Moral in gleicher Weise als selbständige Instanz der »Gesetzprüfung«,[23] wie es in den politischen Rechtsetzungsprozessen zur Selbstgesetzgebung aufgerufen ist.

Beide Emanzipationskonzepte werden durch den Aufstieg der Justiz zur öffentlichen Moralverwaltung ganz grundsätzlich in Frage gestellt. Die erwähnte Einführung moralischer Gesichtspunkte und »Werte« in die Rechtsprechung rüstet diese nicht nur mit höherer Legitimation aus und entzieht ihre Entscheidungen jeder Kritik, sondern sie führt auch zu einer Freisetzung der Justiz aus den gesetzlichen Bindungen, die einst die Kontrolle ihrer Übereinstimmung mit dem Volkswillen garantieren sollten. Jede Beru-

---

21 Sigmund Freud, »Die Zerlegung der psychischen Persönlichkeit«, in: Alexander Mitscherlich u. a. (Hg.), Studienausgabe Bd. 1, Frankfurt/M. 1969, S. 496-516, hier: S. 505.

22 Dazu mit entsprechenden Nachweisen: Ingeborg Maus, »Zur Theorie der Institutionalisierung bei Kant«, in: dies., *Zur Aufklärung der Demokratietheorie. Rechts- und demokratietheoretische Überlegungen im Anschluß an Kant*, Frankfurt/M. ²1994, S. 261-271.

23 Zur Funktion der »gesetzprüfenden Vernunft« bei Kant und Hegel s. Jürgen Habermas, »Moralität und Sittlichkeit. Treffen Hegels Einwände gegen Kant auch auf die Diskursethik zu?«, in: Wolfgang Kuhlmann (Hg.), *Moralität und Sittlichkeit*, Frankfurt/M. 1986, S. 16-37.

fung auf ein dem geschriebenen Recht vorausliegendes »höheres« Prinzip führt – wenn die staatliche Justiz sich ihrer bedient – dazu, die einzelnen gesetzlichen Bestimmungen auszuhebeln und im jeweils vorliegenden Fall nach nicht erwartbaren Gesichtspunkten zu entscheiden. Der Bereich gesetzlicher »Verbote« kann so – durch moralische Gesichtspunkte angereichert – beliebig in die außerrechtlichen Freiheitssphären hinein ausgedehnt werden. Der Bürger erfährt erst anläßlich eines Gerichtsverfahrens im nachhinein, was ihm »verboten« war, und lernt für die Zukunft, aus Gerichtsentscheidungen das »Erlaubte« (höchst unsicher) abzulesen. Die vorgängigen Freiheitsräume der Individuen verwandeln sich so in ein von Fall zu Fall hergestelltes Produkt richterlicher Entscheidungstätigkeit.

Diese Umpolung der Rechtserwartungen wird nicht allein durch Usurpationen der Gerichte, sondern neuerdings auch durch die Gesetzesstruktur selbst vorangetrieben. Typischerweise vermehren sich im modernen Recht moralhaltige Begriffe wie »böswillig«, »gewissenlos« oder »verwerflich«,[24] die zu Einfallstoren willkürlicher oder höchst traditionalistischer Moralvorstellungen der Richter werden können. Die von außen an die Justiz herangetragene Erwartung, daß sie als moralische Instanz fungiere, äußert sich nicht nur in den Zumutungen gesetzlicher Klauseln, sondern besteht ebenso im herrschenden Justizvertrauen der Bevölkerung. Auch wer zum Beispiel, einem antiautoritären Verständnis von Erziehung folgend, voreilige paternalistische Schlichtungen von Konflikten im Kinderzimmer möglichst vermeidet, favorisiert mit großer Selbstverständlichkeit ebendiese autoritäre Entscheidungsstruktur, wenn es um die Austragung gesellschaftlicher Konflikte geht. Die Justiz erscheint dabei als eine Institution, die den in konkrete Situationen und Interessen verstrickten streitenden Parteien aus der Perspektive des höheren neutralen Dritten zu einer objektiven, unparteilichen und darum »gerechten« Entscheidung verhilft. Der Infantilismus der Justizgläubigkeit kommt da am deutlichsten zum Ausdruck, wo die Erwartungen an das Bundesverfassungsgericht an die Stelle eigener staatsbürgerlicher Aktivität treten. Forderungen nach sozialer Gerechtigkeit und Umweltschutz kommen oft weniger im eigenen Wahlverhalten geschweige denn in der Beteiligung an nichtinsti-

24 Dazu im einzelnen Wolfgang Naucke, *Über Generalklauseln und Rechtsanwendung im Strafrecht*, Tübingen 1973.

tutionalisierten gesellschaftlichen Willensbildungsprozessen zum Ausdruck, sondern in der Hoffnung auf Zuteilung dieser Güter durch das höchste Gericht.

An der steigenden Prozeßfreudigkeit haben selbst basisdemokratische Bewegungen, die ihrem Selbstverständnis nach moralische Gesichtspunkte nicht an Staatsapparate abtreten, sondern autonom entwickeln und gegen diese geltend machen, ihren Anteil. Auch wenn außer Zweifel steht, daß verwaltungsgerichtliche Verfahren die Chance enthalten, exekutivischen Übermut zu begrenzen, so wird doch mit der quantitativen Ausweitung justizförmiger Konfliktschlichtung leicht verkannt, in welcher Weise sie höchst eigenständigen Interessen des Justizapparats entgegenkommt, die immer mit im Spiele sind. Der harte unverstellte Blick auf gesellschaftliche Funktionszusammenhänge, den technokratische Theorien wie die Luhmanns oft entwickeln, erfaßt dieses Problem:

Im Zuteilen von Recht und Unrecht liegt immer auch ein Moment der Reproduktion des Rechtssystems, eine Art »Mehrwert«, der – darf man sagen: unter Ausbeutung der Streitsucht der Leute? – für das System abgeschöpft wird.[25]

In den gesellschaftlichen Erwartungen an eine expansionsbereite Justiz schließt sich der Kreislauf kollektiver Über-Ich-Delegation.

Der Aufstieg des Bundesverfassungsgerichts zum unbeschränkten Zensor des Gesetzgebers verläuft über den von Luhmann bezeichneten Mechanismus. Von der jeweiligen Opposition grenzenlos in Anspruch genommen und vor allem mit Verfassungsbeschwerden überhäuft, betreibt das Gericht seine eigene Reproduktion und erwirtschaftet dabei eine Machtfülle, der seine bereits großen verfassungsmäßigen Kompetenzen bei weitem übersteigt. Gerade auch in den Anfängen seiner Rechtsprechung ist das Bundesverfassungsgericht anläßlich der ihm vorgelegten Konflikte vordringlich mit sich selbst befaßt. Vergleichsweise geringfügige Streitfragen wie zum Beispiel die einmalige Synchronisierung von Legislaturperioden bei der Bildung des »Süd-West-Staates« nimmt das Gericht zum Anlaß, die eigenen Kompetenzen und Methoden der Verfassungsinterpretation in einer Weise zu erörtern, die jeder

25 Niklas Luhmann, »Die Einheit des Rechtssystems«, in: *Rechtstheorie* 14 (1983), S. 129-154, hier: S. 146. – Luhmann spricht von »Rechtssystem« im weitesten Sinne; der Kontext verdeutlicht jedoch, daß hier speziell die Justiz gemeint ist.

verfassungsrechtlichen Begrenzung spottet. Das Gericht behauptet allen Ernstes, daß seine Prüfungsmaßstäbe der Verfassungsmäßigkeit von Gesetzen nicht der geltenden Verfassung entnommen sein müssen, sondern deren Horizont überschreiten können:

Das Bundesverfassungsgericht erkennt die Existenz überpositiven, auch den Verfassungsgesetzgeber bindenden Rechts an und ist *zuständig*, das gesetzte Recht daran zu messen.

Auf diese Weise kann die geltende Verfassung selbst zum Gegenstand der Prüfung auf ihre eigene Verfassungsmäßigkeit, mindestens Objekt einer »verfassungsgemäßen« Auslegung werden:

Daß eine Verfassungsbestimmung selbst nichtig ist, ist nicht schon um deswillen begrifflich ausgeschlossen, weil sie selbst Bestandteil der Verfassung ist. Es gibt Verfassungsgrundsätze, die so elementar und so sehr Ausdruck eines auch der Verfassung vorausliegenden Rechts sind, daß sie den Verfassungsgesetzgeber selbst binden und daß andere Verfassungsbestimmungen, denen dieser Rang nicht zukommt, wegen ihres Verstoßes gegen sie nichtig sein können.[26]

Auf diese Weise ist die »Zuständigkeit« des Bundesverfassungsgerichts nicht mehr – wie die jedes anderen Verfassungsorgans – aus der Verfassung abgeleitet, sondern geht ihr voraus. Sie leitet sich direkt aus den überpositiven Rechtsprinzipien ab, die das Gericht in seinen *vor*verfassungsmäßigen Prüfungsmaßstäben selber entwickelt, und sprengt damit die Grenzen jeder verfassungsmäßigen »Kompetenz«. Das Gericht unterstellt alle übrigen politischen Instanzen der von ihm interpretierten Verfassung und den von ihm behaupteten überpositiven Rechtsprinzipien, während es sich selbst aller verfassungsrechtlichen Bindungen entledigt.

Legibus solutus wie einst nur der absolute Monarch, steht es dem höchsten Gericht mit einem so gehandhabten Verfassungsbegriff frei, beliebige gesellschaftliche Streitfragen als Gegenstände zu behandeln, über die in der »richtig interpretierten« Verfassung bereits inhaltlich entschieden sei, und den eigenen Dezisionismus unter Berufung auf eine dem Grundgesetz zugrunde gelegte

---

26 Beide Zitate in: BVerfGE 1, 14, 32 und LS 27 (Hervorhebung I. M.). Mit dieser Auffassung schließt das Bundesverfassungsgericht an Entscheidungen des Bayerischen Verfassungsgerichtshofs an, aus denen es letztere Passage übernimmt.

»Wertordnung«[27] zu verschleiern. So leitet das Bundesverfassungs-gericht zum Beispiel im Hochschulurteil aus nichts anderem als dem Gleichheitssatz und der Wissenschaftsfreiheit des Grundge-setzes (Art. 3, Art. 5 Abs. 3 GG) die »verfassungsmäßige« prozentu-ale Zusammensetzung von Hochschulgremien ab[28] oder befindet im ersten Abtreibungsurteil lediglich anhand der Verfassungssätze: »Die Würde des Menschen ist unantastbar« (Art. 1 Abs. 1 GG), »Je-der hat das Recht auf die freie Entfaltung seiner Persönlichkeit« (Art. 2 Abs. 1 GG) und »Jeder hat das Recht auf Leben …« (Art. 2 Abs. 2 GG) über den subtilen Unterschied zwischen Fristen- und Indikationenregelung: erstere ist bekanntlich »verfassungswidrig«, letztere »verfassungskonform«.[29] Die Enteignung der gesellschaft-lichen Interessenfindungs-, der politischen Willensbildungsprozes-se und der moralischen Diskurse durch das höchste Gericht wird durch eine grundsätzliche Transformation des Verfassungsbegriffs erreicht: Die Verfassung wird nicht mehr wie in Zeiten rational-naturrechtlicher Begründung der Demokratie als Dokument der Institutionalisierung von Verfahren und grundrechtlichen Garanti-en von Freiheitsräumen verstanden, die alle diese gesellschaftlichen und politischen Prozesse gewährleisten, sondern als ein grundle-gender Text, aus dem wie aus der Bibel oder dem Koran »Schrift-gelehrte« die richtigen Werte und Verhaltensweisen unmittelbar deduzieren. Das Bundesverfassungsgericht betreibt in vielen seiner Mehrheitsvoten »Grundgesetztheologie«.[30]

Während so der quasi-religiösen Justizverehrung der Bevölke-

27 Die Interpretation der Grundrechte als einer »objektiven Wertordnung« findet sich seit BVerfGE 7, 198. Zur Kritik s. Helmut Ridder, »Die soziale Ordnung des Grundgesetzes. Leitfaden zu den Grundrechten einer demokratischen Verfas-sung«, in: Dieter Deiseroth u. a. (Hg.), *Helmut Ridder. Gesammelte Schriften*, Ba-den-Baden 2010, S. 7-190, hier: S. 66-190; Erhard Denninger, »Freiheitsordnung – Wertordnung – Pflichtordnung«, in: Mehdi Tohidipur (Hg.), *Verfassung, Ver-fassungsgerichtsbarkeit, Politik*, Frankfurt/M. 1976, S. 163 ff.; ders., *Staatsrecht 2*, Reinbek 1979, S. 150 ff., 184; Ernst-Wolfgang Böckenförde, »Grundrechtstheorie und Grundrechtsinterpretation«, in: ders., *Staat – Gesellschaft – Freiheit*, Frank-furt/M. 1976, S. 221 ff.
28 BVerfGE 35, 79.
29 BVerfGE 39,1.
30 Dieser Begriff wurde angesichts der Verwendung des Grundgesetzes zur Legi-timation konkreter politischer Tagesforderungen gebraucht von Jürgen Seifert, *Grundgesetz und Restauration*, Darmstadt, Neuwied 1974, S. 12.

rung eine quasi-religiöse Justiztätigkeit entspricht, nimmt das verfassungsgerichtliche Über-Ich unmerklich Züge an, die der »naturwüchsigen« Gewissensbildung entsprechen: es wird im Sinne Freuds zum Träger von Tradition. Aufgrund seiner spezifischen Methoden der Verfassungsinterpretation fungiert es weniger als »Hüter der Verfassung«, denn als Bewahrer der eigenen Rechtssprechungsgeschichte, auf die es sich wahrhaft »selbstreferentiell« bezieht. Sie liefert ihm längst diejenigen Abbreviaturen von Begründungen, die nicht mehr neu gefertigt, sondern nur noch im Verweissystem retrospektiv bezeichnet werden müssen. Deutlicher noch erscheint der Traditionalismus des Gerichts in solchen Argumentationen, in denen es sich auf die gesellschaftliche Realgeschichte bezieht. Wie gezeigt worden ist, existiert in den Entscheidungsgründen des Bundesverfassungsgerichts eine umfangreiche Rezeption der »alten« vorkonstitutionellen Geschichte, tritt die »Geltungskraft der Vergangenheit« auf den verfassungsrechtlichen Plan.[31]

Mit den Autonomie-Idealen der Französischen Revolution war das Bewahren der Verfassung genauso vereinbar wie das ursprüngliche Recht des Volkes zur Verfassungsänderung. Das Bewahren der Verfassung war allerdings gegen die Wiederkehr der (vorrevolutionären) Vergangenheit gerichtet, und als »Hüter der Verfassung« waren die Bürger selber eingesetzt. Die französischen Revolutionsverfassungen von 1791 und 1793 sind in letzter Instanz der »Wachsamkeit«, der »Liebe« und dem »Mut« ihrer Bürger anvertraut bzw. in die Obhut »aller Tugenden« gegeben.[32] Was immer dies im einzelnen heißen mag: Die gesellschaftliche Über-Ich-Funktion lag nach diesen Verfassungskonzeptionen noch in den Händen des Volkes. Daß die Revolutionspraxis der Jakobinerherrschaft gleichwohl zu einer Konzentration der »Tugend« an der politischen Spitze führte, war nicht etwa aus der Jakobinerverfassung abzuleiten, sondern umgekehrt nur mit der tatsächlichen und förmlichen Suspension[33] dieser Verfassung vereinbar.

31 Alexander Blankenagel, *Tradition und Verfassung. Neue Verfassung und alte Geschichte in der Rechtsprechung des Bundesverfassungsgerichts*, Baden-Baden 1987.

32 Titel VII, Art. 8 Abs. 4 der Französischen Verfassung von 1791 und Art 123 der Französischen Verfassung von 1793.

33 Das inzwischen auch in die linke Diskussion eingewanderte konservativ-antiaufklärerische Argument, das den Tugendterror der Französischen Revolution ihren demokratischen Verfassungsstrukturen anlastet, übersieht das schlichte

Im 20. Jahrhundert ist die demokratische Selbstverständlichkeit, daß das Parlament nicht durch einen nochmals übergeordneten Staatsapparat, sondern nur »von unten«, durch die gesellschaftliche Basis, kontrolliert werden kann, einem kollektiven Verdrängungsprozeß anheimgefallen. Dafür gibt es Gründe, die auch in herrschenden ökonomischen Bedürfnissen, politischen Machtverschiebungen und in Funktionsbedingungen der Justiz selbst liegen und sich mit libidinösen gesellschaftlichen Mechanismen verbinden. Der Aufstieg der Justiz zur letzten gesellschaftlichen Gewissensinstanz ist in sämtlichen Gerichtszweigen von einer Methode der Rechtsanwendung begleitet, die Montesquieus Vorstellungen nicht nur hinsichtlich ihrer illusionären Momente korrigiert, sondern ins genaue Gegenteil verkehrt. Gesetze werden, unerachtet ihrer jeweiligen Regelungsdichte, unterschiedslos als eher unwahrscheinliche Voraussagen und Prämissen der richterlichen Entscheidungstätigkeit anerkannt. In den heute herrschenden juristischen Methodenlehren bringen teleologische, analogische, typologische oder topische Verfahren, Zweck-, Folgen- oder Wertorientierungen und schließlich die jeweilige »Methodenwahl« des Richters unter diesen konkurrierenden Konzeptionen die gesetzliche Programmierung der Justiz fast zum Verschwinden.[34] Diese Entwicklung (deren realgesellschaftliche Determinanten noch zu behandeln sind) wird von einem noch immer bestehenden Vertrauen in die Justiz getragen, das einen letzten realen Bezugspunkt in der ersten Hälfte des 19. Jahrhunderts hatte. Es wurde objektiv mit Bismarcks rüder und gelingender Disziplinierung der Justiz gegenstandslos und durch den höchst eigenständigen Terror der Justiz im NS-System ganz grundsätzlich desavouiert. In der frühen glanzvollen Phase der

historische Faktum, daß die Jakobinerverfassung sofort nach ihrer Ausfertigung suspendiert wurde, weil sie der tatsächlichen Revolutionspraxis im Wege stand.

34 Unter den zahllosen Ansätzen juristischer Methodik s. nur Karl Larenz, *Methodenlehre der Rechtswissenschaft*, Berlin, Heidelberg u. a. ²1969, oder Josef Esser, *Vorverständnis und Methodenwahl in der Rechtsfindung. Rationalitätsgrundlagen richterlicher Entscheidungspraxis*, Frankfurt/M. ²1972. – Zur Kritik der rechtsstaatlichen Defizite der gegenwärtigen Methodenlehren s. Friedrich Müller, *Juristische Methodik*, Berlin ²1976.

deutschen Justiz aber galt das Prinzip ihrer formalistischen Rechtsanwendung noch unangetastet.

Max Weber hat diesen früheren Zusammenhang zwischen Unabhängigkeit der Justiz, Freiheitssicherung durch die Justiz und formalistischer Rechtsanwendung mit großer Klarheit herausgearbeitet:

Richter haben unter Umständen aus ideologischen Gründen, aus Standessolidarität, gelegentlich auch aus materiellen Gründen, eine sehr starke Opposition gegen die patriarchalen Mächte gebildet. Die feste regelhafte Bestimmtheit aller äußeren Rechte und Pflichten wird ihnen als ein um seiner selbst willen erstrebenswertes Gut erscheinen, und diese spezifisch bürgerliche Grundlage ihres Denkens bedingte ihre entsprechende Stellungnahme in den politischen Kämpfen, welche um die Eindämmung der autoritären patrimonialen Willkür und Gnade geführt wurden.[35]

Gegen die von Max Weber beschriebenen patriarchalen Tendenzen bildete der Rechtsformalismus die selbständige Machtressource der richterlichen Opposition. Gegen die Zumutungen einer »Kabinettsjustiz«, die auf unmittelbaren fürstlichen Eingriffen entsprechend »materialen Prinzipien der sozialen Ordnung« basierte und Entscheidungen »nach freiem Ermessen, nach Billigkeits-, Zweckmäßigkeits- und politischen Gesichtspunkten« produzierte,[36] konnte die Justiz ihre sachliche Unabhängigkeit nur durchsetzen, indem sie sich auf ihre »Gesetzesbindung« berief.[37] Was immer also die eigenen Interessen der Justiz in dieser Auseinandersetzung waren, ihr Rechtsformalismus begrenzte die patrimoniale Willkür des Fürsten. Dagegen führte, wie Max Weber feststellt, »das ökonomisch bedingte starke Wiedererwachen« materialer Rechtsideale im 20. Jahrhundert zur »Abschwächung der Oppositionsstellung der Juristen als solcher«; der Juristenstand fällt »viel stärker als je frü-

---

35 Max Weber, *Wirtschaft und Gesellschaft*, Tübingen 1956, S. 643.

36 Ebd., S. 622.

37 Dieser von Max Weber herausgearbeitete Zusammenhang erscheint in der gegenwärtigen Literatur teils als historisch überholter, so Dieter Simon, *Die Unabhängigkeit des Richters*, Darmstadt 1975, teils in aktueller Dimension, so Beatrice Caesar-Wolf, »Der deutsche Richter am Kreuzweg zwischen Professionalisierung und Deprofessionalisierung«, in: Stefan Breuer, Hubert Treiber (Hg.), *Zur Rechtssoziologie Max Webers*, Opladen 1984, S. 199 ff., 214 f., wo allerdings die von Simon zu Recht kritisierten standespolitischen Autonomiebestrebungen der Justiz eher affirmativ behandelt werden.

her in die Waagschale der ›Ordnung‹«.[38] In der Gegenwart hat sich dieses Erscheinungsbild in der Weise vervollständigt, daß die Justiz mit der eigenständigen Handhabung materialer Wertgesichtspunkte selber diejenigen patriarchalen Funktionen übernimmt, gegen die sie einst im Namen des Rechtsformalismus opponiert hatte.

Seit der verspäteten Einführung des Parlamentarismus in der Weimarer Republik gewinnt der innere Zusammenhang von Gesetzesbindung und Unabhängigkeit der Justiz eine noch deutlichere Dimension, die gerade in dessen Auflösung zutage tritt. Die Justiz fetischisiert ihre Unabhängigkeit im Sinne standespolitischer Forderungen[39] und verlangt gleichzeitig die Unabhängigkeit auch von der gerade demokratisierten Legislative, indem sie ihre »Gesetzesbindung« ganz grundsätzlich verneint.[40] Während die rechtspositivistische, formalistische Rechtsanwendungstheorie in dieser Zeit nur von den wenigen »republikanischen« Vertretern der Weimarer Methodendiskussion[41] befürwortet wird, vertritt die herrschende Lehre richterliche Freiheit gegenüber dem Gesetz in zwei Hinsichten: Sie unterstützt mit großem argumentativen Aufwand die Entscheidungen des Reichsgerichts in den zwanziger Jahren, in denen dieses sich erstmalig in der deutschen Justizgeschichte ein richterliches Prüfungsrecht gegenüber den Reichsgesetzen zusprach, und befürwortet überhaupt ein allen Gerichten zustehendes »diffuses« Prüfungsrecht der Verfassungsmäßigkeit von Gesetzen (eine Funktion, die in der Bundesrepublik im Bundesverfassungsgericht zugleich legalisiert und zentralisiert wurde). Sie vertritt außerdem – und noch folgenreicher – eine abermalige Ausweitung des juristischen Methodenkanons, der es der Justiz erlaubt, in jedem Einzelfall selbst zu entscheiden, ob sie sich auf ein (auch als »verfassungsmäßig« anerkanntes) Gesetz beziehen will oder auf eigenständige Gesichtspunkte und Prämissen. Mit der Kombination aller dieser Aspekte von »Unabhängigkeit« schlägt diese zum Absolutismus der

---

38 Weber, *Wirtschaft und Gesellschaft*, S. 643.

39 S. Simon, *Die Unabhängigkeit des Richters*, S. 47 ff.

40 Dazu Karl F. Kübler, »Der deutsche Richter und das demokratische Gesetz«, in: *AcP* 162 (1963), S. 104-128; Bernd Rüthers, *Die unbegrenzte Auslegung*, Frankfurt/M. 1973.

41 Dazu Ingeborg Maus, *Bürgerliche Rechtstheorie und Faschismus. Zur sozialen Funktion und aktuellen Wirkung der Theorie Carl Schmitts*, München ²1980, S. 27 ff.

Justiz um – genau zu dem Zeitpunkt, seit dem die Justiz nicht mehr »Im Namen des Königs«, sondern »Im Namen des Volkes« rechtsprechen soll.[42]

Die Einstellung der überwältigenden Mehrzahl der deutschen Richter gegen Parlament, Parteipolitik und erst recht gegen gesellschaftliche Interessenorganisation wird allerdings schon seit Anfang des Jahrhunderts vorbereitet. Hier beginnt ein sozialer Abstieg der Richter, indem sie vor allem in ihrer Besoldung zunehmend hinter Militär und Verwaltung zurückgesetzt werden, während gleichzeitig die objektive Bedeutung von Rechtswissenschaft und Rechtsprechung gegenüber dem wachsenden Einfluß des Reichstags auf die Gesetzgebung in der nachbismarckschen Ära zurückgeht.[43] Die Richter fühlen sich nicht nur sozial, sondern auch funktional enteignet und reagieren erbittert auf die Zumutung, der 1900 in Kraft getretenen Kodifikation des BGB, vor allem aber »parteipolitisch« gefärbten Einzelgesetzen als »Paragraphenknechte« zu dienen. In diesem standespolitischen Interesse stimmen die liberale bis linke »Freirechtsbewegung« und der konservative Deutsche Richterbund überein, wenn die erstere zum Beispiel 1906 die höhere politische Kultur der Richter gegen die »als Gesetzgeber funktionierenden Parteiagenten« ausspielt[44] oder der letztere unter anderem 1912 äußert: »wenn die Klinke der Gesetzgebung von dem größten Schreier am leichtesten erfaßt wird, wie soll da das Gesetz noch als etwas besonders hoch oder gar heilig zu haltendes gelten«.[45] Entsprechend fordern beide Formationen weitgehende Freiheit des Richters vom so beschaffenen Gesetz, die Freirechtstheoretiker, indem sie die Möglichkeit der Rückbeziehung der richterlichen Entscheidung auf eine positive Rechtsnorm ganz offen als einen eher unwahrscheinlichen Ausnahmefall bezeichnen,[46] die

---

42 Ernst Fraenkel, »Zur Soziologie der Klassenjustiz«, in: ders., *Zur Soziologie der Klassenjustiz und Aufsätze zur Verfassungskrise 1931-32*, Darmstadt 1968, S. 8.

43 Vgl. dazu Kübler »Der deutsche Richter und das Gesetz«.

44 Hermann Kantorowicz, »Der Kampf um die Rechtswissenschaft« (1906), in: ders., *Rechtswissenschaft und Soziologie. Ausgewählte Schriften zur Wissenschaftslehre*, Karlsruhe 1962, S. 38.

45 So im Organ des Deutschen Richterbundes: *Deutsche Richterzeitung*, 1912, Sp. 1; zitiert bei Kübler, »Der deutsche Richter und das Gesetz«, S. 111.

46 Ernst Fuchs, »Was will die Freirechtsschule?« (1929), in: ders., *Gerechtigkeitswissenschaft. Ausgewählte Schriften zur Freirechtsschule*, Karlsruhe 1965, S. 21-63, hier: S. 27.

Protagonisten des Deutschen Richterbundes, indem sie den Begriff der Gesetzesbindung neu bestimmen und dem Gesetz selbst die erwünschte Flexibilisierung des Rechts zurechnen.[47] Im Zuge solcher Überlegungen gibt die Richtervereinigung zunehmend ihre Zurückhaltung auf, sich als berufliche Interessenorganisation zu verstehen, und die Freirechtler visieren einen »Richterkönig« an, der nicht nur legibus solutus fungiert, sondern auch durch »eine ganz andere Besoldung«[48] herausgehoben ist.

Diese Argumentationen enthalten eine metaphorische Dimension, in der die psychische »Topik« der politischen Integrationsmechanismen neu bestimmt wird. Obwohl die eigenen materiellen Interessen des Justizpersonals unmittelbar zur Sprache kommen, erscheint nur das Parlament als Repräsentanz der gesellschaftlichen Triebregungen, gegen deren Überflutung die Justiz als Zensor eingesetzt ist. Die beklagten Defizite an juristischem Sachverstand des Parlaments, die Kompromißstruktur seiner Gesetze, in denen sich der gesellschaftliche Interessenantagonismus abbildet, die entsprechende Partikularisierung der einzelnen Rechtsmaterien gegeneinander, die zunehmend die innere Anschlußfähigkeit und Einheit des Rechtssystems in Frage stellt: all dies fordert ein Selbstverständnis der Justiz heraus, dem zufolge sie die gesellschaftliche Synthesis jenseits des »Parteienstreits«, die Einheit des Rechts unabhängig von den interessenvernetzten Gesetzen herzustellen hat. Der Richter wird auf diese Weise zum Richter des Gesetzes selbst, das in seiner realen Erscheinungsform »als Produkt und technisches Mittel eines Interessenkompromisses enthüllt« ist,[49] und zum Hohenpriester einer neuen »Heiligkeit« des ungeschriebenen überpositiven Rechts. In dieser Eigenschaft ist er mit der zentralen Aufgabe der Synthesis des gesellschaftlich Heterogenen betraut. Von der damaligen bis zur gegenwärtigen juristischen Methodendiskussion hält sich die Perspektive durch, daß Rechtswissenschaft und richterliche Rechtspraxis angesichts des Chaos gesellschaftlich infiltrierter Rechtsproduktion und der inneren Ausdifferenzierung und Inkonsistenz des Gesetzesrechts zur Einheitsstiftung durch juristische Methode aufgerufen sind. Unter den Formeln der »Einheit des Rechts« und der »Einheit der Verfassung«, die jeweils nicht die Summe der einzel-

47 *Deutsche Richterzeitung* 1909, Sp. 91; 1913, Sp. 569 ff., 693 ff.
48 Fuchs, »Was will die Freirechtsschule?«, S. 35.
49 Weber, *Wirtschaft und Gesellschaft*, S. 642; s. auch S. 656.

nen Rechtsnormen, sondern Produkt juristischer Wertsystematik seien,[50] wird der Anspruch der Justiz vorgetragen, die gesellschaftlichen Interessenantagonismen, die dem realen Erscheinungsbild des Gesetzesrechts zugrunde liegen, zum Verschwinden zu bringen. In dieser Ordnungsfunktion der Justiz ist eine Symbolik zu erkennen, die auf die psychische Integration der Partialtriebe verweist.

Die Anforderungen, die im NS-System an die Justiz gerichtet werden, schließen bruchlos an das Selbstverständnis an, das die Justiz vor 1933 entwickelt hatte. Bereits die Häufung von Gemeinschafts- und Gemeinwohlformeln im NS-Recht, die es ermöglichen, nach Bedarf jede einzelgesetzliche Bestimmung zugunsten »höherer« Gemeinschaftszwecke auszuhebeln, ist Ausdruck der Ideologie, daß das deutsche Volk im Nationalsozialismus eine Volksgemeinschaft bilde, in der die alten Klassenspaltungen und Gruppenkonflikte aufgehoben seien.[51] Auch in diesem Sinne äußerte sich ein authentisches Selbstbewußtsein der deutschen Justiz, als schon am 19. März 1933 in einer Erklärung des Präsidiums des Deutschen Richterbundes, die Hitler »volles Vertrauen« aussprach, formuliert wurde: »Der deutsche Richter war von jeher national und verantwortungsbewußt [...]. Er hat nur nach Gesetz und [!] Gewissen [!] Recht gesprochen. [...] Möge das große Werk des Staatsaufbaus dem deutschen Volke alsbald das Gefühl unbedingter Zusammengehörigkeit geben.«[52] So begrüßt später die deutsche Rechtswissenschaft im Interesse einer konsistenten Rechtspraxis, daß der Nationalsozialismus »ein einheitliches Wertsystem geschaffen« habe, das der vorherigen gesellschaftlichen Konkurrenz verschiedener Wertsysteme ein Ende setzte, und betrachtet diesen Akt als eine Bestätigung der Justizfunktionen *vor* 1933: Diese »Rechtsfindung baute [...] hinter der Generalklausel der guten Sitten, des Gefühls aller billig und gerecht Denkenden [...] auch in den Zeiten der Wertneutralität ein Wertsystem auf, das auf nationalliberal-konservativer Grundhaltung in einem kranken Volk ein gut Teil

---

50 Für die Gegenwart vgl. zu diesem Problem Friedrich Müller, *Die Einheit der Verfassung*, Berlin 1978.

51 Vgl. Michael Stolleis, *Gemeinwohlformeln im nationalsozialistischen Recht*, Berlin 1974.

52 *Deutsche Richterzeitung* 25 (1933), S. 121 ff. – Abgedruckt bei Martin Hirsch, Diemut Majer u. a. (Hg.), *Recht, Verwaltung und Justiz im Nationalsozialismus*, Köln 1984, S. 171 f.

gesunden Volksempfindens verwirklichte«.[53] In diesen moralisierenden Formulierungen wird zugleich deutlich, daß der im nationalsozialistischen Strafrecht mit verheerenden Folgen eingeführte Maßstab des »gesunden Volksempfindens« nicht etwa ein empirischer ist. Der Richter hat gerade nicht als Sprachrohr eines wie immer beschaffenen Volksempfindens zu wirken, sondern einem »kranken« Volk »gesundes« Empfinden beizubringen – eben darin besteht seine Über-Ich-Funktion. Auch der vorausgesetzte Volksbegriff selbst ist nicht empirisch: Indem der Richter – wie die seit 1942 vom Reichsjustizministerium herausgegebenen *Richterbriefe* formulieren – als »Schützer der Werte eines Volkes und […] Vernichter der Unwerte«[54] eingesetzt ist, wird das Volk als »Einheit«, als »wahres« Volk, zur Zielvorstellung und Produkt der richterlichen Entscheidungstätigkeit.

Der rüde Antipositivismus und Antiformalismus der nationalsozialistischen Rechtsanwendungsdoktrin[55] entspricht der Logik solcher Funktionsbeschreibungen. Der Entfaltung des Justizterrors im NS-System wäre eine korrekte Anwendung selbst des neugeschaffenen NS-Rechts – soweit dieses überhaupt »anwendbare« Direktiven für die Justiz enthielt[56] – nur hinderlich gewesen. Politisch motivierte Diskriminierungen bei der Behandlung jedes Einzelfalls, wie sie nun gefragt waren, sind mit der Bindung an ein wie immer beschaffenes »Gesetz«, das länger als einen Tag in Kraft ist, nicht vereinbar. So erscheint in den nationalsozialistischen *Richterbriefen* mit großer Konsequenz die Richterpersönlichkeit als eine wichtige Garantie für »richtige« Rechtsprechung: deren Aufgaben »können nur von freien, innerlich klaren und anständigen Menschen erfüllt werden, die von einem hohen Verantwortungsbewußtsein und starker Verantwortungsfreude getragen sind«; das Richterkorps muß eine »Auslese der Nation« darstellen.[57] In der rechtswissenschaftlichen Literatur der NS-Zeit heißt es denn auch

53 Heinrich Lange, *Lage und Aufgabe der deutschen Privatrechtswissenschaft*, Tübingen 1937, S. 14 f.

54 Heinz Boberach (Hg.), *Richterbriefe. Dokumente zur Beeinflussung der deutschen Rechtsprechung 1942–1944*, Boppard a. Rh. 1975, S. 5.

55 Dieses Phänomen ist aus Gründen, die noch behandelt werden, bis zur Gegenwart vielfach unbekannt. Dazu mit Quellen: Beitrag III in diesem Band.

56 Dazu, daß auch dies nicht der Fall war, s. Beitrag III in diesem Band.

57 Boberach (Hg.), *Richterbriefe*, S. 6.

lapidar – und wiederum sehr vertraut: Der »königliche Richter [...] im Volke Adolf Hitlers muß heraus aus der Buchstabensklaverei des positivistischen Rechtes«.[58] Auch die *Richterbriefe* mahnen die anvisierte Richterelite, »sich nicht sklavisch der Krücken des Gesetzes« zu bedienen,[59] sie befinden freilich auch, der so herausgehobene Richter sei der »unmittelbare Gehilfe der Staatsführung«.[60] In der Tat wird hier der logische Zusammenhang zwischen Gesetzesbindung und Unabhängigkeit der Justiz gerade in seiner völligen Zerstörung verdeutlicht. Erst eine Justiz, die die Legitimation ihrer Entscheidungen nicht mehr aus stehendem Gesetzesrecht ableiten kann, wird von situativen politischen Bedürfnissen schlechterdings abhängig und degeneriert zum Anhängsel der Verwaltungsapparate. Dieser Vorgang ist über eine problematische Moralisierung der Rechtsbegriffe gesteuert worden. So fällt auch 1942 während der schlimmsten Perversion deutscher Justiz der schöne Satz: »Der Richter ist die Verkörperung des lebendigen Gewissens der Nation.«[61]

3.

Es gehört zu den bemerkenswertesten Vorgängen der Nachkriegszeit, daß diejenige Berufsgruppe, in der während des NS-Systems das je individuelle Gewissen besonders erfolgreich verdrängt worden war, ihre Position als zentrale gesellschaftliche Gewissensinstanz verstärken konnte. Weder bei den Beratungen des Grundgesetzes noch später ist eine Neigung erkennbar, sich von der freiwilligen Botmäßigkeit der nationalsozialistischen Justiz, geschweige denn deren spezifischem Entscheidungsoutput, zu distanzieren. Immerhin war es soweit gekommen, daß sogar das Reichsjustizministerium in den erwähnten *Richterbriefen* 1942 unter den exemplarisch besprochenen Entscheidungen der damaligen Justiz annähernd ein Drittel rügte, weil sie im Strafmaß *zu hoch* waren. Die ungebrochene personelle Kontinuität der deut-

---

58 Anonym, »Ein neues Regiment hat ein altes und krankes Zeitalter beseitigt«, in: *JW* 63 (1934), S. 1881-1883, hier S. 1882.
59 Boberach (Hg.), *Richterbriefe*, S. 6; ebenso S. 5, 29, 39, 42, 47, 88 u. ö.
60 Ebd., S. 6.
61 Ebd.

schen Justiz nach 1945[62] erklärt den starken Einfluß ihrer Vorstellungen in den Beratungen des Grundgesetzes. Die Wünsche der Justiz fanden durch den hohen Anteil von Juristen in den Beratungen des Herrenchiemsee-Konvents und des Parlamentarischen Rates unmittelbar und mittelbar durch eine intensive Lobby der juristischen Interessenorganisationen, u. a. des wiedererstandenen Deutschen Richterbundes, Eingang in das Grundgesetz.[63] Die in der deutschen Verfassungsgeschichte erstmals in die Verfassung eingeführte Kompetenz der Justiz, Gesetze auf ihre Verfassungsmäßigkeit zu prüfen, und die Zentralisierung dieser Kompetenz im Bundesverfassungsgericht gehören zu den »einhellig« behandelten Materien im Herrenchiemsee-Konvent.

Bis in einzelne Formulierungen des Grundgesetzes hinein war der Herrenchiemsee-Konvent darauf bedacht, daß »gerade die Persönlichkeit des Richters (gegenüber der Institution der Justiz) besonders herausgestellt werden sollte«,[64] und es wurde vor allem das Prinzip der Unabhängigkeit der Richter in einer spezifischen Version durch Eingaben, Erklärungen und Richteranhörungen dem Parlamentarischen Rat nahegebracht. Dessen bescheidene Ansätze, nicht nur den »Schutz des Volkes durch die Unabhängigkeit der Rechtsprechung«, sondern auch einen »Schutz des Volkes gegenüber einem Mißbrauch der Unabhängigkeit der Gerichte« zu gewährleisten,[65] unterlagen den Forderungen der Richterlobby. Diese wurden mit dem erstaunlichen Hinweis auf den Unrechtsstaat des Nationalsozialismus begründet, gegen den es einen Rechtsstaat wiederherzustellen gelte, der mit der Gewährleistung einer jeder Kontrolle und Bindung ledigen Justiz identisch sei. – Die schiere Kontinuität des juristischen Methodenverständnisses nach 1945 war unter diesen Umständen unvermeidlich.[66] Es faßt sich in dem bündigen Satz zusammen: »Das Gesetz verpflichtet seinen Adressaten, nicht seinen Interpreten.«[67] Dieser Vorgang

---

62 Dazu Ingo Müller, *Furchtbare Juristen. Die unbewältigte Vergangenheit unserer Justiz*, München 1987.

63 Zum Folgenden s. Werner Sörgel, *Konsensus und Interessen. Eine Studie zur Entstehung des Grundgesetzes für die Bundesrepublik Deutschland*, Stuttgart 1969, S. 134 ff.

64 Zitiert ebd., S. 143.

65 Zu diesen Formulierungen s. ebd., S. 150.

66 Dazu Beitrag IV in diesem Band.

67 Klaus Adomeit, »Juristische Methode«, in: Axel Görlitz (Hg.), *Handlexikon zur Rechtswissenschaft*, München 1972, S. 217-222, hier: S. 220; s. auch Anm. 34.

wurde auch durch die personelle Kontinuität an den rechtswissenschaftlichen Fakultäten gestützt. Den dort Lehrenden blieb ebenso wie dem Justizpersonal die Macht, die eigene Vergangenheit zu
bewältigen, und so konnten sie der gleichen rechtspositivistischen
Rechtsanwendungsdoktrin, die sie insbesondere von 1933 bis 1945
als staatszersetzend bekämpft hatten, nach 1945 die Unterwerfung
der Justiz unter den Nationalsozialismus anlasten.[68] Um so leichter
war die tatsächliche Fortschreibung der antiformalistischen Doktrin als »rechtsstaatlicher Neubeginn« zu rechtfertigen.

Dieser gelungene Verdrängungsprozeß ist aber weder durch personelle Konstellationen abschließend zu erklären, noch ist er auf
Rechtswissenschaft und Justiz in Wahrnehmung ständischer Inter-
essenvertretung beschränkt; er gehört vielmehr zum Erscheinungsbild der gesamten bundesrepublikanischen Gesellschaft. Soweit
überhaupt Interesse an der Funktion der NS-Justiz besteht, sind
die von Justiz und Rechtswissenschaft nach dem Krieg vorgetragenen Argumente in einer breiteren Öffentlichkeit akzeptiert; sie
gehören zu den Kernsätzen der »religion civile« des gegenwärtigen
Staatswesens. Aus anderen wissenschaftlichen Disziplinen ist wegen einer gewissen Hermetik rechtswissenschaftlicher Materien
kaum kritisches Potential zu gewinnen. Der Psychoanalytiker zumal rechnet es sich hoch an, für Recht kein Interesse aufzubringen:
ist es doch gerade in seiner Formalstruktur mit einer psychischen
Symbolik besetzt, die auf die Abstraktionen »analkapitalistischer«
Vergesellschaftung verweist. Daß die Abstraktionen des Formalrechts in dessen realer Wirkungsweise gleichwohl so funktionieren,
daß sie die Staatsapparate auf Distanz halten und an »konkreten«
und damit willkürlichen Eingriffen in gesellschaftliche Lebenswel-
ten hindern,[69] bleibt einem auf symbolische Dimensionen fixierten
Blick eher verschlossen. Typischerweise ist diese Sicht der Dinge
mit der Vorstellung kombiniert, daß eine rechtliche Formalstruktur heute noch herrsche, während sie tatsächlich den dargestellten
extremen Erosionsprozessen unterliegt. Daß unter den gegenwärtigen Umständen die Forderung formalrechtlicher Bindung der
Staatsapparate eher anarchistischen Charakter gewinnt, bleibt aus
dieser Perspektive ausgeblendet. Auch viele sozialwissenschaftli-

---

68 Dazu ausführlich Beitrag III und IV in diesem Band.
69 Dazu und zum Folgenden Ingeborg Maus, *Rechtstheorie und politische Theorie im
Industriekapitalismus*, München 1986, S. 277 ff., 300 ff.

che und interdisziplinäre Diskussionen über »Alternativen zum Recht«[70] unterstellen, daß Gewalt und Herrschaft nicht so sehr von den Staatsapparaten, sondern vom geschriebenen Gesetz selbst ausgehen. Demzufolge wäre es möglich, ohne Freiheitsverlust Staatsfunktionen auf außerrechtliche Integrationsmechanismen umzustellen oder überhaupt die staatlichen Gewaltpotentiale durch den Entzug ihrer gesetzlichen »Grundlagen« auszutrocknen. Hier wird der einfache Sachverhalt verkannt, daß staatliche Machtentfaltung auf gesetzliche Ermächtigungsnormen überhaupt nicht angewiesen ist. Wie besonders die Entwicklung des NS-Systems zeigt, wird offener politischer Terror durch formales Recht gerade behindert. Alle diese Verzerrungen der herrschenden Diskussion führen schließlich dazu, daß auch in alternativen Konzepten die Bestandteile der erwähnten »religion civile« sich wiederfinden. So erscheint gelegentlich die Justiz, die ursprünglichste aller Staatsfunktionen, die über den realen Einsatz der physischen Gewaltressourcen des Staates entscheidet, als – »gesellschaftliche« Institution.[71]

Dieser Befund legt es nahe, libidinöse Besetzungen zu vermuten. Fungierte in der Weimarer Republik noch der Reichspräsident als sichtbarer Ersatzkaiser, so scheint in der Bundesrepublik das neugeschaffene Bundesverfassungsgericht an dessen Stelle getreten zu sein. Der Aufstieg der Justiz seit der Mitte der 1920er Jahre käme damit zu einem vorläufigen Abschluß. Gesellschaftliche Libido wäre demnach vom Oberhaupt des exekutivischen Apparats zur Spitze der Judikative gewandert. Wenn die Entwicklung politischen Bewußtseins so zu beschreiben ist, dann liegen ihr jedoch objektive gesellschaftliche Bedingungen zugrunde, die solche Eindeutigkeiten abschwächen. Gegen die entpersönlichte »Herrschaft des Gesetzes« und deren demokratische Grundlage hatte die Justiz starke Momente patriarchaler Herrschaft und selbständiger situativer Entscheidung wieder zur Geltung gebracht, indem sie einzelgesetzliche Materien im Durchgriff auf moralische Konventionen und »Werte« relativierte. In der Selbstinszenierung als moralische Instanz liegt ihr Angebot zur Über-Ich-Delegation, gleichsam

70 Erhard Blankenburg (Hg.), *Alternative Rechtsformen und Alternativen zum Recht. Jahrbuch für Rechtssoziologie und Rechtstheorie*, Bd. 6, Opladen 1980.
71 Karl-Heinz Ladeur, »Vom Gesetzesvollzug zur strategischen Rechtsfortbildung«, in: *Leviathan* 7 (1979), S. 339-375, hier: S. 349; ders., »›Abwägung‹ – ein neues Rechtsparadigma?«, in: *ARSP* 69 (1983), S. 463-483, hier: S. 473.

ihre der gesellschaftlichen Libido zugewandte Seite. Der faktische Entscheidungsoutput entspricht jedoch nicht annähernd diesem Selbstverständnis und den gesellschaftlichen Erwartungen. Dies gilt nicht einfach für offen unmoralische Entscheidungen, sondern im Hinblick auf die Ambivalenz der moralischen Begriffe im Begründungsrepertoire der Gerichtsentscheidungen. Bereits in den Normen »freien« Rechts, auf die die Freirechtsbewegung sich gegen das positive Recht berief, war eine Doppeldeutigkeit angelegt. Sie wurden einerseits als Normen sozialer Gerechtigkeit, aber auch schon als den faktischen gesellschaftlichen Verhältnissen immanente Prinzipien[72] und sogar in der Bedeutung reiner Funktionsmechanismen eingesetzt: So fungiert bei Ernst Fuchs als Korrektiv der Rechtsgesetze das »natürliche Wirken der wirtschaftlichen Gesetze«, oder, wie er lapidar formuliert: »Die freie Rechtfindung vollzieht sich genauso gesetzmäßig wie die freie Preisbildung.«[73] Hier finden sich bereits Sachgesetzlichkeiten, die Marcuse zufolge als unmittelbare Direktiven der anonymisierten Industriegesellschaft an die Stelle persönlich orientierter moralischer Kompetenzen getreten sind.

In die Rechtsprechung des Bundesverfassungsgerichts dringen diese Funktionsimperative gerade dadurch ein, daß sie sich mit moralisch angereicherten Rechtsbegriffen unmittelbar verbinden. Die Umwandlung der Verfassung zu einer »Wertordnung« gibt den einzelnen Verfassungsbestimmungen (über die »Offenheit« der Formulierungen hinaus) eine Unschärfe, die es erlaubt, die positivierten Verfassungsprinzipien um beliebige weitere Gesichtspunkte zu ergänzen. In den Wertabwägungen des Bundesverfassungsgerichts tauchen so ganz selbstverständlich Effizienzkriterien auf, die im Verfassungstext nicht den geringsten Anhaltspunkt finden: Die Verfassungsmäßigkeit von Gesetzen wird zum Beispiel am Maßstab der »Funktionsfähigkeit der Unternehmen« und der »Gesamtwirtschaft«,[74] der »Funktionsfähigkeit der Bundeswehr« bzw. der »Funktionstüchtigkeit der militärischen Landesverteidigung«[75] oder der »Funktionstüchtigkeit der Strafrechtspflege«[76] geprüft, während demge-

72 Kantorowicz, »Der Kampf um die Rechtswissenschaft«, S. 38.
73 Fuchs, »Was will die Freirechtsschule?«, S. 50.
74 BVerfGE 50, 290, 332.
75 BVerfGE 28, 243, 261.
76 BVerfGE 51, 324, 345.

genüber verfassungsrechtliche Einzelbestimmungen zurücktreten können. Die geschriebenen Freiheitsgarantien der Verfassung werden auf diese Weise unter den Vorbehalt der ungeschriebenen Eigengesetzlichkeiten ökonomischer und politischer Apparate gestellt. Mit solchen und anderen Prüfungsmaßstäben, aber auch indem das Gericht in seinen Entscheidungsgründen durchgehend darauf beharrt, daß die jeweiligen Grundrechtseinschränkungen durch Wertabwägung immer nur im Hinblick auf die besonderen Umstände des gerade vorliegenden Einzelfalles gelten,[77] also unter anderen Umständen auch anders bestimmt werden können, paßt es die Rechtsstruktur überhaupt der situativen Funktionsweise von Unternehmen und Verwaltungsapparaten an.

Diese grundsätzliche Entformalisierung des Rechts, die »Dynamisierung des Rechtsgüterschutzes«,[78] öffnet immer mehr gesellschaftliche Teilbereiche den einzelfallorientierten Zugriffen eines Staates, der im Sinne von Krisenmanagement oder Prävention die Autonomie der klassischen »Rechtssubjekte« in Frage stellt, um die Autonomie von Funktionssystemen zu garantieren. Indem die Moralisierung der Rechtsprechung zugleich der rechtlichen Funktionalisierung dient, gewinnt die Justiz eine Doppelbedeutung. Die neue *Vater-Imago* bringt gleichzeitig die Prinzipien der »*vaterlosen Gesellschaft*« zur Geltung. In dieser ist moralische Verschleierung gleichwohl gefragt, um autonome moralische Prinzipien, die von gesellschaftlichen Protestbewegungen vorgetragen werden, abzuwehren. Die Parlamente können sich vom Druck moralisch begründeter Forderungen, die »von unten« kommen, um so leichter entlasten, je mehr sie selbst die funktionalistischen Kontrollmaßstäbe verfassungsgerichtlicher Prüfung bereits internalisiert haben.

Aber auch wenn die Justiz – in sämtlichen Gerichtszweigen – tatsächlich moralnahe Streitfragen durch moralische Gesichtspunkte entscheidet, »enteignet«[79] sie die gesellschaftliche Basis. Der klassische Rechtsformalismus hatte noch rechtsfreie Räume garan-

77 BVerfGE 7, 198, 212; BVerfGE 39, 334, 353.
78 Erhard Denninger, »Der Präventions-Staat«, in: *Kritische Justiz* (1988) Heft 1, S. 1-15. Vgl. ders., »Vom Rechtsstaat zum Präventions-Staat«, in: ders.: *Recht in globaler Unordnung*, Berlin 2005, S. 223-237.
79 So – wenngleich mit anderen Folgerungen für die Justizkonzeption – Nils Christie, »Konflikte als Eigentum«, in: *Informationsbrief der Sektion Rechtssoziologie der Deutschen Gesellschaft für Soziologie*, Nr. 12 (1976), S. 12 ff.

tiert: Was nicht durch einen gesetzlichen Tatbestand im jeweils geltenden Recht erfaßt war, lag außerhalb des Rechts und war – jedenfalls unter rechtsstaatlichen Bedingungen – dem staatlichen Zugriff entzogen. Erst indem die Rechtsprechung ihre eigenen moralischen Gesichtspunkte wie rechtliche Regelungen behandelt, kann jeder denkbare Sachverhalt als ein juristisch relevanter identifiziert und zum Gegenstand gerichtsförmiger Entscheidung gemacht werden. Damit wird die staatliche Sanktionsgewalt auf Anforderungen ausgedehnt, die nach klassisch-rechtsstaatlichem Verständnis nur als moralische galten und der immanent gesellschaftlichen Problembearbeitung überlassen blieben.[80] Daß auf diese Weise die autonomen, rechtsfreien Räume verschwinden, ist um so bedenklicher, als auch in der gegenwärtigen Gesellschaft die rechtliche Integration der Staatsapparate und die moralische Integration konkreter gesellschaftlicher Lebensverhältnisse noch weitgehend unabhängig voneinander bestehen.

Trotz steigender Verrechtlichungsprozesse sind nämlich die Rechtsnormen in diesen Gesellschaftsbereichen nahezu unbekannt und deshalb für das Verhalten der Individuen folgenlos. (Lediglich Rechtsregeln, die durch die wissenschaftlich-technische Entwicklung bedingt sind und vorher gar keiner Konvention unterlagen, wie technische Normierungen oder Straßenverkehrsregeln, greifen direkt in das Verhalten der Individuen ein.) Bereits die Freirechtstheorie hatte ihre problematischen Forderungen mit der richtigen Feststellung begründet, daß die sogenannten »Rechtsadressaten« sich am Gesetzesrecht ohnehin nicht orientieren, sondern sich nach »freiem« Recht verhalten, das gesellschaftlichen Normen bzw. moralischen Konventionen entspricht.[81] Die Menschen enthalten sich zum Beispiel nicht des Stehlens, Raubens oder Totschlagens, weil sie die einschlägigen Gesetzesparagraphen kennen, sondern weil sie den seit der Kindheit eingeübten (und vielleicht später autonom überprüften) moralischen Prinzipien folgen. Die Rechtsnormen enthalten dagegen Anweisungen an die Staatsapparate, wie und in welchem Ausmaß sie auf Übertretungen eines genau bezeichneten und rechtsverbindlich gemachten Bruchteils (!) der moralischen Normen zu reagieren haben.

80 Vgl. Beitrag VIII in diesem Band.
81 Zum Beispiel Kantorowicz, »Der Kampf um die Rechtswissenschaft«, S. 17 f.
    Dazu Maus, *Rechtstheorie und politische Theorie im Industriekapitalismus*, S. 300 ff.

Mit der Enteignung rechtsfreier Räume durch eine Justiz, die moralische Normen zu Anhaltspunkten ihrer Aktivitäten macht, wird der Anteil staatlichen Zwangs erkennbar, der in der gesellschaftlichen Über-Ich-Delegation an die gerichtsförmige Moralverwaltung liegt. Die politische Usurpation des Gewissens macht es zugleich wenig wahrscheinlich, daß die gehandhabten moralischen Normen ihren ursprünglichen Charakter behalten. Sie führen nicht zu einer Vergesellschaftung der Justiz, sondern zu einer Funktionalisierung gesellschaftlicher Verhältnisse, gegen die formalrechtliche Strukturen einst eine Barriere bildeten. Daß moralische Gesichtspunkte von der gesellschaftlichen Basis nicht delegiert werden, scheint der einzige Schutz gegen ihre Perversion und zugleich ein Hindernis noch auf dem Weg zu funktionalistischer Eindimensionalität zu sein.

II. Zur Ideengeschichte der Gewaltenteilung und der Justizfunktion. Demokratie und Justiz in nationalstaatlicher und europäischer Perspektive[1]

Man konnte mich davon überzeugen, daß eine Demokratie, die das Prinzip der Volkssouveränität noch ernst nimmt, auf europäischer Ebene möglich wäre.[2] Der Vertrag über eine Verfassung für Europa ist allerdings von einer Verwirklichung solcher Demokratie weit entfernt. Diese Feststellung gälte auch dann, wenn er mehr enthielte als erstens: ein Parlament, das – in Kooperation mit dem Ministerrat – in der Regel nur auf Vorschlag der Kommission, also der EU-»Regierung«, seine gesetzgebende Tätigkeit ausüben kann (Art. 1-26 Abs. 2), und zweitens: ein Gesetzesinitiativrecht der BürgerInnen, dessen aufwendiges Verfahren sich mit dem Ziel einer Aufforderung an die Kommission, ihrerseits eine Gesetzesinitiative zu ergreifen, begnügen muß (Art. 1-47 Abs. 4). Ein Grund zur Skepsis bestünde sogar noch dann, wenn er den Vorschlägen Heidrun Abromeits zum europäischen Gesetzgebungsverfahren etwas näher käme und den multiplen europäischen Demos mit komplex gestaffelten bzw. sektoralen Vetorechten ausgestattet hätte. Ungeklärt bliebe noch immer, wie wirksam eine solche basisdemokratische Partizipation am Gesetzgebungsverfahren – im Sinne immerhin einer »negativen Gesetzgebung«[3] – sein könnte, solange nicht der andere Aspekt der Volkssouveränität, die Bindung der Staatsapparate an die demokratischen Gesetze, in den Vertrag eingegangen ist.

Gerade weil die Gerichtsbarkeit auf europäischer und mit-

---

1 Dieser Beitrag enthält Teile eines Vortrags, den ich am 3.12.2002 an der Deutschen Richterakademie in Wustrow gehalten habe. – In seiner erweiterten Form behandelt er auch supranationale Probleme und bezieht sich auf den Stand der europäischen Verfassungsentwicklung von 2005.

2 Siehe Heidrun Abromeit, *Democracy in Europe. Legitimizing Politics in a Non-State Polity*, New York, Oxford 1998, besonders S. 95 ff.; dies., »Volkssouveränität in komplexen Gesellschaften«, in: Hauke Brunkhorst, Peter Niesen (Hg.), *Das Recht der Republik*, Frankfurt/M. 1999, S. 17-36, besonders S. 26 ff., zur Ausgestaltung von Vetorechten.

3 So bezeichnete Hans Kelsen die Funktion der Verfassungsgerichtsbarkeit im Verhältnis zur parlamentarischen Gesetzgebung, s. Hans Kelsen, *Wer soll der Hüter der Verfassung sein?*, Berlin 1931.

gliedsstaatlicher Ebene nicht im Mittelpunkt der europäischen Verfassungsdebatte stand,[4] muß die Frage erst gestellt werden, in welchem Verhältnis überhaupt ein möglicher Zugewinn an Demokratisierung der Gesetzgebung zur Justizfunktion stünde, welch letztere für die Art der Handhabung von Gesetzen (auch durch alle anderen Staatsapparate) schlechterdings ausschlaggebend ist. Wenn in dem als problematisch und unklar beschriebenen Kompetenzarrangement zwischen obersten Gerichten auf europäischer und solchen auf mitgliedsstaatlicher Ebene der Union sich die diagnostizierte Tendenz zur Kooperation durchsetzt,[5] so kann dies für die Art der Harmonisierung disparater Rechtsmaterien nicht ohne Konsequenzen bleiben. Die unaufgelösten, im Mehrebenensystem von Fall zu Fall auftretenden Kompetenzkonflikte zwischen den Gerichten und die damit verbundenen Widersprüche zwischen den jeweiligen Rechtsgrundlagen können von den Gerichten am leichtesten durch die Transformation inhaltlich bestimmten rechtsstaatlichen Rechts in »weiches« Recht gehandhabt werden.

Es verstärkt sich so nicht nur der seit über einem Jahrhundert anhaltende Trend, der bereits innerhalb der Nationalstaaten zunehmend zur Rechtsentwicklung durch Rechtsprechung auf Kosten der demokratischen Gesetzgebung führte – ein Trend also zu einer dramatischen Umschichtung des Gewaltenteilungssystems. Auch das Recht selbst nimmt dadurch eine Qualität an, die die demokratische Gesetzgebung und die mit ihr verbundenen Legitimationsprozesse wie Parlamentswahlen oder basisdemokratische Abstimmungen folgenlos macht, weil die Outputs aller dieser Veranstaltungen, die Gesetze, ihre Bindungswirkung gegenüber den Staatsapparaten verlieren. »Weiches« Recht steht diesen zur Disposition. Weil also die Gefahr besteht, daß der Anspruch auf demokratische Organisation der Politik zwischen zwei rekursiv geschlossenen Kreisläufen, demokratischer Gesetzgebung einerseits und davon unbeeindruckten, sich selbst programmierenden Staatsapparaten andererseits, hindurchfällt, sei der neuralgische Punkt des Stellenwerts der Justiz in demokratischen Systemen noch einmal erörtert.

4 Franz C. Mayer, »Europäische Verfassungsgerichtsbarkeit. Gerichtliche Letztentscheidung im europäischen Mehrebenensystem«, in: Armin von Bogdandy (Hg.), *Europäisches Verfassungsrecht. Theoretische und dogmatische Grundzüge*, Berlin, Heidelberg 2003, S. 229–282, hier: S. 280.
5 Mayer, »Europäische Verfassungsgerichtsbarkeit«, S. 282.

Der Versuch, die aktuellste Version der beschriebenen Problemstellung durch einen Rückgriff auf die Ideengeschichte, zumal eine bislang ausschließlich nationalstaatlich orientierte, zu klären, legitimiert sich aus der gleichbleibend zentralen Bedeutung der Justizfunktion für jede Demokratie, die diesen Namen verdient und deshalb den Anspruch auf Rechtsstaatlichkeit erheben muß. Dieser Versuch ist sogleich mit einer ganz grundsätzlichen Schwierigkeit konfrontiert, von deren Behebung jedoch viel auch für das Verständnis supranationaler Demokratie abhängt. Die Schwierigkeit besteht darin, daß heutige Vorstellungen von Gewaltenteilung sich auf ein vormodernes Modell hin verengt haben, also angesichts einer historisch erreichten Komplexitätssteigerung auf seiten der faktischen Rahmenbedingungen für Demokratie (Mehrebenensystem, sektorale Ungleichzeitigkeiten etc.) sich eine dramatische Komplexitätsreduktion auf seiten der normativen Demokratietheorie leisten: Wenn gegenwärtig *das* Gewaltenteilungssystem mit Montesquieus vordemokratischem Modell schlechterdings identifiziert wird, so besagt dies nichts anderes, als daß heutige politische Theorie sich von der Erinnerung an konkurrierende demokratische Versionen der Gewaltenteilung, wie sie unter anderem von John Locke und Kant entwickelt wurden, entlastet.

Dieser selektive Zugriff auf die Theoriegeschichte der Gewaltenteilung, der Montesquieus Konzeption einer »gemäßigten Monarchie« unter anderem deshalb privilegiert, weil sie für das Präsidialsystem der US-amerikanischen Verfassung zum Vorbild wurde und in Gestalt dieser Verfassung eine hegemoniale Wirkung entfaltete, und umgekehrt die demokratischen Theoretiker verdrängt, deren Gewaltenteilungsmodelle überhaupt erst den modernen Parlamentarismus theoretisch begründeten, folgt nicht nur den faktischen Machtverhältnissen der Gegenwart. Diese eigentümliche Verwerfung in der Rezeption jener politischen Theorien, die die Prinzipien für die Verfassunggebungen seit dem späten 18. Jahrhundert formulierten,[6] ist auch durch den aktuellen Trend bedingt, im Kontext supranationaler Organisation von Politik das Anspruchsniveau normativer Demokratie drastisch abzusenken. Die Rückkehr zu einem noch feudalständisch imprägnierten Gewaltenteilungssystem wie dem Montesquieus steht dort auf der Tagesordnung, wo

6 S. Jürgen Habermas, »Naturrecht und Revolution«, in: ders., *Theorie und Praxis*, S. 52-88.

sich überlappende Zuständigkeiten in großräumigen und komplexen politischen Einheiten zurechenbare Verantwortung und demokratische Kontrolle erschweren. Es ist diese Schwierigkeit, die überhaupt die aktuelle Regression zu vormodernen Konzeptionen politischer Organisation bedingt, wenn zum Beispiel die »mittelalterliche Reichsidee« ausdrücklich für die künftige Struktur der europäischen Union bzw. eines Globalstaates reklamiert wird.[7]

Angesichts dieser Situation verzichten die folgenden Ausführungen nicht auf einen normativ-demokratischen Anspruch und arbeiten (in drei Abschnitten) an einer Vervollständigung der Theoriegeschichte der Gewaltenteilung. Dabei wird ein auf den ersten Blick paradoxer Befund zu erläutern sein: Montesquieus »Gewaltenteilung« beabsichtigt keine Teilung der Gewalten, sondern eine Souveränitätsteilung (1). Die demokratischen Modelle erreichen eine Gewaltenteilung gerade durch die Institutionalisierung der Unteilbarkeit von Volkssouveränität (2). Ein letzter Abschnitt (3) konzentriert sich auf die Analyse der Justizfunktion hinsichtlich ihrer Stellung in den beiden gegensätzlichen Verfassungssystemen und untersucht den Wandel dieser Funktion seit Beginn des 20. Jahrhunderts im Kontext von Veränderungen der Rechtsstruktur und insbesondere der Methodik der Rechtsprechung. Dabei werden zugleich Erosionen der Grundlagen von Rechtsstaat, Gewaltenteilung und Demokratie unter nationalstaatlicher und supranationaler Perspektive erörtert. – Die jeweils vergleichende Untersuchung der abstrakten theoretischen Konstruktionen impliziert ein konkretes Interesse: Insofern es sich um den Gegensatz zwischen den konstitutiven Prinzipien des hegemonialen Präsidialsystems und des in die Defensive gedrängten parlamentarischen Systems, das Volkssouveränität immerhin mittelbar organisierte, handelt, geht es im Folgenden zugleich um die Verteidigung der Verfassungen des »alten« Europas gegen ihre Verächter.

---

7 Für die Europäische Union s. Christoph Möllers, »Verfassunggebende Gewalt – Verfassung – Konstitutionalisierung«, in: von Bogdandy (Hg.), *Europäisches Verfassungsrecht*, S. 1-57, hier: S. 19. Für ein Globalsystem s. David Held, »Democracy, the Nation-State and the Global System«, in: ders. (Hg.), *Political Theory today*, Stanford/CA 1991, S. 197-235, hier: S. 223 f.

I.

Das bis heute geschichtsmächtigste Gewaltenteilungsmodell entwickelt Montesquieu im Kontext einer Theorie, die in allen ihren
Prämissen und Folgerungen sich in diametralem Gegensatz zum
demokratiebegründenden Kontraktualismus des 17. und 18. Jahrhunderts befindet. Wenn das berühmte Kapitel in Montesquieus
Buch »Vom Geist der Gesetze«, in dem die Grundprinzipien der
Gewaltenteilung behandelt werden, die Überschrift »Von der Verfassung Englands« trägt, so ist bereits damit ein Theorieprogramm
bezeichnet, das den Gegensatz zu den Vertragstheoretikern der
Aufklärung begründet. Montesquieus Ausgangspunkt von der real-
existierenden Verfassung Englands entspricht der Prämisse, daß
freiheitssichernde Prinzipien nicht erst erfunden werden müssen,
sondern in einer Realität zu entdecken sind, die bereits »ist«.[8] Montesquieu nimmt Hegels konservatives Verdikt gegen die Abstraktionen des Verstandes und den Konstruktivismus der Vertragstheoreti-
ker[9] vorweg, wenn er formuliert: »Meine Grundsätze habe ich nicht
meinen Vorurteilen, sondern der Natur der Dinge entnommen.«[10]
Bei Montesquieu erscheint als »Vorurteil«, was in den Vertragstheorien der Aufklärung aus einer Vernunft begründet wird, die aller
Erfahrung vorhergeht, die – wie später Kant formuliert – von »Prinzipien a priori«[11] ihren Ausgang nimmt. Kants Radikalismus der
Negation jeder Übermacht des Objektiven, wie sie die Vormoderne
in der Welt der Erscheinungen wie der gesellschaftlichen Institutionen fraglos anerkannte, zugunsten einer Produktivität des denkenden Subjekts, das seine eigenen Gegenstände erst konstituiert, wird
bereits in den Vertragstheorien des 17. Jahrhunderts antizipiert.

---

8 Montesquieu, *Vom Geist der Gesetze*, Bd. 1, S. 214.

9 Georg Wilhelm Friedrich Hegel, *Grundlinien der Philosophie des Rechts*, in: Eva
   Moldenhauer, Markus Michel (Hg.), Frankfurt/M. 1970, Bd. 7, 399 ff.,
   439 f. – Während Montesquieu allerdings überhaupt eine institutionalisierte Gewaltenteilung vorschlägt, läßt Hegel eine Unterscheidung der Gewalten nur im
   Sinne der Differenzierung der Momente des Begriffs zu: S. 432 ff. (§§ 272 ff.).

10 Montesquieu, *Vom Geist der Gesetze*, Bd. 1, S. 6.

11 Für die Rechtsphilosophie s. Immanuel Kant, *Die Metaphysik der Sitten/Rechts-
   lehre*, in: Wilhelm Weischedel (Hg.), *Kant-Werkausgabe*, Frankfurt/M. 1974 ff.,
   Bd. VIII, S. 345; ders., »Über den Gemeinspruch: Das mag in der Theorie richtig
   sein, taugt aber nicht für die Praxis«, in: Weischedel (Hg.), *Kant-Werkausgabe*,
   Bd. XI, S. 145.

Hatte die Vormoderne nur einen Herrschaftsvertrag gekannt, als dessen Vertragspartner König und Volk als präexistente, quasi »natürliche«, von Gott gegebene Entitäten fungierten, so lag die Innovation der Theorien des Gesellschaftsvertrags des 17. Jahrhunderts im theoretischen Konstrukt eines Naturzustands, dessen einzige Voraussetzung in der Abstraktion von allen politischen und rechtlichen Verhältnissen bestand. Nur so konnte – in polemischer Wendung gegen die real existierenden Gegebenheiten der gottgestifteten Monarchie und der durch feudalständische Privilegienordnungen formierten Bevölkerung – der neue Anfang bei den (»apriorischen«) Prinzipien der Freiheit und Gleichheit von Individuen gewonnen werden, von dem aus eine politische Vergesellschaftung überhaupt erst zu erfinden war. So wurden freie und gleiche Individuen, die nur als radikaler Gegenentwurf zur Wirklichkeit allgemeiner Unfreiheit und Ungleichheit zu denken waren, selbst für Hobbes, der demokratischen Optionen (jedenfalls angesichts der politischen Umstände seiner Zeit) noch fernstand, zum einzigen Ausgangspunkt für ein Staatsmodell, das sich nicht mehr der systematisch-rezeptiven Erkenntnis von Gegebenem, sondern ausschließlich dem Konstruktivismus des denkenden Subjekts verdankt. Auch bei Hobbes ist der neue Anfang folgenreich, insofern der aus freien Willensakten der Individuen überhaupt erst konstituierte Staat nur noch als Serviceinstitution für die (hier: Sicherheits-)Bedürfnisse der Individuen zu legitimieren ist, also den Schutz des (einzigen) Menschenrechts auf Leben und körperliche Unversehrtheit zur Aufgabe hat und im übrigen die ursprüngliche Freiheit der Individuen wenigstens als negativ-privatautonome, die ursprüngliche Gleichheit als Rechtsgleichheit respektieren muß.[12] Auch der oft beobachtete Einbruch des realgesellschaftlichen Prinzips kapitalistischer Konkurrenz in Hobbes' Naturzustand[13] beruht auf einer Abstraktion: Die neue Form der Konkurrenz eines jeden mit jedem mußte von Hobbes gegen ein noch geltendes feudalständisches Privilegienrecht formuliert werden, das gleichberechtigte Konkurrenz zwischen Bürgern und Adeligen oder etwa zwischen Bauern und ihrem Grundherrn prinzipiell ausschloß. Nur die höchst abstrakte Konstruktion eines hypothetischen Naturzu-

12 Dazu, mit Nachweisen, Teil 2 dieses Beitrags.
13 So besonders C. B. Macpherson, *Die politische Theorie des Besitzindividualismus. Von Hobbes bis Locke*, Frankfurt/M. 1967.

stands von isolierten Individuen bietet also selbst in der Minderform bei Hobbes überhaupt die Voraussetzung dafür, daß diesen Individuen – kontrafaktisch – die Rechte von Freien und Gleichen zugeschrieben werden konnten.

Montesquieus Theorie enthält zu allen diesen Punkten das genaue Kontrastprogramm. Es sei hier schon vorweggenommen, daß gerade auch die »soziologische« Imprägnierung[14] des Montesquieuschen Gewaltenteilungsmodells nicht so sehr einen Vorgriff auf die moderne gesellschaftswissenschaftliche Disziplin enthält, sondern umgekehrt die moderne Idee der institutionellen Binnendifferenzierung politischer Macht auf den Kontext der feudalständischen Gliederung seiner Gesellschaft zurückbezieht. Während im Folgenden auf eine sehr moderne Komponente der Montesquieuschen Konzeption noch ausführlich einzugehen ist, sollen hier zunächst die konservativen Implikationen seiner Theorie behandelt werden.

Im Anschluß an das, was in Frankreich bereits »ist« und um die Institution des (im 18. Jahrhundert ebenfalls noch feudalständisch formierten) englischen Parlaments ergänzt werden soll, optiert Montesquieu für eine »gemäßigte« Monarchie, deren Mäßigung er insbesondere von der Zwischengewalt des Adels erwartet.[15] Hatten die vorrevolutionären französischen »parlements« – Montesquieu war bekanntlich 10 Jahre seines Lebens Präsident einer dieser eher verwaltungsgerichtlichen Institutionen – unter anderem mit ihrer Forderung der Überprüfung monarchischer Gesetze den Absolutismus zu hemmen versucht und dabei zugleich die Adelsprivilegien gegen absolutistische »Gleichmacherei« (vor allem der geplanten Steuererhebung) verteidigt, so lokalisiert Montesquieu diese Zwischengewalt innerhalb seines Gewaltenteilungsmodells in einer separaten, aus dem Erbadel zusammengesetzten Kammer der Legislative.[16] Ausdrücklich begründet Montesquieu die Repräsentation dieser Privilegierten in einer eigenen legislativen Körperschaft mit ihrer anderweitigen Vorrangstellung innerhalb der Gesellschaft.[17] In Montesquieus Gewaltenteilungsschema ist eine Legislative plaziert, in der sozusagen »nach Ständen« abgestimmt wird.

Die juridische »Gleichmacherei« des Kontraktualismus wird

14 Emile Durkheim, *Montesquieu et Rousseau: Précurseurs de la Sociologie*, Paris 1953.
15 Montesquieu, *Vom Geist der Gesetze*, Bd. 1., S. 220 f.
16 Ebd.
17 Ebd., S. 220.

bei Montesquieu erst recht hinsichtlich der Rechtsanwendung verfehlt. Hatte schon Hobbes die gleichheitliche Anwendung der Gesetze auf Bürger unterschiedlicher sozialer Positionen zur zentralen Verpflichtung der Staatsgewalt erklärt,[18] so findet sich bei Montesquieu – inmitten zahlreicher Argumente zur Verteidigung der Freiheitsgarantien für Angeklagte, unter die man sogar die quasi ständegerichtliche Forderung der Ebenbürtigkeit von Richter und Beschuldigtem rechnen könnte[19] – eine sehr spezifische Privilegierung des Adels: Die Angehörigen dieses Standes sollen überhaupt der ordentlichen Gerichtsbarkeit entzogen und lediglich der legislativen Adelskörperschaft zugeführt werden. Montesquieu versieht diese Durchbrechung seines Gewaltenteilungssystems mit der ausdrücklichen Begründung, daß die Adelskammer in der Lage sei, die Strenge des Gesetzes zugunsten des Adels zu mildern.[20] Deutlicher kann Montesquieus Verhaftung in einer Gesellschaftsordnung, der die Kampfansage des Kontraktualismus galt, nicht zum Ausdruck kommen.

Es ist dies nur eine der Konsequenzen, die in Montesquieus polemischer Absage an alles »Vorurteil« apriorischen Denkens bereits enthalten sind. Wenn Montesquieu die »*Natur der Dinge*« als letzten Bezugspunkt wählt, auf den sich alle Gesetze und Verfassungen zurückführen lassen, so ist damit die genaue Gegenposition zur Konstruktion einer vorstaatlichen »*Natur des Menschen*« ausgesprochen,[21] aus der die Vertragstheorie alle normativen Anforderungen an eine legitime Organisation der Politik ableitete und alle politischen und gesellschaftlichen Institutionen auf eine Servicefunktion zugunsten gleicher individueller Rechte und Bedürfnisse verpflichtete. Montesquieus Rückwendung zur »Natur der Dinge« erklärt dagegen vorgegebene bzw. tradierte Gesellschaftsstrukturen und Institutionen für das Primäre, aus dem die unterschiedlichen Berechtigungen der Individuen sich sekundär ableiten. Identifiziert die Aufklärung ihren neuen Leitbegriff der

---

18 Vgl. Anm. 73 und zugehörigen Text.

19 Montesquieu, *Vom Geist der Gesetze*, Bd. I, S. 218.

20 Ebd., S. 224 f.

21 Dazu ganz falsch: Ernst Forsthoff in der Einleitung zu Montesquieu, *Vom Geist der Gesetze*, Bd. I, der Montesquieu eine Bezugnahme auf die »Natur des Menschen« nur deshalb unterstellen kann (S. XXVII), weil er diese mit dem »Menschenbild« verwechselt (S. XXVIII).

»Natur« mit der Vernunft des Subjekts, so verweist Montesquieu auf die objektive »Natur« geronnener gesellschaftlicher Verhältnisse zurück.

Montesquieus Theoriedesign hat darum erhebliche Konsequenzen auch für sein Verfassungsverständnis insgesamt. Wenn es bei Montesquieu heißt: »Gesetze im weitesten Sinn des Wortes sind Beziehungen, die sich aus der Natur der Dinge mit Notwendigkeit ergeben«,[22] so ist bereits ein Gegensatz zum Verfassungsverständnis der Aufklärung in zweifacher Hinsicht begründet. Was auch immer unter »Verfassung« zu verstehen ist, beruht nach Montesquieu nicht auf freier Entscheidung,[23] schon gar nicht der der betroffenen Bürger, und impliziert nicht die Auszeichnung einer normativ richtigen Verfassung. Montesquieu zufolge müssen die »Gesetze«, d. h. die »Staats- und Zivilgesetze jedes Volkes«,

der Natur des Landes entsprechen, seinem kalten, heißen oder gemäßigten Klima, der Beschaffenheit des Bodens, seiner Lage und Größe, der Lebensweise der Völker, ob Ackerbauer, Jäger oder Hirten; sie müssen dem Grad von Freiheit entsprechen, der sich mit der Verfassung verträgt, der Religion der Bewohner, ihren Neigungen, ihrem Reichtum, ihrer Zahl, ihrem Handeln, ihren Sitten und Gebräuchen. [...] von allen diesen Gesichtspunkten aus muß man sie betrachten. Dies soll die Aufgabe des vorliegenden Werkes sein. Alle diese Beziehungen will ich untersuchen: sie alle zusammen bilden den »Geist der Gesetze«.[24]

Wenn hier Montesquieu zwischen »Staatsgesetzen« (lois politiques), die die »Regierung prägen«, also dem, was seit den Verfassunggebungen der Amerikanischen und Französischen Revolution überhaupt erst als »Verfassung« im modernen Sinn bezeichnet wird,[25] und den »bürgerlichen Gesetzen« ausdrücklich[26] nicht un-

---

22 Montesquieu, *Vom Geist der Gesetze*, Bd. I, S. 9.

23 Ebd., S. 16. Der Begriff »Wille des Gesetzgebers«, der sich im Kontext findet, ist Montesquieu ganz unangemessen; es heißt im Original: »l'objet du législateur« (s. *Œuvres complètes de Montesquieu*, M. André Masson (Hg.), Bd. I, Paris 1950, S. 9), könnte also mit Gegenstand, Aufgabe oder höchstens Zweck des Gesetzgebers übersetzt werden.

24 Ebd. (deutschsprachige Ausgabe).

25 Dazu Dieter Grimm, »Entstehungs- und Wirkungsbedingungen des modernen Konstitutionalismus«, in: ders., *Die Zukunft der Verfassung*, Frankfurt/ M. 1991, S. 31-66, besonders S. 35 f., und ders., »Der Verfassungsbegriff in historischer Entwicklung«, in: ders., *Die Zukunft der Verfassung*, S. 101-155.

26 Montesquieu, *Vom Geist der Gesetze*, Bd. I, S. 16.

terscheidet, so bedeutet dies, daß sämtliche Gesetze an zahlreiche objektive, zum größten Teil konstante Faktoren naturwüchsiger und sozialer Provenienz gebunden sind, wobei auch die Konformität möglicher Freiheit mit der »Verfassung« (degré de liberté que la constitution peut souffrir[27]) keinen zusätzlichen Aspekt enthält, weil der Begriff der »Verfassung« im vorrevolutionären Sprachgebrauch sich noch auf die gesamte Realstruktur aller politischen und gesellschaftlichen Institutionen bezieht.

Mit dieser Eliminierung jeder voluntaristischen Perspektive freier Verfassunggebung ist zugleich das normative Kriterium der Aufklärungsphilosophie aufgegeben, das nur eine demokratische, nach damaligem Sprachgebrauch republikanische Verfassung freier und gleicher Bürger, als legitim auszeichnet und einen Relativismus in Verfassungsfragen nur hinsichtlich der konkreten Ausgestaltung demokratischer Prinzipien je nach freier Entscheidung der betroffenen Völker zuläßt. Montesquieus »soziologischer« Relativismus betrifft dagegen die Grundprinzipien der Verfassungen (und aller übrigen Gesetze) selbst. Jeweils diejenige Regierungsform ist richtig, d. h. entspricht »am besten der Natur, deren Eigenart dem Wesen des betreffenden Volkes am meisten angepaßt ist«[28] – wobei das »Wesen« des Volkes den objektivistischen Gegenbegriff zu dem subjektivistischen des Volks»willens« bildet. Montesquieus friedfertiger Relativismus in zwischenstaatlicher Perspektive: »Ich schreibe nicht, um zu tadeln, was in welchem Lande auch immer geordnet ist. Jedes Volk wird hier die Vernunftgründe für seine Lebensregeln finden«,[29] ist innerstaatlich äußerst affirmativ. Was das eigene Land, was Frankreich betrifft, so verdeutlicht nicht nur die kunstvolle Kombination aller soziologischen Voraussetzungen, sondern auch das unübersehbare Engagement, daß Montesquieu ganz entschieden für eine »gemäßigte Monarchie« optiert. Diese Mäßigung – überhaupt eine zentrale Kategorie der politischen Theorie

27 Montesquieu, Masson (Hg.), Œuvres complètes de Montesquieu, S. 9.

28 Montesquieu (deutschsprachige Ausgabe), S. 15.

29 Montesquieu, Vom Geist der Gesetze, Bd. I, S. 6. Montesquieus Affirmation wird nicht aufgehoben, sondern vertieft, wenn er (ebd.) Änderungsvorschläge mit deutlicher Distanzierung (wie der Originaltext, Masson [Hg.], Œuvres complètes de Montesquieu, S. IX, zeigt) denen überläßt, die zu »Geniestreichen« (coups de génie) in der Lage sind. – Zu einer anderen Einschätzung von Montesquieus Relativismus kommt Melvin Richter, The Political Theory of Montesquieu, Cambridge/London/New York/Melbourne 1977, S. 57 ff.

Montesquieus[30] – gewinnt im Kontext seines Gewaltenteilungsmodells einen normativen Akzent: Sie soll bekanntlich die despotische Entartung der Monarchie ebenso verhindern wie die Souveränität des Volkes. Es scheint vor allem diese letztere Intention zu sein, die Montesquieus sehr spezifische Version von Gewaltenteilung in den nachrevolutionären Jahrhunderten so anziehend macht.

Ein Grundprinzip in Montesquieus Theorie der Gewaltenteilung ist gleichwohl überraschend modern. Auch wenn Montesquieu mit dem Einbau englischer Verfassungselemente in das zeitgenössische französische System ein im ganzen lediglich reformkonservatives Programm entwickelt, das bloß eine Abänderung der real existierenden französischen »Verfassung« intendiert und bei Ausbruch der Französischen Revolution zum Orientierungspunkt der konservativsten Fraktion wird (während alle übrigen Fraktionen auf eine neue Verfassunggebung drängen);[31] auch wenn die tatsächliche Rezeption von Momenten des Montesquieuschen Gewaltenteilungssystems in den französischen Revolutionsverfassungen deren Durchbruch zum Parlamentarismus (trotz starker Akzentuierung der Volkssouveränität) noch verhindert: Montesquieus Grundgedanke, daß der Mißbrauch politischer Macht nur dadurch zu hemmen ist, daß »die Macht der Macht Schranken setzt«,[32] überschreitet den Horizont seiner theoretischen Prämissen und ist schlechterdings modern. Indem Montesquieu hier ausschließlich strukturell-prozedural argumentiert, sieht er von aller traditionalistischen Beschränkung politischer Macht ab, die in Gestalt feudal spezifizierter Tugendpflichten (wie sie dem Genre der Fürstenspiegel entspricht) eine Selbstbegrenzung politischer Herrschaft zu bewirken sucht. Was Montesquieu entwirft, ist ein Arrangement des politischen Prozesses, das sich auf die guten Absichten der Akteure nicht verlassen muß, weil es in sich selbst die Begrenzungen ihres Handelns enthält. Wenn Gewaltenteilung

---

30 Vgl. Walter Kuhfuß, *Mäßigung und Politik*, München 1975.
31 Vgl. zum Beispiel Dieter Grimm, *Deutsche Verfassungsgeschichte 1776-1866*, Frankfurt/M. 1988, S. 33. – Der Konflikt zwischen dem vormodernen und dem modernen Verfassungsbegriff ist sehr präsent in Sieyès' Entgegensetzung von *fehlender* und (wie der Adel behauptet) *vorhandener* Verfassung, s. Emmanuel Sieyès, »Was ist der Dritte Stand?« in: Schmitt/Reichardt (Hg.), *Emmanuel Joseph Sieyès. Politische Schriften 1788-1790*, München, Wien 1981, S. 117-195, hier: S. 157 ff., besonders S. 164.
32 Montesquieu, *Vom Geist der Gesetze*, Bd. 1., S. 213.

in dieser Hinsicht als Ausdruck eines »technisierten« Verfassungsverständnisses denunziert wird,[33] so ist verkannt, daß Montesquieu
sich hier der Prozeduralisierungskonzeption der demokratischen
Kontraktualisten punktuell annähert, die ebensowenig beliebigem
Funktionalismus huldigt, vielmehr durch die Struktur des Verfahrens Entscheidungs-Outputs zu erreichen sucht, »als ob« die Beteiligten tugendhaft seien.[34]

Es handelt sich freilich – auch im rein institutionellen Arrangement – bei Montesquieu um ein Gewaltenteilungsmodell ganz
anderer Art. Im einzelnen »teilt« Montesquieu die drei Gewalten
Legislative, Exekutive und Justiz auf eine sehr spezifische Weise.
Er trennt keineswegs – wie es den strengen Forderungen der demokratischen Kontraktualisten und der Verfassungsstruktur eines
parlamentarischen Gewaltenteilungssystems entspräche – die verschiedenen Funktionen der Gewalten, sondern lediglich die personelle Besetzung der Gewalten. Wenn Montesquieu das Verhältnis
von Legislative und Exekutive behandelt, so verdeutlicht das von
ihm geforderte Vetorecht des Monarchen gegen die Gesetze der Legislative, daß er die Spitze der Exekutive als gleichsam »negativen
Gesetzgeber«[35] an der Gesetzgebungsfunktion beteiligt; gegen den
Willen des Monarchen gibt es kein Gesetz. Dieser Kooperations-
zwang von Legislative und Exekutive auf ein und demselben Gebiet der Gesetzgebung bei Montesquieu begründet den genauen
Gegensatz zur Gewaltenteilung in parlamentarischen Systemen.
Montesquieus Version lautet: »Gäbe es keinen Monarchen und
wäre die vollziehende Gewalt einer bestimmten Zahl von Personen anvertraut, die der gesetzgebenden Körperschaft entnommen
wären, so gäbe es keine Freiheit mehr. Denn die beiden Gewalten
wären vereinigt, die gleichen *Personen* hätten […] Anteil an der
einen wie der anderen.«[36] Was Montesquieu hier so vehement als
freiheitsvernichtend kritisiert, ist nichts anderes als ein zentrales
Prinzip des modernen Parlamentarismus, dem zufolge die Verant-
wortlichkeit der Regierung gegenüber dem Parlament gerade da-

33 So Forsthoff, Einleitung zu Montesquieu, *Vom Geist der Gesetze*, Bd. 1., S. XXIX.
34 Dazu Ingeborg Maus, *Zur Aufklärung der Demokratietheorie. Rechts- und demokratietheoretische Überlegungen im Anschluß an Kant*, Frankfurt/M. ²1994,
   S. 176 ff., besonders S. 181.
35 Zu diesem Begriff vgl. Anm. 2.
36 Montesquieu, *Vom Geist der Gesetze*, Bd. I, S. 221 f.

durch institutionalisiert ist, daß die Regierungsbank sich im Parlament befindet. – Hier wird also die wesentliche Differenz zwischen dem parlamentarischen und dem präsidentiellen (bei Montesquieu noch konstitutionell-monarchischen) Gewaltenteilungssystem deutlich: das erstere beruht auf Funktionsteilung, das letztere ausschließlich auf dem Inkompatibilitätsgebot.

Das spezifische Charakteristikum des Montesquieuschen Modells, das auf eine funktionale Ausdifferenzierung zwischen Legislative und Exekutive noch völlig verzichtet, bestätigt wiederum die überwiegend vormoderne Orientierung seiner Theorie. Obwohl Durkheims berühmte Unterscheidung zwischen segmentärer und funktionaler Differenzierung als eine solche von vormodernem und modernem Gesellschaftstypus nur mit äußerster Vorsicht auf den Gegensatz zwischen den beiden Gewaltenteilungssystemen zu übertragen ist, so sind doch Montesquieus Modell Züge einer segmentären Differenzierung zuzuschreiben. Legislative und Exekutive sind gerade nicht »arbeitsteilig« spezifiziert, so daß in dieser Hinsicht ihre Differenzierung über die Nebenordnung gleichartiger Segmente, die lediglich die Segregation ihrer Mitglieder gegen andere Segmente organisieren,[37] nicht hinauskommt. Um so erstaunlicher ist es, daß ausgerechnet Montesquieus Gewaltenteilungsmodell, das – wie doch allseits bekannt – ein »gewaltenverschränkendes« ist, als das einzig mögliche System der Gewaltenteilung bis heute hat durchgehen können.

Ironischerweise waren aber die von Montesquieu so stark akzentuierten Aspekte, die eins-zu-eins in die US-amerikanische Verfassung aufgenommen wurden – als Vetorecht des Präsidenten gegen Gesetze des Kongresses (das nur durch Zweidrittelmehrheiten beider Häuser des Kongresses überstimmt werden kann) und als strikte personelle Trennung zwischen Exekutive und Kongreß[38] –, in der englischen Verfassungspraxis bereits aufgehoben, als Montesquieu sie dort noch unterstellt. Wie strukturbildend die gekennzeichnete Differenz zwischen den beiden Gewaltenteilungsmodellen für die Verfassungssysteme insgesamt ist, zeigt sich gerade an diesem englischen Beispiel. Richtigerweise werden zwei Vorgänge am Beginn des 18. Jahrhunderts als allererste Weichenstellung für die spätere

---

37 Emile Durkheim, *Über soziale Arbeitsteilung. Studie über die Organisation höherer Gesellschaften*, Frankfurt/M. ²1988, S. 230.

38 Verfassung der Vereinigten Staaten von Amerika, Art. I Abschn. 7.

englische Entwicklung zu einem parlamentarischen System markiert: 1705 ergeht die Regelung, daß Minister (im Gegensatz zu sonstigen Beamten) ihren Sitz im Unterhaus behalten konnten; seit 1707 wird das Vetorecht des Königs gegen ein Gesetz des Parlaments nicht mehr angewendet. Damit wird überhaupt erst der Weg frei für eine Entwicklung, die ab 1841 zur endgültigen Durchsetzung des parlamentarischen Systems führt.[39]

Parlamentarische Gewaltenteilung aber beruht auf einer (repräsentativen) Institutionalisierung des Prinzips der Volkssouveränität. Das Parlament wird als Ausschuß des Volkes, die Regierung als Ausschuß des Parlaments verstanden. Die arbeitsteilige Differenzierung zwischen gesetzgebendem Parlament und gesetzesgebundener Regierungsfunktion wird nicht dadurch in Frage gestellt, daß auch die Regierung Gesetzesvorlagen einbringen kann, denn nur das Parlament hat zu entscheiden, ob diese Vorlagen überhaupt – und gegebenenfalls unter detaillierten Abänderungen – Gesetze werden. Diese Konzentration aller Gesetzgebungsbefugnis beim Parlament bedeutet – wie noch zu zeigen ist – nichts anderes als Unteilbarkeit der (Volks-)Souveränität, welch letztere bei den Kontraktualisten mit Gesetzgebungskompetenz identifiziert wird. Die auf Volkssouveränität basierte Version parlamentarischer Gewaltenteilung hat darum eine von unten nach oben verlaufende vertikale (Legitimations-) und Kontrollstruktur: idealtypisch kontrolliert das Volk das Parlament, das Parlament kontrolliert die Regierung.

Das bekannte Grundprinzip des Montesquieuschen Gewaltenteilungssystems ist zu diesem *vertikalen* Kontrollsystem deshalb genau gegenläufig, weil es gerade nicht die Gewalten, sondern die Souveränität (segmentär) teilt: Indem lediglich personell getrennte Gewalten die Gesetzgebungsfunktion innehaben und so als teilsouveräne Machtfaktoren miteinander konkurrieren, halten sie sich wechselseitig in Schranken: Legislative und Exekutive sind auch durch einseitiges Vetorecht zur mäßigenden Kooperation gezwungen, innerhalb der Legislative hemmen sich Unterhaus und (vom Adel besetztes) Oberhaus durch gegenseitiges Vetorecht. Die Freiheit der Untertanen – ein wichtiges Motiv Montesquieus – wird in der »gemäßigten« Monarchie durch diese *horizontale* Balancierung der Gewalten gesichert. Es ist gerade diese horizontale Institutiona-

39 Karl Loewenstein, *Der britische Parlamentarismus*, Reinbek 1964, S. 63, 66 f., Ernst Fraenkel, *Das amerikanische Regierungssystem*, Köln, Opladen ²1962, S. 33 f.

lisierung von »checks and balances«, die heute fälschlicherweise für *das* Gewaltenteilungssystem schlechthin gehalten wird.

Montesquieus Positionsbestimmung der *Justiz* innerhalb des Gewaltenteilungssystems jedoch überschreitet (sieht man vom Adelsprivileg ab) auf eine radikale Weise die feudalständischen Implikationen seines gesamten Modells. Montesquieu bestimmt äußerst modern die Position der Justiz nach ihrer Funktionsweise, erkennt die Abhängigkeit dieser Funktionsweise von der Methode der Rechtsprechung und richtet an letztere Anforderungen, die die Praxis vormoderner Gesellschaften, (apokryphe) Rechtsetzung und Rechtsentwicklung vor allem den Gerichten zu überlassen, ganz grundsätzlich in Frage stellt. Es ist genau dieser Aspekt von Montesquieus Gewaltenteilungstheorie, durch den er den Anschluß an zentrale Forderungen aller Kontraktualisten gewinnt, der leider gegenwärtig – im Zeichen einer Refeudalisierung[40] der gesellschaftlichen Verhältnisse und der politischen Paradigmen – am meisten vergessen oder verdrängt wird.

Die gewaltenteilige Ausdifferenzierung der Justiz ist bei Montesquieu ausschließlich funktional bestimmt: Die Justiz ist deshalb eine gesonderte Gewalt, weil sie ausschließlich Rechtsanwendungs-, nicht aber Rechtsetzungsaufgaben hat. Diese Funktionsteilung wird durch die Anforderung einer juristischen Methode abgesichert, die die rechtspositivistische Option richterlicher Gesetzesbindung rigoros überbietet: »Die Richter sind […] nur der Mund, der die Worte des Gesetzes ausspricht, [sie sind] willenlose Wesen [des êtres inanimés].«[41] Montesquieus Konzeption des Richters als eines Gesetzesanwendungsautomaten (»inanimé«) enthält zwar die überschießende Illusion, daß jeder einzelne Urteilsspruch im (singulären) Anwendungsfall durch die Formulierung des (allgemeinen) Gesetzes abschließend bestimmt sei. Dennoch spricht Montesquieu in diesem Zusammenhang die wichtige Erkenntnis aus, daß die Gesetzesbindung der Justiz überhaupt die Freiheit der

---

40 S. die frühzeitige Diagnose moderner Refeudalisierung in Max Webers Analyse der Rechtsentwicklung seit Beginn des 20. Jahrhunderts: Max Weber, *Wirtschaft und Gesellschaft*, Köln, Berlin 1964, Bd. I, S. 644 ff. – Zur Refeudalisierung der gegenwärtigen Demokratietheorie s. Maus, *Zur Aufklärung der Demokratietheorie*, S. 32 ff.

41 Montesquieu, Masson (Hg.), *Œuvres complètes de Montesquieu; De l'esprit des lois*, S. 225.

Bürger von willkürlichen staatlichen Übergriffen garantiert. Ohne diese Bindung »würde man in der Gesellschaft leben, ohne genau die Verbindlichkeiten zu kennen, die man in ihr eingeht«.[42]

Montesquieus allgemeine Aussage: »Es gibt […] keine Freiheit, wenn die richterliche Gewalt nicht von der gesetzgebenden […] getrennt ist«,[43] hat freilich seit dem 20. Jahrhundert – im Zeichen wachsender Selbstprogrammierung der Rechtsprechung und der Rückkehr der Justiz in das Zentrum der Rechtsentwicklung – kaum noch eine Chance auf adäquates Verständnis. Dieser Satz Montesquieus wird heute meistens nur im Sinne der richterlichen Unabhängigkeit von konkreten Direktiven der anderen Staatsgewalten gelesen – eine sehr wichtige Intention, die diese Aussage außerdem hat. Eher übersehen wird aber Montesquieus Warnung vor einer gegen die Gesetzgebung gewendeten richterlichen Autarkie. Bei Montesquieu hat die gewaltenteilige Ausdifferenzierung der Justiz gerade den Sinn der Verhinderung richterlicher Selbstversorgung mit Rechtsnormen, wenn er unmißverständlich fortfährt: »Ist sie [die richterliche Gewalt] mit der gesetzgebenden Gewalt verbunden, so wäre die Macht über Leben und Freiheit der Bürger willkürlich, weil der Richter Gesetzgeber [!] wäre.«[44] Montesquieu identifiziert also die Freiheit der Bürger mit der Sicherheit der Rechtserwartung durch »stehende« Gesetze und strikte Gesetzesbindung der Justiz. Montesquieu unterscheidet geradezu freiheitsförderliche und freiheitsfeindliche Regierungsformen anhand dieses Kriteriums:

Je mehr sich eine Regierung einer Republik annähert, desto fester wird ihre Form der Rechtsprechung. […] In *despotischen* Staaten gibt es keine Gesetze: Der Richter ist sich selbst Gesetz. In den *monarchischen* Staaten gibt es ein Gesetz, und da, wo es eindeutig ist, folgt ihm der Richter, und wo es das nicht ist, sucht er, seinen Sinn zu ermitteln. Unter der *republikanischen* Regierungsform entspricht es dem Wesen der Verfassung, daß die Richter sich an den Buchstaben des Gesetzes halten. Es gibt keinen Bürger, zu dessen Ungunsten man ein Gesetz auslegen dürfte, wenn es sich um sein Vermögen, seine Ehre oder sein Leben handelt.[45]

Hier wird deutlich, daß Montesquieus »gemäßigte Monarchie« *hinsichtlich der Rechtsprechung* (!) mit der Republik konvergiert.

42 Montesquieu, *Vom Geist der Gesetze*, Bd. 1, S. 217.
43 Ebd., S. 215.
44 Ebd.
45 Ebd., S. 109.

Das hartnäckige Vorurteil, daß Montesquieu zufolge unter den drei Gewalten die Justiz diejenige sei, die der Mäßigung nicht bedürfe,[46] ist durch die normative Perspektive der bürgerlichen Freiheitssicherung gegen willkürliche Rechtsprechung widerlegt. Montesquieu richtet einen ganzen Katalog von Forderungen gegen die Justiz: Die Machtbegrenzungen seines »Gewaltenteilungssystems« sind auch gegen die Justiz gerichtet, das heißt, der Richter darf nicht zugleich Gesetzgeber sein; die phonographische Rechtsanwendungstheorie unterwirft den Richter restlos der Direktive des Gesetzes; zusätzliche Verfahrensoptionen Montesquieus verlangen die Ersetzung der Berufsrichter durch »aus der Mitte des Volkes entnommene« Personen, um der Verselbständigung der richterlichen Berufskaste und der institutionellen Verfestigung von Gerichtshöfen entgegenzuwirken, sowie das Recht der Angeklagten, unter den aus dem Volk gewählten Richtern noch einmal auszuwählen.[47] Erst wenn alle diese Bedingungen erfüllt sind, gilt die berühmte Aussage Montesquieus: »Auf diese Weise wird die unter den Menschen so schreckliche richterliche Gewalt […] sozusagen unsichtbar und zu einem Nichts.«[48]

Die genau umgekehrte und unhaltbare Lesart der Justiztheorie Montesquieus findet sich freilich bereits bei den Vätern der US-amerikanischen Verfassung. Während die Unionsverfassung von 1787 Montesquieus Gewaltenteilungsmodell, soweit es das Verhältnis von Legislative und Exekutive betrifft, maßstabgerecht übernimmt und damit die demokratische Legislative in die Rahmenbedingungen einer konstitutionellen Monarchie einbindet, wie sie noch im England des 17. Jahrhunderts (!) bestand,[49] reüssierte hinsichtlich der Judikative die föderalistische Fraktion der amerikanischen Verfassungsväter in der späteren Praxis mit einer Argumentation, die sie bereits in der Ratifizierungsdebatte vortrug.

46 S. zum Beispiel Forsthoff, Einleitung zu Montesquieu, *Vom Geist der Gesetze*, Bd. I, S. XXXI.
47 Zu diesen letzteren Punkten Montesquieu, *Vom Geist der Gesetze*, Bd. I, S. 217.
48 Ebd.
49 Vgl. zu dieser »traditionellen Komponente« des US-amerikanischen Präsidialsystems Fraenkel, *Das amerikanische Regierungssystem*, S. 19 ff. – Zum Charakter dieses Konstitutionalismus (unter Betonung der Kontinuität auch der charismatischen Komponente der monarchisch-präsidialen Funktion) vgl. William E. Scheuerman, »American Kingship? Monarchical Origins of Modern Presidentialism«, in: *Polity* 37 (2005) S. 24-53.

Auch die Federalist Papers No. 78 beziehen sich ausdrücklich auf Montesquieu – um eine extrem starke Judikative zu rechtfertigen. Die genaue Umkehrung der Montesquieuschen Argumentationskette lautet: Weil, wie »der berühmte Montesquieu sagt«, »von den drei genannten Gewalten […] die Judikative fast ein Nichts« ist, muß diese Schwäche der Judikative durch die Permanenz des richterlichen Amtes (also die Ernennung der Berufsrichter auf Lebenszeit) sowie die Kompetenz der Rechtsprechung, alle Gesetze auf ihre Verfassungskonformität zu überprüfen und gegebenenfalls für nichtig zu erklären, ausgeglichen werden.[50] Montesquieus Unterwerfung der Justiz unter das Gesetz ist so in die Unterwerfung der Gesetzgebung unter die Justiz verkehrt.

Die Eliminierung der Volkssouveränität in der US-amerikanischen Verfassung ist wesentlich durch die Institutionalisierung eines Gewaltenteilungssystems abgesichert, das die traditionellen Elemente Montesquieus durch den Einbau des präsidialen Vetorechts gegen die Legislative übernimmt und dessen moderne Begrenzung der Rechtsprechung durch Gesetzesbindung verwirft. Montesquieus antidemokratische Wendung ist noch dadurch überboten, daß die von den Federalists aufs äußerste beargwöhnte, dem demokratischen Demos nächststehende Legislative[51] durch eine weitere Instanz der »negativen Gesetzgebung« (in Gestalt der vom Supreme Court seit 1803 beanspruchten und seitdem inzidenter ausgeübten Normenkontrolle) eingeschränkt wird.

Es ist diese verschärfte Version des Montesquieuschen Gewaltenteilungsmodells, die im 20. Jahrhundert im Zeichen einer hegemonialen Entfaltung des US-amerikanischen Verfassungsdenkens das konkurrierende Gewaltenteilungssystem des Parlamentarismus zunehmend verdrängte. Diese Entwicklung führte nicht nur in Deutschland bereits in der (ersten demokratischen) Weimarer Verfassung zu einer – höchst instabilen – Kombination parlamentarischer und präsidialer Verfassungselemente sowie im Bonner Grundgesetz zur Gegenläufigkeit von Parlamentarismus und starker Verfassungsgerichtsbarkeit, sondern auch zum Beispiel in Frankreich, Spanien, Portugal und nach 1989 in den meisten ost-

---

50 Angela Adams, Willi P. Adams (Hg.), *Hamilton/Madison/Jay. Die Federalist-Artikel*, Paderborn, München, u.a. 1994, S. 469 ff., besonders 471 f. u. Anm. 1 von Publius auf S. 471.

51 Ebd., S. 55 ff.

europäischen Ländern zu mehr oder weniger genauen Imitationen der US-amerikanischen Verfassung. Auch die verbliebenen parlamentarischen Systeme, die noch ohne präsidiale (bzw. exekutivische) Einschränkung der Gesetzgebung auskommen, zeigen in diesem Kontext eine Neigung, ihre Selbstbeschreibung an Kategorien des präsidialen Gewaltenteilungssystems zu orientieren und also sich selbst nicht mehr zu verstehen. Unter diesen Umständen ist es angezeigt, die Verfassungsstruktur des »alten« Europas, die einmal die modernere war, zu rekonstruieren.

2.

Auch das demokratische Gewaltenteilungsmodell ist theoretisch sehr voraussetzungsvoll, wie im Vergleich mit Montesquieus Prämissen bereits gezeigt wurde. Für das Verständnis der demokratischen Variante der Gewaltenteilung, wie sie unter anderem von John Locke und Kant, aber auch von Rousseau[52] vertreten wurde, steht im folgenden allerdings eine Klärung der Begriffe »Souveränität« und insbesondere »Volkssouveränität« noch aus. – Hatte Montesquieu formuliert, eine Option für die Republik gegen die Monarchie heiße nichts anderes, als daß man »die Macht des Volkes mit der Freiheit des Volkes verwechsele«,[53] so hat das von den demokratischen Theoretikern begründete Modell genau diese Identifikation zur Voraussetzung. Dieses letztere Modell beschränkt sich nicht auf eine defensive Freiheitssicherung der Bürger gegen von ihnen getrennte Machtapparate, welche sich gegenseitig beschränken, sondern lokalisiert die Kontrolle aller gewalthabenden Staatsapparate an der Basis der Gesellschaft. Freiheitssicherung liegt hier in den Händen der Staatsbürger selbst, die am Gesetzgebungsprozeß

---

52 Daß Rousseau ein sehr stringenter Vertreter des Rechtsstaats und der Gewaltenteilung ist und sich von Locke und Kant lediglich durch die Konzeption einer ausnahmslos nicht-repräsentativen Gesetzgebung unterscheidet, scheint nicht gerade zum Gemeingut der politischen Ideengeschichte zu gehören. Die Ausräumung der gegen Rousseau bestehenden Vorurteile würde den Rahmen dieses Beitrages sprengen, weshalb hier darauf verzichtet ist, Rousseaus einschlägigen Theoriebestandteil einzubeziehen.

53 Montesquieu, *Vom Geist der Gesetze*, Bd. I, S. 212.

partizipieren[54] und zugleich einen Rechtsanspruch[55] darauf haben, daß sämtliche staatlichen Instanzen den Volkswillen beachten, d. h. die demokratischen Gesetze anwenden bzw. nur im Rahmen dieser Gesetze tätig werden. Dieses Modell beruht auf Volkssouveränität – einem heute weitgehend verdrängten oder sehr verdunkelten Prinzip.

Bevor überhaupt von Volkssouveränität die Rede sein kann, ist kurz der Souveränitätsbegriff zu klären, der nicht erst in Zeiten der Globalisierung leicht mit der außenpolitischen Souveränität von Staaten umstandslos gleichgesetzt und so für anachronistisch erklärt wird oder – dies ist hier der zentrale Aspekt – mit dem innerstaatlichen Gewaltmonopol verwechselt und deshalb entsprechenden Verdächtigungen ausgesetzt ist. Die Geschichte der Dämonisierung von Volkssouveränität beginnt bereits, wie an der spezifischen Montesquieu-Rezeption durch die Federalists zu sehen war, in der Ratifizierungsdebatte um die US-amerikanische Verfassung. Während die unterlegene Fraktion der Verfassungsväter, die Antifederalists, noch das Prinzip der Volkssouveränität, das auf amerikanischem Boden überhaupt erstmals realisiert und seit der Unabhängigkeitserklärung in vielen Einzelstaatsverfassungen als durchgängiges Mißtrauen gegen die Übermacht der Regierungen institutionalisiert worden war,[56] verteidigten, kehrten die siegreichen Federalists dieses Prinzip in die (ebenso durchgängige) Organisation des Mißtrauens gegen das Volk um, wie sie die Unionsverfassung verwirklichte. Dabei kam ihnen der unspezifische Machtbegriff Montesquieus zu Hilfe, als es darum ging, bereits hier dem Volkssouveränitätsprinzip eine Akkumulation von Gesetzgebungs- und Regierungskompetenz des Volkes zu unterstellen.[57] Seit diesem Zeitpunkt der Verdrängung der eigenen amerikanischen Geschichte der Volkssouveränität ist die Verdächtigung dieses Prinzips zugleich vielfach auf außeramerikanische Entwicklungen projiziert worden. Dies gilt für den Argwohn gegen alle politischen

54 S. bei Jürgen Habermas, *Faktizität und Geltung*, Frankfurt/M. 1992, S. 109 ff., die diskurstheoretische Begründung dieses Zusammenhangs von Freiheitsrechten und Volkssouveränität.

55 Hermann Heller, »Die Souveränität«, in: ders., *Gesammelte Schriften*, Bd. 2, Leiden/Tübingen 1971, S. 96, 98.

56 So die Verfassung von Pennsylvania.

57 Adams/Adams (Hg.), *Hamilton/Madison/Jay. Die Federalist-Artikel*, S. 54 f.

Institutionalisierungen, die an den einstigen französischen Verfassungstypus anschließen,[58] und gewinnt im Zeichen des »Kalten Krieges« pathologische Züge.[59]

Eine viel abgründigere Opposition gegen »französische« Verfassungsprinzipien wurde in der deutschen Abwehrschlacht gegen jegliche Form der Demokratisierung formuliert. Es war Carl Schmitt, der den für eine starke Demokratie konstitutiven Begriff der Souveränität, der – wie noch im einzelnen zu zeigen ist – seit seiner Entstehung in der Moderne die Funktion der Gesetzgebung, d. h. die »Quelle« alles positiven Rechts bezeichnete, auf die Handlungskompetenz der Exekutive hin umpolte. Carl Schmitts berühmter Satz: »Souverän ist, wer über den Ausnahmezustand entscheidet«,[60] verkehrt die ursprüngliche Intention des Souveränitätsbegriffs in das genaue Gegenteil, wenn er nicht mehr die Erzeugung des positiven Rechts, sondern umgekehrt dessen Außerkraftsetzung mit dem Signum der »Souveränität« versieht. Da im Ausnahmezustand bekanntlich die Stunde der Exekutive schlägt, ist es diese »Gewalt«, der Carl Schmitt die Suspension des bestehenden Gesetzes- bzw. Verfassungsrechts und die (souveräne) Neusetzung von Recht und Verfassung gleichzeitig überantwortet, oder, in der Sprache seiner Diktaturtheorie: die Spitze der Exekutive wird mit der wahrhaft unbegrenzten Vollmacht ausgestattet, eine »kommissarische« und eine »souveräne« Diktatur zugleich auszuüben, also den Widerspruch in sich zu vereinen, als verfassungsmäßige und als verfassunggebende Gewalt tätig zu werden, d. h. an der Suspension der bestehenden Verfassung zum Zweck ihrer Bestandserhaltung gegen Fundamentalopposition und an der Herbeiführung einer neuen Verfassung sich gleichzeitig zu legitimieren.[61] Was Carl Schmitt in exzessiver Auslegung des Artikels 48 der Weimarer Verfassung dem Reichspräsidenten zudachte und in Gestalt des »verfassunggebenden Maßnahmenstaats« des NS-Systems Wirklichkeit wurde,[62]

58 So noch Hannah Arendt, *Elemente und Ursprünge totalitärer Herrschaft*, München 1986, S. 371, 466 et passim.

59 So insbesondere bei J. L. Talmon, *Die Ursprünge der totalitären Demokratie*, Köln, Opladen 1961.

60 Carl Schmitt, *Politische Theologie. Vier Kapitel zur Lehre von der Souveränität* (1922), München, Leipzig 1934, S. 1.

61 Carl Schmitt, *Die Diktatur. Von den Anfängen des modernen Souveränitätsgedankens bis zum proletarischen Klassenkampf* (1921), München, Leipzig 1928.

62 Siehe dazu und zu Carl Schmitts Diktaturtheorie im einzelnen: Ingeborg Maus,

beruht freilich auf einer äußerst geschichtsmächtigen Konstruktion.

Selbst sehr kritische Interventionen gegen Carl Schmitts Theorie, die zudem mit der überaus zutreffenden Diagnose einhergehen, daß der »Ausnahmezustand« längst zum Paradigma der normalen Praxis realexistierender »demokratischer« Systeme geworden ist, wie diejenige Giorgio Agambens,[63] bleiben der zentralen Prämisse Carl Schmitts verhaftet. Dessen Verkehrung des Souveränitätsbegriffs wird auf das genaueste reproduziert, wenn ausgerechnet die extremste Form politisch-staatlicher Etablierung gesetzes*freier* Räume in »Lagern«, in KZs, als Erscheinungsform von Souveränität apostrophiert wird.[64] Diese »linke« Version des Verdunkelns der Souveränitäts-Kategorie, ohne welche eine Theorie der demokratischen Gesetzgebung nicht auskommen kann, findet sich freilich im Kontext einer ganz grundsätzlichen Negation von Staat und Recht.[65] Die messianischen Hoffnungen, die an deren Aufhebung geknüpft sind, legen sich leider keine Rechenschaft ab über die Konsequenzen, die sich aus dem Verschwinden einer mehr oder weniger verrechtlichten Politik – und also einer Verabsolutierung der keineswegs verschwindenden ökonomischen Macht – ergeben. Für die Verwirklichung individueller Freiheit und gesellschaftlicher Selbstbestimmung innerhalb der aus den Nationalstaaten freigesetzten »Multitude«[66] existieren nur vage Vermutungen und Erwartungen. Wer dagegen eine jeder »Gewaltenteilung« vorausliegende Machtteilung zwischen Politik und Ökonomie für erstrebenswert hält, weil diese einen ganz entfesselten Totalitarismus ökonomischer Machtausübung verhindern kann, wird die Mühe auf sich nehmen, nach einer Organisation von Politik zu suchen, die das politische System zum Instrument der gesellschaftlichen

Bürgerliche Rechtstheorie und Faschismus. Zur sozialen Funktion und aktuellen Wirkung der Theorie Carl Schmitts, München 1976, 1980, S. 121 ff., 127 ff. – Neuerdings: Ulrich Thiele, *Advokative Volkssouveränität. Carl Schmitts Konstruktion einer »demokratischen« Diktaturtheorie im Kontext der Interpretation politischer Theorien der Aufklärung*, Berlin 2003.

63 Giorgio Agamben, *Ausnahmezustand*, Frankfurt/M. 2004.

64 Giorgio Agamben, *Homo Sacer. Die souveräne Macht und das nackte Leben*, Frankfurt/M. 2002.

65 Agamben, *Ausnahmezustand*, besonders S. 103 f.

66 Michael Hardt, Antonio Negri, *Empire. Die neue Weltordnung*, Frankfurt/M., New York 2002, besonders S. 400 ff.

Basis macht – und ist deshalb auf die Kategorie der (Volks-)Souveränität angewiesen.

Der Begriff der Souveränität kommt genau in dem historischen Augenblick auf, in dem Recht insgesamt als entscheidungsabhängig erkannt wird. Während die Vormoderne bereits einsetzende Entscheidungselemente nur als apokryphe Rechtsänderungen verstehen konnte, die die Legitimation des geltenden Rechts aus seinem Alter bzw. aus seiner Übereinstimmung mit der gottgestifteten lex aeterna nicht bewußt in Frage stellen, spricht man von Souveränität erst seit der aufkommenden Vollpositivierung des Rechts. So bezeichnet Bodin, der die religiösen Kämpfe um das richtige Recht durch Entscheidung beenden will, den absolutistischen Monarchen nicht deshalb als Souverän, weil dieser das staatliche Gewaltmonopol besitzt, sondern weil er die Quelle alles Rechts ist und deshalb auch an die selbstgegebenen Gesetze insofern nicht gebunden ist, als er sie jederzeit durch den Erlaß neuer Gesetze aufheben oder abändern kann.[67] In diesen Souveränitätsbegriff ist der Bedarf einer immer dynamischer sich entwickelnden Gesellschaft an raschen Rechtsänderungen bereits ebenso eingeschrieben wie die spätere Konzeption des »lernenden Souveräns«.

Die Identifikation der Souveränität mit der Funktion der Gesetzgebung nötigt eo ipso bereits die absolutistischen Theoretiker, über das Verhältnis der verschiedenen Staatsgewalten zueinander nachzudenken, auch wenn sie noch nicht die Forderung der Gewaltenteilung vertreten.[68] So besteht bei Hobbes in der Überle-

67 Jean Bodin, *Über den Staat* (= *Sechs Bücher über die Republik*, 1583), Stuttgart 1976, S. 31 f. – Vgl. dazu zum Beispiel Udo Bermbach, »Widerstandsrecht, Souveränität, Kirche und Staat: Frankreich und Spanien im 16. Jahrhundert«, in: Iring Fetscher, Herfried Münkler (Hg.), *Pipers Handbuch der politischen Ideen*, Bd. 3, S. 101-162, hier: S. 136 ff.

68 Diese Formulierung könnte Hobbes-Interpreten zu weit gehen, die auf der Reihung unterschiedlicher Befugnisse des Souveräns in Kap. 18 des »Leviathan« insistieren (s. Thomas Hobbes, *Leviathan*, hg. von Iring Fetscher, Neuwied/Berlin 1966, S. 136 ff.). Im dortigen Katalog der Souveränitätsrechte ist aber dasjenige der Gesetzgebung nicht eines unter anderen, sondern die übrigen »Rechte« des Souveräns beschreiben lediglich Aufgabenbereiche – zum Beispiel die Zensur »friedensgefährdender« öffentlicher Meinungen und wissenschaftlicher Lehren (S. 139) –, in denen der Souverän *gesetzgebend* tätig wird. Auch Hobbes' Formulierung, daß mit der Souveränität das Recht der Rechtsprechung verbunden sei (S. 141), bedeutet im Kontext aller einschlägigen Detailausführungen nichts

gung, daß der Souverän seine Macht nur durch Gesetze ausüben könne, die er anschließend als Inhaber des Gewaltmonopols exekutiere, eine wenigstens zeitliche Differenzierung zwischen Rechtsetzung und Rechtsanwendung, aus der sich die starke Präsenz rechtsstaatlicher Forderungen bei Hobbes erklärt: die öffentliche Bekanntmachung aller Gesetze, die Aufhebung bestehender Gesetze ausschließlich durch neue Gesetzesakte, das Verbot rückwirkender Gesetze und die strenge Gesetzesbindung der Justiz.[69] Es ist diese rechtsstaatliche Konnotation des absolutistischen Souveränitätsbegriffs, die Hobbes' energische Forderung nach einem geschriebenen Gesetzbuch[70] erklärt – eine zentrale Forderung immerhin der Französischen Revolution.[71] Montesquieus moderner Wendung in der Funktionsbestimmung der Justiz nicht unähnlich, sieht Hobbes die Freiheit der Untertanen – in einem ansonsten keineswegs »gemäßigten« Absolutismus – darin gewährleistet, daß sie alles tun können, was die Gesetze nicht ausdrücklich (!) verbieten.[72] Es ist genau diese Intention, die Hobbes' Absolutismus vom Totalitarismus des NS-Systems radikal unterscheidet, das den Richtern ausdrücklich die »Krücken des Gesetzes« entzog und justizförmige Entscheidungen entsprechend der »Wertordnung« des

anderes, als die strenge Verpflichtung der Justiz auf das Gesetz des Souveräns – anstelle der Präjudizienbindung des Common Law, die eine eigenständige Justizfunktion der Rechtsfortbildung in Konkurrenz zum absoluten Monarchen begründet hatte. Entsprechend wird von Hobbes das kritisierte Theorem der Teilung der souveränen Gewalt als Lehre von der Bindung der Justiz an die Lehren der Rechtswissenschaft »statt an die gesetzgebende Gewalt« charakterisiert (S. 248 f.). – Auch weitere von Hobbes genannte Rechte des Souveräns wie Entscheidung über Krieg und Frieden, Steuererhebung und Auswahl der Minister sind nicht etwa selbst schon exekutivische Aufgaben (wie die Kriegsführung, die Verwendung der Steuermittel oder die politische Tätigkeit der Minister), sondern Vorentscheidungen für exekutivisches Handeln, wie sie auch vom demokratisch-parlamentarischen Souverän ganz selbstverständlich – zum Teil in Form von »Gesetzen im formellen Sinne« – wahrgenommen werden. Dazu ausführlich: Ingeborg Maus, *Über Volkssouveränität. Elemente einer Demokratietheorie*, Berlin 2011, S. 300-320.

69 Hobbes, *Leviathan*, S. 203, 209, 204, 226, 211.
70 Thomas Hobbes, *Dialog zwischen einem Philosophen und einem Juristen über das englische Recht*, hg. von Bernard Willms, Weinheim 1992.
71 Französische Verfassung von 1791, Titel I Abs. 16, in: Günther Franz (Hg.), Staatsverfassungen, Darmstadt 1975, S. 310 f.
72 Hobbes, *Leviathan*, S. 165, 203 f., 224.

Nationalsozialismus und gemäß politischer Notwendigkeiten oder je spezifischer Umstände des Einzelfalls einforderte.[73]

Insbesondere die Gleichheit vor dem Gesetz, d. h. die gleichheitliche richterliche Rechtsanwendung, ist Hobbes so wichtig, daß er sie – was oft übersehen wurde – in den zentralen Zweck der Staatserrichtung, nämlich den Frieden bzw. die Sicherheit des Volkes, hineinrechnet. Ein Souverän, der die Gleichheit vor dem Gesetz nicht garantiert, verfehlt diesen Zweck, ist entlegitimiert und hat keinen Anspruch mehr auf Gehorsam. Es heißt bei Hobbes: »Die Aufgabe des Souveräns [...] ergibt sich aus dem Zweck, zu dem er mit der souveränen Gewalt betraut wurde, nämlich der Sorge für die Sicherheit des Volkes.« Damit ist »nicht die bloße Erhaltung des Lebens gemeint«, sondern auch, daß man die einzelnen »vor Unrecht schützt, wenn sie Klage erheben«. »Die Sicherheit des Volkes verlangt [...], daß alle Schichten des Volkes gleichermaßen gerecht behandelt werden, d. h., daß sowohl die Reichen und Mächtigen als auch die Armen und Unbekannten ihr Recht bekommen, wenn ihnen Unrecht getan wurde, so daß die Großen keine größere Aussicht auf Straflosigkeit haben, wenn sie [...] ein Unrecht gegen die niedere Schicht verüben, als ein Angehöriger dieser Schicht, der dieselbe Tat gegen einen Angehörigen der Oberschicht verübt.«[74] Entspricht also der Souverän nicht auch in dieser Hinsicht seiner Verpflichtung auf die Sicherheit des Volkes, so führt dies zum »Verderben des Staates«,[75] und jeder kehrt in den Naturzustand zurück. – Deutlicher kann nicht demonstriert werden, daß hier sogar die absolutistische Fassung des Souveränitätsbegriffs mit rechtsstaatlichen Garantien verbunden war.

Eine überaus verbreitete Dämonisierung der Volkssouveränität hat freilich die Schattenseite erheblicher Freiheitseinschränkungen des Absolutismus im Blick, wenn sie den Vorwurf geltend macht,

---

73 So die seit 1942 vom Reichsjustizministerium erstellten *Richterbriefe*. Hg. von Heinz Boberach mit dem Untertitel: *Dokumente zur Beeinflussung der deutschen Rechtsprechung 1942-1944*, Boppard a. Rh. 1975, zum Beispiel S. 5 f. – Sogar der kompetente Übersetzer der hier zitierten Ausgabe des »Leviathan«, Walter Euchner, übersieht die rechtsstaatlichen Elemente bei Hobbes und bezeichnet dessen politische Konzeption als »totalitär«, während nur Hobbes' politische Ökonomie als protoliberal gelten könne, s. Walter Euchner, »Thomas Hobbes«, in: Fetscher, Münkler (Hg.), *Pipers Handbuch der politischen Ideen*, S. 353-368, hier: S. 361 f.

74 Hobbes, *Leviathan*, S. 255, 262.

75 Ebd., S. 254 f., 263.

Volkssouveränität sei nichts anderes als die umgewendete Fürstensouveränität und begründe einen Absolutismus des Volkes. Dieser Vorwurf spitzt sich zu in dem Argument, die mit dem Souveränitätsbegriff in der Tat verbundene Theorie der Unteilbarkeit der Souveränität schließe auch im Konzept der Volkssouveränität eine Gewaltenteilung aus. Dieser Einwand übersieht jedoch schon im Ansatz, daß Souveränität identisch ist mit der Funktion der Gesetzgebung. Gerade dadurch, daß die Souveränität, d. h. die Gesetzgebung, im Übergang zur Demokratie von der Staatsspitze an die Basis verlagert wird, während das Gewaltmonopol an der exekutivischen Spitze verbleibt, ist mit der Durchsetzung der Volkssouveränität die Durchsetzung der Gewaltenteilung notwendig verbunden. Volkssouveränität besagt daher nichts anders, als daß die Gesetzgebung »ungeteilt«, also ausschließlich dem Volk, d. h. den Nichtfunktionären im Gegensatz zu den Amtsträgern des exekutivischen Gewaltmonopols, zukommt, so daß jeder Einsatz der Staatsgewalt durch die gesellschaftliche Basis kontrolliert und dirigiert wird.

Das Prinzip der Volkssouveränität etabliert also zwei gegenläufige Asymmetrien. Der einen Asymmetrie, der riskanten Unterwerfung aller Bürger unter das staatliche Gewaltmonopol, wird die andere entgegengesetzt: die Unterwerfung der Staatsapparate unter die gesetzgebende Souveränität des Volkes. In diesen Asymmetrien ist schon begründet, daß das ihnen inhärente Gewaltenteilungsmodell nicht eines der horizontalen Gewaltenbalancierung sein kann – wie bei Montesquieu –, sondern eine vertikal-hierarchische Anordnung der Gewalten erfordert. Zum zweiten kann, da dem Volk (oder seinen Vertretern im Gesetzgebungsorgan) alle, aber auch nur die Gesetzgebung zukommt, die Gewaltenteilung durchgängig funktional bestimmt werden: Die ungeteilte Souveränität der Gesetzgebung findet ihre »Grenze« an dem Verbot individueller Regelungen, welch letztere ausschließlich in die Kompetenz der rechtsanwendenden Apparate (Exekutive und Justiz) fallen. Die Demokratietheoretiker des 18. Jahrhunderts feilen deshalb an der Differenzierung zwischen (allgemeinem) Gesetz und (jeweils individueller) Verwaltungsverordnung bzw. richterlicher Entscheidung.[76] Insgesamt verlangt die effiziente Kontrolle des riskanten

76 An Präzision ist hierin Rousseau kaum zu übertreffen: s. *Über den Gesellschaftsvertrag* II, Kap. 6, Abs. 3-8 (dt. Ausgabe von Hans Brockard, Stuttgart 1977,

staatlichen Gewaltmonopols die totale Verrechtlichung der Staatsapparate und umgekehrt die Garantie rechtsfreier Räume für rechtsändernde Innovationen des Volkes. In diesem letzteren Sinne formuliert Sieyès, der große Verfassungskonstrukteur der Französischen Revolution, daß nur die Regierung, nicht aber das Volk an die Verfassung gebunden sei,[77] das heißt, daß das Volk der Verfassung und den Gesetzen nur so lange unterworfen ist, wie es sie noch nicht geändert hat, während umgekehrt die Staatsapparate zu keiner Änderung befugt sind – weil sie die Gewalt haben. Der lernende Souverän des Hobbes taucht hier an der Basis der Gesellschaft wieder auf und nimmt in der permanenten Änderungsgesetzgebung der Gegenwart eine eher pragmatische Gestalt an.

Die Details des demokratischen, auf Volkssouveränität basierten Gewaltenteilungsmodells sollen exemplarisch an John Locke und Kant erläutert werden. Die freilich bei allen Vertretern dieses Modells gleichförmige Grundstruktur der hierarchisch-vertikalen Anordnung der Gewalten ist bereits eine Konsequenz aus der Gesellschaftsvertragstheorie: Daß die Souveränität der Gesetzgebung durch freie und gleiche Bürger den gewalthabenden Staatsapparaten übergeordnet wird, entspricht der – kontrafaktischen – Prämisse der Vertragskonstruktion, der zufolge freie und gleiche Individuen den Staatsapparaten vorhergehen, die durch die Individuen überhaupt erst konstituiert werden.

Locke unterscheidet noch nicht wie Montesquieu drei Gewalten, unter denen die Judikative ihren ausdrücklich zugewiesenen Platz finde, sondern differenziert pauschal zwischen Rechtsetzung und Rechtsanwendung, d. h. zwischen Legislative und Exekutive. Da »Exekutive« im 17./18. Jahrhundert noch sehr wörtlich verstanden und als schiere Gesetzesanwendung definiert wird, ist in dieser Funktion die Justiz mit impliziert, obwohl nur sehr gelegentlich von »unparteiischen und aufrechten Richtern« die Rede ist, die Streitigkeiten nach stehenden Gesetzen entscheiden müssen.[78] Locke erklärt die vom Volk gewählte Legislative ausdrücklich zur

S. 40 f.). Bei Rousseau findet sich auch der entsprechende Begriff der »Grenzen« der gleichwohl ungeteilten Souveränität, *CS* II, Kap. 4 (S. 32-36).

77 Sieyes, »Was ist der Dritte Stand?«, in: Schmidt, Reichardt (Hg.), *Emmanuel Josef Sieyes. Politische Schriften 1788-1790*, S. 167.

78 Locke, *Zwei Abhandlungen über die Regierung*, in: Walter Euchner (Hg.), Frankfurt/M., Wien 1967, §§ 131, 136 (S. 286, 292).

»höchsten Gewalt« des Staates und definiert das »Gesetz« als eine Rechtsnorm, die die Zustimmung der Gesellschaft hat.[79] In dem sehr einschlägigen Kapitel über »Die Rangordnung der Gewalten im Staat«, das prototypisch das demokratisch-vertikale Modell der Gewaltenteilung begründet, heißt es:

> Obwohl es in einem verfassten Staat [...] nur eine höchste Gewalt geben kann, nämlich die *Legislative, der alle übrigen Gewalten untergeordnet sind* und auch sein müssen, so ist doch die Legislative nur eine Gewalt, die auf Vertrauen beruht und zu bestimmten Zwecken handelt. Es verbleibt dem Volk dennoch die höchste Gewalt, die Legislative abzuberufen oder zu ändern, wenn es der Ansicht ist, daß die Legislative dem in sie gesetzten Vertrauen zuwiderhandelt. [...] Und so behält die Gemeinschaft beständig eine höchste Gewalt für sich, um sich vor den Angriffen und Anschlägen einer Körperschaft, selbst ihrer Gesetzgeber, zu sichern, sooft diese so töricht oder schlecht sein sollten, Pläne gegen die Freiheiten und Eigentumsrechte der Untertanen zu schmieden [...].[80]

Die vollständige Beschreibung der rechtsstaatlichen Teilung und Anordnung der Gewalten enthält also eine Hierarchisierung nach ihrer jeweiligen Nähe zu der in der gesellschaftlichen Basis lokalisierten »höchsten Gewalt«, d. h. der Volkssouveränität.

Entsprechend dieser durchgängigen Legitimationskette der jeweiligen Vertretung von Souveränitätsrechten, die in der gesellschaftlichen Basis ihren Ausgang nimmt, findet alle rechtsstaatliche Kontrolle von unten statt: Auch die Freiheitsrechte der Individuen werden gegen möglicherweise verletzende Gesetze nicht etwa durch ein Verfassungsgericht, sondern durch die Träger dieser Rechte selbst in Massenprotesten, notfalls in offenem Aufruhr geltend gemacht, wie auch wiederum das Volk eine Exekutive, die seine Rechte verletzt oder in die Funktionen der Legislative eingreift, zur Ordnung ruft.[81] Auffällig ist der Voluntarismus dieser Lösungen: Wie die Gesetze der gewählten Legislative

---

79 Ebd., §§ 134, 149 f. (S. 289, 301).
80 Ebd., § 149 (S. 301).
81 In der Formulierung Lockes hat das Volk hier das Recht, »den Himmel anzurufen«, § 168 (S. 314). Vgl. §§ 214-227 (S. 346 ff.). Eingriffe der Spitze der Exekutive in die Legislative, aber auch Vertrauensmissbrauch durch die Legislative selbst werden von Locke als »Rebellion« staatlicher Instanzen gegen das Volk, mit anderen Worten: als Verfassungsbruch qualifiziert, die das Recht des Volkes zum Aufruhr nach sich zieht.

trotz der »Verpflichtungen des natürlichen Gesetzes« unter keiner inhaltlichen Vorgabe stehen,[82] sondern lediglich prozedural auf Mehrheitsbeschluß und längerfristige Programmierung festgelegt sind,[83] so genügt auch die inhaltlich unreglementierte »Ansicht« des Volkes[84] für die Zurücknahme der Souveränitätsdelegation an die gewählte Legislative. Selbst das Eigentum, das Lockes Konstruktion des Naturzustands als das heiligste aller Rechte und als Zweck der politischen Vergesellschaftung begründet, ist gegen Zugriffe der souveränen Legislative nur durch das Erfordernis des Mehrheitsbeschlusses gesichert. Im übrigen ist die inhaltliche Beliebigkeit der Gesetze mit der Nichtbeliebigkeit des demokratischen Gesetzgebungsprozesses selbst gekoppelt: Die legislative Gewalt darf Locke zufolge nur Gesetze geben, nicht aber andere Gesetzgeber schaffen.[85] Ein Ermächtigungsgesetz, wie es 1933 der Deutsche Reichstag beschloß und damit die gesetzgebende (und sogar die verfassunggebende) Gewalt der Reichsregierung überantwortete, war mit Lockes Konzeption legislativer Souveränität schlechterdings unvereinbar.

In Kants politischer Philosophie finden sich die genauen Pendants: Der Staat, »wie er nach reinen Rechtsprinzipien sein soll«,

> enthält drei Gewalten in sich […]: die Herrschergewalt (Souveränität), in der des Gesetzgebers, die vollziehende Gewalt, in der des Regierers (zu Folge dem Gesetz) und die rechtsprechende Gewalt (als Zuerkennung des Seinen eines jeden nach dem Gesetz) in der Person des Richters […], gleich den drei Sätzen in einem praktischen Vernunftschluss: dem Obersatz, der das Gesetz jenes Willens, dem Untersatz, der das Gebot des Verfahrens nach dem Gesetz, d. i. das Prinzip der Subsumtion unter denselben, und

---

82 In §135 (S.291) führt Locke diese Verpflichtungen sehr unspezifisch auf das »fundamentale Gesetz der Natur«, »die Erhaltung der Menschheit« zurück; die Reichweite der Legislative ist daher auf die Erhaltung der Bürger bzw. auf »das öffentliche Wohl der Gesellschaft« beschränkt.

83 S. §§97f. (S.265); §§136-139 (S.291ff.) zur Forderung öffentlich verkündeter »stehender« (also nicht: situativer) Gesetze; §142 (S.296f.) faßt diese »Grenzen« der legislativen Gewalt unter dem Aspekt der Generalität des Gesetzes bzw. der Rechtsgleichheit sowie der Zweckorientierung am Wohl des Volkes zusammen.

84 S. §149 (S.301); vgl. §168 (S.314), wo Locke das überpositive Recht der Bürger betont, selbst »zu urteilen, ob sie gerechte Ursache haben, den Himmel anzurufen. Und auf diese Urteilsfreiheit kann das Volk nie verzichten.«

85 Locke, *Zwei Abhandlungen über die Regierung*, §141 (S.296).

dem Schlußsatz, der den Rechtsspruch [...] enthält, was im vorkommenden Falle Rechtens ist.[86]

Hier ist die Subsumtionslogik der richterlichen Entscheidung direkt in eine Gewaltenteilungshierarchie eingebaut, die ebenfalls vom Prinzip der Volkssouveränität beherrscht wird.

Wie Kant im nächsten Paragraphen fortfährt, kann »die gesetzgebende Gewalt nur dem vereinigten Willen des Volkes zukommen«, denn – so Kant – die Freiheit des Staatsbürgers besteht darin, »keinem anderen Gesetz zu gehorchen, als zu welchem er seine Beistimmung gegeben hat«, besteht doch die Vermeidung von gesetzlichem Unrecht darin, daß »ein jeder über alle und alle über einen jeden ebendasselbe beschließen«.[87] Diese bekannte dreifache Allgemeinheit des Gesetzes ist in einer Weise normativ auszeichnend, daß sie es Kant erlaubt, auf weitere, zum Beispiel materialnaturrechtliche Einschränkungen legislativer Souveränität zu verzichten.[88] Auch bei Kant ist also jede inhaltliche Vorgabe für die gesetzgebende Gewalt durch Gesetzesstruktur und demokratisches Gesetzgebungsprozedere ersetzt. Und – wiederum wie bei Locke – ist Kant zufolge nur das demokratische Verfahren der Gesetzgebung selbst unverfügbar: »Das Recht der obersten Gesetzgebung in dem gemeinen Wesen ist kein veräußerliches [...]. Wer es hat, kann nur durch den Gesamtwillen des Volkes über das Volk, aber nicht über den Gesamtwillen selbst [...] disponieren. Ein Vertrag, der das Volk verpflichtete, seine Gewalt wiederum zurückzugeben, würde demselben nicht als gesetzgebender Macht zustehen.«[89] Auch hier ist also das Prinzip der Volkssouveränität selbst mitsamt der immanenten gewaltenteiligen Konsequenzen normativ gegen Zugriffe gerichtet, für die das Ermächtigungsgesetz von 1933 ein extremes Beispiel ist. Als dieses lapidar verfügte, daß »Reichsgesetze [...] auch durch die Reichsregierung beschlossen werden können«, waren – um dies noch einmal zu betonen – Volkssouveränität und Gewaltenteilung gleichzeitig aufgehoben.

Die normative Prämisse der Nichtverfügbarkeit des demokratischen Verfahrens der Gesetzgebung hat mehrere Implikationen.

---

86 Kant, *Die Metaphysik der Sitten/Rechtslehre*, § 45 (S. 431 f.).

87 Ebd., § 46 (S. 432).

88 Dazu im einzelnen Maus, *Zur Aufklärung der Demokratietheorie*, besonders S. 148 ff.

89 Kant, *Die Metaphysik der Sitten/Rechtslehre*, § 52 (S. 465).

Sie unterstreicht die herausragende Position der Gesetzgebung im Verhältnis zu den übrigen Gewalten, d. h. die Unhintergehbarkeit ungeteilter Volkssouveränität, und damit zugleich die Unabdingbarkeit der Teilung funktionsspezifischer Gewalten in der hierarchischen Ordnung rechtsstaatlicher Instanzen. Sie hebt zugleich die demokratische Proceduralisierung der Gesetzgebung hinsichtlich gleicher Partizipationsrechte und Kommunikationschancen als die eigentliche Gewährleistung der Rationalität so beschlossener Gesetze hervor.

Was zunächst die normative Auszeichnung der auf Volkssouveränität basierenden Gewaltenteilung angeht, so ist eine quasi »systemische« Lösung des Problems, wie aus dem freigesetzten Voluntarismus der Verfahrensbeteiligten Ergebnisse hervorgehen können, die von offensichtlichem Unrecht frei sind, augenfällig. Es ist dieses »systemische« Element,[90] in dem Montesquieu und die demokratischen Theoretiker partiell konvergieren. Es besteht bei beiden Theorievarianten darin, daß sie die Beschränkung politischer Machtausübung nicht von den subjektiven (etwa tugendhaften) Intentionen der Akteure abhängig machen, sondern – in jeweils höchst unterschiedlichen Proceduralisierungen – eine Allokation von ausdifferenzierten Machtpositionen vornehmen, die zu Ergebnissen führen, als ob die beteiligten Akteure keine aggressiven Motive gehabt und keine partikularen Interessen verfolgt hätten. War bei Montesquieu die Mechanik horizontaler Balancierung darauf angelegt, daß die Macht der Macht Grenzen setze, so hat auch die vertikale Ausdifferenzierung des rechtsstaatlichen Instanzenzugs im demokratischen Modell den Zweck einer strukturellen Verhinderung willkürlicher Durchgriffe: Zum Zeitpunkt der Verfassunggebung müssen die Gesetzgebungsverfahren festgelegt werden, ohne daß konkrete (interesseninfiltrierte) Gesetzesvorhaben schon bekannt sein könnten, die künftig nach diesen Verfassungsregeln zur Entscheidung anstehen. Auf der nächsten Stufe des konkreten Gesetzgebungsaktes selbst kann und darf der konkrete Fall noch nicht bekannt sein, auf den das Gesetz später Anwendung findet. Umgekehrt dürfen die im Gesetzgebungsverfahren zustande gekommenen Rechtsnormen durch exekutivische oder gerichtliche Instanzen nicht geändert werden, eben weil hier der konkrete Fall

90 Dazu ausführlich, Maus, *Zur Aufklärung der Demokratietheorie*, S. 176 ff.

immer schon bekannt ist. Auch die demokratisch-hierarchische Gewaltenteilung fungiert also – ihrer gegenläufigen Struktur unerachtet – wie bei Montesquieu als Tugendersatz. Entsprechend formuliert zum Beispiel Kant, die ideale Verfassung müsse sogar für den Grenzfall eines Volkes von Teufeln taugen.[91] Das Prinzip der Volkssouveränität impliziert Verfahrensgerechtigkeit und unterstellt also keineswegs, daß das Volk »gut« sei.

Konzentrieren sich aber im *volkssouveränen Modell*, von dem das parlamentarische einen Unterfall darstellt, die prozeduralen Rationalitätsanforderungen (bis hin zu Details parlamentarischer Geschäftsordnungen) in besonderem Maße auf das Gesetzgebungsverfahren selbst und dient die Ausdifferenzierung der nachgeordneten Anwendungsinstanzen der Absicherung dieser Rationalität, so erwartet das *präsidiale Modell* alle Rationalität des Gesetzes erst von den nachgeordneten Verfahren der exekutivischen und der richterlichen Gewalt: dem Vetorecht des Präsidenten und der richterlichen Normenkontrolle. Eine Endkontrolle der Richtigkeit von Gesetzen kann dagegen in parlamentarischen Systemen nach klassischem Verständnis nur wiederum in der gesellschaftlichen Basis angesiedelt werden: Kritische Öffentlichkeit und gegebenenfalls direktdemokratische Gesetzgebungsverfahren fungieren hier als letzte und höchste Instanzen. Diese klassische Struktur besteht freilich nur noch in wenigen politischen Systemen wie zum Beispiel England, den Niederlanden, den skandinavischen Staaten sowie der Schweiz.

Zusammenfassend ist festzuhalten: Die wichtigste Differenz zwischen beiden Gewaltenteilungssystemen besteht neben dem Unterschied der Trennung der Gewalten entweder nach Funktionsbereichen oder nach Inkompatibilitätsgeboten darin, daß der demokratischen Version ein Souveränitätsbegriff zugrunde liegt, den Montesquieu umgeht, indem er einen ganz unspezifischen Machtbegriff verwendet. Indem Montesquieu Gesetzgebung auf mehrere Gewalten verteilt, beruht sein Modell auf Souveränitätsteilung, während die Gewalten verschränkt bleiben. Freiheitssicherung liegt also nach dem Montesquieuschen bzw. US-amerikanischen Verfassungsmodell im Antagonismus zwischen teilsouveränen Gewalten, nach dem demokratisch-parlamentarischen Modell im Antago-

91 Kant, »Zum ewigen Frieden«, in: Weischedel (Hg.), *Kant-Werkausgabe*, Bd. XI, S. 223 f.

nismus zwischen gesetzgebender Souveränität des Volkes und den gesetzesgebundenen, das staatliche Gewaltmonopol handhabenden Staatsapparaten insgesamt. – Die wichtigste Gemeinsamkeit zwischen den Gewaltenteilungstheorien Montesquieus und der Kontraktualisten lag (so muß im Präteritum gesagt werden) in der Bestimmung der Justizfunktion: der strengen Gesetzesbindung der Rechtsprechung und der durch sie bewirkten Freiheitssicherung der Bürger gegen willkürliche Zugriffe der Staatsgewalt. – Was aber, so lautet die abschließende Frage, wird aus dieser spezifischen Freiheitssicherung der Bürger und aus der strukturellen Sicherung der Gewaltenteilungssysteme im ganzen, wenn die Funktionsweise der Justiz einem fundamentalen Wandel unterliegt?

3.

Besonderheiten der Entwicklung seit etwa einem Jahrhundert und konforme Prozesse der eindimensionalen Anpassung normativer Theorien haben zu einer Situation geführt, in der sogar Vertreter einschlägiger wissenschaftlicher Disziplinen um die Freiheit der richterlichen Entscheidung mehr besorgt sind als um die Verteidigung bürgerlicher Freiheit gegen willkürliche Justiz. Entsprechend wird gegenwärtig richterliche Unabhängigkeit weithin mit richterlicher Unabhängigkeit vom Gesetz verwechselt und letztere schließlich zum Kriterium gelungener Gewaltenteilung erklärt.

Eine Untersuchung der zugrundeliegenden Rechtsentwicklung seit Beginn des 20. Jahrhunderts ist auf Veränderungen sowohl der Gesetzesstruktur als auch der Methoden der Rechts»anwendung« (bereits dieser Begriff ist heute geächtet) verwiesen und wird dabei auch einige Differenzen zwischen der kontinental-europäischen und der englischen bzw. anglo-amerikanischen Rechtsstruktur zu berücksichtigen haben. Was zunächst die Gesetzesstruktur angeht, so kann generell festgestellt werden, daß die starke quantitative Zunahme von Gesetzesrecht – die auch in den Case Law-Kulturen zu einem enormen Anstieg von Statute Law geführt hat – nicht einfach als Ausdruck einer neuen Intensität von »Verrechtlichung« zu verstehen ist. Trotz großer Zunahme der gesetzlichen Regelungsdichte und der immer stärkeren Detail- und Feinregelung in den Gesetzen ist ein Trend zum Einbau unbestimmter Rechtsbegriffe,

Generalklauseln oder Zielformeln in die Gesetze augenfällig, der deren wachsende Regelungsintensität unterläuft. Diese Kombination von Präzision und Unbestimmtheit in typischen Gesetzesmaterien der Gegenwart läßt den »anwendenden« Instanzen in jedem einzelnen Fall die Wahl zwischen einer Entscheidungsorientierung an den detaillierten gesetzlichen Bestimmungen oder einer Selbstprogrammierung ihrer Entscheidungen unter Berufung auf die gesetzesauflösenden Rechtsbegriffe, die in die Gesetze selbst eingebaut sind.[92] Die Freisetzung der Rechtsprechung (und der exekutivischen Instanzen) aus der Gesetzesbindung beruht insoweit auf dem Umstand, daß der demokratische Gesetzgeber die Rechtsentscheidung in die konkrete Situation der Rechtsanwendung verlagert und sich so selbst entmachtet.

Erst recht wurde diese »Entformalisierung« des modernen Rechts[93] durch die seit Beginn des 20. Jahrhunderts aufkommenden juristischen Methodenlehren vorangetrieben, die die Rechtsprechung auch und gerade angesichts neuer klassisch-formaler Gesetzeskodifikationen von der Verpflichtung zur »Rechtsanwendung« entbanden und zur »Rechtsfindung« bzw. »Rechtsgewinnung«[94] ermächtigten. Ein kurzer Blick auf die deutsche Entwicklung zeigt, daß die moderne juristische Methodenlehre eine Achillesferse des gewaltenteiligen Rechtsstaats ist, ohne welchen Demokratie nicht organisiert werden kann. Es ist kein Zufall, daß die ersten ganz grundsätzlichen Angriffe auf die methodische Anforderung der Gesetzesbindung der Justiz kurz nach 1900 formuliert wurden, als das BGB gerade in Kraft getreten war. Die Befreiung der Richter aus der Paragraphenknechtschaft und ihr Aufstieg zum »Richterkönigtum«[95] wurden von genau dem Zeitpunkt an propagiert, als diese – historisch sehr verspätete – deutsche Kodifikation des Zivilrechts die Rechtswissenschaft und Rechtsprechung aus ihrer Führungsposition in der Rechtsentwicklung verdrängte.

92 Vgl. dazu im einzelnen, mit zahlreichen Nachweisen: Ingeborg Maus, »Verrechtlichung, Entrechtlichung und der Funktionswandel von Institutionen«, in: dies., *Rechtstheorie und politische Theorie im Industriekapitalismus*, München 1986, S. 277-331.

93 Siehe Weber, *Wirtschaft und Gesellschaft*, S. 645 ff.

94 So die (neueren) Titel: Josef Esser, *Vorverständnis und Methodenwahl in der Rechtsfindung. Rationalitätsgrundlagen richterlicher Entscheidungspraxis*, Frankfurt/M. ²1972; Martin Kriele, *Theorie der Rechtsgewinnung*, Berlin ²1976.

95 Ernst Fuchs, *Schreibjustiz und Richterkönigtum*, Leipzig 1907.

Hatte während des gesamten 19. Jahrhunderts eine schöpferisch-konstruktivistische Jurisprudenz die in den meisten Ländern Europas längst vorhandenen »Gesetzbücher« des Zivilrechts ersetzt,[96] so wurde ihre 1900 vollzogene »Enteignung« nun durch die neue Methodenlehre der Freirechtsschule konterkariert.

Erst in diesem Kontext wird der seitdem bekämpften rechtspositivistischen Gesetzestreue jener illusionäre Rechtsanwendungsautomatismus unterstellt,[97] den die Autoren des 18. Jahrhunderts gefordert, der aber vom Rechtspositivismus während des 19. Jahrhunderts – soweit er sich auf bereits existierende gesetzliche Kodifikationen zum Beispiel des Verfassungs- oder Strafrechts beziehen konnte – nie vertreten wurde. Die freirechtliche Karikatur des Rechtspositivismus richtet sich so gegen dessen tatsächliche Konzeption einer Gesetzesbindung, die von der Rechtsprechung verlangt, sich wenigstens innerhalb jener Grenzen des Wortlauts der Gesetze zu halten, die zwar mehrere gesetzeskonforme, aber nicht beliebig viele Auslegungen zulassen. Die Freirechtstheorie erweitert nicht einfach diesen Spielraum der rechtspositivistischen Gesetzesinterpretation, sondern stellt die Rechtsprechung auf eine ganz neue Grundlage. Sie favorisiert jene Ausnahmebestimmungen innerhalb des BGB, die in Gestalt von Generalklauseln, zum Beispiel »die guten Sitten« oder »Treu und Glauben«, nur in den Fällen verweisen, in denen Einzelbestimmungen des BGB zu keiner oder zu einer offensichtlich unsinnigen Entscheidung führen würden. Die Freirechtstheorie erhebt diese Ausnahmen zur Normalität der »freien Rechtsfindung«, wenn sie aus ihnen eine »ständig sprudelnde Rechtsquelle« gewinnt, die dem Richter zur Verfügung steht, wenn es darum geht, den jeweiligen faktischen Verkehrsbedürfnissen zum Durchbruch zu verhelfen.[98] Wenn hier gleichzeitig die »kopernikanische Umwälzung der Rechtswissenschaft« als eine Wendung zur »Rechtstatsächlichkeit unserer Wirtschaftswelt« bezeichnet, das Recht überhaupt als schlichtes »Abbild« der Wirtschaft verstanden und schließlich

---

96 Dazu – mit entgegengesetzter Bewertung – Franz Wieacker, *Privatrechtsgeschichte der Neuzeit*, Göttingen ²1967, S. 367 ff.

97 Zum Beispiel bei Hermann Kantorowicz, »Der Kampf um die Rechtswissenschaft« (1906), in: ders., *Rechtswissenschaft und Soziologie. Ausgewählte Schriften zur Wissenschaftslehre*, Karlsruhe 1962.

98 Ernst Fuchs, »Was will die Freirechtsschule?« (1929), in: ders., *Gerechtigkeitswissenschaft. Ausgewählte Schriften zur Freirechtslehre*, Karlsruhe 1965, S. 21-63, S. 29.

»freie Rechtsfindung« mit »freier Preisbildung« assoziiert wird,[99] so ist nicht nur jeder normative Anspruch des Rechts aufgehoben, sondern auch der zentrale Bestandteil jener Voraussetzungen ausgetauscht, die seit der Konsolidierung des modernen europäischen Staates die Ausbildung eines funktional spezifizierten Gewaltenteilungssystems überhaupt erst ermöglichten: Der »lernende Souverän«, der den wachsenden Innovationsbedarf moderner Gesellschaften durch permanente Änderungsgesetzgebung befriedigte, verschwindet in der flexibilisierenden Rechtsfortbildung durch Rechtspraxis.

Diese Aufhebung der Gewaltenteilung ist in allen nachfolgenden juristischen Methodenlehren bis zur Gegenwart, ihrer höchst unterschiedlichen theoretischen Voraussetzungen unerachtet, auf die gleiche Weise impliziert, wie sie dem Paradigma der Freirechtsschule entspricht.[100] Ohne Einzelheiten hier noch erörtern zu können,[101] sind Phasen dieser Entwicklung zu skizzieren. Der freirechtliche Affront gegen das Gesetz, der vor Beginn der Weimarer Republik nur eine Strömung innerhalb der Rechtswissenschaft darstellt, intensiviert sich mit der Demokratisierung der Gesetzgebung nach 1918/19. Die methodologische Entformalisierung des Gesetzesrechts wird noch um die Forderung eines richterlichen Prüfungsrechts der Gesetze ergänzt. Diese Normenkontrolle (durch sämtliche Gerichte) sollte sich nach der Auffassung ihrer Protagonisten zum Beispiel an Normen des mittelalterlichen (!) Naturrechts, wie bei Erich Kaufmann,[102] oder an substantialisier-

---

99 Fuchs, »Was will die Freirechtsschule?«, S. 59, 42, 50. – Diese extrem ökonomistischen Prämissen bieten einen Anhaltspunkt für Franz Neumanns ausschließlich auf den Zusammenhang zwischen dem Funktionswandel der Rechtsprechung bzw. der juristischen Methode und den spezifisch ökonomischen Entwicklungen seit Beginn des 20. Jahrhunderts zielende Analyse. In dieser ausgezeichneten Untersuchung, die auch auf politische und gesellschaftliche Ambivalenzen sowohl der Freirechtstheorie als auch der Generalklauseln eingeht, bleiben jedoch die Eigeninteressen von Jurisprudenz und Justiz unterbelichtet: »Der Funktionswandel des Gesetzes im Recht der bürgerlichen Gesellschaft« (1937), in: Franz Neumann, *Demokratischer und autoritärer Staat*, Frankfurt/M., Wien 1967, S. 31-81, besonders S. 62 ff.

100 Interessant ist die anhaltende Anerkennung der »Pionier«-Leistungen der Freirechtstheorie zum Beispiel bei Kriele, *Theorie der Rechtsgewinnung*, S. 63 ff., besonders S. 66.

101 Siehe dazu Beitrag V in diesem Band.

102 Erich Kaufmann, »Die Gleichheit vor dem Gesetz im Sinne des Art. 109 der Reichsverfassung«, in: *VVDStRL* 3 (1927), S. 2 ff.

ten Prinzipien der Weimarer Verfassung, wie bei Carl Schmitt,[103] orientieren. Bei Erich Kaufmann wird so die Justiz zum Hüter des »höheren« Rechts gegen den Gesetzgeber, bei Carl Schmitt wird die Justiz nur in defensiver Funktion gegen die Gesetzgebung eingesetzt, während bekanntlich die Exekutive in Gestalt des Reichspräsidenten zum »Hüter der Verfassung« erklärt wird. In diese Zeit fällt auch eine aufsehenerregende Entscheidung des Reichsgerichts, das sich 1925 das richterliche Prüfungsrecht selber zusprach.

Im Nationalsozialismus wurde die Justiz durch dieselben Generalklauseln und juristischen Methoden gleichgeschaltet, mit deren Hilfe sie vor 1933 ihre Macht auf Kosten des demokratischen Gesetzgebers erweitert hatte.[104] Bekanntlich brachte das NS-System, mit einer Ausnahme, keine Gesetzeskodifikationen hervor, sondern bewirkte die Umstellung des gesamten aus der Weimarer Republik überkommenen Rechts auf die neuen nationalsozialistischen Bedürfnisse durch den Einschub zusätzlicher Generalklauseln in die vorhandenen Rechtsmaterien und durch die Verpflichtung der Richter auf die verschärfte Anwendung gesetzesauflösender Methoden.[105] Die Verwandlung des »königlichen Richters« in den Erfüllungsgehilfen der NS-Instanzen wurde mit Hilfe des bekannten Instrumentariums allein dadurch bewirkt, daß die richterlichen Durchgriffe auf »höhere« überpositive Normen (nun durch politische Zielsetzung formiert), das heißt die »nationalsozialistische Wertordnung«,[106] dirigiert waren. Die je nach politischer Bewertung und Situation diskriminierende Behandlung gesetzlich gleichgestellter Fälle wurde so zur täglichen Aufgabe der Justiz. Es ist dies ein Vorgang, der zugleich die demokratisch-rechtsstaatliche These bestätigt, daß richterliche Unabhängigkeit ohne Bindung an das

---

103 Carl Schmitt, *Verfassungslehre* (1928), Berlin ³1957, S.155, 196. – An letzterer Stelle begründet Carl Schmitt seine Befürwortung des richterlichen Prüfungsrechts unter gleicher Missdeutung Montesquieus wie die Autoren des *Federalist* (s. o.).

104 Siehe Beitrag III in diesem Band.

105 Die offizielle Steuerung der Justiz durch Kampagnen für antipositivistische Methoden der Rechtsanwendung ist besonders gut dokumentiert in den *Richterbriefen* des Reichsjustizministeriums, hg. von Heinz Boberach mit dem Untertitel: *Dokumente zur Beeinflussung der deutschen Rechtsprechung 1942-1944*.

106 Vgl. dazu Carl Schmitt, »Fünf Leitsätze für die Rechtspraxis«, hg. vom Presse- und Zeitschriftenamt des Bundes Nationalsozialistischer Deutscher Juristen, Berlin 1933.

Gesetz nicht bestehen kann. Letztere ist die eigentliche Ressource richterlichen Widerstands gegen politisch verordnete justizförmige Willkür.

Nach 1945 dominierte eine Renaissance materialen, also vormodernen Naturrechts in der Rechtstheorie und in der höchstrichterlichen Rechtsprechung, insbesondere der des BGH. Sie diente der Bekämpfung jenes Rechtspositivismus, den das NS-System bereits gründlich beseitigt hatte. In der Judikatur des Bundesverfassungsgerichts waren Durchgriffe auf überpositives, der geschriebenen Verfassung vorausliegendes Recht in Gestalt höherer Verfassungsgrundsätze, später der objektiven Wertordnung des Grundgesetzes an der Tagesordnung, wenn es galt, den Maßstab der Überprüfung einfacher Gesetze zu benennen.[107] Das Bundesverfassungsgericht als »Hüter der Verfassung« lockerte somit seine eigene Bindung an die verfassungsgesetzlichen Einzelbestimmungen des Grundgesetzes. – Die Rezeption der Neuen Hermeneutik Gadamers[108] in der juristischen Methodenlehre der 1960er Jahre war nicht unbedingt an einer Korrektur des (richterlichen) »Vorverständnisses«[109] innerhalb des Verfahrens des »hermeneutischen Zirkels« interessiert und bestimmte den letzteren als einen, der vor allem in der Auslegung gesetzlicher Bestimmungen im Hinblick auf konkrete Fälle besteht: Welche Elemente zum Beispiel eines konkreten Tathergangs in der richterlichen Prüfung als juristisch relevante Sachverhaltsmerkmale identifiziert werden, richtet sich nach den tatbestandlichen Begriffen des Gesetzes. Die letzteren können aber nur im Hinblick auf den konkreten Sachverhalt »verstanden« werden. Das heißt, in jeder einzelnen richterlichen Entscheidung wird der Inhalt gesetzlicher Begriffe erst bestimmt bzw. überhaupt konstituiert.[110]

Die rechtswissenschaftliche Rezeption der analytischen Philosophie in den 1970er Jahren findet bereits in der Sprachlichkeit von Gesetzen an sich die Unmöglichkeit einer Gesetzesbindung. Semantische Spielräume vielfacher Qualität machen »die Frage nach möglichen *meta*juristischen Maßstäben juristischer Entschei-

---

107 Besonders seit BVerfGE 1, 14 und seit BVerfGE 7, 198.

108 Hans-Georg Gadamer, *Wahrheit und Methode, Grundzüge einer philosophischen Hermeneutik*, Tübingen 1960.

109 Siehe Esser, *Vorverständnis und Methodenwahl*.

110 Winfried Hassemer, *Tatbestand und Typus. Untersuchungen zur strafrechtlichen Hermeneutik*, Köln u. a. 1968, S. 103 f.

dens unabweisbar«.[111] – Seit den 1980er Jahren treten zwei weitere Konzeptionen sukzessive miteinander in Konkurrenz: die unmittelbare Inkorporation moralischer Prinzipien ins Recht, wie sie in der Theorie Dworkins vertreten wird, und die Dekonstruktion von Rechtstexten im Gefolge Derridas. In beiden Fällen wird die Orientierung der Rechtsprechung am Gesetzesrecht durch den Verweis auf höhere Prinzipien der Moral bzw. der Gerechtigkeit außer Kraft gesetzt. Dworkin zufolge erfordert jede richterliche Bestimmung juristischer Rechte die Berücksichtigung moralischer Prinzipien, weil überhaupt rechtswissenschaftliche Fragen in ihrem Kern moralische Prinzipienfragen seien.[112] Die Unbestimmtheit des Moralbegriffs, den Dworkin in einer Interdependenz zwischen der Moral des Richters und der Moral des Gemeinwesens entwickelt, flexibilisiert zugleich die Rechtsnorm bis zur Unkenntlichkeit und macht sie einer »kreativen« Interpretation verfügbar: »The strict rules must be understood or applied or extended or modified or qualified or limited by that point.«[113] Derrida entwickelt in einer dekonstruktivistischen Lektüre von Walter Benjamins Destruktion des Rechts durch reine Gerechtigkeit[114] eine Gerechtigkeit jeder einzelnen (richterlichen) Rechtsentscheidung als eine solche, die sowohl dem abstrakt allgemeinen Gesetz als auch dem »Anderen« der Allgemeinheit, d. h. dem Einzigartigen des Individuums und der Einmaligkeit jeder Situation, entspricht.[115]

Allen diesen gesetzesauflösenden juristischen Methodenlehren und rechtsphilosophischen Konzeptionen ist die Aufhebung der Gewaltenteilung zwischen Legislative und Judikative gemeinsam. Gleichgültig ob der freirechtliche Richter Generalklauseln als »ständig sprudelnde Rechtsquelle« nutzt, ob der Durchgriff auf mittelalterliches Naturrecht, auf die »Wertordnung« des Nationalsozialismus oder überpositive Normen des Grundgesetzes auf der Tagesordnung steht, ob in der richterlichen Handhabung des

---

111 Hans-Joachim Koch, *Seminar: Die juristische Methode im Staatsrecht*, Frankfurt/M. 1977, S. 60. – Vgl. auch ders. (Hg.), *Juristische Methodenlehre und analytische Philosophie*, Kronberg/Ts. 1976.

112 Ronald Dworkin, *Bürgerrechte ernst genommen*, Frankfurt/M. 1984, S. 26 u. ö.

113 Ronald Dworkin, *Law's Empire*, Cambridge, Mass. 1986, S. 47, 50.

114 Jacques Derrida, *Gesetzeskraft. Der mystische Grund der Autorität*, Frankfurt/M. 1991, S. 104.

115 Ebd., S. 119, 122 f.

hermeneutischen Zirkels der Inhalt des Gesetzes erst im Hinblick auf Fakten des Sachverhalts bestimmt wird oder die gesetzliche Programmierung der Justiz bereits an der Struktur der Sprache scheitert (obwohl Richter doch offensichtlich die gelehrten Gesetzeskommentare »verstehen« können) oder ob schließlich der Durchgriff auf moralische Prinzipien oder auf eine höchstrangige Gerechtigkeit die Gesetze zum Tanzen bringt – immer entscheidet nach diesen Konzeptionen der Richter selbst, inwieweit er vom Gesetzesrecht überhaupt noch und in welcher Weise Gebrauch machen will. Angesichts dieser theoretischen Begründungen richterlicher Selbstversorgung mit Entscheidungsnormen und ihrer jeweils intensiven Rezeption vor allem in der höchstrichterlichen Rechtsprechung ist längst jener Zustand erreicht, den einst Montesquieu als den des Despotismus bezeichnet hatte. An zwei seiner Formulierungen sei hier noch einmal erinnert: »Es gibt […] keine Freiheit, wenn die richterliche Gewalt nicht von der gesetzgebenden […] getrennt ist. Ist sie mit der gesetzgebenden Gewalt verbunden, so wäre die Macht über Leben und Freiheit der Bürger willkürlich, weil der Richter Gesetzgeber wäre.« »In despotischen Staaten gibt es keine Gesetze: der Richter ist sich selbst Gesetz.«[116] Diese Diagnose Montesquieus erhält zusätzliche Aktualität durch die akute Neigung, bürgerliche Freiheit ausufernden Sicherheitsbedürfnissen zu opfern. Da die gegenwärtig alles beherrschende Verheißung des Schutzes vor Terrorismus und Bösem aller Art sich mit höchsten Gerechtigkeitsansprüchen verbindet, seien die moral- und gerechtigkeitsorientierten Konzeptionen richterlicher Rechts»findung« noch einmal besonders betrachtet, obwohl ihre subjektiven Intentionen den jüngsten politischen Entwicklungen ganz fernstehen.

Was die Regression vor die moderne Ausdifferenzierung von Recht und Moral angeht, so ist ihre Überzeugungskraft inzwischen so groß, daß jeder Einwand sich des Verdachts der Amoralität sicher sein kann. Vielleicht enthält aber gerade Dworkins Identititätskonstruktion – wider Willen – den härtesten Angriff auf die rechtsstaatliche Sicherung bürgerlicher Freiheit. Wenn Dworkin moralische Prinzipien, die sich durch ihre große Unbestimmtheit von Rechtsnormen ohnehin strukturell unterscheiden,[117] zum

116 Montesquieu, *Vom Geist der Gesetze*, Bd. I., S. 215, 109.
117 Kant besteht wegen dieser Differenz auf der strengen Trennung zwischen Recht

Kernbereich des Rechts erklärt, so wird bestehendes Gesetzes- wie Präjudizienrecht gleichermaßen flexibilisiert. Dworkins Versuch der Konkretisierung moralischer Prinzipien eröffnet zudem ein dilemmatisches Verhältnis zwischen empirischen Moralvorstellungen einer Gesellschaft, politisch institutionalisierter Moral und der persönlichen Moral des Richters. Unter der ausdrücklichen Voraussetzung, daß keiner anderen gesellschaftlichen Gruppe als der der Richter bessere Fähigkeiten der moralischen Argumentation zuzutrauen sind, erklärt Dworkin des Richters eigenes Verständnis gesellschaftlicher Moral zum ausschlaggebenden Faktor der Rechtsauslegung.[118] Damit aber wird die Moral, die die Interpretation des Richters anleiten soll, zum Produkt seiner Interpretation. Es ist deshalb zunächst zu fragen, ob mit diesem Verfahren mehr geleistet ist als eine Immunisierung der Rechtsprechung gegen jede Kritik: der Richter, der nicht nur Recht spricht, sondern damit zugleich Moral verwaltet, befindet sich immer in einem höheren Sinne »im Recht«.

Vor allem aber werden durch die Handhabung eines Rechts, das um moralische Anforderungen erweitert ist, die staatlichen Zumutungen an die Bürger grenzenlos.[119] Während Gesetzesrecht nur einen sehr kleinen Teil moralischer Anforderungen ins Recht »übersetzt« und dabei strafrechtliche Tatbestände und Sanktionen präzise angeben muß – Kant hatte hier »mathematische Genauigkeit« des Gesetzes gefordert[120] –, führt die Inkorporation moralischer Prinzipien ins Recht dazu, daß die rechtsfreien Räume, die durch jede gesetzliche Präzisierung mitgesetzt sind, verschwinden. Nach rechtsstaatlichem Formalismus gilt: alles was nicht durch einen gesetzlichen Tatbestand erfaßt ist, unterliegt überhaupt keiner rechtlichen Regelung und ist jedem staatlichen Zugriff entzogen. (Darin bestand die von Montesquieu und den Kontraktualisten gleichermaßen geforderte basale »Freiheit« der Bürger.) Die strukturelle Unbestimmtheit moralischer Prinzipien aber läßt es zu, daß in der an ihnen orientierten Rechtsprechung fast jeder denkbare

und Moral: *Metaphysik der Sitten/Tugendlehre*, in: Weischedel (Hg.) *Kant-Werkausgabe*, Bd. VIII, S. 520.

118 Dworkin, *Bürgerrechte ernst genommen*, S. 221, 214 f., 218 ff.

119 Dazu der Beitrag VIII in diesem Band.

120 Kant, *Metaphysik der Sitten/Rechtslehre*, in: Weischedel (Hg.), *Kant-Werkausgabe*, Bd. VIII, § E.

Sachverhalt als ein rechtlich relevanter identifiziert und zum Gegenstand gerichtsförmiger Entscheidung gemacht werden kann. Damit wird die staatliche Sanktionsgewalt auf Anforderungen ausgedehnt, die nach rechtsstaatlichem Verständnis ausschließlich als moralische galten und der privaten bzw. immanent gesellschaftlichen Konfliktbearbeitung überlassen blieben. Dworkins Theorie beruht zudem auf den gewagten Voraussetzungen, daß die Moral einer real existierenden »community« deren Recht überlegen sei und die Richter als kompetenteste Sachwalter dieser Moral anzusehen sind. Ein – zugegebenermaßen extremes – Gegenbeispiel ist das Verhältnis zwischen den vorhandenen Gesetzesmaterien und der »Wertordnung« des NS-Systems, das sich ausdrücklich als »gerechter Staat« im Gegensatz zum wertneutralen Gesetzesstaat verstand.[121] Was die Integrität der Richter betrifft, so ist anzumerken, daß in der Phase der extremsten Repression dieses Regimes ein Drittel der richterlichen Entscheidungen, auf die sich die *Richterbriefe* exemplarisch bezogen, gerügt wurden, weil sie im Strafmaß zu hoch (!) waren.

Derrida warnte selbst vor einer Totalisierung der Gerechtigkeit und hatte dabei das NS-System im Blick. Er hat seine kritische Dekonstruktion von Benjamins radikalem Gedanken einer Gerechtigkeit ohne Recht ausdrücklich damit begründet, daß das »Übermäßige« einer auf sich selbst gestellten Gerechtigkeit stets dem Risiko ausgesetzt ist, durch das »perverseste Kalkül« angeeignet zu werden und in nächste Nähe zum »Schlimmsten«, d. h. zum Holocaust, zu geraten.[122] Erst diese Einsicht führt bei Derrida zu jener Vorstellung eines (richterlichen) Gerechtigkeits-Dekonstruktivismus, der im Verhältnis ständiger wechselseitiger Korrektur mit der Rechtsregel steht. In der falschen Annahme allerdings, daß nur der Holocaust sich in einer völlig gesetzlosen Zone ereignete, das NS-System ansonsten aber als ein gesetzlich-bürokratisches funktioniert habe,[123] nähert sich Derridas favorisierte Gleichzeitigkeit von Regelbefolgung und Regeldurchbrechung mit Rücksicht auf je situative »Einzelfallgerechtigkeit« genau den alltäglichen Funk-

---

121 Nachweise in Beitrag III in diesem Band.

122 Derrida, *Gesetzeskraft*, S. 57, 115 ff.

123 Ebd., S. 120. – Die letztere Annahme ist gründlich widerlegt. Siehe Franz Neumann, *Behemoth. Struktur und Praxis des Nationalsozialismus 1933-1944*, Frankfurt/M. 1977, besonders S. 509 ff., 541 ff., 553 ff.

tionsbedingungen der NS-Justiz an, der es auf genau diesem Wege gelang, alle jene Diskriminierungen durchzusetzen, die die formale Gerechtigkeit allgemeiner Gesetze völlig zerstörten: den rechtsstaatlichen Anspruch auf gleiches Recht trotz Differenz.

Die Gleichzeitigkeit von Regelbefolgung und Regeldurchbrechung ist indessen nicht nur die Signatur der NS-Justiz, sondern bezeichnet – ausweislich der juristischen Methodenlehren und der neueren Gesetzesstruktur – in immer stärkerem Maße die Normalität der Rechtsprechung seit über 100 Jahren. Was die Differenz zum totalen Unrechtsgehalt nationalsozialistischer Rechtsprechung bewirkt, sind andere gesamtgesellschaftliche Kontexte der Justiz und andere Sorten höherrangiger Werte oder Gerechtigkeitskonzeptionen, durch die positives Recht je nach Bedarf außer Kraft gesetzt wird – es ist jedenfalls nicht mehr der strukturelle Zwang funktionaler Gewaltenteilung. Die Zerstörung rechtsstaatlicher Demokratie durch eine Entwicklung, in der zum Beispiel die Frage, welche juristische Methodenlehre überhaupt rechtsstaats- und demokratiekompatibel ist, selten gestellt wird,[124] ist frühzeitig diagnostiziert worden. Es war ausgerechnet Carl Schmitt, der seit 1912 der Justiz eine defensive Funktion gegen den Gesetzgeber zuwies, indem er die Freirechtstheorie radikalisierte,[125] dieses Konzept spätestens seit 1924 mit der offensiven Überleitung der Souveränität auf den Reichspräsidenten kombinierte[126] und 1932 mit großer analytischer Schärfe die Bruchstelle des demokratischen Rechtsstaats freilegte, um 1933 dessen vollendete Zerstörung zum Prinzip zu erheben.[127]

Es heißt 1932 (wobei Carl Schmitt anstelle des Begriffs demokratischer Rechtsstaat den des »Gesetzgebungsstaates« verwendet[128]): »Organisatorisch ist der Gesetzgebungsstaat dadurch gekennzeich-

124 Sie findet sich noch in der Theorie Friedrich Müllers: *Juristische Methodik*, Berlin 1976, die innerhalb der herrschenden Lehre eine besondere Position einnimmt, ihr aber dennoch in zentralen sprachphilosophischen Prämissen zu weit entgegenkommt.

125 Dazu Maus, *Bürgerliche Rechtstheorie und Faschismus*, S. 88 ff.

126 Carl Schmitt, »Die Diktatur des Reichspräsidenten nach Art. 48 der Reichsverfassung«, in: *VVDStRL* 1 (1924), S. 63 ff. – Neudruck im Anhang zu 2. Aufl. ders., *Die Diktatur* (1928), ²Berlin 1964.

127 Schmitt, »Fünf Leitsätze für die Rechtspraxis«.

128 Carl Schmitt, »Legalität und Legitimität« (1932), in: ders., *Verfassungsrechtliche Aufsätze aus den Jahren 1924-1954*, Berlin 1958, S. 263, zur Begründung des Begriffs »Gesetzgebungsstaat«.

net, daß er die Norm auf die eine Seite, die Normenausführung auf die andere Seite stellt.« Dieses Legalitätssystem

ist aber nicht mehr konstruierbar, […] wenn es […] aus inhaltlichen Gründen bestimmte Differenzierungen höherer und niederer Legalität gibt. […] Auf der Seite und in der Hand der Gesetzesanwendung liegen dann nämlich Fälle sowohl der Anwendung höherer wie der Anwendung niederer Normen, und es ist möglich, daß im Instanzenzug der Gesetzesanwendungsbehörden die Geltung der höheren Norm von der niedrigeren Stelle gegenüber der hierarchisch höheren Stelle [d. h. gegenüber dem demokratischen Gesetzgeber] geltend gemacht wird. Es wird dann […] sozusagen unter der Hand Sache der gesetzesanwendenden Stellen in Justiz, Regierung und Verwaltung, das einfache Gesetz, dem sie angeblich »unterworfen« sind, […] an der Hand eines höheren Gesetzes in seine Schranken zurückzuweisen. […] Auf jeden Fall ist durch die Aufspaltung des Legalitätssystems in eine höhere und eine niedere Art Legalität […] der Gesetzgebungsstaat bis in seine organisatorischen Fundamente hinein gesprengt.[129]

Genauer ist die Verkehrung des demokratisch-hierarchischen Gewaltenteilungssystems nicht auf den Begriff zu bringen. Carl Schmitt bekennt sich in genau diesem Zusammenhang zu Fundamentalprinzipien des Verfassungsrechts von »überlegalem« Charakter,[130] denen er gerade den rechtsstaatszerstörenden Charakter bescheinigt hatte. Carl Schmitts Entscheidung gegen den demokratischen Rechtsstaat basiert also auf einer präzisen Analyse des zu zerstörenden Verfassungssystems und ist von einer Klarheit des Bewußtseins, die in heutigen theoretischen Bemühungen, das normative Demokratiemodell vermeintlichen Sachzwängen anzupassen, kaum zu finden ist.

Eine Ideengeschichte der Gewaltenteilung, die die aktuelle Entwicklung im Zeichen der Entformalisierung des Rechts als desaströs charakterisiert, wird leicht als »verfallslogisch« abgetan. Ein Argument lautet: Auch Demokratien mit Case Law und Präjudizienjurisprudenz, sogar eine klassisch-parlamentarische wie die Englands, seien trotz fehlender Gesetzesbindung der Justiz vom demokratischen Entwicklungspfad nicht abgekommen. Das zweite Argument lautet: Der besagte Paradigmenwechsel am Beginn des 20. Jahrhunderts in Deutschland habe sich gar nicht ereignet. – Was das erstere Argument angeht, so ist festzustellen,

129 Schmitt, »Legalität und Legitimität«, S. 308 f.
130 Ebd., S. 311.

daß in England nicht nur (wie übrigens auch in den USA) längst ein enormer Anstieg von Statute Law das Case Law aus seiner dominierenden Position verdrängte, sondern auch und vor allem das parlamentarische Prinzip gewahrt blieb, dem zufolge die Legislative im Rechtsetzungsprozeß das »letzte Wort« hat: Es gibt in England keine rechtsfortbildende Entscheidung selbst der höchstrichterlichen Rechtsprechung, die nicht durch ein korrigierendes Gesetz des Parlaments »overruled« werden könnte.[131]

Bereits 1929 unterscheidet der deutsche Propagandist der Freirechtstheorie, Ernst Fuchs, zwischen einer »echten« und einer »falschen« Präjudizienjurisprudenz, welch letztere durch starres Festhalten an versteinerten herrschenden Meinungen und Entscheidungsgründen statt durch flexible Orientierung an veränderten Auslegungsmethoden, oder an gewandelndem Rechtsempfinden oder Verkehrsbedürfnis zu charakterisieren sei.[132] Längst hat sich die freirechtlich beschworene Flexibilisierung der Präjudizienjurisprudenz in den USA durchgesetzt: Von Konzeptionen des Rechtsrealismus, der richterliche Entscheidungen weniger auf Normen oder Präzedenzfälle als auf soziologische Tatsachen zurückführte, bis hin zum CLS-Movement, das die »Versteinerungen« des überkommenen Gesetzes- und Präjudizienrechts durch äußerst kreative Durchgriffe auf höherrangige Verfassungs- und Gerechtigkeitsprinzipien im Interesse unterprivilegierter Gruppen der amerikanischen Gesellschaft zu korrigieren sucht (aber eine Antwort auf die Frage schuldig bleibt, welche Konsequenzen die gleiche Methode in der Handhabung konservativer Richter hätte), und schließlich bis zur aktuellsten Rezeption von Derridas Dekonstruktivismus in der US-amerikanischen Jurisprudenz ist hinlänglich belegt, daß Bindungen der Rechtsprechung, die sich auch in der klassischen Präjudizienorientierung der Richter fanden, im Verlauf des 20. Jahrhunderts aufgehoben wurden. Was durch diese Flexibilisierung bedroht wird, ist ein funktionales Äquivalent der rechtsstaatlichen Gesetzesbindung: Bei jedem richterlichen Vergleich zweier Rechtsfälle nach klassischem Verständnis übernimmt das aufzufindende tertium comparationis dieselbe generalisierende Aufgabe wie die allgemeine Formulierung eines dem konkreten

---

131 Vgl. Dieter Henrich, *Einführung in das englische Privatrecht*, Darmstadt 1971, S. 30; s. auch S. 36.

132 Fuchs, »Was will die Freirechtsschule?«, S. 28.

Rechtsfall vorhergehenden rechtsstaatlichen Gesetzes. Es ist also die auf andere Weise bewirkte Gleichheitlichkeit der Rechtsanwendung bzw. Sicherheit der Rechtserwartung, die durch die neuen juristischen Methodenlehren aufgegeben wird.

Hinsichtlich des zweiten Arguments kann gezeigt werden, daß der Paradigmenwechsel in der juristischen Methodenlehre für die deutsche Rechtsentwicklung mit eher trickreichen Argumenten bestritten wird. So insistieren die meisten Vertreter der Rechtswissenschaft darauf, daß der Übergang vom 19. zum 20. Jahrhundert nicht durch einen Bruch, sondern durch Kontinuität gekennzeichnet sei.[133] Es ist kein Zufall, daß diese These ganz überwiegend von Zivilrechtlern vertreten wird: sie ist auch nur auf die Entwicklung der zivilrechtlichen Methode überhaupt (mit Einschränkungen) anwendbar. Der Hinweis darauf, daß es im 19. Jahrhundert keine gesetzespositivistische Methode gab, gegen die die Freirechtstheorie seit Beginn des 20. Jahrhunderts ihren Aufstand hätte richten können, betrifft nichts anderes als die bereits erwähnte Tatsache, daß während des gesamten 19. Jahrhunderts überhaupt noch keine Kodifikation des Zivilrechts existierte, auf die eine gesetzespositivistische Rechtswissenschaft und Rechtspraxis sich hätten beziehen können. So lange, bis 1900 das BGB in Kraft trat, war es Aufgabe einer schöpferischen Jurisprudenz, die rezipierten Teile des römischen Rechts zu einem System auszuarbeiten, mit überkommenen heterogensten Rechtsmaterialien deutschrechtlicher Herkunft zu synthetisieren und gleichzeitig zwischen altem Recht und neuen Rechtsbedürfnissen zu vermitteln. Insofern war die Rechtswissenschaft die eigentliche Rechtsquelle und verstand sich geradezu als »Gesetzgebung« für die richterliche Rechtspraxis.[134] Neu war darum im Bereich des Zivilrechts (!) nicht die antipositivistische Intention der Freirechtsschule, sondern die Tatsache, daß diese Intention sich nun gegen eine gerade vorhandene Gesetzeskodifikation richtete: Aus der Perspektive bürgerlicher Forderungen nach geschriebenem Recht formuliert, wurde nun der im 19. Jahrhundert bestehende

---

133 So zum Beispiel Regina Ogorek, *Richterkönig oder Subsumtionsautomat? Zur Justiztheorie im 19. Jahrhundert*, Frankfurt/M. 1986. Das Buch ist subtiler, als die falsche Alternative seines Titels vermuten läßt, enthält aber prototypisch die herrschende rechtswissenschaftliche Argumentationsstrategie. – Zum Folgenden ausführlich in Beitrag V in diesem Band.

134 Dazu Beitrag V in diesem Band.

Notbehelf einer kreativen Jurisprudenz zum offenen Affront gegen die ergangene Kodifikation. Trotz Kontinuität der Methode fand also sogar im Zivilrecht die »kopernikanische« Wende, die die Freirechtsschule für sich reklamierte,[135] insofern tatsächlich statt, als diese Methode sich nun in Opposition zur Gesetzgebung etablierte und zum unmittelbaren Instrument jeder richterlichen Entscheidung erklärt wurde. Auch dieser Einschnitt ist bereits 1912 bei Carl Schmitt zutreffend diagnostiziert und verabsolutiert. Es heißt mit Blick auf die zu verwerfende Gesetzesbindung: »Eine richterliche Entscheidung ist heute dann richtig, wenn anzunehmen ist, daß ein anderer Richter ebenso entschieden hätte.« »Die Praxis rechtfertigt sich also durch sich selber.«[136]

Im Bereich des Verfassungsrechts aber besteht ein Paradigmenwechsel auch in der juristischen Methode selbst. Hier (wie auch in anderen Rechtsgebieten, zum Beispiel dem Strafrecht) gab es zum Teil sehr viel früher Kodifikationen. Es existierten die deutschen Einzelstaatsverfassungen des 19. Jahrhunderts und seit 1871 die Reichsverfassung. Auf letztere bezieht sich die Darstellung des »Staatsrechts des Deutschen Reiches« von Paul Laband, die als klassische Arbeit des rechtswissenschaftlichen Positivismus kanonisiert wurde. Diese Methode galt im Bereich des Verfassungsrechts unangefochten bis zum Beginn der Weimarer Republik und wurde auch in den 1920er Jahren nur von den rechtskonservativen Gegnern der demokratischen Elemente der Weimarer Verfassung konterkariert. Der Paradigmenwechsel im Verfassungsrecht beschränkt sich zunächst auf diese Gruppe der Weimarer Staatsrechtslehre und tritt im Verhältnis zum Privatrecht zeitlich versetzt ein: Auch er reagiert auf eine neue, aus politischen Gründen abgelehnte Kodifikation. Während die demokratisch orientierten Vertreter der Disziplin wie zum Beispiel Anschütz oder Thoma am Rechtspositivismus festhalten[137] und folglich die Dignität jeder verfassungsgesetzlichen Einzelbestimmung in ihren systematischen Interpretationen berücksichtigen, bedient sich der historisch wirkungsmächtige Kampf gegen die Weimarer Verfassung durch Carl Schmitt, Rudolf Smend und viele andere jetzt der bereits erwähnten Methode, eine »hö-

---

135 Vgl. Anm. 99 und zugehörigen Text.
136 Carl Schmitt, *Gesetz und Urteil. Eine Untersuchung zum Problem der Rechtspraxis* (1912), München 1969, S. 71-86.
137 Vgl. zum Folgenden, Maus, *Bürgerliche Rechtstheorie und Faschismus*, S. 107 ff.

here« überpositive »Verfassung« gegen das bloße Verfassungsgesetz auszuspielen.[138] Die extremsten Konsequenzen dieser Methode, die es vor allem Carl Schmitt erlaubte, einige »Grundprinzipien« bzw. »Grundentscheidungen« der Weimarer Verfassung gegen ihre sämtlichen Einzelbestimmungen zu verabsolutieren, bestanden in der Isolierung eines Verfassungskerns, der bei Carl Schmitt auf den »Schutz von Freiheit und Eigentum« sowie die Garantie für »öffentliche Sicherheit und Ordnung« reduziert war,[139] und gipfelten in Carl Schmitts Ende 1932 ausgesprochener Empfehlung, nach endlich gelungener Abschaffung des Parlamentarismus überhaupt auf neue verfassungsrechtliche Festlegungen zu verzichten.[140] Es ist diese letztere Empfehlung, die im Begriff der »lebendigen Verfassung« des NS-Systems einen (möglichen) Ausdruck fand: Alle durch die herrschenden politischen Akteure geschaffenen Fakten galten jeweils bis auf weiteres als Bestandteile dieser »lebendigen Verfassung«.

Daß die Judikatur des Bundesverfassungsgerichts den Paradigmenwechsel der 1920er Jahre unter inhaltlicher Neubesetzung der überpositiven »Werte« und »Grundentscheidungen« der Verfassung zunächst fortschreibt, wurde bereits dargelegt. Der Aktivismus dieser Judikatur hatte dazu geführt, daß das Gericht sich immer mehr von seiner eigentlichen Aufgabe entfernte und – in detaillierten Anweisungen an die Legislative – zur laufenden Gesetzgebung in Konkurrenz trat.[141] Trotz deutlicher Zurückhaltung des Bundesverfassungsgerichts in späteren Jahren hat die vorausliegende Phase einer völligen Flexibilisierung des Verfassungs- und Gesetzesrechts

138 Rudolf Smend, *Verfassung und Verfassungsrecht*, München 1928; Carl Schmitt, *Verfassungslehre*, Berlin 1928.

139 Schmitt, »Legalität und Legitimität«, S. 331; ders., »Die Diktatur des Reichspräsidenten nach Art. 48 der Weimarer Verfassung«, S. 244 f.; ders., *Verfassungslehre*, S. 112.

140 Carl Schmitt, »Gesunde Wirtschaft im starken Staat«, in: *Mitteilungen des Vereins zur Wahrung der gemeinsamen wirtschaftlichen Interessen in Rheinland und Westfalen*, 1932, Heft 21, S. 13 ff.

141 Vgl. zur heftigsten Phase dieses Verfassungskonflikts zwischen Legislative und Verfassungsgericht exemplarisch: Mehdi Tohidipur (Hg.), *Verfassung, Verfassungsgerichtsbarkeit, Politik. Zur verfassungsrechtlichen und politischen Stellung und Funktion des Bundesverfassungsgerichts*, Frankfurt/M. 1976; Wolfgang Däubler, Gudrun Küsel (Hg.), *Verfassungsgericht und Politik. Kritische Beiträge zu problematischen Urteilen*, Reinbek 1979.

insbesondere durch die Grundrechts-Judikatur[142] offenbar eine dauerhafte Verschiebung des öffentlichen Bewußtseins hinsichtlich der Funktion eines Verfassungsgerichts bewirkt. Neuere Entscheidungen dieses Gerichts werden in der Öffentlichkeit (und von Politikern) noch immer als selbständige Entscheidungen einer zusätzlichen politischen Instanz wahrgenommen, wenn zum Beispiel der Ausgang des NPD-Verfahrens nicht als Bewertung eines rechtlich relevanten Verfahrensfehlers aufgefaßt, sondern als inhaltliche Entscheidung über die Frage der Verfassungsmäßigkeit der NPD mißverstanden wird. Es ist deshalb so weit gekommen, daß das Gericht sich neuerdings gezwungen sieht, seine eigenen Entscheidungen zu kommentieren und auf deren rechtlichen Gehalt aufmerksam zu machen. Aber auch diese Interventionen des Gerichts werden in der Öffentlichkeit wiederum als politischer Positionswechsel in der inhaltlichen Frage interpretiert.

Für die Verfassung der Europäischen Union wäre aus diesen nationalstaatlichen Entwicklungen zu lernen, daß Verfassungsrechtsprechung am ehesten rechtsstaats- und demokratiekompatibel bleibt, wenn sie sich vor allem auf die Einhaltung prozeduraler Regeln konzentriert. Die Aufgabe eines »Hüters der Verfassung« im nachmetaphysischen Sinne ist die Überwachung der Spielregeln des gesamten demokratischen Prozesses, nicht die expertokratische Vorwegnahme der inhaltlichen Outputs von Gesetzgebungsverfahren. Die Durchsicht des Vertrags über eine Verfassung für Europa eröffnet dagegen keine Perspektive auf eine solche Konzeption. Es ergeben sich vielmehr für die Rechtsprechung des höchsten Gerichts auf europäischer Ebene Probleme, die diejenigen der unklaren Kompetenzabgrenzung zwischen den obersten Gerichten der EU und der Mitgliedsstaaten bei weitem übersteigen.

Der außerordentlich weitläufige, unklare und im schlimmsten Sinne unfertige Entwurf besteht vor allem aus einer überaus reichhaltigen Materialsammlung von Aufgaben, inhaltlichen Zielsetzungen und Politikbereichen der Union, ergeht sich aber in der Sprache eher von Grundsätzen als von ausgearbeiteten prozeduralen Verfassungsnormen über die »Arbeitsweise« der Union. Gerade

---

142 Vgl. zum Beispiel die einschlägige Kritik von Helmut Ridder, »Die soziale Ordnung des Grundgesetzes. Leitfaden zu den Grundrechten einer demokratischen Verfassung«, in: Dieter Deiseroth u. a. (Hg.), *Helmut Ridder. Gesammelte Schriften*, Baden-Baden 2010, S. 84 ff.

was die »Spielregeln« des gesamten politischen Prozesses angeht, enthält der Entwurf oft eher Absichtserklärungen für eine Verfassung als die Verfassung selbst. »Institutionelle Bestimmungen« sind gelegentlich nicht viel mehr als Bestimmungen über die künftige Herstellung institutioneller Bestimmungen. So gibt zum Beispiel der Entwurf nicht einmal Eckdaten zum Verfahren für die Wahl zum Europäischen Parlament an, sondern benennt alternativ zwei Wege künftiger Entscheidungsfindung für dieses Wahlverfahren und zwei verschiedene Kriterien für dessen Ausgestaltung (Art. III-330 Abs. 1). Oder, um nur ein weiteres Beispiel zu nennen: Art. I-38 Abs. 1 bestimmt ganz pauschal »Wird die Art des zu erlassenden Rechtsakts von der Verfassung nicht vorgegeben, so entscheiden die Organe darüber von Fall zu Fall [!] unter Einhaltung der geltenden Verfahren [?] und des Grundsatzes der Verhältnismäßigkeit [!] nach Art. I-II.« Es handelt sich hier also nicht um eine Verfassung, die durch entformalisierende Methoden der Rechtsprechung erst aufgelöst werden müßte, sie hat ihre Selbstauflösung bereits in ihren Text inkorporiert.

Was aber zuerst die Aufhebung rechtsstaatlich-demokratischer Gewaltenteilung in der vorgesehenen EU-Verfassung angeht, so führt die Regression noch hinter Montesquieus vormoderne Lösung der Souveränitätsteilung zurück. Dabei besteht das Problem einer EU-Verfassung nicht etwa in der Notwendigkeit, die Souveränität zwischen Mitgliedsstaaten und EU aufzuteilen. Da Souveränität – wiederholte Erinnerungen scheinen nicht überflüssig zu sein – nichts anderes heißt als Kompetenz der Gesetzgebung, stellen sich bei ihrer Verteilung im Mehrebenensystem der EU keine prinzipiell anderen Probleme als in einem föderalistisch organisierten Nationalstaat bei der Verteilung der Gesetzgebungszuständigkeiten zwischen Gesamtstaat und Einzelstaaten (während das Ausmaß der gesetzgeberischen Ermächtigung der EU aus anderen Gründen besonderer Beachtung bedarf). Mit diesem Vorgang ist also mitnichten der heute geläufige Hinweis auf die angebliche Hinfälligkeit der Souveränitätskategorie zu belegen. »Ungeteilt« bleibt die Souveränität auch in einem föderalistischen System immer so lange, wie das Prinzip funktionaler Gewaltenteilung erhalten bleibt: die Monopolisierung der Gesetzgebung bei den legislativen (einzel- und gesamtstaatlichen) Körperschaften.

In der EU-Verfassung ist aber die Souveränität der Gesetzge-

bung nicht nur – wie bei Montesquieu – geteilt, sondern geradezu
zerstört. Hatte Montesquieu trotz seines großen Mißtrauens gegen
etwa übermütige Parlamente der Legislative immerhin das volle
Gesetzgebungsrecht zugebilligt und dieses durch das nachträgliche Vetorecht der Exekutive eingeschränkt, so besteht die extreme
Besonderheit des EU-Parlaments darin, daß es (von Sonderfällen
abgesehen) überhaupt nur auf Initiative der Regierung tätig werden kann. Die UnionsbürgerInnen dürfen also Petitionen an ein
Parlament richten (Art. III-334), das sich seinerseits nur in der Rolle
eines Bittstellers befindet, wenn es darum geht, die Kommission
zu einer Gesetzesinitiative zu veranlassen (Art. III-332). Um eine
Formulierung Montesquieus abzuwandeln: Es ist hier das Parlament, das gleichsam zu einem »Nichts« wird. An die klassische,
funktional-gewaltenteilige Souveränitätstheorie John Lockes darf
angesichts des Entwurfs einer EU-Verfassung kaum noch erinnert werden: Jede Einmischung der Regierung in die Tätigkeit der
Legislative behandelt Locke als einen Versuch der Zerstörung des
Staates, der das Recht des Volkes zum Aufruhr nach sich zieht.[143]

Es sind indessen beachtliche und demokratietheoretisch fun-
dierte Gründe gegen eine Stärkung des Europäischen Parlaments
im Sinne voller Parlamentarisierung vorgebracht worden, die
weder mit der im Entwurf beabsichtigten technokratischen Verselbständigung der exekutivischen Apparate konform gehen noch
– wie gelegentlich unterstellt – sich einer substantialisierenden Perspektive auf die real existierenden europäischen Staatsvölker verdanken. Wenn Dieter Grimm[144] darlegt, daß eine solche Stärkung
des Europäischen Parlaments eine zentralisierende Wirkung auf die
Gesamtorganisation der EU hätte, die das supranationale Gebilde
in Richtung eines europäischen Nationalstaates veränderte, so geschieht dies mit dem überzeugenden Hinweis, daß demokratische
Kontrollen der Apparate europaweit noch viel schwerer zu realisieren sind als auf nationalstaatlicher Ebene, weshalb überhaupt
die Delegation politischer Aufgaben an die EU begrenzt und in
einer Gründung der Union durch »Vertrag« die verbleibende Eigenständigkeit der europäischen Nationalstaaten betont werden
sollte, welche im Begriff einer europäischen »Verfassung« negiert

143 Siehe Anm. 81 und zugehörigen Text.
144 Dieter Grimm, »Braucht Europa eine Verfassung?«, in: ders., *Die Verfassung und
     die Politik. Einsprüche in Störfällen*, München 2001, S. 237 ff., 248 ff.

wäre. Auch Dieter Grimms Argument, es gebe »bislang kein europäisches Volk«, das im Europäischen Parlament vertreten werden könnte, bezieht sich nicht etwa auf die Abwesenheit einer homogenen Ethnie, sondern auf die Beschränkungen für Deliberation und Partizipation, die sich aus einer Sprachenvielfalt in der EU ergeben, die Schweizer Dimensionen bei weitem übersteigt. Die vorläufige Nichtexistenz eines europäischen Volkes bezeichnet also Defizite übernationaler Diskursfähigkeit, welche sich als strukturelle Verhinderung egalitärer Chancen der vorparlamentarischen Interessenartikulation und zivilgesellschaftlichen Kontrolle der Gesetzgebung auswirken.[145]

Allen diesen Argumenten ist nachdrücklich zuzustimmen. Dennoch muß aus demokratisch-rechtsstaatlicher Perspektive für ein Vertragswerk, das sich als »Verfassung« für Europa verstehen will, das Kriterium der Gewaltenteilung gelten. Dieses Kriterium wird allerdings von dem geplanten System der Selbstversorgung der Regierung mit Gesetzen vollständig verfehlt. Der in der Tat drohenden, im Entwurf angelegten Tendenz zur Zentralisierung wäre nur durch das Prinzip der äußerst (!) begrenzten Einzelermächtigung für die Zuständigkeiten der Union entgegenzuwirken – eine Möglichkeit, die aber durch die Unterscheidung zwischen »Abgrenzung« und »Ausübung« der Zuständigkeiten der Union und hinsichtlich letzterer durch die Einführung der Grundsätze der Subsidiarität und der Verhältnismäßigkeit (Art. I-II) auf raffinierte Weise ausgehebelt wird.

Da die besagte »Verfassung« nicht nur auf rechtsstaatliche und demokratische Gewaltenteilung verzichtet, sondern auch Gesetzgebung im eigentlichen Sinne negiert und darüber hinaus in vielen Fällen deutliche Verfahrensregelungen und Kompetenzzuweisungen gar nicht enthält, gleicht sie – trotz ihrer Verschriftlichung – auf verhängnisvolle Weise jener ganz ungeschriebenen »lebendigen Verfassung«, die das NS-System für sich reklamierte. Indem diese Verfassung die EU-Institutionen nicht wirklich verfaßt, wiederholt sie auf dieser Ebene, was sich in der nationalstaatlichen Entwicklung einer umfangreichen Verrechtlichung mit eingebauter Entrechtlichung auf einfachgesetzlicher Ebene bereits abzeichnete. Diese Wiederholung im Verfassungsrecht bedeutet aber eine ex-

145 Grimm, »Braucht Europa eine Verfassung?«, besonders S. 240, 243 ff., 250.

treme Potenzierung der Entrechtlichung: Verfassungsinstitutionen, deren verfassungsförmige Normierung noch unvollständig ist und darum zum Teil ihnen selbst überlassen wird, fungieren gleichzeitig als verfassungsmäßige und als verfassunggebende Gewalten. Dadurch ist die willkürverhindernde Abschottung zwischen demokratisch-rechtsstaatlich hierarchisierten Entscheidungsverfahren auf den obersten Stufen durchbrochen: Dieselben Instanzen, die zum Beispiel mit konkreten interessenvernetzten Gesetzgebungsprojekten befaßt sind, entscheiden zugleich über Verfassungsnormen, durch die sie überhaupt erst konstituiert und interessenneutral prozeduralisiert werden sollten. Dies impliziert ein Dilemma, das auch durch das autoritäre Urvertrauen in die Weisheit der Verfassungsjustiz[146] – statt in demokratisch prozeduralisierte Verfassungs- und Gesetzgebungsverfahren – nicht zu lindern ist.

Es ist eine starke Verfassungsrechtsprechung durch den Europäischen Gerichtshof vorgesehen. Dieser befindet sich aber angesichts der spezifischen Struktur einer unfertigen Verfassung in einer ganz anderen und keineswegs mächtigeren Position als etwa das deutsche Bundesverfassungsgericht. Letzteres hatte durch methodologische Ausweitung seiner Kompetenzen Momente verfassunggebender Gewalt zu Lasten des demokratischen Souveräns usurpiert und im Wege der Verfassungsänderung durch Verfassungsrechtsprechung jahrzehntelang bei sich monopolisiert. Der europäische Verfassungsentwurf verteilt hingegen Elemente verfassunggebender Gewalt auf mehrere der »verfassungsmäßigen« Institutionen. Diese sind also nach dem Prinzip einer »lebendigen«, d. h. werdenden Verfassung darauf verwiesen, den jeweiligen Aktionsradius ihrer Kompetenzen im Zuge ihrer Tätigkeit selbst auszutesten. Die auf diese Weise geschaffenen Fakten können dann einer Verfassungsrechtsprechung durch den Europäischen Gerichtshof unterliegen. Da aber dieser Prüfung von Verfassungs wegen Maßstäbe an die Hand gegeben sind, die zum Teil auf noch herzustellende Maßstäbe verweisen, ist zu befürchten, daß das höchste Gericht der EU – gerade bei der Ausübung seiner wichtigsten Kontrollfunktion hinsichtlich der Einhaltung der Spielregeln – seinerseits darauf an-

---

146 Nach einer Repräsentativerhebung von Infratest im Januar 2003 genießt das Bundesverfassungsgericht von allen politischen und gesellschaftlichen Institutionen der Bundesrepublik mit 68 Prozent der deutschen Wahlberechtigten das höchste Vertrauen (nach *FR* vom 4. 2. 2003).

gewiesen ist, seinen normativen Aktionsradius im Verhältnis zu den geschaffenen Fakten auszutesten.

Die Verfassung der EU kann also die Gefahr nicht ausschließen, daß sie einem System ungeregelter Konkurrenz von Machtapparaten den Weg bereitet. Die Anfälligkeit mancher Vordenker Europas für den Charme des Ungeregelten, das sie leicht mit Freiheit verwechseln, basiert auf der Unkenntnis der Funktionsweise totalitärer Systeme. Dem Prinzip der »lebendigen Verfassung« korrespondiert nicht etwa ein zentralisierter »Führerstaat«, welcher nur als ideologische Selbstbeschreibung des NS-Systems existierte, sondern genau jene ungeregelte Konkurrenz der Apparate.[147] – Die ungeheure Machtdelegation, die mit jeder Organisation großräumiger bzw. supranationaler Politik verbunden ist, erfordert im Interesse demokratischer Kontrolle nicht ein Weniger, sondern ein Mehr an rechtlicher Domestizierung. Ein Projekt, das den Anspruch erhebt, die Verfassung für Europa zu werden, kann weder auf Rechtsstaat noch auf Gewaltenteilung, noch auf Volkssouveränität verzichten.

147 Neumann, *Behemoth*. – Zum angegebenen Aspekt und zum theoretischen Kontext in der Entwicklung des wissenschaftlichen Werkes Franz Neumanns s. Jürgen Bast, *Totalitärer Pluralismus. Zu Franz Neumanns Analysen der politischen und rechtlichen Struktur der NS-Herrschaft*, Tübingen 1999. – Die Ergebnisse Franz Neumanns sind, trotz des irreführenden Titels, rezipiert bei Martin Broszat, *Der Staat Hitlers*, München 1969.

III. »Gesetzesbindung« der Justiz und die Struktur der nationalsozialistischen Rechtsnormen[1]

»Wert und Unwert des Gesetzes bestimmen sich am Maßstabe des Rechtes.« »Gesetz ohne Recht kann das Unrecht nicht zum Rechte machen.« Was sich wie ein Leitsatz des gegenwärtigen Rechtsverständnisses und wie eine kritische Reaktion auf die nationalsozialistische Rechtsentwicklung anhört, ist in Wirklichkeit im Jahr 1934 geschrieben: Das Zitat stammt aus der Schrift eines seinerzeit bekannten Mitglieds der von Hans Frank geleiteten Akademie für Deutsches Recht.[2] – Alles Folgende soll zum Verständnis der vermeintlichen Paradoxie beitragen, daß dieses Zitat so schwer einzuordnen ist.

Das angedeutete Problem findet eine erste Aufhellung, wenn man die Art der Auseinandersetzung mit der nationalsozialistischen Rechtsentwicklung nach 1945 betrachtet. Die frühe Nachkriegsphase ist bis in die 60er Jahre hinein in Rechtswissenschaft und -praxis durch ähnliche Formen der »Vergangenheitsbewältigung« bestimmt wie in den übrigen Bereichen von Politik und Gesellschaft: Im Allgemeinen zeigt sich ein Schwanken zwischen Verdrängung und unterschwelliger Rechtfertigung. Während die Rezeption der rechtswissenschaftlichen und rechtssoziologischen Literatur der Emigration noch ausstand, wurde die Rechts- und Justizentwicklung im Nationalsozialismus zum exorbitanten Phänomen erklärt, das nur aus den spezifischen Bedingungen dieses Terrorsystems zu erklären sei. Zum Teil unter Mitwirkung von Autoren, die selbst als Richter an höchsten Gerichten tief in die Praxis

---

1 Die Fassung des Vortrags, der im Wintersemester 1987/88 in einer Ringvorlesung an der juristischen Fakultät der Georg-August-Universität Göttingen gehalten wurde, ist hier weitgehend unverändert. Dieser Vortrag wurde auch in einer Veranstaltungsreihe anläßlich der Emeritierung Professor Dr. Helmut Ridders an der Universität Gießen gehalten. Eine Schlußpassage, die sich dort auf einen Aspekt von Helmut Ridders Werk bezog, ist hier am Beginn des Abschnitts 3 eingearbeitet. – Soweit im Folgenden auf detailliertere Nachweise verzichtet wurde, sei auf den stärker rechtstheoretischen Beitrag IV in diesem Band verwiesen.
2 Heinrich Lange, *Vom Gesetzesstaat zum Rechtsstaat,* Tübingen 1934, S. 21, 31.

des NS-Systems verstrickt waren,[3] konzentrierten sich die Analysen fast ausschließlich auf die – in der Tat intensiven – politischen Lenkungsmechanismen und direkten Eingriffe in die richterliche Unabhängigkeit, die die Justiz zum Instrument nationalsozialistischer Zielsetzungen umfunktionierten. Das Erscheinungsbild der Justiz im NS-System wäre aus dieser Sicht durch personalpolitische Maßnahmen nach 1933, die ideologische Schulung des Justizpersonals, Kontrollen und Weisungen seitens der Justizverwaltung, Änderungen der Gerichtsorganisation sowie durch Partei-, Polizei- und SS-Interventionen (»Urteilskorrekturen«) etc. im wesentlichen zu erklären. Mit dieser Auffassung verband sich – in sehr inkonsistenter Weise – eine zweite These: die Gleichschaltung der Justiz habe deren Unterwerfung unter den NS-Gesetzgeber bedeutet, so daß die Richter sich gegenüber dem »Gesetzesbefehl« quasi im Befehlsnotstand befanden. Diese Gleichschaltung sei deshalb so reibungslos vollzogen worden, weil die deutsche Justiz dabei ihrem eigenen, seit jeher herrschenden rechtspositivistischen Rechtsanwendungsverständnis zum Opfer fiel. Diese letztere Annahme beruht auf zwei falschen Voraussetzungen:

1. Der Rechtspositivismus sei noch die herrschende rechtswissenschaftliche Theorie vor (und nach) 1933 gewesen.
2. NS-»Gesetze« hätten überhaupt deutliche Befehle enthalten.

I.

Es gehört zu den semantischen Konsolidierungen nach 1945, daß der Begriff des Rechtspositivismus ausschließlich negativ besetzt und – jenseits seiner tatsächlichen Unzulänglichkeiten – im Hinblick auf die nationalsozialistische Rechtsentwicklung geradezu dämonisiert worden ist. Auch dieser Vorgang ist zum Teil durch die personelle Kontinuität nicht nur in der Rechtspraxis,[4] sondern auch in der Rechtswissenschaft vor und nach 1945 zu erklären. Von der großen Ausnahme Carl Schmitts abgesehen, verlor 1945

3 Zum Beispiel Hermann Weinkauff, *Die deutsche Justiz und der Nationalsozialismus*, Stuttgart 1968.
4 Dazu Ingo Müller, *Furchtbare Juristen. Die unbewältigte Vergangenheit unserer Justiz*, München 1987.

bekanntlich kaum ein NS-konformer Vertreter der Rechtswissenschaft seinen Lehrstuhl. In der ersten kritischen Auseinandersetzung der Nachkriegszeit erhielt darum der eine prominente und (vor allem:) entmachtete Hochschullehrer eine Stellvertreterfunktion, während seine ebenfalls involvierten Kollegen die wissenschaftliche Definitionsmacht auch noch in der Aufarbeitung der rechtswissenschaftlichen Vergangenheit, die zugleich ihre eigene war, behielten. Stimmen ihre Schriften vor 1945 darin überein, die liberalistischen Abstraktionen des Rechtspositivismus als Anachronismen zu brandmarken, so herrscht nach 1945 unter den gleichen Autoren Einigkeit darin, daß der Rechtspositivismus die eigentlich freiheitsfeindliche und jedem Machtstaat, speziell dem NS-System, willfährige Doktrin sei.[5] Bei allem Wechsel der Argumente liegt die Kontinuität der herrschenden Lehre jedenfalls in der Verurteilung des Rechtspositivismus. Dabei betreffen die Schuldzuweisungen nicht nur dessen Methodenlehre der richterlichen Rechtsanwendung (2), sondern auch dessen Verhältnis zu den legitimatorischen Voraussetzungen des Rechts (1).

Ad 1: In letzterer Hinsicht lautet der Vorwurf, der Rechtspositivismus habe die Preisgabe überpositiver Rechtsprinzipien zu verantworten, aus denen positive Gesetzesnormen überhaupt erst ihre Gültigkeit ableiten und sich als Bestandteil des »Rechts« qualifizieren können. Die Widerstandslosigkeit der Justiz wäre dann daraus erklärt, daß ihr inhaltliche Rechtskriterien fehlten, anhand deren sie die positiven »Gesetze« im Nationalsozialismus hätte prüfen und verwerfen können. Dieser Vorwurf übersieht, daß der Rechtspositivismus durchaus dem positiven Recht vorausliegende Richtigkeitskriterien und Legitimationsbedingungen kennt, die rein *prozeduraler* Natur sind: sie liegen in seinem Gesetzesbegriff selbst: Bereits im deutschen Konstitutionalismus hielt die rechtspositivistische Doktrin stets daran fest, daß sämtliche staatlichen Eingriffe in »Freiheit und Eigentum« bzw. in Rechte der Bürger überhaupt des Gesetzes bedürfen und daß Regelungen solchen Inhalts ohne Zustimmung der *Volksvertretung* »nichtig und unverbindlich« sind.[6] In der bündigen Definition: »Gesetze sind alle,

5 Dazu Ingeborg Maus, *Bürgerliche Rechtstheorie und Faschismus. Zur sozialen Funktion und aktuellen Wirkung der Theorie Carl Schmitts*, München ²1980, besonders S. 35 ff.

6 Robert von Mohl, *Das Staatsrecht des Königreiches Württemberg*, Bd. 1, Tübingen

aber auch nur« die mit Zustimmung der Volksvertretung ergangenen Anordnungen,[7] sind die unverfügbaren legitimatorischen Voraussetzungen inhaltlich verfügbaren Rechts benannt. Für den Begriff des Gesetzes ist die prozedurale Voraussetzung, die Zustimmung der Volksvertretung, unabdingbar.

Nach 1918/19 wurde der parlamentarisch-demokratische Gehalt dieser prozeduralen Prämisse deutlich, als sie die eigentliche Trennungslinie zwischen den rechtspositivistischen Anhängern und den antipositivistischen Gegnern der Weimarer Republik markierte.[8] Eine große Ausnahme unter den Rechtspositivisten dieser Zeit war in dieser Frage Hans Kelsen. Bekanntlich ein engagierter Demokrat, konnte er dennoch aufgrund eines Wert-Nonkognitivismus, der sich auch noch auf den Modus der Rechtserzeugung erstreckte, die demokratischen Voraussetzungen des Rechtspositivismus theoretisch nicht begründen. (Daß an der Spitze von Kelsens Stufenbau der Rechtsordnung nicht die demokratische Prämisse der Rechtsetzung, sondern eine logische Grundnorm steht, hat eine weitere Ausnahmeposition Kelsens innerhalb des Rechtspositivismus zur Konsequenz: die singuläre Option für eine dem demokratischen Gesetzgeber noch übergeordnete verfassungsgerichtliche Normenkontrolle – eine Option, die sich sonst nur bei den konservativen »System«-Kritikern fand.) Trotz der großen Rationalität von Kelsens Theorie in anderen Bereichen, insbesondere seiner Rechtsanwendungstheorie, haftet fast ausschließlich ihre Unzulänglichkeit als rechtliche Legitimationstheorie im rechtstheoretischen Gedächtnis. Dabei gehört es mit zu den semantischen Konsolidierungen nach 1945, daß diese Ausnahmeposition Kelsens mit der des Rechtspositivismus insgesamt identifiziert wurde.

Die eigentliche Absurdität der These von der Gesetzeshörigkeit

---

[2]1840, S. 67 f. – Dazu, daß Mohl unerachtet »materialer« Momente seiner Theorie gerade in diesem Zusammenhang schon einen genuin rechtspositivistischen Gesetzesbegriff entwickelt, s. Ingeborg Maus, »Entwicklung und Funktionswandel der Theorie des bürgerlichen Rechtsstaats«, in: dies., *Rechtstheorie und politische Theorie im Industriekapitalismus*, München 1986, S. 19 f.

7 Georg Jellinek, *Gesetz und Verordnung*, Freiburg i. Br. 1887, S. 115.

8 Man betrachte nur Richard Thomas Kritik an Carl Schmitts Parlamentarismusschrift und Begründung der ausschließlich demokratischen Legitimation jeder Rechtsentscheidung: »Zur Ideologie des Parlamentarismus und der Diktatur«, in: *ASWSP* 53 (1925), S. 212 ff. – Zu dieser Weimarer Kontroverse im einzelnen: Maus, *Bürgerliche Rechtstheorie und Faschismus*.

der deutschen Justiz im Nationalsozialismus besteht aber – was noch die Legitimationsgrundlagen des Rechts betrifft – darin, daß sie selbst mit einem Gesetzesbegriff operiert, dem alle normativen Voraussetzungen abhanden gekommen sind: Sie wendet den Gesetzesbegriff auf Normen an, die in ihrer überwältigenden Mehrzahl lediglich auf exekutivischen Entscheidungen beruhen, sogenannten »Regierungsgesetzen« des NS-Systems (von der Verordnungsflut und Führerbefehlen ganz zu schweigen). Selbst wenn man sich dahin verirren wollte, den Reichstag nach 1933 noch als Volksvertretung anzusehen, so hat bereits Ingo von Münch darauf hingewiesen, daß im gesamten Zeitraum von 1933 bis Kriegsbeginn nur neun »Gesetze« diesen Reichstag passierten, denen 4500 sogenannte »Regierungsgesetze« gegenüberstanden.[9] Diese Normen noch als Gesetze zu bezeichnen entspricht der Logik einer völlig funktionalistischen Begrifflichkeit, für die das Prozedere der Rechtsetzung ganz unerheblich ist – wie zum Beispiel Luhmann in ganz anderem Kontext befindet, daß der »Prozeß der Rechtsentstehung [...] sich kaum als Kriterium der Unterscheidung verschiedener Rechtssysteme«[10] eigne. Hier liegt ein erster Hinweis für das Verständnis jener eingangs erwähnten gleichlautenden Überordnung höheren Rechts über das einfache Gesetz im Nationalsozialismus und in der Gegenwart: Erst ein völlig entleerter Gesetzesbegriff erfordert überpositive Rechts- (bzw. System-)prinzipien – und belegt zugleich, daß das wesentliche Kriterium des rechtspositivistischen Gesetzesbegriffs einem kontinuierlichen Bewußtseinsschwund unterlag.

Ad 2: Ebenso unhaltbar ist die These, der Rechtspositivismus sei als Methodenlehre der Rechtsanwendung im 20. Jahrhundert, insbesondere vor und nach 1933, noch eine herrschende Position gewesen. Hier ist zunächst zu klären, was die rechtspositivistische Forderung nach »Gesetzesbindung« des Richters eigentlich besagt. Sie meint jedenfalls *nicht*, daß der Richter als Subsumtionsautomat zwischen Gesetz und konkretem Rechtsfall nur im Wege einer logischen Operation vermittle – dies war eine karikierende Erfindung der freirechtlichen Gegner des Rechtspositivismus. Seine Metho-

---

9 Ingo von Münch (Hg.), *Gesetze des NS-Staates. Dokumente eines Unrechtssystems*, Paderborn, München, u. a. 1994, S. 13 ff.

10 Niklas Luhmann, »Positivität des Rechts als Voraussetzung einer modernen Gesellschaft«, in: ders., *Ausdifferenzierung des Rechts*, Frankfurt/M. 1981, S. 123.

denlehre intendiert vielmehr den Vorrang der grammatikalischen und systematischen Auslegung bei der Konkretisierung des Gesetzes. Die richterliche Entscheidung legitimiert sich demzufolge nicht durch logische Deduktionen, sondern durch den Bezug auf das seinerseits prozedural legitimierte Gesetz. Mit der so verstandenen Gesetzesbindung sind fast immer mehrere, aber nicht beliebig viele richterliche Entscheidungen zu legitimieren, während die nichtpositivistische Ausweitung des methodischen Instrumentariums um teleologische, zweckorientierte, folgenorientierte, typologische, wertsystematische und andere Verfahren der Rechtsfindung die Anzahl der möglichen Ergebnisse beträchtlich erhöht. In dieser Erweiterung des Spielraums richterlicher Entscheidung besteht das gemeinsame Merkmal und die gleiche Funktion aller dieser entformalisierenden methodischen Innovationen, die seit Beginn des 20. Jahrhunderts vordringen – was erst recht für deren Zusammenspiel gilt. Insofern ist die Abgrenzung dieser verschiedenen Richtungen und die Quantifizierung ihres jeweiligen »Einflusses« auf die Praxis eher unerheblich, zumal die theoretischen Methodenlehren zugleich die in der Praxis bereits existierenden Handhabungen reflektieren. Insgesamt führt die mit ihrer Hilfe betriebene antipositivistische Verselbständigung der richterlichen Entscheidung gegenüber dem Gesetz zu einer Situation, in der die Rechtspraxis sich durch sich selbst legitimiert; die Legitimation der richterlichen Entscheidung wird in einem schlichten Sinne selbstreferentiell.

Auch damit ist nicht etwa eine quantifizierende, sondern eine grundsätzliche Aussage gemeint. Es ist nicht entscheidend, in welchem Umfang die Rechtspraxis sich im Laufe des 20. Jahrhunderts vom klassischen Verständnis der Gesetzesbindung verabschiedet, um die Umstellung auf eine neue Legitimationsweise diagnostizieren zu können. Sobald die neuen Methoden sich überhaupt in der Rechtspraxis ausbreiten, ist richterliche Entscheidungsarbeit unter Gesetzesbindung nur noch eine unter mehreren Möglichkeiten der Rechtsfindung. Ob und wann nach ihr verfahren wird, entscheidet dann die Rechtspraxis selbst und bestätigt genau darin ihre Selbständigkeit gegenüber dem Gesetz.

Eine empirische Studie, die am gesamten zugänglichen Rechtsprechungsmaterial gewonnene Aussagen über das Ausmaß positivistisch-formaler bzw. entformalisierter Rechtspraxis im NS-System erarbeiten könnte, steht aus naheliegenden Gründen aus. Intensive

Teiluntersuchungen – von Ernst Fraenkels berühmter Studie zum nationalsozialistischen »Doppelstaat« angefangen – haben ergeben, daß *beide* Weisen der Rechtsprechung gleichzeitig existierten, wobei dieser Befund unterschiedlich interpretiert wurde. Diese Gleichzeitigkeit zeigt aber schon an, daß die Konfrontation jeder Analyse mit jeweiligen Gegenbeispielen ein sehr willkürliches Verfahren ist. Vor allem aber ließe sich, selbst wenn eine Quantifizierung der tatsächlichen Entscheidungspraxis der NS-Justiz in dieser Hinsicht erreichbar wäre, dadurch gerade nicht bestimmen, worauf es ankommt: welcher der beiden Typen der Rechtsfindung eigentlich der systemkonformere gewesen ist – oder ob sogar die Systemfunktionalität der Justiz gerade durch die situative Kombination beider Rechtsentscheidungstypen erreicht wurde. Es heißt deshalb nicht, aus der Not des ungesicherten empirischen Forschungsstandes eine Tugend zu machen, wenn die anstehende Frage nicht vorwiegend mit dem Blick auf die Rechtspraxis, sondern vor allem anhand der vom politischen System *geforderten* Rechtspraxis untersucht wird: Die Analyse der offiziösen, parteijuristischen bis reichsjustizministeriellen Verlautbarungen und Anweisungen zur juristischen Methodik erhellt nicht nur die nationalsozialistische Besonderheit der Lenkung der Justiz durch die politische Kanonisierung juristischer Methode, sondern hebt auch aus einer faktisch diffusen Rechtspraxis diejenige richterliche Entscheidungsarbeit heraus, die im Nationalsozialismus selbst als systemkonform deklariert wurde. Bei der Betrachtung dieser Quellen wird sich im folgenden die Nachkriegslegende der im NS-System betriebenen Gleichschaltung der Justiz durch Gesetzesbindung als haltlos erweisen.

Auch eine Betrachtung der noch unreglementierten vor-nationalsozialistischen Methoden der Rechtsprechung kann die Behauptung, der Rechtspositivismus sei vor und nach 1933 die herrschende Doktrin gewesen, widerlegen: Das gekennzeichnete antipositivistische Verständnis der Rechtsfindung bringt sich schon kurz nach der Jahrhundertwende in der Freirechtsschule auf den Begriff,[11] es artikuliert sich hier offen und in den Verlautbarungen des kon-

---

11 Zum Beispiel Hermann Kantorowicz, »Der Kampf um die Rechtswissenschaft« (1906), in: ders., *Rechtswissenschaft und Soziologie. Ausgewählte Schriften zur Wissenschaftslehre*, Karlsruhe 1962, S. 13 ff.; Ernst Fuchs, »Recht und Wahrheit in unserer heutigen Justiz« (1908), in: ders., *Gerechtigkeitswissenschaft. Ausgewählte Schriften zur Freirechtslehre*, Karlsruhe 1965, S. 65 ff.

servativen Deutschen Richterbundes verdeckt. Letzterer hält verbal am Begriff der Gesetzesbindung fest, nimmt aber die neuen Methoden der Rechtsfindung in den Gesetzesbegriff selbst auf.[12] In der Weimarer Republik wird ebenso in der konservativen Rechtstheorie und Rechtspraxis die verbale Zurückhaltung aufgegeben: Die offene Opposition gegen den demokratisierten Gesetzgeber äußert sich in der Kampfformel, daß der Gesetzgeber einem höheren Recht unterstehe, das der Richter in der Rechtsfindung zu berücksichtigen habe, und begründet damit die Dominanz der Justiz über den parlamentarischen Gesetzgeber. Diese Kampfformel wird oft dahingehend mißverstanden, als fordere sie vor allem das »richterliche Prüfungsrecht«, d. h. das in der Weimarer Zeit von den Gerichten diffus gehandhabte Recht, einfache Gesetze am Maßstab der Verfassung oder überpositiven Rechts zu prüfen und ihm gegebenenfalls die Anwendung zu versagen. Die Überschätzung dieses Instruments für die Zeit der Weimarer Republik und erst recht des Nationalsozialismus ist nur aus der »justizstaatlichen« Perspektive der Gegenwart zu erklären, die in vielfacher Hinsicht eine falsche Vergangenheitsbewältigung darstellt. (Dazu unten.)

Viel weniger spektakulär, aber um so effizienter desavouierte die Weimarer Justiz den Gesetzgeber jedoch durch das erwähnte neue methodische Instrumentarium, das im Wege »unbegrenzter Auslegung« überhaupt die Bestimmung des Gesetzesinhalts der Justiz überließ. Publikationen aus dem Umfeld des republikanischen Richterbundes, die rechtswissenschaftliche Literatur der Emigration, aber auch zum Beispiel die spätere Studie von Rüthers[13] haben auf diese Verselbständigung der Rechtspraxis gegenüber dem Gesetz aufmerksam gemacht und sowohl den immer ausgedehnteren Gebrauch der Generalklauseln als auch die neuen methodischen Vorgaben untersucht, mit deren Hilfe die Justiz je nach Lage des

12 Zum Beispiel: *DRiZ* 1913, Sp. 569 ff., 693 ff., mit Vorschlägen zur praxisgerechten Flexibilisierung der Rechtsstruktur selbst.

13 Ernst Fraenkel, »Zur Soziologie der Klassenjustiz« (1927), in: ders., *Zur Soziologie der Klassenjustiz und Aufsätze zur Verfassungskrise 1931-32*, Darmstadt 1968, S. 1 ff.; Friedrich Dessauer, *Recht, Richtertum und Ministerialbürokratie*, Mannheim, Berlin, Leipzig 1928; Franz Neumann, »Der Funktionswandel des Gesetzes im Recht der bürgerlichen Gesellschaft« (1937), in: ders., *Demokratischer und autoritärer Staat*, Frankfurt/M., Wien 1967; Bernd Rüthers, *Die unbegrenzte Auslegung. Zum Wandel der Privatrechtsordnung im Nationalsozialismus*, Tübingen 1968.

Falles gesetzliche Einzelbestimmungen aushebeln und ihre Wertvorstellungen in der Rechtsfindung durchsetzen konnte.

Auf den ersten Blick scheint es nun überraschend, daß die Gleichschaltung der Justiz im Nationalsozialismus mit einer offiziellen Kanonisierung derselben juristischen Methoden einherging, deren sich die Justiz vor 1933 zur Ausweitung ihrer Kompetenzen auf Kosten des Gesetzgebers bedient hatte. Sämtliche Stellungnahmen von Parteijuristen, bürgerlichen Juristen in NS-offiziellen Publikationsorganen sowie des Reichsjustizministeriums unter der Ära Gürtner/Thierack lassen keinen Zweifel, daß die Richter im »Dritten Reich« ausdrücklich angewiesen wurden, den wo immer noch existierenden »Buchstabenglauben« ans Gesetz zugunsten noch flexiblerer Rechtsfindung zu überwinden. Diese Richtlinien waren bis 1934 verdeckt, nach 1934 offen gegen formale Rechtsanwendung gerichtet. Bis 1934 galt die herrschende Sprachregelung: der Richter ist an das Gesetz gebunden, aber das Gesetz ist viel weiter als bisher angenommen; danach werden auch die letzten Barrieren aufgehoben. Da im allgemeinen Bewußtsein kaum etwas so wenig präsent zu sein scheint wie der Antipositivismus der nationalsozialistischen Rechtsdoktrin, sollen die Quellen[14] ausführlicher ausgebreitet werden:

So heißt es bei Roland Freisler (der eine Fülle von Schriften zur juristischen Methodik produzierte) 1933 noch: Der Richter darf weder bei überkommenem noch bei neu gesetztem Recht gegen das Gesetz entscheiden, aber: bei jedem Widerspruch zu nationalsozialistischen Erfordernissen ist zu prüfen, ob »die Rechtsfindung irrig ist und die richtige [!] Anwendung des Gesetzes den Richter zu einem anderen Ergebnis geführt hätte«.[15]

Eine Schrift des Reichsjustizministers Gürtner von 1934 enthält zwar die irreführende Überschrift »Richter – Diener des Gesetzes«, empfiehlt aber, den dem Gesetz »übergeordneten [!] und imma-

---

14 Eine neue, umfangreiche Quellensammlung findet sich in dem Band: Herlinde Pauer-Studer, Julian Fink (Hg.), *Rechtfertigungen des Unrechts. Das Rechtsdenken im Nationalsozialismus in Originaltexten*, Berlin 2014. Siehe auch: Werner Konitzer (Hg.), *Moralisierung des Rechts. Kontinuitäten und Diskontinuitäten nationalsozialistischer Normativität*, in: *Fritz-Bauer-Institut. Jahrbuch*, Frankfurt/M. 2014, mit ausführlichen Zitaten.

15 Roland Freisler, »Recht, Richter und Gesetz«, in: *Deutsche Justiz 95* (1933), S. 694 ff., hier: S. 696.

nenten« Rechtssatz aus dem Rechtsempfinden zu schöpfen, das immer ein Werturteil enthalte.[16]

1934 schreibt der schon damals einflußreiche Vertreter juristischer Methodenlehre, Karl Larenz: »Ist […] gerade im nationalsozialistischen Führerstaat die Bindung des Richters an die Gesetze unentbehrlich, so darf sie doch wieder nicht als eine zu starre aufgefaßt werden. […] Es hieße den Willen des Führers verkennen, wollte man ihn an einem Ausdruck festhalten, der zu einer dem Sinn und Geist der völkischen Gesamtordnung nicht entsprechenden Bedeutung führt«, und empfiehlt die Rückbeziehung des Gesetzes auf die »Grundentscheidungen und Werte der Rechtsgemeinschaft«.[17]

1936 heißt es bei Roland Freisler schon sehr viel großzügiger: »Die Weltanschauungsgebundenheit gibt auch dem Richter die Freiheit souveräner Gesetzesauslegung und Gesetzesanwendung.« Es besteht nur die Bindung gegenüber einem Gesetz nicht »als geschriebenem Wort, sondern dem Gesetz als einem, wenn auch vielleicht unvollkommenen Ausdruck des Rechtes«.[18]

Wo also in der NS-Doktrin überhaupt noch von »Gesetzesbindung« die Rede ist, wird gleichzeitig deren rechtspositivistische Bedeutung gründlich zerstört und die von Carl Schmitt bereits 1912 angedeutete geheime Logik der Rechtspraxis offen forciert, nach der der Richter in jeder Station seines Tuns einem Gesetzesbefehl gehorchen soll, dessen Inhalt er selbst festzustellen hat.[19] Immer gilt das Gesetz nur nach Maßgabe »höheren« Rechts, das es erlaubt, gesetzliche Einzelbestimmungen je nach Situation anzuwenden oder umzuwerten, d. h. aber: die gesamte Rechtsordnung zu flexibilisieren.

In den seit 1942 vom Reichsjustizministerium herausgegebenen *Richterbriefen* erreichen die antipositivistischen Direktiven einen neuen Kulminationspunkt. An diesen *Richterbriefen* ist zweierlei

16 Franz Gürtner, »Richter und Rechtsanwalt im neuen Staat«, in: *Deutsche Justiz* 96 (1934), S. 369 ff., hier: S. 371.

17 Karl Larenz, *Deutsche Rechtserneuerung und Rechtsphilosophie*, Tübingen 1934, S. 35 f., 32.

18 Roland Freisler, »Richter und Gesetz«, in: Hans-Heinrich Lammers, Hans Pfundtner (Hg.), *Grundlagen, Aufbau und Wirtschaftsordnung des nationalsozialistischen Staates*, Bd. 1, Berlin 1936, S. 9, 11.

19 Carl Schmitt, *Gesetz und Urteil. Eine Untersuchung zum Problem der Rechtspraxis* (1912), München ²1969, S. 32.

von besonderem Interesse: Sie waren erstens keineswegs, wie in der Literatur oft dargestellt, Lenkungsinstrumente im Sinne direkten Eingriffs in die Rechtsprechung – dem widersprach schon die Tatsache, daß »politisch unzuverlässige« Richter und Staatsanwälte teilweise von ihrer Lieferung ausgeschlossen wurden.[20] In ihrer systematischen Durchdringung ausgewählten und unterschiedlich weit zurückliegenden Entscheidungsmaterials kritisieren oder bestätigen sie nicht einfach exemplarisch vorliegende Rechtsprechungsergebnisse, sondern konzentrieren sich vielmehr auf das in den Entscheidungsgründen sichtbare methodische Arbeiten. Dieses wird gelegentlich auch dann kritisiert, wenn das Ergebnis gebilligt wird.[21] Nicht durch inhaltliche Direktiven wollen die *Richterbriefe* in die Rechtsprechung eingreifen, sondern deren zukünftige Arbeit durch methodische Richtlinien steuern. Es handelt sich hier sozusagen um eine praxisnahe juristische Methodenlehre direkt aus dem Justizministerium.

Zum zweiten beziehen sich die *Richterbriefe* vorwiegend (!) auf den erwünschten methodischen Umgang mit *neu gesetztem* (aber nicht kodifiziertem) NS-Recht. Daran wird ganz deutlich, daß die im »Dritten Reich« offiziell verordnete Methodik ungebundener richterlicher Rechtsfindung nicht nur Ausdruck fehlender Neukodifikationen ist, dazu gedacht, die Justiz zur Anpassung *vor*nationalsozialistischen Rechts anzuhalten, sondern gerade auch für die Anwendung neuen *NS*-Rechts verbindlich, also überhaupt *die* favorisierte Methode ist. In den *Richterbriefen* heißt es durchgehend, grundsätzlich und lapidar: die deutschen Richter haben »Werte« des Volkes zu verteidigen, *nicht* etwa »sich sklavisch der Krücken des Gesetzes« zu bedienen.[22] Das Ausmaß der den Richtern aufgetragenen Flexibilisierung des Gesetzesrechts wird etwa in folgender Passage deutlich:

Die strafrechtliche Beurteilung des verbotenen Umgangs mit Kriegsgefangenen stellt den Richter vor eine besonders schwierige Aufgabe, die er nur lösen kann, wenn er über den Tatbestand des Gesetzes hinaus stets den

---

20 Zu einem entsprechenden Erlaß Thieracks siehe Robert Max W. Kempner, »Richterbriefe und Nürnberger Juristenprozeß«, in: Heinz Boberach (Hg.), *Richterbriefe. Dokumente zur Beeinflussung der deutschen Rechtsprechung 1942-1944*, Boppard a. Rh. 1975, S. 473 ff., 481.

21 Boberach (Hg.), *Richterbriefe*, zum Beispiel S. 39 f.

22 Ebd., S. 5 f. et passim.

besonderen kriegspolitischen Sinngehalt dieser Strafbestimmung in seiner jeweils gültigen, oft wechselnden Form nach allen Richtungen hin klar erkannt hat und in jedem Einzelfall erneut gewissenhaft prüft. [...] Der Maßstab dieser Wertung von Schuld und Unrecht in den Fällen verbotenen Umgangs mit Kriegsgefangenen liegt in den politischen Notwendigkeiten, die damit auch den Sinn und Zweck des Gesetzes bestimmen.[23]

Durchgängig sind die *Richterbriefe* auf der Suche nach Argumentationsfiguren, die eine differenzierte Rechtsprechung nach konkreten Situationen und unterschiedlichen gesellschaftlichen Sachlagen ermöglichen, aber zugleich die Kriterien dieser Differenzierungen und Diskriminierungen einer einheitlichen Wertung unterstellen, die eine Vergleichbarkeit und Erwartbarkeit richterlicher Entscheidungen jenseits der Gesetzesbindung garantieren sollte. Die *Richterbriefe* sind in ihrer Gesamtheit die deutlichste Konkretisierung einer These von Hermann Göring, daß im Nationalsozialismus die »Rechtssicherheit [...] nicht im Gesetz selbst, sondern in der einheitlichen Steuerung seiner Anwendung« liege.[24] Tatsächlich ist die juristische Methode der ausschlaggebende Faktor für die Justizfunktion im NS-System. Zugleich aber spiegeln die *Richterbriefe* das Chaos von Rechtsprechung, auf das sie sich beziehen. Überall im zitierten Entscheidungsmaterial findet sich die völlige Unvergleichbarkeit der Ergebnisse bei – selbst nach immanent nationalsozialistischen Gesichtspunkten – vergleichbaren Fällen; an einem Drittel der besprochenen Entscheidungen wird die Notwendigkeit anderen methodischen Vorgehens demonstriert, weil sie im Strafmaß zu hoch sind! All dies widerlegt zugleich die den Rechtspositivismus negierende Juristenillusion, es könne die Rechtspraxis jenseits der Gesetzesbindung einen objektiven Maßstab in sich selbst finden.

Eine Durchsicht der offiziellen Stellungnahmen zur juristischen Methodik im NS-System kann nur zu dem Ergebnis kommen, daß die Justiz nicht durch Gesetzesbindung, sondern durch Wertbindung gleichgeschaltet wurde. Das gleiche methodische Instrumentarium, mit dessen Hilfe die Justiz vor 1933 ihre Aktionsspielräume gegen den Gesetzgeber erweitert hatte, wurde ihr nach 1933 auferlegt und zum Medium der Zerstörung ihrer Unabhängigkeit ein-

23 Ebd., S. 87.
24 Hermann Göring, *Die Rechtssicherheit als Grundlage der Volksgemeinschaft*, Hamburg 1935.

gesetzt. Hatte die Justiz vor 1933 die im Recht vorhandenen Generalklauseln immer großzügiger genutzt, um durch sie ihre eigenen, vorwiegend konservativen Wertvorstellungen gegen Gesetze der Weimarer Republik durchzusetzen, so wird sie nun zur Handhabung dieser und neugeschaffener Generalklauseln angehalten, um sie zu Einfallstoren einer politisch vorentschiedenen Wertordnung zu machen. Der Weg, auf dem die Justiz im NS-System zum Erfüllungsgehilfen politischer Apparate degeneriert, verdeutlicht zugleich, daß ein innerer Zusammenhang zwischen Gesetzesbindung und Unabhängigkeit der Justiz existiert, den die Justiz selbst gelockert hatte. Wie illusionär auch immer die rechtspositivistische Rechtsanwendungslehre im Hinblick auf viele der tatsächlichen richterlichen Entscheidungen gewesen sein mochte, so hatte doch im Anspruch der Gesetzesbindung – neben der Begrenzung legitimierbarer Entscheidungen im konkreten Rechtsfall – überhaupt eine unabhängige Legitimationsgrundlage der Justiz bestanden, die gegen verordnete »Werte« und direkte politische Eingriffe hätte geltend gemacht werden können, aber im Übergang zum Nationalsozialismus längst nicht mehr existierte.

2.

Die gesetzliche Programmierung der Justiz war freilich nicht nur durch die juristische Methodik des 20. Jahrhunderts, sondern auch durch die Struktur der Gesetze selbst aufgehoben. Dies führt zurück auf die oben genannte Unterstellung der Vergangenheitsbewältigungs-Literatur, die NS-»Gesetze« hätten überhaupt deutliche »Befehle« an die Justiz enthalten. Betrachtet man die Normen dieser Zeit, so fällt auf, daß sie üblicherweise kurz und unklar sind. Die wenigen Paragraphen sind mit Generalklauseln und unbestimmten Begriffen völlig durchsetzt, ihnen sind oft Präambeln mit meist pathetischen Zielbestimmungen vorangestellt (die kaum noch einer teleologischen Methode erschließbar sind), und sie enthalten – als typische Gesetzesattrappen – oft gar keine inhaltlichen Bestimmungen, sondern ermächtigen nur bestimmte Instanzen, Durchführungsverordnungen zu erlassen.

Es wäre aber eine lediglich ironische und auch falsche Sicht der Dinge, wollte man sagen, das NS-System sei so auf unerwartete

Weise einem Wunsch nachgekommen, den der Deutsche Richterbund bereits 1920 im Sinne kurzsichtiger Interessen des Justizapparats geäußert hatte, nämlich schon im Gesetz selbst den Richtern »keine unnötige Bindung« aufzuerlegen.[25] Auch die Entwicklung der Rechtsstruktur im NS-System ist nicht etwa eine Novität, sondern lediglich ein extremer Kulminationspunkt einer langfristigen kontinuierlichen Entwicklung. Schon die rechtswissenschaftliche Literatur seit Beginn des 20. Jahrhunderts, erst recht der Weimarer Zeit diagnostizierte die immer stärkere Kompromißstruktur des Rechts, die Unentschiedenheit des Gesetzgebers, seine Neigung zu unbestimmten Rechtsbegriffen, die die inhaltliche Rechtsentscheidung in die Anwendungssituation verlagern. Für dieses Phänomen existieren also offenkundig länger wirkende gesellschaftliche Gründe, die – ebenso wie die für die Entwicklung der juristischen Methode – von dem Interesse eines politischen Terrorsystems an situativem Recht ganz unabhängig sind. (Dazu unten.)

Zunächst ist für den Kontext des NS-Systems die politische Funktion typischer Gesetzesattrappen und deren Bedeutung für die Justiz aufzuzeigen. Die eindrucksvollsten Beispiele für Nicht-Regelung durch nationalsozialistische Normsetzung sind die sehr bekannten, aber besonders gern mißdeuteten sogenannten »Nürnberger Gesetze« von 1935. Selbst in seriöser Literatur figurieren sie als Beleg für die angebliche Praxis des NS-Systems, den gesamten Terror der Judenverfolgung auf eine präzise gesetzliche Grundlage zu stellen. Es ist deshalb geboten, das scheinbar Bekannte noch einmal in genaueren Augenschein zu nehmen. Das erste der beiden Gesetze, das »Reichsbürgergesetz«, führte den Unterschied zwischen »Staatsangehörigen« und »Reichsbürgern« ein; nur letzteren, die »deutschen oder artverwandten Blutes« sein mußten, standen die »vollen politischen Rechte« zu. Was *diese* Rechte angeht, so wurde vereinzelt bereits richtig darauf hingewiesen, daß damit der Sache nach überhaupt keine Diskriminierung gegeben war: Weder »Arier« noch »Nicht-Arier« hatten im NS-System politische (!) Rechte.[26] Der Kern des Gesetzes lag vielmehr im abschließenden § 3: »Der Reichsminister der Innern erläßt im Einvernehmen mit dem Stellvertreter des Führers die zur Durchführung und Ergän-

25 DRiZ 1920, Sp. 85.
26 Vgl. Martin Hirsch u.a., *Recht, Verwaltung und Justiz im Nationalsozialismus*, Köln 1984, S. 339.

zung [!] des Gesetzes erforderlichen Rechts- und Verwaltungsvorschriften«. Die folgende Verordnungsflut[27] stand allerdings mit dem Inhalt des Reichsbürgergesetzes auch insofern in gar keinem Zusammenhang, als die Diskriminierungen der Juden von existenzvernichtenden Berufsbeschränkungen bis zur Kürzung der Lebensmittelrationen alles andere als ihre politischen Rechte betrafen. Die tiefen staatlichen Einschnitte in alle ihre Rechte, auch ihr Recht auf Leben, entbehrten so sehr der »gesetzlichen Grundlage«, daß von einer Steuerung der Staatsapparate durch das angegebene »Gesetz« nicht die Rede sein kann.

Das zweite der »Nürnberger Gesetze« war das »Gesetz zum Schutze des deutschen Blutes und der deutschen Ehre«, auf dem unter anderem die unsägliche Rechtsprechung zu sogenannten »Rassenschande-« Fällen beruhte. Hier war tatsächlich im Gesetz selbst eine dramatische Diskriminierung durchgesetzt, aber nach dem Wortlaut des Gesetzes waren Übertretungen (des Mannes!) mit Gefängnis oder Zuchthaus zu bestrafen. Es kam aber auch vor, daß die Justiz bis zum Todesurteil ging. Im bekannten Fall von Leo Katzenberger[28] bediente sich die abenteuerliche juristische Konstruktion gleichzeitig der »Volksschädlingsverordnung« von 1939, die bei »Verbrechen oder Vergehen gegen Leib, Leben oder Eigentum« (§ 2) oder »einer sonstigen Straftat« (§ 4), die unter Ausnutzung der Maßnahmen zur Abwehr von Fliegergefahr (Verdunkelung) bzw. der außergewöhnlichen Kriegsverhältnisse begangen wurden, neben Zuchthaus auch die Todesstrafe vorsah. Die richterliche Konstruktion der Rassenschande bei Verdunkelung zeigt auch hier an einem Extremfall, daß der Aktionismus der Staatsapparate, hier der Justiz, auf gesetzliche Programmierung gar nicht mehr angewiesen war. Gerade an den »Nürnberger Gesetzen« zeigt sich exemplarisch, daß die Normen des NS-Rechts immer weniger eine Rechtsfunktion selbst im instrumentellsten Sinne reiner Steuerung wahrnahmen. Es dominierte eine nur noch symbolische Funktion des Rechts.

27 Siehe Joseph Walk (Hg.), *Das Sonderrecht für die Juden im NS-Staat. Eine Sammlung der gesetzlichen Maßnahmen und Richtlinien*, Karlsruhe 1981. Diese Sammlung enthält nahezu 2000 Bestimmungen, die sich zum Teil auf andere »Rechtsgrundlagen« wie zum Beispiel die Verordnung (!) zur Durchführung des Vierjahresplanes vom 18.10.1936 etc. stützen.

28 Die Entscheidung ist leicht zugänglich bei Ilse Staff, *Justiz im Dritten Reich. Eine Dokumentation*, Frankfurt/M. 1978, S.178 ff.

Erlaubte die hastige, unklare und sich vielfach überschneidende Normproduktion besonders im Bereich des politischen Strafrechts der Justiz den freizügigsten Umgang mit diesen Rechtsmaterien und einen Arbeitsstil willkürlicher Kombinatorik, so standen in anderen Bereichen nationalsozialistische Regelungen überhaupt aus. Hier bestand ein besonders weites Anwendungsfeld für den Grundsatz »unbegrenzter Auslegung« des vornationalsozialistischen Rechts, der (wie die *Richterbriefe* zeigen) für das nach 1933 gesetzte Recht gleichermaßen galt. Darüber hinaus aber wird die Freisetzung der Justiz von allen rechtlichen Vorgaben dort am augenfälligsten, wo ihre Rechtsprechung der nationalsozialistischen Rechtsregelung zeitlich vorauslief und dieser zum Teil die Begriffe bereitstellte.[29] So kam es erst 1939 zur Lockerung des gesetzlichen Mieterschutzes für Juden durch Änderung des Mietrechts. Längst vorher aber sind Rechtsprechungsbeispiele bekannt, in denen gegen den Wortlaut des noch geltenden Mieterschutzgesetzes von 1928 jüdischen Mietern der Rechtsschutz nach diesem Gesetz verweigert wurde. Besonders weitgehend ist die Argumentation des Landgerichts Berlin, das, anders als erstinstanzliche Gerichte, das ideologisch gewünschte Ergebnis nicht mehr durch »Auslegung« des Mieterschutzgesetzes gewinnt, sondern dessen Anwendbarkeit auf jüdische Mieter überhaupt verneint,[30] indem es sich auf den überpositiven »Rechtssatz« beruft, der jede (auch die Haus-) Gemeinschaft mit Juden verbiete. Ebenso kam es erst 1941 zu einer »Verordnung über die Beschäftigung von Juden«, die in jeder Hinsicht Sonderrecht begründete. Aber sofort nach 1933 wurde von vielen Arbeitsgerichten Juden der Kündigungsschutz vorenthalten: häufig mit dem Argument, Juden könnten als Artfremde nicht Mitglied einer deutschen Betriebsgemeinschaft sein. Genau diese Formulierung findet später Eingang in die Durchführungsverordnung vom 31. Oktober 1941 zur oben angegebenen Verordnung.[31] – Das »Recht«-vor-Gesetz-Denken wurde nachträglich positiviert.

Trotz aller Beispiele für die große Selbständigkeit, ja gelegentlich

---

29 Vgl. Hirsch u. a. (Hg.), *Recht, Verwaltung und Justiz im Nationalsozialismus*, S. 399 ff.

30 *Juristische Wochenschrift* 1938, S. 3242 ff.

31 *Reichsgesetzblatt* 1941 I, S. 675 und 681. – Verordnung und Durchführungsverordnung sind abgedruckt bei Hirsch u. a. (Hg.), *Recht, Verwaltung und Justiz im Nationalsozialismus*, S. 413 ff.

die Vorreiterrolle der Justiz im nationalsozialistischen Recht macht die Gesamtentwicklung deutlich, daß ein politisches System, das eine nur noch symbolische Funktion des Rechts kennt, auch nur noch eine symbolische Funktion der Justiz zuläßt. Der aufrechterhaltene Schein einer unabhängigen Justiz erfüllte Legitimationszwecke des Systems. Die Justiz selbst hat faktisch oft nur noch diesen Schein von Unabhängigkeit verteidigt, wenn sie zum Beispiel in Anfragen an die Gestapo sich des gewünschten Ergebnisses versicherte, um offene »Urteilskorrekturen« zu vermeiden.[32] Trotz überaus zahlreicher Beweise nicht nur systemkonformer, sondern auch übereifriger Rechtsprechung[33] wurden der Justiz fortwährend Zuständigkeiten zugunsten der Sondergerichtsbarkeiten entzogen. Auch hier wendet sich die Entformalisierung der Rechtsstruktur schließlich gegen die Justiz. Typisch sind dabei die Generalklauseln in der Novellierung der Gerichtsverfassung, der »Verordnung über die Zuständigkeit der Strafgerichte, der Sondergerichte und sonstige strafverfahrensrechtliche Vorschriften« vom 21. Februar 1940.

Nach der Aufzählung einzelner Zuständigkeiten der Sondergerichte (§13) folgen die flexibilisierenden Formulierungen: »Das Sondergericht ist auch für andere Verbrechen und Vergehen zuständig, wenn die Anklagebehörde der Auffassung ist, daß die sofortige Aburteilung durch das Sondergericht mit Rücksicht auf die Schwere oder die Verwerflichkeit der Tat, wegen der in der Öffentlichkeit hervorgerufenen Erregung oder wegen ernster Gefährdung der öffentlichen Ordnung oder Sicherheit geboten ist« (§14). Damit war eine Kompetenzenkonkurrenz etabliert, die die ordentliche Justiz zugleich zur Loyalitätskonkurrenz anhielt und in schwer überschaubarer Weise entmachtete.

Der Funktionsverlust der Justiz betraf nicht nur die Straf-, sondern auch die Zivilgerichtsbarkeit. Der früh beobachtete Vor-

---

32 Werner Johe, *Die gleichgeschaltete Justiz. Organisation des Rechtswesens und Politisierung der Rechtsprechung 1933-1945*, Frankfurt/M. 1967, S. 117 ff., 154.
33 Daß die Justiz gelegentlich ein »Übersoll« erfüllte, belegen die oben erwähnten Kritiken des Reichsjustizministeriums am oft zu hohen Strafmaß. – Für vergleichbare Phänomene in der Wehrmachtsjustiz s. Manfred Messerschmidt, Fritz Wüllner (Hg.), *Die Wehrmachtsjustiz im Dienste des Nationalsozialismus. Zerstörung einer Legende*, Baden-Baden 1987, besonders S. 195 ff., wo Erlasse von höchsten politischen und militärischen Stellen aufgeführt sind, die angesichts des »Menschenbedarfs« an der Front auf die Dysfunktionalität der häufigen Todesstrafen durch die Wehrmachtsjustiz hinweisen.

gang einer quasi »Refeudalisierung« des NS-Rechts führte zu einer weitgehenden Ausgliederung von Sonderrechtsordnungen aus der abstrakten Rechtsgleichheit des BGB, zu einer starken Dezentralisierung von verbände- bis firmeneigenen Rechtsetzungsbefugnissen mit entsprechend aufgesplitterten Gerichtsbarkeiten.[34] Durch diese Entwicklung ziviler Sonder-, Selbstverwaltungs- und sozialer Ehrengerichtsbarkeiten wie auch durch den Ausbau der freiwilligen Gerichtsbarkeit wurde etwa die Zahl der Fälle, die 1937 noch vor die Zivilkammern der Landgerichte kamen, gegenüber 1929 um fast ein Drittel reduziert. Für die Rechtsentwicklung im Nationalsozialismus bleibt festzuhalten, daß die fortschreitende Entmachtung einer willfährigen Justiz sowohl durch die Entformalisierung der juristischen Methode als auch durch die Entformalisierung des Rechts selbst vorangetrieben wurde. Insgesamt wurde nicht das Gesetz, sondern entformalisiertes Recht zum eigentlichen Medium nationalsozialistischen Unrechts.

3.

Niemandem, der die gegenwärtige Rechtsentwicklung kennt, kann entgangen sein, daß die Entformalisierung im gesamten Rechtssystem andauert, daß nicht nur 1933, sondern auch 1945 Kontinuität besteht – eine Kontinuität nicht des Rechtsinhalts, aber der erodierenden Rechtsform. In dieser letzteren Hinsicht war das Eingangszitat die Formel der Wiederkehr des Gleichen.

Die Formulierung des Grundgesetzes, die die Rechtsprechung an »Gesetz und Recht« bindet (Art. 20 Abs. 3 GG), wurde im Parlamentarischen Rat unter deutlichem Hinweis auf die synonyme Bedeutung beider Begriffe eingesetzt[35] – aber von der Justiz im vertrauten Sinne reklamiert. Helmut Ridder, in dessen kritischen Arbeiten

---

34 Vgl. besonders Otto Kirchheimer, »Die Rechtsordnung des Nationalsozialismus«, in: ders., *Funktionen des Staats und der Verfassung. Zehn Analysen*, Frankfurt/M. 1972, S. 115 ff.; Albrecht Wagner, *Die Umgestaltung der Gerichtsverfassung und des Verfahrens- und Richterrechts im nationalsozialistischen Staat*, Stuttgart 1968, S. 223 ff. – Weitere Nachweise s. Maus, *Bürgerliche Rechtstheorie und Faschismus*, S. 136 ff.

35 Dazu detaillierter Maus, »Entwicklung und Funktionswandel der Theorie des bürgerlichen Rechtsstaats«, in: dies., *Rechtstheorie und politische Theorie im Industriekapitalismus*, S. 46 f.

das spezifische Recht-vor-Gesetz-Denken in der Bundesrepublik einen zentralen Gegenstand bildet, hat an der Judikatur des Bundesverfassungsgerichts, unter anderem an einer Entscheidung, die sich ganz grundsätzlich mit den Rechtsprechungsaufgaben der Instanzgerichte beschäftigt, gezeigt, wie ein »rechtlicher Mehrwert« gegen das Gesetz in einer Weise ausgespielt wird, die die Rechtsordnung schlechterdings verflüssigt und für situationsgerechte Entscheidungen aufbereitet.[36] Der einschlägige Passus in der verfassungsrichterlichen Kompetenzzuweisung an die Justiz insgesamt lautet:

Das Recht ist nicht mit der Gesamtheit der geschriebenen Gesetze identisch. Gegenüber den positiven Satzungen der Staatsgewalt kann unter Umständen ein Mehr an Recht bestehen, das seine Quelle in der verfassungsmäßigen Rechtsordnung als einem Sinnganzen besitzt und dem geschriebenen Gesetz gegenüber als Korrektiv zu wirken vermag. […] Die Aufgabe der Rechtsprechung kann es insbesondere erfordern, Wertvorstellungen, die der verfassungsmäßigen Rechtsordnung immanent, aber in den Texten der geschriebenen Gesetze nicht oder nur unvollkommen zum Ausdruck gelangt sind, in einem Akt des bewertenden Erkennens, dem auch willenhafte Elemente nicht fehlen, ans Licht zu bringen und in Entscheidungen zu realisieren.[37]

Auch Instanz-Urteile contra legem sind bekanntlich auf der Basis dieser Ausführungen gerechtfertigt worden.[38] Das Grundgesetz kann insofern nicht als rechtsstaatliche Eingrenzung dieser Entwicklung fungieren, als es durch die Verfassungsjudikatur des höchsten Gerichts zu einer Wertordnung transformiert ist,[39] die

36 Helmut Ridder, »Die soziale Ordnung des Grundgesetzes. Leitfaden zu den Grundrechten einer demokratischen Verfassung«, in: Dieter Deiseroth u. a. (Hg.), *Helmut Ridder. Gesammelte Schriften*, Baden-Baden 2010, S. 61 ff., besonders S. 91, 183 f.

37 BVerfGE 34, 269 ff., 287.

38 Das Bundesverfassungsgericht vermeidet zwar den Ausdruck »contra legem« (BVerfGE 34, 269 ff., 291), segnet faktisch aber eine Rechtsprechung ab, die sich spätestens seit dem berühmten »Herrenreiter-Urteil« des BGH, in: *NJW* 1958, S. 827 gegen den klaren Wortlaut des § 253 BGB stellt.

39 Seit BVerfGE 7, 198. – Zur Kritik zum Beispiel Ridder, »Die soziale Ordnung des Grundgesetzes«; Erhard Denninger, »Freiheitsordnung – Wertordnung – Pflichtordnung«, in: Mehdi Tohidipur (Hg.), *Verfassung, Verfassungsgerichtsbarkeit, Politik*, Frankfurt/M. 1976, S. 163 ff.; ders., *Staatsrecht 2*, Reinbek 1979, S. 150 ff., 184; Ernst-W. Böckenförde, »Grundrechtstheorie und Grundrechtsinterpretation«, in: ders., *Staat – Gesellschaft – Freiheit*, Frankfurt/M. 1976, S. 221 ff.

wiederum im Wege mittelbarer Drittwirkung der Grundrechte über bestehende Generalklauseln in das geltende Recht Eingang findet und dort ihre entformalisierende Wirkung entfaltet: Einfaches Gesetzesrecht steht unter der Maßgabe der »herrschenden Wertanschauungen«.[40] Unter der Herrschaft ganz anderer Wertorientierungen, aber in der juristischen Konstruktion und entformalisierenden Konsequenz ganz analog hatte Carl Schmitt 1933 »Fünf Leitsätze für die Rechtspraxis« formuliert, in denen er empfahl, die seinerzeit geltenden »Werte« über die Generalklauseln ins gesamte Recht zu transportieren.[41] – Auch die herrschenden juristischen Methodenlehren der Gegenwart sind nicht geeignet, der Erosion des Rechts gegenzusteuern, sondern bestätigen ganz überwiegend (und in ungebrochener Kontinuität) die faktische Rechtspraxis.[42]

Die überdeutliche Kontinuität der Rechtsentwicklung in so verschiedenen politischen Systemen muß Gründe haben, die jenseits der Bedürfnisse eines Terrorsystems an situativ aufbereitetem, die politischen Apparate nicht bindendem Recht liegen. Bereits die Emigrantenliteratur hatte auf die im NS-System selbst längst vorhandenen, aber durch die politischen Intentionen überlagerten ökonomischen Interessen an einer Entformalisierung des Rechts hingewiesen. Auf die berühmte Kontroverse zwischen Ernst Fraenkel einerseits, Franz Neumann und Otto Kirchheimer andererseits kann hier nicht mehr eingegangen werden.[43] Nur anzudeuten ist,

40 Zu diesem (und anderen) Kontinuitätsphänomen(en) s. Michael Stolleis, »Die Rechtsordnung des NS-Staates«, in: *JuS* 1982, S. 645 ff., hier: S. 646.

41 Carl Schmitt, »Fünf Leitsätze für die Rechtspraxis«, hg. vom Presse- und Zeitschriftenamt des Bundes Nationalsozialistischer Deutscher Juristen, Berlin 1933, besonders Leitsatz 3 und 4.

42 Zum Beispiel Josef Esser, *Vorverständnis und Methodenwahl in der Rechtsfindung. Rationalitätsgrundlagen richterlicher Entscheidungspraxis*, Frankfurt/M. ²1972. Nach dem Abtreibungsurteil des Bundesverfassungsgerichts von 1975, das sich durchaus in den Bahnen dieses Methodenverständnisses bewegte und eine breite Methodendiskussion auslöste, kleidete Esser seine Distanzierung in die Aussage, sein Werk habe sich zur herrschenden Rechtspraxis nicht normativ, sondern nur deskriptiv verhalten: Josef Esser, »Bemerkungen zur Unentbehrlichkeit des juristischen Handwerkszeugs«, in: *JZ* 30 (1975), S. 555 ff.

43 Ernst Fraenkel, *Der Doppelstaat*, Frankfurt/M. 1974; Franz Neumann, »Der Funktionswandel des Gesetzes im Recht der bürgerlichen Gesellschaft«, in: ders., *Demokratischer und autoritärer Staat*, Frankfurt/M. 1967, S. 7 ff.; Franz Neumann, *Behemoth. Struktur und Praxis des Nationalsozialismus 1933-1944*,

daß Ernst Fraenkels »Doppelstaats«-Analyse die Kombination von tradiertem Formalrecht und schlechthin dominantem entformalisierten Recht als die eigentliche Struktur des NS-Rechts zutreffend beschrieb, aber die entformalisierende Tendenz ausschließlich den politischen Systembedürfnissen zuordnete. Franz Neumann und Otto Kirchheimer haben dagegen gezeigt, wie stark gerade auch ökonomische Beziehungen, insbesondere die zwischen politischen und Wirtschaftsbürokratien sich im Nationalsozialismus entformalisierter bis völlig außerrechtlicher Kommunikationsformen bedienten, und das Interesse starker ökonomischer Macht an dieser Entwicklung analysiert.

Die damit angedeutete Problematik soll hier ebenfalls nicht mehr für den Nationalsozialismus, sondern für die Gegenwart konkretisiert werden. Ein Beispiel unter vielen anderen bietet das Umweltrecht, in dessen Regelungsbereichen besonders vermachtete und hochorganisierte wirtschaftliche Interessen betroffen sind. Hier zeigt sich zugleich die Kontinuität auch der problematischen Normstruktur in der Gegenwart. Einschlägige Untersuchungen aus der Implementationsforschung haben ergeben, daß Normprogramme des Umweltrechts oft deshalb scheitern, weil die implementationshemmenden Interessen in die entformalisierten Programmteile mit eingebaut sind: der Einfluß wirtschaftlicher Interessen auf Gesetzesentwürfe konzentriert sich nicht etwa auf die Durchsetzung von Regelungen, die inhaltlich ihren Wünschen entsprechen, sondern umgekehrt auf das Unterlassen detaillierter Regelungen.[44] Die starke Verhandlungsmacht, die Emittenten aufgrund ihres Informationsvorsprungs, des Drohpotentials der Standortwahl und des Arbeitsplatzarguments zur Verfügung steht, kann dann um so ungehemmter in den konkreten Aushandlungsprozessen mit den Verwaltungen eingesetzt werden.[45] Auf der anderen Seite erlaubt diese Rechtsstruktur den politischen Instanzen einen funktionstei-

Frankfurt/M. 1977; Otto Kirchheimer, »Rezension zu Ernst Fraenkel. The Dual State«, in: *Political Science Quarterly* 56 (1941), S. 434 ff.

44 Peter Knoepfel, Helmut Weidner, »Normbildung und Implementation: Interessenberücksichtigungsmuster in Programmstrukturen von Luftreinhaltepolitiken«, in: Renate Mayntz (Hg.), *Implementation politischer Programme*, Königstein/Ts. 1980, S. 82 ff., 101; Peter Knoepfel, »Verrechtlichung und Interesse«, in: Rüdiger Voigt (Hg.), *Verrechtlichung*, Königstein/Ts., S. 77 ff., 84.

45 Hierzu und zum Folgenden vgl. Maus, *Bürgerliche Rechtstheorie und Faschismus*, S. 284 ff.

ligen Umgang mit unterschiedlichen gesellschaftlichen Interessen: dem Bedürfnis nach Umweltschutz wird in »weichen« Absichtserklärungen des Gesetzgebers entsprochen, die aber die Verwaltungen nicht hindern, den entgegenstehenden mächtigen Interessen vor Ort Rechnung zu tragen. All dies erklärt, weshalb auch in der Gegenwart Gesetzesattrappen so häufig sind.

Unter diesen Bedingungen gerät die Justiz trotz ihrer großen Machtausweitung in der Bundesrepublik in eine ambivalente Situation. Die rechtliche Entformalisierung verstärkt ihre Kompetenzen auf Kosten der Gesetzgebung, aber nicht gegenüber der Verwaltung. Zwar trägt die Unbestimmtheit des Rechts in vielen Fällen zur erhöhten Nachprüfung von Verwaltungsakten bei; aber was sich in diese juristische Form kleidet, ist in Wirklichkeit eine Konkurrenz zwischen Verwaltungsgerichten und Verwaltung um die inhaltliche Ausfüllung des Rechts, wobei die Justizfunktion sich der Verwaltungsfunktion angleicht.[46] Die Orientierung der Justiz an Gesichtspunkten, die für das Verwaltungshandeln typisch sind, durchdringt gegenwärtig alle Zweige der Rechtsprechung bis hin zum Bundesverfassungsgericht und führt nicht nur zu einer weiteren Entformalisierung, sondern auch zur verwaltungsgerechten Aufbereitung des längst nicht mehr situationsunabhängigen Rechts. Dadurch wird die Justiz nicht im gleichen Sinne zu einem bloßen Anhängsel der Verwaltungs- und politischen Apparate wie im Nationalsozialismus, aber sie sichert die Dominanz des Verwaltungshandelns und seiner Prinzipien rechtlich ab. Verliert die Justiz in diesem Zusammenhang einen Teil ihrer spezifischen Rechtsprechungsfunktion, so geht sie in anderer Hinsicht ihrer Funktion ganz verlustig. Absprachen zwischen großen Unternehmen zu firmeneigener Schiedsbarkeit, aber auch neokorporatistische Vernetzungen zwischen Staats- und Wirtschaftsbürokratien, die rechtsförmige Erledigung durch präventive und situative Kontrollen seitens der Verwaltung ersetzen,[47] drängen den justizförmigen Zugriff in ver-

---

46 Max Weber hatte diese Annäherung bereits für die Tatsache konstatiert, daß die gesamte Rechtsprechung überhaupt zunehmend nach materialen Grundsätzen oder Zweckmäßigkeit entscheidet: *Wirtschaft und Gesellschaft*, Tübingen 1956, S. 498.

47 Claus Ott, »Die soziale Effektivität des Rechts bei der politischen Kontrolle der Wirtschaft«, in: *Jahrbuch für Rechtssoziologie und Rechtstheorie*, Bd. 3 (1972), S. 345 ff.

machteten gesellschaftlichen Bereichen zunehmend zurück – eine Entwicklung, die durch eine eher mittelständische Prozeßfreudigkeit in der Bundesrepublik nur verdeckt wird. Der Zusammenhang zwischen Entformalisierung des Rechts und der Erosion eigenständiger Justizfunktion besteht auch in der Gegenwart.

Angesichts der großen Kontinuität der Rechtsentwicklung im NS-System und in der Bundesrepublik liegt die Vermutung nahe, daß jene Nachkriegsthese, die eine Unterwerfung der Justiz unter den »NS-Gesetzgeber« behauptete, nicht nur als retrospektive Rechtfertigungsideologie zu verstehen ist, sondern in der Kaschierung der tatsächlichen Entwicklungslinien auch der Absicherung gegenwärtig herrschender Rechtsbedürfnisse dient. Auch insofern wurde die rechtswissenschaftliche Vergangenheitsbewältigung in der Bundesrepublik ganz überwiegend in einer Weise betrieben, die Lernprozesse gerade verhindert hat.

IV. Juristische Methodik und Justizfunktion im Nationalsozialismus

1. Vorbemerkung zur gesellschaftlichen und rechtlichen Funktion juristischer Methodik

Die Auseinandersetzung mit rechtstheoretischen und methodologischen Ansätzen in der Zeit des Nationalsozialismus ist durch einen eigentümlichen Widerspruch gekennzeichnet. Einerseits wird die Funktion der untersuchten Positionen fast ausschließlich im Hinblick auf die spezifischen Bedingungen des NS-Systems, seine Entfesselung politischen Terrors, die Ausgrenzung und Vernichtung von Minderheiten, bestimmt. Andererseits heben Autoren von unterschiedlichster wissenschaftstheoretischer Provenienz die Kontinuität der juristischen Methodenlehre vor und nach 1945 hervor.[1] Auf die Brisanz der Feststellung solcher Kontinuität trotz völlig veränderter politisch-institutioneller Rahmenbedingungen in der Bundesrepublik reagieren einige Teilnehmer der Diskussion, indem sie die Unterschiede in der inhaltlichen Ausfüllung und Verwendung gleichlautender Formeln zum ausschlaggebenden Gesichtspunkt erheben.[2] Dennoch kann dieser Hinweis den bezeichneten Widerspruch nicht ganz aufheben. Denn was immer die wechselnden inhaltlichen Bestimmungen von »konkret-allgemeinen Begriffen«, »Typen«, »Werten«, Begriffen des »konkreten Ordnungsdenkens« oder eines Denkens aus der »Natur der Sache« sein mögen, so war doch mit großer Berechtigung herausgearbei-

1 Das Spektrum dieser Autoren reicht von Bernd Rüthers, *Die unbegrenzte Auslegung. Zum Wandel der Privatrechtsordnung im Nationalsozialismus*, Frankfurt/M. 1973, S. 313 f., bis zu Heinz Wagner, »Kontinuitäten in der juristischen Methodenlehre am Beispiel von Karl Larenz«, in: *Demokratie und Recht* 8 (1980), S. 243 ff. Vgl. außerdem zur Kontinuität einzelner Begriffe und Argumentationsfiguren zum Beispiel: Michael Stolleis, »Die Rechtsordnung des NS-Staates«, in: *JuS* 1982, S. 645 ff., hier: S. 646; Klaus Lüderssen, »Dialektik, Topik und ›konkretes Ordnungsdenken‹ in der Jurisprudenz«, in: ders., *Kriminalpolitik auf verschlungenen Wegen*, Frankfurt/M. 1981, S. 115 ff.

2 So zum Beispiel Monika Frommel, *Die Rezeption der Hermeneutik bei Karl Larenz und Josef Esser*, Ebelsbach 1981, S. 202 ff. – Ähnlich auch schon Rüthers, *Die unbegrenzte Auslegung*.

tet worden, daß die Vorherrschaft solcher Argumentationsfiguren in der Rechtspraxis notwendig zu einer Umpolung der gesamten Rechtsstruktur in Richtung auf Situationsbedingtheit, Einzelfallorientierung und Sachgerechtigkeit im Sinne einer Normativität des Faktischen führt.[3] Nicht im Bereich der Inhalte also, sondern in der gleichbleibenden Funktion der juristischen Argumentationsfiguren für eine (noch näher zu bestimmende) Entformalisierung des Rechts und für die Legitimation weitestgehender Ablösung der Rechtsprechung vom Gesetz liegt das Problem der Kontinuität juristischer Methodik und ist die Widersprüchlichkeit der bisherigen Diskussion zu entschlüsseln.

Wenn trotz einiger Tendenzen in der Bundesrepublik zur Integration des Ausnahmezustands in die Normalität[4] die gesellschaftlichen Bedingungen für die Fortgeltung rechtswissenschaftlicher Denkfiguren aus der Zeit des Nationalsozialismus schlechterdings nicht im Bestand der politischen Systemstrukturen zu finden sind, so wäre zu untersuchen, ob die Gründe nicht vielmehr in längerfristigen sozialökonomischen Bedürfnissen liegen. Im folgenden wird darum versucht, diese zentrale These zu entwickeln und zu belegen, daß die rechtstheoretischen und methodologischen Implikationen der Rechtsprechung sowie die Entwicklung der Justizfunktion im Nationalsozialismus nicht allein aus den Bedingungen eines politischen Terrorsystems zu erklären sind, sondern zusätzlich einem ökonomischen Bedarf an situativem Recht folgen. Die einzelnen Momente rechtstheoretischer und methodologischer Ansätze im Nationalsozialismus werden also jeweils im Hinblick auf ihre doppelte Funktion untersucht, die sie für das spezifische politische System einerseits und für solche gesellschaftlichen Rechtsbedürfnisse andererseits haben, die durch zunehmende Ausdifferenzierung und Partikularisierung der Sozialverhältnisse und einen steigenden Steuerungsbedarf der Wirtschaft bedingt sind. Dabei wird der zweite Aspekt im Vordergrund stehen.

In diesem Zusammenhang kann das faktische methodische Arbeiten der Rechtsanwender im Nationalsozialismus – sofern dies überhaupt möglich ist (s. u.) – nicht erfaßt werden. Vielmehr wer-

---

3 So durchgehend Rüthers, *Die unbegrenzte Auslegung.* – Ders., *Institutionelles Rechtsdenken im Wandel der Verfassungsepochen*, Bad Homburg v. d. H. 1970.

4 Vgl. dazu die Arbeiten von Ulrich K. Preuß, hier v. a.: »Die Aufrüstung der Normalität«, in: *Kursbuch* 56, S. 15 ff.

den in dieser Zeit vertretene Positionen juristischer Methodenlehre, methodisch relevante rechtstheoretische Ansätze, Statements von Parteijuristen und methodische Anweisungen des Reichsjustizministeriums als Anzeichen dafür herangezogen, in welcher Weise sich das Verständnis der Rechtsanwendung seit 1933 entwickelt und welche Bedürfnisse sich hierin zum Ausdruck bringen. Den folgenden Überlegungen zu Fragen der »Gesetzesbindung« oder umgekehrt der Ausweitung des methodischen Instrumentariums zwecks Emanzipation der Rechtsprechung vom Gesetz liegt – um ein mögliches Mißverständnis auszuschließen – nicht die Auffassung zugrunde, daß die konkreten Schritte der Rechtsanwendung des einzelnen Richters überhaupt durch methodische Anweisungen steuerbar seien. Vielmehr ist die These vertreten, daß jedes wie auch immer beschaffene methodische Selbstverständnis nur eine Funktion für die nachträgliche Konstruktion und Darstellung der richterlichen Entscheidung haben kann.

Die Bedeutung des methodischen Instrumentariums als eines nachträglichen Falsifikationsmodells wird freilich in der Methodendiskussion unterschätzt.[5] Seit dem Vorwurf der »Geheimfreirechtlerei« von seiten der Freirechtsschule gegen eine rechtspositivistisch orientierte Rechtspraxis[6] und den später zunehmenden Hinweisen auf die semantischen Spielräume gesetzlicher Begriffe oder den Einfluß von Alltagstheorien, gesellschaftlichen Wertvorstellungen und des »Vorverständnisses« auf den Rechtsfindungsprozeß[7] kommt die Urteilsbegründung nur noch als täuschende

---

5 Bei Friedrich Müller, der durchgehend Methodenehrlichkeit fordert, ist allerdings der Falsifikationsaspekt als ein legitimes Moment juristischer Methode hervorgehoben: zum Beispiel: »Rechtsstaatliche Methodik und politische Rechtstheorie«, S. 285 ff. – Siehe Beitrag VI in diesem Band.

6 So zum Beispiel Ernst Fuchs, »Was will die Freirechtsschule?« (1929), in: ders., *Gerechtigkeitswissenschaft. Ausgewählte Schriften zur Freirechtslehre*, Karlsruhe 1965, S. 21 ff., hier: S. 24 ff.

7 Vgl. nur exemplarisch die Arbeiten in Hans-J. Koch (Hg.), *Juristische Methodenlehre und analytische Philosophie*, Kronberg/Ts. 1976; Rüdiger Lautmann, *Justiz – die stille Gewalt*, Frankfurt/M. 1972; Josef Esser, *Vorverständnis und Methodenwahl in der Rechtsfindung. Rationalitätsgrundlagen richterlicher Entscheidungspraxis*, Frankfurt/M. ²1972; Dieter Simon, *Die Unabhängigkeit des Richters*, Darmstadt 1975, besonders S. 68 ff., wo allerdings auch die Ambivalenz der (rechtspositivistischen) Methodenlehre hervorgehoben ist, die die Bindungslosigkeit der Richter »teils reduzierte, teils verhüllte«, S. 88.

Fassade der tatsächlichen Entscheidungsvorgänge in den Blick. Die Konfundierung deskriptiver und präskriptiver Aussagen in der neueren Methodendiskussion[8] verbindet sich dann mit der Forderung, die tatsächlichen Motive der richterlichen Entscheidung in den Entscheidungsgründen sichtbar zu machen. Damit aber ist der normative Anspruch juristischer Methodik aufgegeben, der jedenfalls für die Überprüfung von Rechtsfindungsergebnissen gelten könnte.

Die Analyse des vorliegenden Problemzusammenhangs versucht durch dieses Verständnis der Funktion juristischer Methodik, das die einzelnen Gedankenschritte, vielleicht auch nur Assoziationsketten, das »Hin- und Herwandern des Blickes« usw. im richterlichen Entscheidungsprozeß für prinzipiell nicht disziplinierbar hält, aber gleichwohl auf der normativen Relevanz juristischer Methodik im Sinne einer Ergebnisprüfung insistiert, eine Orientierung zu gewinnen, von der aus Wandlungen der Rechtsprechung im 20. Jahrhundert zu erkennen sind. Während eine auf die faktischen Rechtsfindungsprozesse konzentrierte Betrachtungsweise dazu neigt, ein vom wechselnden methodischen Selbstverständnis unbeeindrucktes und historisch unverändertes richterliches Handeln zu unterstellen, wird hier eine Rückwirkung juristischer Methodik auf die Entscheidungsergebnisse angenommen: Unter der methodischen Vorgabe zum Beispiel richterlicher Gesetzesbindung durch den Vorrang grammatischer und systematischer Interpretation sind zwar in einem anstehenden Rechtsfall fast immer mehrere, aber nicht beliebig viele Ergebnisse der Entscheidungsfindung darstellbar, während die Ausweitung des methodischen Instrumentariums um teleologische, analogische, typologische, topische, wertsystematische und andere Verfahren selbstverständlich die Anzahl der »darstellbaren« Ergebnisse vermehrt. Gerade auch unter diesem Aspekt ist juristische Methodik nicht ein neutrales, für beliebige Zwecke verfügbares Instrument, sondern stellt selbst einen »Machtfaktor« dar, der für ein Rechtssystem mindestens so relevant ist wie die Rechtsnormen selbst.[9] Veränderungen, vielleicht sogar qualitative Sprünge in der neueren Entwicklung der Rechtsprechung und –

8 Zur Kritik s. Hubert Rottleuthner, *Richterliches Handeln*, Frankfurt/M. 1973, S. 2.
9 Vgl. Dieter Grimm, »Methode als Machtfaktor«, in: Norbert Horn u. a. (Hg.), *Europäisches Rechtsdenken in Geschichte und Gegenwart. Festschrift für Helmut Coing zum 70. Geb.*, München 1982, S. 469 ff., hier: S. 470.

damit eng verbunden – der gesellschaftlichen Funktion der Justiz scheinen von hier aus erfaßbar.

2. Noch einmal:
juristische Methode und
»Gleichschaltung der Justiz«

Angesichts der eingehenden Analysen von Bernd Rüthers[10] kann sich die folgende Auseinandersetzung mit der Nachkriegslegende, der rechtspositivistische Gesetzesgehorsam habe die Justiz in einen »Befehlsnotstand« gegenüber dem NS-Gesetzgeber gebracht,[11] kurz fassen. Lediglich die zögernde und oft selektive Rezeption von Rüthers' Darstellung bietet Anlaß zu einigen verstärkenden oder ergänzenden Bemerkungen. Ihr zufolge war richterliche Gesetzesbindung im NS-System in dem Maße dysfunktional, als die politische Führung rechtliche Selbstbindung vermied und neue Gesetzeskodifikationen fast vollständig durch die Anleitung der Justiz zu »unbegrenzter Auslegung« des überkommenen Rechts ersetzte. Wenn in der juristischen Methodenlehre der NS-Zeit angesichts dieser Sachlage festgestellt wurde, sie habe da »nicht ganz von vorn anzufangen«,[12] und in der Tat das Etikett »positivistisch« genügte, um jede abweichende Meinung als erledigt anzusehen,[13] so war damit gleichzeitig eine Kontinuität des »neuen« Methodenverständnisses und der langzeitigen Aggression gegen die Interpretationslehre des Rechtspositivismus dargetan. Völlige Einigkeit bestand in der Frontstellung gegen dessen Lehre, die »die Verantwortungsfreudigkeit des Richters durch eine zu starre Auffassung

---

10 Vgl. Rüthers, *Die unbegrenzte Auslegung.*

11 So die typische Rechtfertigungsliteratur: Hubert Schorn, *Der Richter im Dritten Reich*, Frankfurt/M. 1963; Hermann Weinkauff, *Die deutsche Justiz und der Nationalsozialismus*, Stuttgart 1968 – beide Autoren waren im NS-System Richter; Weinkauff sogar Reichsgerichtsrat – und wurde nach 1945 der erste Präsident des Bundesgerichtshofs.

12 Karl Larenz, *Über Gegenstand und Methode des völkischen Rechtsdenkens*, Berlin 1938, S. 8. Ähnlich Philipp Heck, *Rechtserneuerung und juristische Methodenlehre*, Tübingen 1936, S. 6.

13 So sehr zutreffend Frommel, *Die Rezeption der Hermeneutik bei Karl Larenz und Josef Esser*, S. 190.

seiner Bindung an das Gesetz« lähme,[14] in der Überzeugung, daß die Durchsetzung der neuen Gemeinschaftswerte notwendig die Form des Rechts zerstören müsse,[15] und in der programmatischen Verkündung des Übergangs vom formalen »Gesetzesstaat« zum materialen »Rechtsstaat«.[16]

Noch immer hält sich auch hartnäckig die Auffassung, daß diese Konzeption nur hinsichtlich der vor 1933 ergangenen Gesetze, nicht aber in bezug auf neugeschaffenes NS-Recht galt. Für letzteres habe vielmehr die Forderung gesetzestreuer Anwendung unangefochten bestanden. Nun ist zwar in der methodologischen Literatur des Nationalsozialismus häufig von einer unterschiedlichen Stellung des Richters zu »alten« und zu »neuen« Gesetzen die Rede.[17] Diese Aussagen beziehen sich aber gerade nicht auf die Frage der Gesetzesbindung im Sinne des Einsatzes eines entsprechenden methodischen Instrumentariums, sondern betreffen die Gesetzesbindung im Sinne des richterlichen Prüfungsrechts. So wird zwar die – angesichts der methodischen Möglichkeiten selten praktizierte[18] – Nichtanwendung, gelegentlich sogar eine formalisierte Nichtigkeitserklärung[19] vornationalsozialistischen Rechts vertreten, keinesfalls aber umgekehrt eine positivistische Bindung an NS-Gesetze erklärt. Auch die speziell für die Jahre 1933/34 von Bernd Rüthers behauptete Wendung zu einem »extremen Positivismus des Führerwillens«[20] betraf letztlich die Frage des richterlichen Prüfungsrechts. Zwar wurden – in den noch ungesicherten Anfängen des NS-Systems – vom Justizministerium und von Par-

---

14 Karl Larenz, *Deutsche Rechtserneuerung und Rechtsphilosophie*, Tübingen 1934, S. 13.

15 Heinrich Lange, *Liberalismus, Nationalsozialismus und bürgerliches Recht*, Tübingen 1933, S. 37.

16 Ders., *Vom Gesetzesstaat zum Rechtsstaat*, Tübingen 1934.

17 So Heck, *Rechtserneuerung und juristische Methodenlehre*, S. 16; Georg Dahm, Karl A. Eckardt u. a., »Leitsätze über Stellung und Aufgaben des Richters«, in: *Deutsche Rechtswissenschaft* 1 (1936), S. 123 f.; Larenz, *Deutsche Rechtserneuerung und Rechtsphilosophie*, S. 34 f. und ders., *Über Gegenstand und Methode des völkischen Rechtsdenkens*, S. 25.

18 Vgl. Rüthers, *Die unbegrenzte Auslegung*, besonders S. 173 f.

19 So arbeiten Dahm, Eckardt u. a., in »Leitsätze über Stellung und Aufgaben des Richters«, S. 123, Vorschläge aus, die dem Vorgriff auf ein Verfahren der konkreten Normenkontrolle nahekommen.

20 Rüthers, *Die unbegrenzte Auslegung*, S. 138.

teijuristen sogar für Gesetze beider Kategorien Prüfungsrecht und Entscheidungen contra legem verneint. Doch bezweifelte im gleichen Kontext Franz Gürtner unter der Kapitelüberschrift »Richter: Diener des Gesetzes«, ob eine »formale Gesetzesanwendung überhaupt eine richterliche Tätigkeit ist«, und befand, daß der »heutige Richter […] großzügiger und weniger gehemmt […] aus dem Rechtsempfinden […] schöpfen« müsse.[21] Ebenso forderte Roland Freisler im gleichen Zusammenhang, daß bei jedem auftretenden Widerspruch zu Forderungen des Nationalsozialismus zu prüfen sei, ob »die Rechtsfindung irrig« war und die richtige Anwendung des Gesetzes […] zu einem anderen Ergebnis geführt hätte«.[22]

So äußerte denn auch im Jahr 1934 der stets führende Vertreter juristischer Methodenlehre, Karl Larenz, daß es in bezug auf NS-Gesetze zwar kein richterliches Prüfungsrecht gebe, daß es aber »den Willen des Führers verkennen (hieße), wollte man ihn an einem Ausdruck festhalten, der zu einer dem Sinn und dem Geist der völkischen Gesamtordnung nicht entsprechenden Bedeutung führt«; »jedes Gesetz, das mit dem Willen des Führers in Kraft tritt«, sei nicht etwa in Buchstabentreue, sondern »im Geiste des Führers« anzuwenden.[23] – In den seit 1942 vom Reichsjustizministerium herausgegebenen *Richterbriefen*, die vorwiegend zu Entscheidungen auf der Basis neu gesetzten NS-Rechts Stellung nehmen, wird schließlich das deutsche Richterkorps schlichtweg aufgefordert, »sich nicht sklavisch der Krücken des Gesetzes zu bedienen«, sondern »alle Gesetze unserer Zeit […] nach ihrem Sinn und Zweck, d. h. nach dem Maßstab des gesunden Volksempfindens«, auszulegen.[24]

Die große Freiheit der Rechtsfindung – schon 1935 geradezu kodifiziert[25] – war indessen nur ein Pendant der völligen Zurücknah-

---

21 Franz Gürtner, »Richter und Rechtsanwalt im neuen Staat«, in: *Deutsche Justiz* 96 (1934), S. 369 ff., hier: 370 f.

22 Roland Freisler, »Recht, Richter und Gesetz«, in: *Deutsche Justiz* 95 (1933), S. 694 ff., hier S. 695 f.

23 Larenz, *Deutsche Rechtserneuerung und Rechtsphilosophie*, S. 33 ff., hier: S. 35 f.

24 Heinz Boberach (Hg.), *Richterbriefe. Dokumente zur Beeinflussung der deutschen Rechtsprechung 1942-1944*, Boppard a. Rh. 1975, S. 688 f. et passim.

25 Siehe »Artikel 1: Freiere Stellung des Richters« im Gesetz zur Änderung von Vorschriften des Strafverfahrens und des Gerichtsverfassungsgesetzes vom 28. Juni 1935«, in: Ingo von Münch (Hg.), *Gesetze des NS-Staates. Dokumente eines Unrechtssystems*, Paderborn, München u. a. ³1994, S. 101.

me gesetzlicher Programmierung im NS-Recht selbst. Auch diese Feststellung gilt für Gesetze beider Kategorien. Wurde das überkommene Recht durch die extensive Verwendung vorhandener und den Einschub neuer Generalklauseln für nationalsozialistische Zwecke handhabbar gemacht,[26] so waren die neuen NS-Gesetze von vornherein derart »kurz und unklar« sowie in einem Ausmaß mit ideologischen Präambeln und unbestimmten Rechtsbegriffen versehen,[27] daß Freislers programmatischer These, es sei »der Erstarrung des gesetzten Rechtes schon durch das Gesetz selbst entgegenzuarbeiten«,[28] voll genügt wurde. So bemerkte auch die führende Kommentarliteratur – etwa am Beispiel des Arbeitsordnungsgesetzes von 1934 –, es handle sich »weniger (um) rechtliche Normen, denen man deshalb auch nicht mit den alten Methoden der Interpretation gerecht werden kann, wie denn überhaupt dieses Gesetz in seinen Hauptabschnitten einen eigenen, weniger juristischen als ethischen Stil hat«.[29] Damit ist die Kulmination einer seit Beginn des 20. Jahrhunderts zu beobachtenden Problematik bezeichnet, daß besonders offene gesetzliche Bestimmungen gerade da anzutreffen sind, wo zum Schutz unterprivilegierter Interessen eine präzise Regelung erforderlich wäre,[30] sowie infolge der Kompromißunfähigkeit der an der Gesetzgebung beteiligten Gruppen wichtige Entscheidungen an die rechtsanwendenden Instanzen delegiert werden.[31]

Daß der wachsende Aktionsradius gesetzlich ungebundener richterlicher Entscheidung nicht unbedingt zu einer Machtsteigerung der Justiz führt, wurde ebenfalls schon für die Zeit vor dem

26 Dazu Rüthers, *Die unbegrenzte Auslegung*, S. 216 ff.

27 Darauf verweist auch von Münch in der Einleitung zu: *Gesetze des NS-Staates*, S. 21.

28 Roland Freisler, *Nationalsozialistisches Recht und Rechtsdenken*, Berlin 1938, S. 61.

29 Werner Mansfeld u. a. (Hg.), *Die Ordnung der nationalen Arbeit. Kommentar*, Berlin u. a. 1934, S. 75.

30 So Anton Menger in seiner schon am BGB-Entwurf vorgetragenen Kritik: *Das bürgerliche Recht und die besitzlosen Volksklassen* (1890), 3. Aufl. Tübingen 1904, S. 25 f.

31 Zu diesem Ergebnis kommen trotz unterschiedlicher Wertungen übereinstimmend: Friedrich Dessauer, *Recht, Richter und Ministerialbürokratie. Eine Studie über den Einfluß von Machtverschiebungen auf die Gestaltung des Privatrechts*, Mannheim/Berlin u. a. 1928, besonders S. 13, 28 ff. und: Justus W. Hedemann, *Die Flucht in die Generalklauseln*, Tübingen 1933.

Nationalsozialismus festgestellt.[32] Nicht nur entzogen sich dominierende oder partikulare gesellschaftliche Interessen der ordentlichen Gerichtsbarkeit, sondern auch die Grundlagen richterlicher Unabhängigkeit blieben in diesem Prozeß richterlicher Kompetenzerweiterung nicht unangetastet. Konnte jedoch vor 1933 die Justiz durch die Erweiterung des methodischen Instrumentariums oder die inflationäre Anwendung der Generalklauseln eine »Substantialisierung des Formalrechts« betreiben,[33] in der sie die inhaltliche Wertauffüllung in eigener Regie bestimmte, so wurde sie im Nationalsozialismus über die selben Generalklauseln gleichgeschaltet, mit denen sie vorher ihre Kompetenzen gegenüber dem demokratischen Gesetzgeber erweitert hatte. Indem für deren Anwendung nun die nationalsozialistischen Wertvorstellungen ausschließlich maßgeblich waren,[34] degenerierte die Justiz im Übergang von der Gesetzesbindung zur Wertbindung zum bloßen Erfüllungsgehilfen der politischen Apparate. Der frühkonstitutionelle Zusammenhang von Gesetzesbindung und Unabhängigkeit der Justiz[35] bestätigte sich in der nationalsozialistischen Zerstörung beider Momente, als der extreme Entzug gesetzlicher Programmierung direkte politische Steuerungen der Justiz erst möglich und notwendig machte.[36] Wie illusionär auch immer die rechtspositivistische Interpretationslehre im Hinblick auf die tatsächlichen richterlichen Entscheidungsprozesse gewesen sein mochte, so hatte doch im Anspruch der Gesetzesbindung (auch als Falsifikationsfunktion) eine selbständige Legitimationsgrundlage richterlicher Entscheidung bestanden, die gegen verordnete »Werte« oder direkte politische Eingriffe hätte geltend gemacht werden können – aber im Übergang zum Nationalsozialismus längst entfallen war.

32 Dessauer, *Recht, Richter und Ministerialbürokratie*, S. 74.

33 Vgl. Hubert Rottleuthner, *Rechtswissenschaft als Sozialwissenschaft*, Frankfurt/M. 1973, S. 209 ff.

34 Vgl. Carl Schmitt, »Fünf Leitsätze für die Rechtspraxis«, hg. vom Presse- und Zeitschriftenamt des Bundes Nationalsozialistischer Deutscher Juristen, Berlin 1933, Leitsatz 4.

35 Dazu Simon, *Die Unabhängigkeit des Richters*, S. 5 ff.

36 Vgl. Rottleuthner, *Rechtswissenschaft als Sozialwissenschaft*, S. 219 f. – Dazu detailliert: Werner Johe, *Die gleichgeschaltete Justiz*, Frankfurt/M. 1967.

3. Ansätze juristischer Methodik im Nationalsozialismus und ihre politische und sozialökonomische Funktion

Die Kontinuität der herrschenden juristischen Methodik vor und nach 1933 ist mit der Feststellung, daß die nationalsozialistischen Rechtsanwendungslehren für die verschiedensten politischen Zielsetzungen geeignet sind,[37] zutreffend bezeichnet. Tatsächlich konnten alle bereits vorhandenen nichtpositivistischen Richtungen sich mit dem Hinweis empfehlen, besonders geeignete Techniken für die nationalsozialistische Umwertung des Rechts anzubieten.[38] Dennoch wird an den geführten Kontroversen deutlich, daß der eigentliche bzw. extremste »Paradigmenwechsel« der juristischen Methodik im Nationalsozialismus stattfand.[39] Wenn auch vor 1933 schon in vielfältiger Weise die tradierten Rechtsfindungslehren in Frage gestellt wurden und wenn im Selbstverständnis der Rechtspraxis wie in Proklamationen der deutschen Richtervereinigungen seit langem eine Konzeption von »Gesetzesbindung« vertreten wurde, die in den Begriff des Gesetzes selbst alle Techniken großzügiger Rechtsschöpfung integrierte,[40] so wurden doch diese Ansätze von den neuen Wortführern der Diskussion trotz aller Anerkennung ihrer »Verdienste« als nicht weitgehend genug eingeschätzt. An den Auseinandersetzungen um Philipp Hecks Interessenjurisprudenz[41] wird dies exemplarisch deutlich. Obwohl Heck mit großem Aufwand zu belegen suchte, daß die Rechtspraxis des Nationalsozialismus seiner eigenen methodischen Konzeption entspreche,[42] wurde

37 Hans-J. Koch, *Die juristische Methode im Staatsrecht*, Frankfurt/M. 1977, S. 104. Ähnlich Wagner, »Kontinuitäten in der juristischen Methodenlehre am Beispiel von Karl Larenz«, in: *Demokratie und Recht* 8 (1990) S. 245.

38 So Rüthers, *Die unbegrenzte Auslegung*, S. 276.

39 Vgl. Werner Krawietz, »Zum Paradigmenwechsel im juristischen Methodenstreit«, in: *Rechtstheorie*, Beiheft 1 (1979), S. 113 ff.

40 Dazu Carl von Frischning, *Die deutschen Richtervereinigungen*, Diss. Freiburg/Br. 1936, S. 52 ff. – Zu diesen Entwicklungen insgesamt: Friedrich K. Kübler, »Der deutsche Richter und das demokratische Gesetz«, in: *AcP* 162 (1963), S. 104 ff. – Speziell zur Weimarer Zeit: Ernst Fraenkel, »Zur Soziologie der Klassenjustiz« (1927), in: ders., *Zur Soziologie der Klassenjustiz und Aufsätze zur Verfassungskrise 1931-32*, Darmstadt 1968, S. 1 ff.

41 Eine aktualisierende Betrachtungsweise dieser methodischen Richtung findet sich in: Günter Ellscheid, Winfried Hassemer (Hg.), *Interessenjurisprudenz*, Darmstadt 1974, S. 1 ff.

42 Heck, *Rechtserneuerung und juristische Methodenlehre*, S. 7 ff., 15 et passim. –

die Interessenjurisprudenz in der Methodendiskussion vor allem deshalb auf einen nachrangigen Platz verwiesen, weil sie (neben einem nun obsolet erscheinenden Interessenbegriff) eine Theorie der Schließung sekundärer Gesetzeslücken vertrat, die die wichtigsten Direktiven der Rechtsumstellung noch immer dem Gesetzgeber überließ.[43] So kritisierte Carl Schmitt die Interessenjurisprudenz wie übrigens auch die – in der Abwendung vom Gesetz viel weiter gehende – Freirechtstheorie dafür, daß sie lediglich eine Korrektur, nicht aber eine Ablösung der alten normativistischen Methode geleistet hätten, und erläuterte den Bedarf an einem ganz neuen Typus des Juristen.[44] Gleichlautend äußerte Larenz, angesichts des tiefgreifenden Rechtswandels sei trotz aller Vorleistungen die Methodenfrage »neu aufzuwerfen«, da nicht einzelne Rechtssätze und Institutionen, sondern Sinn und Funktion des Rechts überhaupt neu bestimmt werden müßten.[45] Erst »konkretes Ordnungsdenken« und die Bildung konkreter Rechtsbegriffe wurden von Larenz als methodische Konsequenzen der neuen Rechtsauffassung genannt.[46]

3.1 »Konkret-allgemeiner Rechtsbegriff« und Situativität des Rechts

Die Theorie des konkret-allgemeinen Begriffs, wie sie besonders pointiert von Karl Larenz vertreten wurde, enthält sehr vielfältige Dimensionen; und jede von ihnen verweist gleichzeitig auf die spezifischen Bedingungen des nationalsozialistischen Terrorsystems wie auf längerfristige gesellschaftliche Entwicklungstendenzen. Im (sehr gewagten) Anschluß an Hegel stellt Larenz der Allgemeinheit abstrakter Rechtsbegriffe die Konzeption des konkret-allgemeinen Begriffs entgegen. Ihr zufolge ist dieser Begriff nicht der kleinste gemeinsame Nenner der von ihm erfaßten Besonderungen, sondern die Totalität seiner besonderen konkreten Momente. Die Einheit

Koch, *Die juristische Methode im Staatsrecht*, S. 117 folgt dieser Einschätzung Hecks.

43 Vgl. Rüthers, *Die unbegrenzte Auslegung*, S. 143.

44 Carl Schmitt, »Nationalsozialistisches Rechtsdenken«, in: *Deutsches Recht* 4 (1934), S. 225 ff., hier: S. 228.

45 Larenz, *Über Gegenstand und Methode des völkischen Rechtsdenkens*, S. 8 f.

46 Ebd., S. 9.

dieses Begriffs meint nicht »formale Dieselbigkeit«; sie zielt nicht auf Gleichförmigkeit, sondern auf Vielgestaltigkeit und schließt Besonderheiten und Unterschiede nicht aus, sondern ein.[47] Wenn als besonderer Vorzug des konkret-allgemeinen Begriffs seine dynamische Offenheit angegeben wird, die es erlaubt, ihn »im Hinblick auf den bestimmten Fall gegebenenfalls weiter (zu) konkretisieren«, wenn außerdem hervorgehoben ist, daß der konkret-allgemeine Begriff »nicht in der gleichen Weise für jede von ihm erfaßte Erscheinung gilt, sondern für jede nur in einer bestimmten (engeren) Ausprägung und Konkretion«, so daß der einzelne Fall zwar nicht unter ihn subsumiert, aber als eine Besonderung ihm doch eingegliedert werden kann,[48] so wird als ein erster Aspekt dieses Denkens die Einzelfallorientierung deutlich.

Die im nationalsozialistischen Rechtsdenken verbreitete Kritik am normativistischen Verfahren, die Rechtsregel gegenüber dem Einzelfall und der konkreten Situation zu verabsolutieren und eine »Gespensterwelt von abstrakten Allgemeinbegriffen über der konkreten Wirklichkeit aufzurichten«, weist auf eine grundsätzlichere Umstellung juristischer Methodik hin. Indem sie die Rechtsbegriffe situativ dynamisiert, paßt sie sich einem politischen Handeln an, das sich zum Zweck individueller Interventionen von allen Regelungen emanzipiert, sei es um einzelne Gegner oder gesellschaftliche Gruppen willkürlichem Terror zu unterwerfen oder um ein flexibles ökonomisches Krisenmanagement je nach der Situation einzelner Wirtschaftszweige oder sogar einzelner Unternehmen zu betreiben. Was das moderne Staatshandeln im nichttotalitären Kontext betrifft, wurde die Auflösung des klassischen Zusammenhangs zwischen Kapitalismus und formalrationalem Recht im 20. Jahrhundert hinlänglich dargetan.[49] Hatte in der Phase des liberalen Konkurrenzkapitalismus die Berechenbarkeit allgemeiner Gesetze die Berechenbarkeit ökonomischer Entscheidungen der einzelnen Wirtschaftssubjekte garantiert, so machten Konzentrationsprozesse und Krisenanfälligkeit des modernen Kapitalismus den

---

47 Karl Larenz, »Zur Logik des konkreten Begriffs«, in: *Deutsche Rechtswissenschaft* 5 (1940), S. 279 ff., hier: S. 285.

48 Ebd., S. 297, 285, 298.

49 Franz Neumann, »Der Funktionswandel des Gesetzes im Recht der bürgerlichen Gesellschaft« (1937), in: ders., *Demokratischer und autoritärer Staat*, Frankfurt/M. 1967, S. 31 ff.

Übergang von generellen Gesetzen zu Maßnahmegesetzen notwendig. Dem entspricht in der Rechtsanwendung die Umorientierung von abstrakt-allgemeinen zu konkret-allgemeinen Rechtsbegriffen. Im NS-System, das auf gesetzliche Programmierung nahezu vollkommen verzichtet, vollzieht die juristische Methodenlehre einen Sprung von den zuvor längerfristigen Anpassungsprozessen der Rechtspraxis an die gewandelten ökonomischen Rechtsbedürfnisse zu einer abrupten Wendung.

In anderer Weise bezieht sich Carl Schmitts Dynamisierung aller Rechtsbegriffe auf die gleiche gesellschaftliche Problematik. Seine Theorie permanenter Revolutionierung des Rechts, der Dominanz konstituierender Rechtsakte gegenüber positiv gesetztem Recht überhaupt[50] begründet die Umpolung alles stehenden Rechts zu Situationsrecht. Sie ist in gleicher Weise dazu geeignet, ein politisches System des permanenten Ausnahmezustands und des verfassunggebenden Maßnahmenstaats zu legitimieren, wie sie dem situativ reagierenden ökonomischen Krisenmanagement des modernen Staates die Begriffe liefert. – Zugleich verweist die besondere Betonung des »Konkreten« im »konkreten Ordnungsdenken« Carl Schmitts und in der Lehre vom »konkret-allgemeinen Begriff« bei Karl Larenz auf den steigenden Umfang des modernen Staatshandelns (wiederum nicht nur des totalitären Staates) überhaupt. Erscheinen abstrakte Rechtsbegriffe in ihrer jetzt kritisierten Inhaltsarmut dem Staatshandeln der liberalkapitalistischen Ära angemessen, das sich (idealtypisch) auf die Garantie der äußeren Rahmenbedingungen des gesellschaftlichen Prozesses beschränkte, so sucht die Wendung zum »Konkreten« einheitliche Rechtsbegriffe auch da noch bereitzustellen, wo die polykratische Aufsplitterung des Staatshandelns[51] der Ausdifferenzierung gesellschaftlicher Problembereiche und deren immer speziellerem Regelungsbedarf folgt, weil eine Gleichförmigkeit ökonomischer Situationen nicht mehr existiert.

50 Auf diese Aspekte konzentriert sich die Carl Schmitt-Analyse: Ingeborg Maus, *Bürgerliche Rechtstheorie und Faschismus. Zur sozialen Funktion und aktuellen Wirkung der Theorie Carl Schmitts*, München ²1980.
51 Für diese im Nationalsozialismus besonders vorangetriebene Erscheinung des modernen Staates s. Martin Broszat, *Der Staat Hitlers*, München 1969, S. 328 ff., hier S. 363 ff.

3.2 Typuskonzeption und »Konkretes Ordnungsdenken« als Ausdruck gesellschaftlicher und rechtlicher Partikularisierung

Larenz zufolge ist die »Einheit des konkret-allgemeinen Begriffs [...] die konkrete Einheit des den Unterschied in sich bewahrenden, gegliederten Ganzen« und erfordert ein Denken, »das von den Unterschieden nicht absieht, sondern sie zusammensieht; das die Einheit der begrifflichen Struktur mit der Fülle des Inhalts vereint und so nicht auf Gleichförmigkeit, sondern auf Vielgestaltigkeit und Entfaltung des Allgemeinen in einer reichen Typik seiner Besonderungen oder ›Konkretionen‹ hinzielt«.[52] Typus und konkret-allgemeiner Begriff stehen in dieser Phase der Larenzschen Theorie noch in überaus engem Zusammenhang. Beide Begriffe heben die klassische Trennung zwischen Normativität und Faktizität auf und unterscheiden sich letztlich nur in ihrer Reichweite. War der konkret-allgemeine Begriff der »hegelianischen« Konzeption zufolge ein mit der gesamten von ihm begriffenen Wirklichkeit angereicherter Begriff, so ist der Typus einerseits mit der sachlogischen Struktur des von ihm erfaßten Wirklichkeitsausschnitts identisch und andererseits ein »Moment« des konkret-allgemeinen Begriffs und selbst ein konkreter Begriff.[53] Gegenüber gewissen Abschwächungen der Funktion des konkret-allgemeinen Begriffs in der ersten und zweiten Auflage der »Methodenlehre«[54] und der folgenden Überlagerung durch hermeneutische Fragestellungen[55] bedeutet die enge Anbindung des Typus an den konkret-allgemeinen Begriff noch eine spezifische Variante der Dominanz einheitsstiftender methodologischer Figuren, die später auf andere Weise eingelöst wird. Je stärker hier noch der konkret-allgemeine Begriff die Einheit der erfaßten Besonderungen verbürgt, desto schärfer können diese Be-

---

52 Larenz, »Zur Logik des konkreten Begriffs«, S. 285.

53 Ebd., S. 293.

54 Dazu Lothar Kuhlen, *Typuskonzeptionen in der Rechtstheorie*, Berlin 1977, S. 87 ff. – Eine Differenz zum o. a. Zusammenhang liegt vor allem in der späteren Fassung des konkret-allgemeinen Begriffs als »von den Bedingungen ihrer Verwirklichung unabhängige ›reine‹ Idee«, während der Typus als »in die Empirie versenkte und dadurch an Raum und Zeit gebundene Idee« erscheint: Karl Larenz, *Methodenlehre der Rechtswissenschaft*, Berlin, Heidelberg u. a. ²1969, S. 481.

55 Dazu Frommel, *Über Gegenstand und Methode des völkischen Rechtsdenkens. Die Rezeption der Hermeneutik bei Karl Larenz und Josef Esser*.

sonderungen unter der Konzeption des Typus hervortreten. Auch diese Konstruktion juristischer Methodik nimmt auf spezifische Systembedingungen des Nationalsozialismus wie auf längerfristige gesellschaftliche Formierungen Bezug.

An den Kategorien des Vertrags, des Eigentums und der Person erläutert Larenz die zugleich differenzierende und integrierende Leistung konkreter Begriffe. Entgegen dem abstrakten Vertragsbegriff des BGB, der so verschiedene Phänomene wie Lieferverträge bis hin zur Gründung einer Ehe zusammenfaßt, soll die typologische Betrachtung die strukturellen Unterschiede einzelner »typischer« Lebensverhältnisse erkennen lassen. Entsprechend soll der konkret-allgemeine Eigentumsbegriff eine Ausdifferenzierung von Eigentumstypen ermöglichen, die den spezifischen Bedingungen des Eigentums zum Beispiel an einem Erbhof, an einer Fabrik, an Waren oder Geld Rechnung trägt.[56] Die Bildung einer Typenreihe als Entfaltung der Momente des konkret-allgemeinen Begriffs bezeichnet dann die Grade der Gemeinschaftsbindung, die innerhalb der »völkischen Gesamtordnung« einem einzelnen Vertrags- oder Eigentumsverhältnis auferlegt sind.[57] Das Gleichheitsprinzip des abstrakten Begriffs der Person, das Larenz zufolge »letzten Endes […] zum Kommunismus« führt, wird schließlich durch ein System abgestufter Rechtsfähigkeit ersetzt: »Der Grundbegriff der künftigen Privatrechtsordnung wird nicht mehr die Person, der abstrakt gleiche Träger von Rechten und Pflichten, sondern der Rechtsgenosse sein, der als Glied der Gemeinschaft eine ganz bestimmte Rechts- und Pflichtenstellung hat.«[58] Die Konzeption typisierter Abstufungen von Rechtsfähigkeit entspricht keineswegs ausschließlich juristischen, sondern auch politisch-ideologischen Setzungen des NS-Systems. Was letztere angeht, so wendet sich Larenz' Kritik der Rechtsfähigkeit des Menschen als Menschen ausdrücklich gegen abstrakte Rechtsbegriffe, die auch noch die »primitivsten und undifferenziertesten Erscheinungsform[en] […] bis hin zum Geisteskranken« unter den Begriff des Menschen subsumieren. Sie leistet den ideologischen Dienst, diskriminierten Minderheiten in

---

56 Larenz, *Über Gegenstand und Methode des völkischen Rechtsdenkens*, S. 45; ders., »Zur Logik des konkreten Begriffs«, S. 293.

57 Ebd. – Ebenso: Lange, *Liberalismus, Nationalsozialismus und bürgerliches Recht*, S. 22.

58 Larenz, *Deutsche Rechtserneuerung und deutsche Rechtsphilosophie*, S. 39 f.

einer Typenreihe bis hin zum »letzten Grenzfall« des »rassefremden Ausländers« die allgemeinen Rechtsansprüche zu entziehen und dennoch in der Formel von der beschränkten Rechtsfähigkeit auch der »Nichtrechtsgenossen«[59] die extremste Ungleichbehandlung einem einheitlichen Rechtsbegriff zu unterstellen.

In den näheren Ausführungen über die Gliedstellung des einzelnen in typischen Lebensverhältnissen kommt aber auch – archaisierenden Wendungen zum Trotz – eine Entwicklungstendenz der modernen Gesellschaft zum Ausdruck, die bereits Max Weber als Ursache der zunehmenden Partikularisierung des Rechts diagnostizierte: Die Durchsetzung spezifischer Rechtsinteressen in Bereichen der Güterproduktion und die steigende Berufsdifferenzierung führen zur Ausgliederung von Spezialrecht aus dem allgemeinen bürgerlichen Recht, zur Ausbildung von Sonderrechten für Berufsgruppen und entsprechenden Partikulargerichtsbarkeiten und Sonderprozeduren.[60] Larenz zufolge ist »entscheidend für die Rechtsstellung des Einzelnen […] nicht mehr sein Personsein überhaupt, sondern sein konkretes Gliedsein; er ist etwa Bauer, Soldat, Geistesarbeiter, Ehegatte, Familienmitglied, Staatsdiener«.[61] Larenz beschreibt die »konkreten typischen Figuren«, um die das scheinbar rückwärts gewandte »ständische« Rechtsdenken im Nationalsozialismus kreist, als Berufsrollen und Mitgliedschaften in gesellschaftlichen Teilbereichen, denen ein spezifisches Recht je nach den Strukturgesetzlichkeiten »konkreter Ordnungen« zukommt. Der von Larenz ausdrücklich hervorgehobene Zusammenhang zwischen konkretem Ordnungsdenken und der Bildung typologischer Rechtsbegriffe[62] wie andererseits die durchgängigen Verweisungen auf Typusbegriffe in Carl Schmitts Theorie konkreter Ordnungen[63] verdeutlichen eine zentrale gemeinsame Funktion beider rechtstheoretischer Ansätze: Ihre Kategorien des Konkreten zielen (außer auf Situativität) auf eine größere »Gesellschaftsadäquanz« der Rechtsbegriffe durch deren Anpassung an je spezifische Sach-

59 Ders., »Zur Logik des konkreten Begriffs«, S. 286 ff., 289. – Ders., *Rechtsperson und subjektives Recht. Zur Wandlung der Rechtsgrundbegriffe*, Berlin 1935, S. 21.

60 Max Weber, *Wirtschaft und Gesellschaft*, Tübingen 1956, S. 644 f.

61 Larenz, *Deutsche Rechtserneuerung und deutsche Rechtsphilosophie*, S. 40.

62 Ders., *Über Gegenstand und Methode des völkischen Rechtsdenkens*, S. 51.

63 Carl Schmitt, *Über die drei Arten des rechtswissenschaftlichen Denkens*, Hamburg 1934, S. 21, 63 f.

strukturen gesellschaftlicher Positionsfelder, denen die Individuen zugeordnet sind. Diese theoretischen Ansätze sowohl wie die Ende der 30er Jahre eingeleiteten Bestrebungen zu einer Zerschlagung des BGB,[64] die umfangreiche Dezentralisierung und Delegation staatlicher Rechtsetzungsbefugnisse an Verbände und Wirtschaftsgruppen, die weitgehende Zersplitterung der Gerichtsbarkeiten und Ausgliederung »ständischer«, d. h. verbände- bis firmeneigener Gerichtsbarkeiten[65] sind insgesamt Ausdruck eines »Modernisierungsschubs«, mit dem das NS-System – jenseits der Ausgliederung von politischen Sonderrechtsordnungen für eigene Belange – auf einen längerfristigen gesellschaftlichen und rechtlichen Partikularisierungsprozeß reagierte.

Die Gesellschaftsadäquanz von Rechtsbegriffen hat freilich ihre eigene, vom Kontext politischer Systeme relativ unabhängige Logik. Wenn Larenz wie Carl Schmitt gegen die egalisierenden Abstraktionen des überkommenen Rechts das konkrete Recht je spezifischer gesellschaftlicher Teilbereiche als ein vorrangiges geltend machen, unterwerfen sie ganz allgemein Gesetzgebung und Rechtsprechung den faktischen Machtstrukturen bestehender gesellschaftlicher Verhältnisse. So haben zum Beispiel Larenz' an Hegel orientierte Polemik gegen die Subsumtion der Ehe unter die Kategorie des Vertrags und Carl Schmitts an Rechtsetzung und Rechtsanwendung gerichtete Forderung, der bestehenden Ordnung des konkreten Gebildes Familie zu entsprechen,[66] die gleiche Konsequenz. Hatte Kants Konzeption der Ehe als Vertrag die Anerkennung der Frau als prinzipiell gleichen Vertragspartners unterstellt, so wehrt das Plädoyer für konkret existierende Ordnungen explizit

64 Zum Zusammenhang dieser Bestrebungen im Sinne »konkreten Ordnungsdenkens« s. Heinrich Lange, *Die Entwicklung der Wissenschaft vom bürgerlichen Recht seit 1933*, Tübingen 1941, S. 9 ff. – Vgl. Peter Thoss, *Das subjektive Recht in der gliedschaftlichen Bindung*, Frankfurt/M. 1968, S. 37 ff.

65 Hermann Krause, »Rechtseinheit und ständisches Recht«, in: *Deutsche Rechtswissenschaft* 1 (1936), S. 300 ff.; Karl Michaelis, »Ständische Ehrengerichtsbarkeit«, in: *Deutsches Recht* 5 (1935), S. 572 ff.; Albrecht Wagner, *Die Umgestaltung der Gerichtsverfassung und des Verfahrens- und Richterrechts im nationalsozialistischen Staat*, Stuttgart 1968, S. 223 ff. – Dazu Otto Kirchheimer, »Die Rechtsordnung des Nationalsozialismus« (1941), in: ders. *Funktionen des Staats und der Verfassung*, Frankfurt/M. 1972, S. 115 ff. (besonders S. 135).

66 Larenz, »Zur Logik des konkreten Begriffs«; Schmitt, *Über die drei Arten des rechtswissenschaftlichen Denkens*, S. 20 f.

alle rechtlichen Eingriffe zugunsten der Gleichberechtigung ab. Ebenso unterläuft die Ausbildung spezifischer Berufsrechte die emphatische Forderung nach einem »einheitlichen« Arbeitsrecht zugunsten vielfältig gestufter Privilegierungen bzw. Diskriminierungen. Die Dominanz konkreter Rechtsbegriffe ermächtigt (in totalitären wie demokratischen Systemen) die Justiz, entweder Egalisierungstendenzen des Gesetzgebers abzuwehren oder Diskriminierungen in rechtlichen Traditionsbeständen zu zementieren. Die frühe Rechtsprechung des BGH zum Wesen der Ehe oder des Bundesverfassungsgerichts zu ungleichen Berufsrechten aus der »Natur der Sache« sind Beispiele, wie die konkretistische Methode die gesetzliche Festschreibung faktischer gesellschaftlicher Ungleichheiten rechtstheoretisch legitimieren kann. – Das Arbeitsordnungsgesetz von 1934, eine seltene Kodifikation im Nationalsozialismus überhaupt und von Carl Schmitt als wichtigster Ausdruck konkreten Ordnungsdenkens gefeiert, löst alle rechtlichen Fesseln ökonomischer Verfügungsgewalt über die Arbeitskraft und überläßt es darüber hinaus dem Unternehmer, eine je eigene Betriebsordnung festzusetzen. – Je mehr aber die abstrakt allgemeinen Rechtsansprüche zuungunsten der jeweils schwächeren Mitglieder in gesellschaftlichen Sonderordnungen aufgehoben wurden, desto leichter konnten diese selbst – zum Beispiel die Familie im Hinblick auf rasse- und bevölkerungspolitische, oder ökonomische Einheiten im Hinblick auf kriegswirtschaftliche Zielsetzungen – durch das politische System instrumentalisiert werden.

Für den Zusammenhang zwischen Partikularisierung und zentralisierter politischer Formierung ist das NS-System kein Einzelfall. Was zunächst dieses betrifft, so stellte der »organische Aufbau« der Wirtschaft die eigentliche Realität konkreten Ordnungsdenkens dar. Während lediglich Außenhandel, Landwirtschaft und Arbeitsmarkt vom Nationalsozialismus total unterworfen wurden, bediente sich die bis zum Kriegsende zunehmend gesteigerte Lenkung der gewerblichen Wirtschaft einer Organisationsstruktur, in der die Selbstverwaltungsorgane der Wirtschaft zu den zentralen »Überwachungs«- bzw. »Reichsstellen« in einem Verhältnis korporatistischer Vernetzung standen. Die Wirtschaftsgruppen mit ihren fachlichen und regionalen Untergliederungen wurden ebenso wie Konzerne und Syndikate in die zentrale Planung eingebaut und erarbeiteten die Datengrundlagen für wirtschaftspolitische Entscheidungen.[67] Suchte die Kooperation von Staats- und Wirtschaftsbürokratien unter weitgehender Delegation öffentlicher Aufgaben an Private eine Systematisierung des staatlichen Krisenmanagements im Bereich der Wirtschaft zu leisten, so stellten die Hierarchisierung innerhalb der Wirtschaftsverbände entsprechend der faktischen ökonomischen Macht,[68] Zwangsmitgliedschaften und Zwangskartellierung, verbunden mit wirtschaftsautonomen Rechtsetzungsbefugnissen, gleichzeitig die Formierung der einzelnen Mitglieder sicher. Diese spezifische Weise der Systemintegration und Stillegung gesellschaftlichen Konfliktpotentials wird in den Formeln konkreten Ordnungsdenkens sehr genau zum Ausdruck gebracht: Jedem bestimmten »Lebensverhältnis [soll] ›sein‹, d. h. also das ihm nach seiner Eigenart und Bedeutung zukommende Recht zuteilwerden, und es soll dadurch gerade ›das‹ Recht – die Ordnung des Ganzen – [...] verwirklicht werden«.[69] Dem Zusammenhang von »Volksgemeinschaft« und Sondergemeinschaften, wie er durch zahlreiche Gemeinwohlformeln des NS-Rechts gestiftet wird,[70] entspricht die interne Disziplinierung der Gesellschaftssegmente, deren Strukturen insoweit für ihre Mitglieder als unmittelbar normative bestimmt werden, als sie »Gemeinschaftscharakter« tragen,[71] also Interessenkonflikte in ihnen nicht zugelassen sind. – Auch insofern mußte die Interessenjurisprudenz Philipp Hecks im Methodenstreit des Nationalsozialismus unterliegen, als ihr zentraler Begriff der »Konfliktschau«[72] noch auf eine klassische pluralistische Gesellschaftsformation verwies. Vertreter konkreten Ordnungsdenkens kritisieren indessen jede Orientierung des Rechts am Konfliktfall als normativistischen Anachronismus, heben die besondere Natur der Gemeinschaft gegenüber Hecks bloßem »Interessenausgleich« hervor[73]

---

67 Siehe als kürzeste Darstellung: Fritz Blaich, »Phasen der Wirtschaftsorganisation im Nationalsozialismus«, in: *Aus Politik und Zeitgeschichte* (1971), S. 3 ff.

68 Vgl. Werner Sörgel, *Metallindustrie und Nationalsozialismus*, Frankfurt/M. 1965.

69 Karl Larenz, »Sittlichkeit und Recht«, in: ders. (Hg.), *Reich und Recht in der deutschen Philosophie*, Stuttgart, Berlin 1943, S. 169 ff., hier S. 382.

70 Dazu Michael Stolleis, *Gemeinwohlformeln im nationalsozialistischen Recht*, Berlin 1974. Ders., »Gemeinschaft und Volksgemeinschaft. Zur juristischen Terminologie im Nationalsozialismus«, in: *VfZ* 20/1972, S. 16 ff., 21, 38.

71 Larenz, *Über Gegenstand und Methode des völkischen Rechtsdenkens*, S. 28.

72 Heck, *Rechtserneuerung und juristische Methodenlehre*, S. 19 f.

73 Schmitt, *Über die drei Arten des rechtswissenschaftlichen Denkens*, S. 29; Larenz, *Über Gegenstand und Methode des völkischen Rechtsdenkens*, S. 39.

und liefern insgesamt einem korporatistisch verfestigten Pluralismus die Rechtsbegriffe.

Die nach 1945 unvermindert Fortgeltung konkreter Rechtsbegriffe, Typuskonzeptionen, Denkformen der »Natur der Sache« in der aktuellen Methodendiskussion beruht nicht zuletzt auf dem Umstand, daß korporatistische Integrationsmuster gerade auch in der gegenwärtigen Gesellschaftsformation im Vordringen sind.[74] Sie heben im totalitären wie im liberaldemokratischen Kontext die Trennung zwischen öffentlichem und privatem Recht auf, reduzieren das Prinzip der Rechtsgleichheit auf nur noch statusspezifische Generalisierungen und bringen das autonome bürgerliche Rechtssubjekt zum Verschwinden.[75] Wenn Larenz vormals formuliert: »Im Rechte stehen heißt nicht, in Beziehung zu anderen Individuen stehen, sondern heißt, in der Ordnung eines Volkslebens seine bestimmte Stelle, seine Funktion, seine Gliedstellung haben« – und: »Jeder Kauf und jede Miete steht unter den Anforderungen der Volksgemeinschaft«,[76] so ist auch jenseits dieser zeitspezifischen Terminologie die gleiche Dimension auszumachen. Gesellschaftliche Integration ist nicht mehr über ein System individueller Rechtsbeziehungen der Individuen möglich,[77] sondern beruht auf politischer Steuerung, die sich ihrerseits neu formierter gesellschaftlich-politischer Zwischengewalten bedient.

In dieser Phase gesellschaftlicher Entwicklung ist der Justiz nicht mehr die Aufgabe zugewiesen, die klassischen rechtsstaatlichen Grenzlinien zwischen Staat und Gesellschaft zu garantieren. Sie wird darum immer weniger durch eine abstrakt-allgemeine Gesetzesstruktur programmiert, weil ihr die neue Funktion zukommt, den fließenden Ansprüchen des jeweiligen Ausgleichs zwischen gesellschaftlicher Partikularisierung und Integration gerecht zu werden. Die konkreten Rechtsbegriffe, wie sie in einem »Modernisierungsschub« nationalsozialistischer Methodendiskussion entwickelt wurden, sollen in diesem Zusammenhang nicht in der glei-

74 Ulrich von Alemann (Hg.), *Neokorporatismus*, Frankfurt/M., New York 1981.

75 Dazu Ingeborg Maus, »Die Basis als Überbau oder: ›Realistische‹ Rechtstheorie«, in: Hubert Rottleuthner (Hg.), *Probleme der marxistischen Rechtstheorie*, Frankfurt/M. 1975, S. 484 ff.

76 Larenz, *Deutsche Rechtserneuerung und deutsche Rechtsphilosophie*, S. 20, 31.

77 Dazu grundsätzlich: Ulrich K. Preuß, *Die Internalisierung des Subjekts. Zur Kritik der Funktionsweise des subjektiven Rechts*, Frankfurt/M. 1979.

chen Weise Orientierungsmarken der Rechtsanwendung setzen, wie sie in der gesetzlichen Programmierung enthalten waren. Jenseits der Frage, ob eine logische Unterscheidung zum Beispiel zwischen Typusbegriffen und den klassifikatorischen Begriffen überkommener Rechtsnormen überhaupt möglich ist,[78] bezeichnen die neuen konkreten Rechtsbegriffe vielmehr, dem Selbstverständnis dieser juristischen Methodenlehre ganz entsprechend, nur noch den Funktionswandel der Justiz überhaupt: ihre Rechtsanwendung soll »konkret« werden, den sachlogischen Strukturen gesellschaftlicher Positionsfelder im Hinblick auf gesamtgesellschaftlichen Integrationsbedarf folgen. Was das im Einzelfall heißt, entscheidet sie je nach politischem Kontext aufgrund eigener oder vorgegebener Wertorientierung, jedenfalls wechselnden sozialökonomischen Sachlagen folgend, selbst.

4. Dualistische Rechtsstruktur und Justizfunktion

Larenz' »konkret-allgemeiner Eigentumsbegriff« verweist auf eine zentrale Dimension des nationalsozialistischen Rechts. Er unterteilt sich vor jeder Ausdifferenzierung von Eigentumstypen in zwei wesentliche Momente: die persönliche Gestaltungsmacht hinsichtlich einer Sache einerseits und die Bindung der Persönlichkeit sowie der Sache an bestimmte Gemeinschaftsaufgaben andererseits, welche zum Beispiel in der Mitwirkung staatlicher Stellen bei der Ausgestaltung von Verträgen zwischen Unternehmen ihren Ausdruck finden kann.[79] Ist im ersten Moment die klassisch-liberale Eigentumsbestimmung enthalten, die einer Selbststeuerung der Wirtschaft entspricht, so ist im zweiten eine enge Beziehung zwischen Staatshandeln und Eigentumsfunktion vorausgesetzt, die eine Eingriffssteuerung der Wirtschaft kennzeichnet. Wie der

---

78 Kuhlen, *Typuskonzeptionen in der Rechtstheorie*, S. 132; ders., »Die Denkform des Typus in der juristischen Methodenlehre«, in: Koch (Hg.), *Juristische Methodenlehre und analytische Philosophie*, S. 53 ff. (63 ff.). Aber auch Kuhlen macht zu Recht auf die »weittragenden Konsequenzen« aufmerksam, die im Insistieren auf einem gegen Klassenbegriffe verselbständigten Typusbegriff und der Abwehr jeglicher Definition liegen, ebd. S. 68 f.

79 Larenz, »Zur Logik des konkreten Begriffs«, S. 293; ders., *Vertrag und Unrecht. Erster Teil: Vertrag und Vertragsbruch*, Hamburg 1936, S. 31 ff.

konkret-allgemeine Eigentumsbegriff zwei unterschiedliche Formen des Verhältnisses zwischen Politik und Ökonomie zusammen denkt, so hält auch Larenz' Methodik zwei Weisen der Rechtsanwendung bereit. Ihr zufolge bleiben neben den neu entwickelten konkreten Rechtsbegriffen abstrakt-allgemeine Begriffe als technische Hilfsmittel unentbehrlich, wie überhaupt »entsprechend der Gliederung des völkischen Rechts in verschiedene Ordnungen und einen allgemeinen Rechtsverkehr [...] sich auch die Methode der Auslegung und Gesetzesanwendung bis zu einem gewissen Grade verschieden« gestaltet.[80] Unterhalb der Dominanz konkreter Rechtsbegriffe verbliebe also ein Restbestand überkommener formaler Rechtsanwendung, wie sie seit jeher der liberalen Variante der Eigentumsbeziehungen zugeordnet wurde.

Larenz' Methodendualismus steht in sehr genauer Beziehung zur Struktur des nationalsozialistischen Rechts, das durchgängig dualistisch ist. Der Einschub zum Beispiel von Generalklauseln und Gemeinwohlformeln in Gesetze mit weiteren Einzelbestimmungen stellt jeweils zwei Weisen der Rechtsanwendung zur Wahl und überläßt es der Entscheidung im Einzelfall, ob nach einem festgelegten Tatbestand oder nach den unbestimmten Formeln verfahren wird. Dieses Prinzip findet nicht nur in den berüchtigten Strafrechtsnovellierungen, sondern auch in vielen anderen Rechtsbereichen seinen klarsten Ausdruck. Zum Beispiel relativiert die Gemeinwohlformel im ersten Paragraphen des Arbeitsordnungsgesetzes, wie die Kommentarliteratur vermerkt, alle weiteren Regelungen des Gesetzes. – Ernst Fraenkels berühmte Studie[81] hatte die dualistische Struktur des nationalsozialistischen Rechts zutreffend erkannt, aber – worauf schon Larenz' Konstruktionen einen ersten Hinweis geben – unzulänglich interpretiert.[82] Fraenkel beschreibt den Nationalsozialismus als einen Doppelstaat, in dem die Symbiose zwischen Faschismus und Kapitalismus ihren institutionellen Ausdruck findet. Dabei entspricht die Entformalisierung des Rechts zum Zwecke willkürlicher Interventionen der Kommuni-

---

80 Ebd. S. 297; ders., *Über Gegenstand und Methode des völkischen Rechtsdenkens*, S. 40.

81 Ernst Fraenkel, *Der Doppelstaat*, Frankfurt/M. 1974.

82 Ich präzisiere im folgenden meine Ausführungen in *Bürgerliche Rechtstheorie und Faschismus*, S. 149 ff., die Fraenkels Analysen noch zu undifferenziert auf kapitalistische Strukturen im NS-System anwandten.

kationsweise des politischen Sektors, der potentiell alle Bereiche der Gesellschaft umfassen kann und sich nur durch Selbstbeschränkung limitiert. Eingelagert in diesen »Maßnahmenstaat« existiere ein »Normenstaat« fort, der die rudimentäre Fortgeltung einer berechenbaren Gesetzesstruktur und Rechtsanwendung bezeichnet. Fraenkel ordnet den Maßnahmenstaat dem System politischer Gewaltanwendung, den Normenstaat den Bedürfnissen der relativ unangetasteten kapitalistischen Wirtschaft zu. Während der Maßnahmenstaat mit seiner spezifischen Rechtsstruktur zur Wirtschaft lediglich im Verhältnis eines äußeren Ordnungsgaranten im Sinne der Zerschlagung von Systemopposition und Arbeiterbewegung stehe, findet Fraenkel zufolge nicht nur alle Kommunikation zwischen verschiedenen Wirtschaftseinheiten, sondern auch zwischen diesen und den politischen Instanzen in den Verkehrsformen des Normenstaates statt.[83] Der klassische Zusammenhang zwischen Kapitalismus und formaler Rationalität des Rechts wird also von Fraenkel auch für die Zeit des Nationalsozialismus noch als ungebrochen unterstellt. – Otto Kirchheimers und Franz Neumanns Kritik gerade an diesen letzteren Annahmen[84] stellt zutreffend die Wandlungen des Kapitalismus im 20. Jahrhundert und dessen neuen Bedarf an situativem Recht heraus, verfehlt jedoch das Richtige an Fraenkels Analyse: die Erkenntnis der dualistischen Struktur des nationalsozialistischen Rechts.

Diese allerdings impliziert mehr, als Fraenkel feststellte. Gerade auch im nationalsozialistischen Wirtschaftsrecht ist in der Gesetzesstruktur selbst die Basis berechenbarer Rechtsanwendung längst zerstört. Gemeinwohlformeln wie »der gemeine Nutzen von Volk und Reich« oder »Belange der Gesamtwirtschaft« durchsetzen zum Beispiel das Aktien- und Kartellrecht, das Energie- und Patentrecht und verwischen in einem Ausmaß die tatbestandlichen Grenzen dieser Gesetze, daß jederzeit auch unberechenbare staatliche Eingriffe in ihren Regelungsbereichen möglich sind.[85] Sehr früh spre-

---

83 Letzteres ausdrücklich auch in bezug auf wirtschaftsverwaltungsrechtliche Beziehungen zwischen Staat und Wirtschaft, S. 218.

84 Otto Kirchheimer, Rezension zu »Ernst Fraenkel. The Dual State«, in: *Political Science Quarterly* 56 (1941), S. 434 ff. Franz Neumann, *Behemoth. Struktur und Praxis des Nationalsozialismus 1933-1944*, Frankfurt/M. 1977, besonders S. 509 ff.

85 So Stolleis, *Gemeinwohlformeln im nationalsozialistischen Recht*, besonders S. 147 ff., hier: S. 153.

chen zudem sogenannte »Gesetze« direkte und ganz unbestimmte Ermächtigungen zu situativen staatlichen Eingriffen in die Wirtschaft aus, wobei eine dualistische Rechtsstruktur für sämtliche Kommunikationen zwischen Staat und Wirtschaft vorausgesetzt ist. So heißt es im Gesetz über wirtschaftliche Maßnahmen vom Juli 1934: »Der Reichswirtschaftsminister wird ermächtigt, innerhalb seines Geschäftsbereichs alle Maßnahmen zu treffen, die er zur Förderung der deutschen Wirtschaft sowie zur Verhütung und Beseitigung wirtschaftlicher Schädigungen für notwendig hält« […]. Diese Maßnahmen »können von bestehenden Gesetzen abweichen«. – Diesem Befund entspricht, daß Larenz innerhalb der Eigentumsverhältnisse selbst eine Differenzierung vornimmt, an der die Unterscheidung zwischen formalen und entformalisierten Varianten rechtlicher Kommunikation anknüpft.

Franz Böhms Überlegungen zur Neuordnung der Wirtschaft von 1937 bringen schließlich die in sich dualistischen Rechtsbedürfnisse der Wirtschaft auf den Begriff.[86] Böhm formuliert ein eigenständiges Interesse der Wirtschaft an einem »vernünftigen Gesamtplan«, der nur durch einen »Primat der Politik« zu leisten sei. Angesichts der noch sehr weitgehenden Autonomie der Wirtschaftsgruppen und Kartelle befürchtet Böhm, daß private Macht nicht einfach durch Beleihung mit einem quasi öffentlich-rechtlichen Status auf die Belange der Gesamtwirtschaft zu verpflichten ist, und fordert gleichsam im Vorgriff auf die Organisation der nationalsozialistischen Kriegswirtschaft eine straffere Zentralisierung wirtschaftspolitischer Entscheidungsbefugnisse. In diesem Zusammenhang beschreibt Böhm eine »kombinierte« Wirtschaftsverfassung, die sich zweier Marktsteuerungsmethoden bedient, des Wettbewerbs und des autoritären Befehls. Ganz im Sinne der These Fraenkels von der Selbstbegrenzung des Maßnahmenstaates sieht Böhm die Einheit dieses Systems darin garantiert, daß nur der politische Sektor entscheidet, ob er in Form von Gesetzen oder Maßnahmen kommuniziert. Der wichtige Unterschied beider Analysen besteht darin, daß Fraenkel den Dualismus der Rechtsstruktur lediglich dem äußeren Verhältnis von Politik und Ökonomie zuschreibt, während Böhm in der Erkenntnis neuer ökonomischer Problemlagen die dualistischen Rechtsbedürfnisse innerhalb der Wirtschaft selbst artikuliert. Erst

---

86 Franz Böhm, *Die Ordnung der Wirtschaft als geschichtliche Aufgabe und rechtsschöpferische Leistung*, Stuttgart, Berlin 1937, S. 8 ff., 11, 187 f., 78, 75.

die Zusammenschau beider Perspektiven läßt erkennen, daß die Verselbständigung entformalisierter Rechtsbeziehungen – bzw. Prozessen der Entrechtlichung – im Nationalsozialismus sowohl den Bedingungen des Gesamtsystems wie der Binnenstruktur der Wirtschaft folgt, wobei die jeweiligen Rechtsinteressen des politischen und des ökonomischen Sektors sich nur partiell überschneiden.

Für die Einschätzung der Justizfunktion im NS-System ist dieser Zusammenhang von großer Bedeutung. Die Justiz in dieser Zeit ist, soweit sie nicht direkten politischen Eingriffen unterliegt, weder Bastion liberalkapitalistischer Rechtsbedürfnisse, wie Fraenkel annahm, noch »Vollzugsagent der monopolistischen Wirtschaftsverbände«, wie Franz Neumann bündig formulierte.[87] Waren die von Fraenkel als Verteidigung des »Normenstaates« zitierten Gerichtsentscheidungen nur von untergeordneter Bedeutung angesichts der andernorts entschiedenen ökonomischen Auseinandersetzungen,[88] so macht andererseits gerade das unerhörte Ausmaß, in dem Rechtsstreitigkeiten der ordentlichen Gerichtsbarkeit zugunsten der »ständischen« Gerichtsbarkeiten entzogen wurden, deutlich, daß das Vordringen von Generalklauseln und die weitgehende Entformalisierung der Rechtsanwendung nicht einfach, wie Franz Neumann annahm, monopolistischen Wirtschaftsinteressen zuzuschreiben ist, die sich ja ohnehin der staatlichen Gerichtsbarkeit immer weniger bedienten.[89] Das Lavieren der Justiz zwischen gelegentlichen Entscheidungen aufgrund verbliebener gesetzlicher Tatbestände einerseits und Entscheidungen, die aus der autonomen richterlichen Rechtschöpfung gewonnen waren, andererseits verweist auf einen vermittelteren Zusammenhang. Wenn die avanciertesten Ansätze juristischer Methodik dieser Zeit jenes Lavieren der Justiz deskriptiv und präskriptiv der Dominanz entformalisierender Argumentationsfiguren unterstellen, ohne daß ein konkretes gesellschaftliches Gruppeninteresse an dieser grundsätzlichen Neuorientierung der Rechtspraxis ausfindig zu machen wäre, so müssen die gesellschaftlichen Bedingungen dieses Vorgangs auf einer abstrakteren Ebene gesucht werden. Ein erster Hinweis liegt in der im 20. Jahrhundert durchgängigen Umstellung des institutionellen und normativen Rahmens auf die Gleichzeitigkeit von Selbst-

87 Neumann, *Behemoth*, S. 530.
88 Kirchheimer, Rezension zu »Ernst Fraenkel. The Dual State«, S. 435.
89 Vgl. Rottleuthner, *Rechtswissenschaft als Sozialwissenschaft*, S. 215 Fn. 7.

und Eingriffssteuerung der Wirtschaft, die im Nationalsozialismus lediglich in einer spezifischen Variante auftrat. – Die anhaltende Aktualität dieser Problemlösungsmechanismen wird von Ulrich K. Preuß in kritischer und Niklas Luhmann in affirmativer Absicht für die gegenwärtige Rechtsentwicklung dargetan. Preuß deutet das Vordringen rechtlicher Substanzbegriffe als Ausdruck des Versuchs, die bezeichneten unterschiedlichen Weisen der Vergesellschaftung gleichwohl einem einheitlichen rechtlichen Legitimationsmuster zu unterstellen.[90] Luhmann fordert ausdrücklich eine größere Unschärfe der Rechtsbegriffe, um dem Dualismus der Wirtschaftssteuerung Rechnung zu tragen, und formuliert radikal, daß die Umpolung des *gesamten Rechts* auf Situativität eine Anpassungsleistung an den Umstand darstelle, daß gegenwärtig alle wichtigen gesellschaftlichen Aufgaben wie die Sozialplanung gerade außerhalb des formalen Rechts wahrgenommen werden.[91]

Aus diesem Zusammenhang ergibt sich die große Paradoxie der neueren Justizfunktion. In grenzloser Ausweitung des methodischen Instrumentariums gewinnt die Justiz eine Kompetenzerweiterung gegenüber dem Gesetzgeber und eine Entscheidungsautonomie, die es ihr gestattet, die besonderen Umstände jedes Einzelfalls zu berücksichtigen, sachlogische Strukturen gegen normative Programme geltend zu machen, gesellschaftlich-rechtliche Ausdifferenzierung und gesamtgesellschaftlichen Integrationsbedarf zum Ausgleich zu bringen und vor allem die dominierende Entformalisierung des Rechts mit formalrationalen Restbeständen je situationsgerecht zu vermitteln – aber alles dies nur in den Rechtsfällen, die ihr überhaupt noch vorgelegt werden. Indem die Justiz die Anpassung der Rechtsstruktur an die neuen Systembedürfnisse übernimmt, sichert sie lediglich die Tendenz zu außerrechtlichen Kommunikationsformen in zentralen gesellschaftlichen Bereichen ab. Bereits 1937 hielt Franz Böhm sogar im Hinblick auf Märkte, die noch unter dem Prinzip des Wettbewerbs standen und damit grundsätzlich formalrationalen Rechtsregelungen zugäng-

---

90 Ulrich K. Preuß, »Gesellschaftliche Bedingungen der Legalität«, in: ders., *Legalität und Pluralismus*, Frankfurt/M. 1973, S. 9 ff.; siehe auch durchgehend ders., *Die Internalisierung des Subjekts*.

91 Niklas Luhmann, »Die Funktion des Rechts: Erwartungssicherung oder Verhaltenssteuerung?«, in: *ARSP* Beiheft 8 (1974), S. 31 ff., hier: S. 42; ders., *Rechtssoziologie*, 2 Bde., Reinbek 1972, S. 331 ff.

lich waren, zivilprozessuale Verfahren für nicht zweckmäßig und befürwortete statt dessen den unmittelbaren verwaltungsmäßigen Eingriff in das Verhalten von Einzelunternehmern.[92] Für die Gegenwart sind fortgeschrittenere Prozeduren der Kooperation von Staats- und Wirtschaftsbürokratien beschrieben, in denen präventive Kontrollmechanismen der öffentlichen Verwaltung den justizförmigen Zugriff zunehmend verdrängen.[93] Während in allen diesen Entwicklungen Justizfunktionen zurückgedrängt werden, verbindet sich nicht nur mit der relativen Kompetenzerweiterung der Justiz gegenüber dem Gesetzgeber ein absoluter Kompetenzverlust gegenüber der Exekutive, sondern die Autonomisierung der Justiz durch methodologisch reflektierte Entformalisierung der Rechtsanwendung ist selber das Mittel, durch das die Justiz das Recht insgesamt auf außerrechtliche Kommunikationsformen umpolt und damit die Basis ihrer eigenständigen Funktion untergräbt.

5. Zusammenfassende Bemerkungen zur Kontinuität von juristischer Methodik und Justizfunktion nach 1945

Der Ausbau der Verfassungsgerichtsbarkeit in der Bundesrepublik könnte die bisherige Analyse als Fehldiagnose erscheinen lassen. Die in der Justizgeschichte und im Verfassungsvergleich einmalige politische Machtkonzentration bei einem höchsten Gericht verweist, was das äußere Erscheinungsbild angeht, eher auf eine »justizstaatliche« Entwicklung der Bundesrepublik. Die Untersuchung der Judikatur des Bundesverfassungsgerichts muß indessen zu einem differenzierteren Ergebnis kommen.

Was zunächst das juristische Instrumentarium angeht, dessen sich das Gericht bedient und das in den herrschenden Ansätzen gegenwärtiger juristischer Methodenlehre seine Rechtfertigung findet, so ist die bisher erörterte Kontinuität juristischer Argumentationsfiguren aus der Zeit vor 1945 augenfällig. Konnten im Nationalsozialismus die zusammenhanglosen Normmassen par-

---

92 Böhm, *Die Ordnung der Wirtschaft als geschichtliche Aufgabe und rechtsschöpferische Leistung*, S. 101.

93 Claus Ott, »Die soziale Effektivität des Rechts bei der politischen Kontrolle der Wirtschaft«, in: *Jahrbuch für Rechtssoziologie und Rechtstheorie*, Bd. 3 (1972), S. 345 ff.

tikularisierten und dualistisch strukturierten Rechts nur noch im Wege der Entformalisierung über unbestimmte Rechtsbegriffe und Wertformeln in Beziehung gesetzt werden und hatte es juristische Methodenlehre als ihre wesentliche Aufgabe verstanden, die verlorene Einheit des Rechtssystems durch einheitsstiftende Direktiven der Rechtsfindung zu ersetzen,[94] so läßt sich dem jetzt herrschenden Rechtsverständnis zufolge der Zusammenhang der Gesetze nur noch im »Recht«, der Zusammenhang der einzelnen Verfassungsbestimmungen nur noch in der »Einheit der Verfassung« als einem »Sinnganzen« darstellen, wobei »Recht« und »Verfassung« jeweils mehr sind als die Summe ihrer Teile.[95] Formulierungen von Larenz aus den Jahren 1934 und 1938 bringen dieses noch immer geltende Verständnis so genau auf den Begriff, daß sie ausführlicher wiedergegeben seien:

[D]er »im Gesetz objektivierte Gemeinwille« ist nicht nur die objektive Bedeutung, die dieses Gesetz im Zusammenhang mit anderen Gesetzesbestimmungen hat; es ist vielmehr die konkrete Bedeutung, die [... sich ergibt] aus der Rückbeziehung der Gesetzesbestimmung auf die Grundentscheidungen und Werte, auf die konkrete Rechtsidee, die in dieser Rechtsgemeinschaft lebendig ist und ihr Recht als einheitliches und in sich sinnvoll zusammenhängendes Ganze bestimmt [...].

und:

Die Einheit des [...] Rechts in der Vielheit seiner verschiedenen Erscheinungsformen kann nur auf der Einheit seiner sinngebenden Idee [...] beruhen. Das Recht [...] ist daher [...] auch im Unterschied zu der bloßen Summe aller Rechtssätze eine innere Einheit, ein Ganzes als der Ausdruck der ihm zugrundeliegenden Rechts- und Weltanschauung.[96]

---

94 Larenz, *Über Gegenstand und Methode des völkischen Rechtsdenkens*, S. 52; entsprechend ders., *Methodenlehre der Rechtswissenschaft*, S. 473. Heinrich Lange, *Lage und Aufgabe der deutschen Privatrechtswissenschaft*, Tübingen 1937, S. 14. Bei Hermann Göring, *Rechtssicherheit als Grundlage der Volksgemeinschaft*, Hamburg 1935, heißt es lapidar: »Rechtssicherheit liegt nicht [mehr] im Gesetz selbst, sondern in der einheitlichen Steuerung seiner Anwendung.«

95 BVerfGE 34, 269 (286 f.); BVerfGE 1, 14 (32 f.) – Zu entsprechenden Implikationen der herrschenden Rechtsstaatstheorie siehe Ingeborg Maus, »Entwicklung und Funktionswandel der Theorie des bürgerlichen Rechtsstaats«, in: dies., *Rechtstheorie und politische Theorie im Industriekapitalismus*, München 1986, S. 49 ff.

96 Larenz, *Deutsche Rechtserneuerung und Rechtsphilosophie*, S. 32.; ders., *Über Gegenstand und Methode des völkischen Rechtsdenkens*, S. 11.

Die Reduktion des Grundgesetzes auf eine Wertordnung wird vom Bundesverfassungsgericht nicht nur als Mittel benutzt, eine Einheit der Verfassung jenseits ihrer Einzelbestimmungen zu postulieren, sondern dieses Wertsystem soll auch in einer Weise die Einheit der rechtlichen Gesamtordnung verbürgen, die (der völlig anderen Inhalte unerachtet) der nationalsozialistischen Rechtspraxis nahekommt: Im Wege mittelbarer Drittwirkung der Grundrechte werden die Generalklauseln ebenfalls zu Einbruchstellen für »herrschende Wertanschauungen«[97] und funktionalisieren stehendes Recht im Hinblick auf Integrationsformeln, deren konkrete Bedeutung erst im Einzelfall zu ermitteln ist. Die in der Methodenlehre der Gegenwart noch immer gehegte Hoffnung, im Durchgriff auf allgemein anerkannte und offengelegte Werte eindeutige und vergleichbare Ergebnisse der richterlichen Rechtsfindung zu erzielen, wurde indessen bereits in der Rechtspraxis des Nationalsozialismus desavouiert. Die Tatsache, daß in den *Richterbriefen* zu zahlreichen Rechtsprechungsbereichen bis zu einem Drittel der Entscheidungen gerügt wurden, weil sie im Strafmaß zu hoch waren,[98] belegt die völlige Desorientierung gerade auch der willfährigsten Justiz in einem Regime, das ihr ein einheitliches Wertsystem verordnete.

Die Entgegensetzung von Verfassung und Verfassungsgesetz, auf der der Begriff der »Einheit der Verfassung«[99] beruht, wird in der

---

97 So Stolleis, »Die Rechtsordnung des NS-Staates«, S. 646. Für die Zeit des Nationalsozialismus siehe Carl Schmitt, »Fünf Leitsätze für die Rechtspraxis«, hg. vom Presse- und Zeitschriftenamt des Bundes Nationalsozialistischer Deutscher Juristen, Berlin 1933, Leitsatz 4. – Zur Kritik der weiteren Implikationen wertsystematischer Verfassungsinterpretation vgl. Erhard Denninger, »Freiheitsordnung – Wertordnung – Pflichtordnung«, in: Mehdi Tohidipur (Hg.), *Verfassung, Verfassungsgerichtsbarkeit, Politik*, Frankfurt/M. 1976, S. 163 ff.; ders., *Staatsrecht 2*, Reinbek 1979, S. 150 ff., 184; Helmut Ridder »Die soziale Ordnung des Grundgesetzes. Leitfaden zu den Grundrechten einer demokratischen Verfassung«, in: Dieter Deiseroth u. a. (Hg.), *Helmut Ridder. Gesammelte Schriften*, Baden-Baden 2010, besonders S. 84 ff., 92 ff., 105 ff.; Ernst-W. Böckenförde, »Grundrechtstheorie und Grundrechtsinterpretation«, in: ders., *Staat – Gesellschaft – Freiheit*, Frankfurt/M. 1976, S. 221 ff.
98 Siehe Zahlenangaben im Beitrag von Theo Rasehorn, »Richterbriefe und Rechtspflege heute«, in: Boberach (Hg.), *Richterbriefe*, S. 485 ff., hier: S. 492.
99 So schon BVerfGE 1, 14. – Auf Einzelnachweise zur Verfassungsrechtsprechung wird im folgenden verzichtet. Dazu die Beiträge I, II und VII (zweiter Teil) in diesem Band.

Rechtsprechung des Bundesverfassungsgerichts nicht bis zur letzten Konsequenz im Sinne Carl Schmitts verfolgt, daß der Schutz der Verfassung die Aufhebung der Verfassungsgesetze notwendig mache.[100] Aber der Rückzug auf das »Sinnganze« der Verfassung[101] begründet im Gegensatz zur systematischen eine ganzheitliche Verfassungsauslegung,[102] die Larenz' Unterscheidung von »äußerem System« und »innerem System«[103] auf Verfassungsebene wiederholt. Die Argumentationsfigur der »inneren Einheit« der Verfassung macht nicht nur im Bereich von Normenkontrollverfahren die vom Gericht entwickelten Maßstäbe der Verfassungsmäßigkeit unberechenbar und unkontrollierbar, sondern sie enthält auch den Anspruch, abgehoben von der Kompromißstruktur der Verfassung gesellschaftliche Gegensätze autoritär zu integrieren, deren Austragung die Offenheit des Grundgesetzes demokratisch vermittelten Gesetzgebungsprozessen überließ. Insofern gewinnt die Verfassungsjustiz gegenüber dem Gesetzgeber deutlich an Terrain.

Unter dem Schleier verfassungsrechtlicher Substanzbegriffe sind jedoch Argumentationsstrukturen erkennbar, die zugleich auf eine gegenläufige Entwicklung verweisen. Liegt einerseits in einer wertsystematischen Verfassungsinterpretation, die im Wege einzelfallgerechter »Güterabwägung« und »Wechselwirkung« operiert, eine situative Auflösung des Verfassungsrechts, so gleichen andererseits Argumente aus der »Natur der Sache« und Anforderungen der Sachgerechtigkeit des Gesetzgebers den Maßstab des Verfassungsrechts der Faktizität gesellschaftlicher Regelungsbereiche an, wie überhaupt der Gleichheitssatz zu einem Willkürverbot gegenüber sachlogischen Strukturen herunterkommt. Alle diese Momente wie auch insbesondere die Übertragung des verwaltungsrechtlichen Prinzips der Verhältnismäßigkeit ins Verfassungsrecht unterwerfen den Gesetzgeber Maßstäben des Verwaltungshandelns. Dieses aber ist ein Vorgang, in dem das Verfassungsgericht im Wege extensiver Kontrolle des Gesetzgebers zugleich die rechtliche Basis seiner ei-

---

100 Dazu Maus, *Bürgerliche Rechtstheorie und Faschismus*, S. 28, 107 ff.
101 Auf die Smend-Rezeption durch das Gericht kann hier nicht eingegangen werden.
102 Diese Differenz in der Judikatur des Bundesverfassungsgerichts ist materialreich herausgearbeitet bei Friedrich Müller, *Die Einheit der Verfassung*, Berlin 1978.
103 Larenz, *Methodenlehre der Rechtswissenschaft*, S. 450 ff., 460 f., 487.

genständigen Justizfunktion untergräbt. Nicht nur wird von dem höchsten Gericht zunehmend erwartet, daß es selbst »sachgerecht« entscheide, sondern es nimmt auch im Interesse der Einzelfallorientierung aus eigener Initiative sein Entscheidungsmonopol zugunsten exekutivischer Instanzen zurück.[104]

Das Vordringen gesellschaftsadäquater Rechtsbegriffe in allen Bereichen der Rechtsanwendung findet seine Entsprechung in gegenwärtigen Rechtsfindungslehren und Rechtsnormtheorien, in denen die Nivellierung von Normativität und Faktizität, die einst »konkretes Ordnungsdenken« ausmachte, andauert. Hatte noch Radbruch aus Gründen der Rechtssicherheit gerade die »Inadäquanz juristischer Begriffe zur Wirklichkeit« für unentbehrlich gehalten und die Offenheit von Typusbegriffen für das »Mehr oder Minder« der fließenden Übergänge des Lebens nur als Durchgangsstadium zu klassifikatorischem Trennungsdenken anerkannt,[105] so wird umgekehrt in den neueren Typuskonzeptionen der Typus selbst zum Angelpunkt der Rechtsfindung und Ziel gelungener Gesetzgebung erhoben.[106] Als besonderer Vorzug von Typusbegriffen wird die Vermittlung zwischen Normgerechtigkeit und Sachgerechtigkeit beschrieben, wie von vornherein die hermeneutisch orientierte Theorie Wirklichkeitsstrukturen in den Begriff der Rechtsnorm aufnimmt.[107] Die bewußte Entgrenzung der Rechtsbegriffe zur Wirklichkeit hin hat für das Verfassungsrecht, vor allem aber das Strafrecht besondere Konsequenzen. In dieser Weise kann die Anforderung der Verfassungsmäßigkeit an Gesetzgeber und Staatsbürger bis hin zur Verpflichtung auf den Status quo dominierender Gesellschaftsstrukturen ausgedehnt werden. Im Strafrecht bewirkt der selektive Wirklichkeitsbegriff der Typustheorie, der nur wertbesetzten Realitätsstrukturen normative Relevanz zuschreibt, nicht etwa eine Orientierung am faktischen Verhalten der Rechtsadressaten, sondern die Offenheit der Rechtsbegriffe zur Wirklichkeit führt umgekehrt zu einer Verengung der

---

104 Ein besonders markantes Beispiel dafür ist BVerfGE 39, 334.

105 Gustav Radbruch, »Klassenbegriffe und Ordnungsbegriffe im Rechtsdenken«, in: ders., *Der Handlungsbegriff in seiner Bedeutung für das Strafrechtssystem* (Anhang), Darmstadt 1967, S. 167 ff., hier: S. 170.

106 So zum Beispiel Arthur Kaufmann, *Analogie und »Natur der Sache«. Zugleich ein Beitrag zur Lehre vom Typus*, Heidelberg ²1982, S. 44 ff., 49.

107 Dazu Beitrag VI in diesem Band.

rechtsfreie Räume und einer Vorverlegung strafrechtlicher Sanktionen über die gesetzlichen Grenzen hinaus.[108]

Die Analyse der Kontinuität juristischer Methodenlehre und Justizentwicklung in dem barbarischen »Modernisierungsschub« im Nationalsozialismus ging von der Differenz zwischen ihren politischen und sozialökonomischen Implikationen aus. Wie auch immer die untersuchte radikale Umstellung rechtlicher Kommunikationsformen im Hinblick auch auf die Regelung ökonomischer Beziehungen (die ihre eigenen Ambivalenzen in sich trägt) beurteilt werden mag, so folgt daraus jedenfalls eine Konsequenz: Ihre spezifischen Auswirkungen in den Bereichen des Verfassungs- und Strafrechts verbieten fortan generalisierende methodologische Aussagen für das gesamte Recht.

---

108 Dieser Gefahr ist gegengesteuert bei Winfried Hassemer, *Tatbestand und Typus. Untersuchungen zur strafrechtlichen Hermeneutik*, Köln, Berlin u. a. 1968, S. 130, 164, wo nicht der (»grenzenlose«) Typus, sondern der »mögliche Wortsinn« als Grenze der Auslegung angegeben ist. Ebenso Kaufmann, *Analogie und »Natur der Sache«*, im einschränkenden Nachwort zur 2. Auflage, S. 67 ff.

V. Plädoyer für eine rechtsgebietsspezifische Methodologie oder: wider den Imperialismus in der juristischen Methodendiskussion

Ich vertrete die These, daß eine allgemeine juristische Methodologie nur auf einer äußerst abstrakten, nicht mehr unmittelbar handlungsanleitenden Ebene zu formulieren ist, während dagegen die herrschenden Methodenlehren generalisierende Aussagen auf einer zu konkreten Stufe vornehmen und dadurch der irreversiblen Ausdifferenzierung und Spezialisierung der Rechtsgebiete nicht Rechnung tragen. Die These[1] lautet auch, daß viele Mißverständnisse und manche Erbitterungen innerhalb der juristischen Methodendiskussion solchen falschen Generalisierungen zu verdanken sind. Sie soll im folgenden vor allem am Verhältnis von privatrechtlicher und verfassungsrechtlicher Methodik exemplarisch entwickelt werden. Dabei ist einschränkend zu sagen, daß hier nicht schon Umrisse einer bereichsspezifischen Methodik des Verfassungsrechts vorgestellt werden können, sondern daß es darauf ankommt, deren Notwendigkeit darzutun und deren Prämissen zur Diskussion zu stellen.

1.

Analysen des juristischen Methodenstreits beginnen typischerweise mit der Feststellung, daß die eine Konfliktpartei die gesetzliche Programmierung der Rechtsprechung für unmöglich erklärt, während die Gegenpartei auf die verfassungsrechtlichen Anforderungen an eine rechtsstaatlich und demokratisch verträgliche Methode verweist, die eine – wie immer verstandene – Gesetzesbindung der Rechtsprechung implizieren. Es ist zu ergänzen, daß die erste Position ganz überwiegend von Privatrechtlern vertreten wird, die zweite – wenn überhaupt – nur von Verfassungsrechtlern. Dies könnte ein erster Hinweis darauf sein, daß die vertretenen Positionen in einem sinnvollen Zusammenhang mit den jeweiligen Rechtsge-

---

1 Siehe Andeutungen in Beitrag IV.

bieten stehen und eine Verständigung vor allem am beiderseitigen Imperialismus scheitert. Es wäre also möglich, daß aufgrund der spezifischen Struktur privatrechtlicher Konflikte ein methodisches Instrumentarium erforderlich sein kann, das im Bereich des Verfassungs- und Strafrechts den Zusammenbruch rechtsstaatlicher Judikatur bedeutete, während umgekehrt die Anforderungen, die an eine verfassungsrechtliche Methodik zu stellen sind, im Bereich des Zivilrechts zur Funktionsunfähigkeit der Rechtsprechung führten.

Überlegungen zu bereichsspezifischen Anforderungen an juristische Methodik finden sich bisher jedoch nur in sporadischer Form, so etwa in der Überlegung, daß die Besonderheit des Strafrechts Analogie ausschließe.[2] Wenn die Besonderheit der Verfassungsrechtsprechung thematisiert wird, geschieht dies unter institutionellen[3] oder funktionell-rechtlichen[4] Aspekten hinsichtlich der Kompetenzüberschreitungen des Bundesverfassungsgerichts. Die methodologische Literatur ist in dieser Frage gespalten: Soweit sie sich als Systematisierung der Praxis und des methodischen Selbstverständnisses dieses Gerichts versteht, leitet sie aus der spezifischen Offenheit und Unbestimmtheit der Verfassungsnormen die besondere Freiheit der Verfassungsinterpretation ab. Umgekehrt führt der Hinweis auf die rechtsstaatliche und demokratische Struktur der Verfassung regelmäßig zu der genannten Forderung, daß die Methode der Verfassungsinterpretation selbst verfassungskonform zu sein habe – eine Aussage, die ihrerseits interpretationsbedürftig ist. Sie verbindet sich bei Friedrich Müller bereits mit der Forderung nach partikularen Methodiken der Rechtswissenschaft, während doch seine eigene – wesentlich verfassungsorientierte – Methodik zugleich eine »Grundausstattung« für alle Rechtsbereiche zu geben sucht.[5]

Ein neuralgischer Punkt des Verhältnisses zwischen zivilrechtlicher und verfassungsrechtlicher Methodik scheint von Josef Esser

---

2 So zum Beispiel schon Friedrich Carl von Savigny, *Juristische Methodenlehre* (1802/03), Stuttgart 1951, S. 41 f., hinsichtlich der notwendigen methodologischen Unterschiede zwischen Zivil- und Kriminalrecht.

3 Siehe aus der Fülle der Literatur die meisten Beiträge in Mehdi Tohidipur (Hg.), *Verfassung, Verfassungsgerichtsbarkeit, Politik*, Frankfurt/M. 1976.

4 Gunnar F. Schuppert, *Funktionell-rechtliche Grenzen der Verfassungsinterpretation*, Frankfurt/M.1980.

5 Friedrich Müller, *Juristische Methodik*, Berlin ²1976, S. 20.

angesprochen zu sein, dessen eigene Methodenlehre – durch große Resonanz – viel zum herrschenden Imperialismus der zivilrechtlichen Arbeitsweise beigetragen hat. Aber angesichts der Rechtsprechung des Bundesverfassungsgerichts in den 1970er Jahren zeigt sich eine Änderung: In seinen »Bemerkungen zur Unentbehrlichkeit des juristischen Handwerkszeugs«[6] setzt Esser sich unter anderem anläßlich des ersten Abtreibungsurteils des Bundesverfassungsgerichts mit den Auswirkungen dieses Imperialismus im Verfassungsrecht auseinander. Dabei stehen mehrere Argumentationsstränge zum Teil widersprüchlich nebeneinander: 1. Der Versuch, der eigenen Theorie den Charakter einer Methodenlehre zugunsten einer bloßen Beschreibung der juristischen Praxis überhaupt abzusprechen, bleibt noch in dieser Negation dem Konzept einer generell verbindlichen Methodenlehre verhaftet: was auf einem Rechtsgebiet zu Dysfunktionalitäten führt, muß insgesamt in Frage gestellt werden. 2. Für das hier anstehende Problem ist der Umstand interessanter, daß Esser die einstmals für obsolet erklärte historische Auslegung angesichts einer verfassungsrechtlichen Entscheidung unter dem Gesichtspunkt erörtert, wie man diese methodisch korrekt praktiziert. 3. Eine kurze Bemerkung aber trifft den Kern des Problems:

Der Entwurf weitreichender Normsätze und ihre gleichzeitige Einschränkung durch flexible, für Interpretationen offene Formeln (wie Zumutbarkeit) ist übliche Jurisprudenz. Natürlich müßte man die Frage stellen, ob diese aus zivilrechtlichen Entscheidungsketten bekannte Technik der Fortentwicklung im Verhältnis von Bundesverfassungsgericht und Gesetzgeber überhaupt adäquat ist.[7]

Im Zusammenhang dieser von Esser nicht weiterverfolgten, aber überaus richtigen Fragestellung ist zugleich die eigentliche Crux der herrschenden Verfassungsrechtsprechung bezeichnet: Sie erzeugt mit extensiver Auslegung – im vorliegenden Fall des Satzes: »Jeder hat das Recht auf Leben […]« – und mit insgesamt totalisierender Ausweitung jedes einzelnen Grundrechtsbereichs überhaupt erst die meisten jener Grundrechtskollisionen, die sie anschließend

6 Josef Esser, »Bemerkungen zur Unentbehrlichkeit des juristischen Handwerkszeugs«, in: *JZ* 30 (1975), S. 555 ff.
7 Ebd., S. 556.

zu lösen hat.[8] Entsprechend lesen sich an der Verfassungsjudikatur entwickelte Grundrechtstheorien, zum Beispiel die Alexys,[9] wie eine einzige kollisionsrechtliche Aufbereitung des Verfassungsrechts.

Die Dominanz zivilrechtlicher Methoden kann allerdings nicht nur auf wissenschaftsinternen Imperialismus zurückgeführt werden, sondern zeigt einen objektiven gesellschaftlichen Problemdruck an, dem das Zivilrecht stärker als andere Gebiete ausgesetzt ist und der insgesamt eine Entformalisierung der Rechtsstruktur bedingt. Dies ist hier nur anzudeuten: Das Recht hat nicht mehr bloß – wie noch im 19. Jahrhundert – durch langfristige Anpassungen auf gesellschaftliche Innovationen zu reagieren, sondern immer raschere und in ihren komplexen Vernetzungen immer undurchschaubarere Veränderungen zu verarbeiten. Zugleich führt die immense Ausweitung des Staatshandelns bzw. die zunehmende Feinsteuerung der Gesellschaft angesichts der Unberechenbarkeit von Nebenfolgen zu ständigem Nachsteuerungsbedarf, so daß »stehendes« Recht flexibilisiert und situativ aufbereitet wird, um diesen Anforderungen zu entsprechen.

Dennoch ist angesichts dieser überwältigenden Problematik auf die Strukturunterschiede zwischen zivilrechtlicher und verfassungsrechtlicher Konfliktbearbeitung zurückzukommen. Von deren Ausdifferenzierung hängt nicht weniger ab als die Frage, ob die für die Gegenwart typische Steuerung der Gesellschaft sich in autoritären oder demokratischen Kontexten vollzieht. Diese grundsätzlichen Strukturunterschiede scheinen durch den schlichten Hinweis auf einen längst bekannten Sachverhalt erschließbar: Bei privatrechtlichen Streitigkeiten geht es in der Regel um die Verteilung von Nachteilen zwischen gleichrangigen Parteien, von denen

8 Vgl. Helmut Ridder, »Die soziale Ordnung des Grundgesetzes. Leitfaden zu den Grundrechten einer demokratischen Verfassung«, in: Dieter Deiseroth (Hg.), *Helmut Ridder. Gesammelte Schriften*, Baden-Baden 2010, S. 61 ff. – Im erwähnten Abtreibungsurteil I findet eine Abwägung zwischen dem Grundrecht der freien Entfaltung der Persönlichkeit (Art. 2 Abs. 1 GG) und dem Grundrecht »Jeder hat das Recht auf Leben […]« (Art. 2 Abs. 2 GG) statt. Dabei, so das Bundesverfassungsgericht, »sind beide Verfassungswerte in ihrer Beziehung zur Menschenwürde als dem Mittelpunkt des Wertsystems der Verfassung zu sehen« (BVerfGE 35, 202 [225]). Dieser »Mittelpunkt« begründete die Entscheidung zugunsten Art. 2 Abs. 2 GG.

9 Robert Alexy, *Theorie der Grundrechte*, Frankfurt/M. ²1986.

eine die Justiz in einer Servicefunktion in Anspruch nimmt. Bei öffentlich-rechtlichen Konflikten, also auch im Strafrecht, handelt es sich um vertikale Beziehungen, in denen der Staat selbst Partei ist. Das bedeutet aber für die Diskussion um den rechtsstaatlich zulässigen Methodenkanon in den verschiedenen Rechtsgebieten ganz Verschiedenes.

Das zur Auflockerung der sogenannten »Gesetzesbindung« der Justiz vorgebrachte Argument, bei dürftiger oder unklarer gesetzlicher Programmierung laufe die richterliche Orientierung am Gesetz auf Rechtsverweigerung hinaus, trifft auf das genannte zivilrechtliche Verteilungsproblem tatsächlich zu und war übrigens bei Vertretern der Freirechtstheorie, die ja von zivilrechtlichen Fragestellungen ausgingen, besonders beliebt.[10]

Im Strafrecht bedeutet dagegen Gesetzesorientierung bei gleichermaßen unbestimmter Gesetzeslage, daß auch eine Rechtsentscheidung zustande kommt, und zwar zugunsten des Angeklagten. Es handelt sich sozusagen um die Übertragung der Maxime »Im Zweifelsfall für den Angeklagten«, die auf der Seite der Sachverhaltsfeststellung ganz selbstverständlich gilt, auf die normative Seite des Tatbestands und bedeutet hier eine rechtsstaatliche Eingrenzung des staatlichen Hoheitsanspruchs. (Dagegen konzentrierte sich die strafrechtliche Methodenlehre des Nationalsozialismus auf das Problem, einen Beschuldigten nicht durch die Maschen formalen Strafrechts entkommen zu lassen, sondern diese Maschen durch Auslegung zu schließen.[11]) Die genannte rechtsstaatliche Eingrenzung ist auch im Fall einer Verfassungsgerichtsentscheidung bei Normenkontrollverfahren geboten. Die Vergleichbarkeit der Verfassungsrechtsprechung mit der Struktur eines Strafrechtsfalls besteht darin, daß auch hier bei der Orientierung an der Verfassungsnorm trotz deren Offenheit und Unbestimmtheit in jedem Fall eine Entscheidung zustande kommt: im Zweifel im Sinne der Verfassungskonformität des Gesetzes. Dies übersieht die geläufige Rede von der »unausweichlichen Abwägungsproblematik«, von der

---

10 So zum Beispiel Hermann Kantorowicz, »Der Kampf um die Rechtswissenschaft« (1906), in: ders., *Rechtswissenschaft und Soziologie. Ausgewählte Schriften zur Wissenschaftslehre*, Karlsruhe 1962, S. 13 ff., 18, 21.

11 So Karl Larenz, *Über Gegenstand und Methode des völkischen Rechtsdenkens*, Berlin 1938, S. 15 ff.; Roland Freisler, *Nationalsozialistisches Recht und Rechtsdenken*, Berlin 1938, S. 66 f.

»Nötigung« des Gerichts zur Selbstautorisation unabhängig von der Verfassung, dem ihm auferlegten »Zwang« zu realistischen und verhältnismäßigen Lösungen[12] – eine Rede, die das zivilrechtlich relevante sogenannte Rechtsverweigerungsverbot auf die Verfassungsgerichtsbarkeit überträgt. Noch problematischer aber wird diese Übertragung im Hinblick auf eine weitere spezifische Eigenart des Normenkontrollverfahrens. Dieses betrifft nämlich nicht die Beziehung zwischen Rechtsnorm und Sachverhalt, sondern die Beziehung zwischen (Verfassungs-)Rechtsnorm und Rechtsnorm. Normenkontrolle ist, wie sehr richtig formuliert wurde, »negative Gesetzgebung«.[13] Indem aber das Gericht in diesen Fällen seine Aufgabe darin sieht, die normative Offenheit der Verfassung interpretativ zu schließen, behandelt es diese wie die einstmals so bezeichnete »Lückenhaftigkeit« des Privatrechts und verhält sich so, als habe es nicht eine Entscheidung über eine Rechtsnorm, sondern über einen konkreten vorliegenden Rechtsfall zu treffen.

Ehe auf die Konsequenzen dieser gegenläufigen Struktur der Rechtsentscheidungssituationen in verschiedenen Rechtsgebieten für methodologische Einzelfragen näher eingegangen werden kann, ist es aufschlußreich, einen Blick auf die historischen Bedingungen der eingetretenen Engführung von Privatrechts- und Verfassungsrechtsmethodik zu werfen. Dies nötigt zu einem Exkurs, der gleichzeitig den Streit um historische Kontinuität oder Diskontinuität juristischer Methodik berührt. Auch hier, so die These, bleibt der Streit aufgrund unzutreffender Generalisierungen unauflösbar und kann erst durch rechtsgebietsspezifische Überlegungen in eine aussichtsreichere Fragestellung überführt werden.

2.

Auch im Streit über die historische Entwicklung juristischer Methodik ist augenfällig, daß von Zivilrechtlern ganz einhellig die These der Kontinuität und nur von Verfassungsrechtlern überhaupt die These der Diskontinuität verfochten wird. Nun hat überzeugend

---

12 Ulrich K. Preuß, »Politik aus dem Geiste des Konsenses. Zur Rechtsprechung des Bundesverfassungsgerichts«, in: *Merkur* 41 (1987), S. 1 ff., 8.

13 Hans Kelsen, *Wer soll der Hüter der Verfassung sein?*, Berlin 1931.

dargestellt werden können,[14] daß die vermeintlichen Paradigmen-wechsel im Übergang von der Begriffs- zur Zweck- bzw. Interessen-jurisprudenz bis hin zur Wertungsjurisprudenz nicht stattfanden, indem sämtliche Ansätze sich auf einer Kompromißlinie zwischen Gesetzesbindung und freier Konstruktion bewegten und selbst die Episode der Freirechtstheorie weniger innovativ war als bisher an-genommen. Zutreffend ist diese These allerdings nur für das Zivil-recht, anhand dessen sie auch erarbeitet wurde. Das Fazit, daß es im 19. Jahrhundert gar keine gesetzespositivistische Methode gab und die antipositivistischen Polemiken seit Beginn des 20. Jahrhunderts deshalb ins Leere gehen, erhält für die zivilrechtliche Entwicklung daraus seine große Plausibilität, daß es im 19. Jahrhundert über-haupt keine (deutsche) Kodifikation gab, auf die ein Gesetzesan-wendungspositivismus sich hätte beziehen können. Für sämtliche zivilrechtswissenschaftlichen Ansätze bestand daher gleichermaßen die Aufgabe, durch eine konstruktive Methode die fehlende Ko-difikation zu ersetzen. Sie tat dies ausgehend von den überhaupt als »rezipiert« bestimmten Teilen und Rechtssätzen des römischen Rechts, bildete übergreifende Rechtsbegriffe, die zugleich das »We-sen« eines Rechtskomplexes oder Rechtsinstituts bezeichneten, und errichtete aus deren Klassifikation ein System, das umgekehrt wieder die Ableitung einzelner Rechtssätze ermöglichte. Indem die konstruktive Jurisprudenz die Einheit des Rechtssystems zum An-gelpunkt sowohl der Synthetisierung heterogenen Rechtsmaterials wie der Vermittlung alten Rechts mit neuen Rechtsbedürfnissen leistete, wurde die Rechtswissenschaft selbst zur Rechtsquelle. Die dezidiert antipositivistische Polemik zu Beginn des 20. Jahrhun-derts ist deshalb zunächst als Verteidigung eines Standesinteresses gegen die Enteignung der Rechtswissenschaft durch Gesetzgebung zu verstehen, während spätere Kontinuitätslinien bis zur Rezeption der Hermeneutik aus dem alsbald erneuerten Problemdruck der

---

14 Rudolf Wiethölter, »Begriffs- oder Interessenjurisprudenz – falsche Fronten im
   internationalen Privatrecht und Wirtschaftsverfassungsrecht«, in: Alexander Lüderitz, Jochen Schräder (Hg.), *Internationales Privatrecht und Rechtsvergleichung
   im Ausgang des 20. Jahrhunderts. Festschrift für Gerhard Kegel*, Frankfurt/M. 1977,
   S. 213 ff.; ders., »Ist unserem Recht der Prozeß zu machen?« in: Axel Honneth
   u. a. (Hg.), *Zwischenbetrachtungen. Im Prozeß der Aufklärung. Jürgen Habermas
   zum 60. Geburtstag*, Frankfurt/M. 1989, S. 794 ff., besonders S. 801 f.; Regina
   Ogorek, *Richterkönig oder Subsumtionsautomat? Zur Justiztheorie im 19. Jahrhundert*, Frankfurt/M. 1986.

Heterogenisierung des Rechts durch partikulare Änderungsgesetzgebung zu erklären wären.

Dem ist anzufügen, daß dennoch die gleiche Methodik in der Privatrechtspraxis des 19. Jahrhunderts und des 20. Jahrhunderts sehr unterschiedliche Auswirkungen haben kann: Angesichts der ungeheuren Beschleunigung gesellschaftlicher Veränderungen bewirkt sie nicht mehr allmähliche Rechtsanpassungen, sondern Situativität des Rechts. Zum zweiten bleibt die Frage offen, ob die These der Kontinuität der zivilrechtlichen Methode, die für die Rechts*wissenschaft* zweifellos zutrifft, auch für die Rechts*praxis* gilt. Es könnte sein, daß gerade die subtile rechtswissenschaftliche Aufbereitung des Rechtsstoffs die Erwartung an die Rechtspraxis impliziert, die konstruktivistisch gewonnenen »Rechtssätze« ohne allzu große Freiheit anzuwenden, daß also im 19. Jahrhundert die Rechtswissenschaft ihr Monopol als Rechtsquelle gegenüber der Rechtspraxis wahrnimmt, indem für erstere eher schöpferische Freiheit, für die letztere eher Bindung an das Recht postuliert wird. Zwischen dem gelegentlich als »positivistisch« apostrophierten frühen Savigny und dem späten liegt jedenfalls kein Damaskus, sondern ein Perspektivenwechsel von der Rechtspraxis zur Rechtswissenschaft. Wenn Savigny in seinen frühen methodologischen Darlegungen formuliert:

Jetzt entscheidet nicht mehr die Willkür des Richters, sondern das Gesetz selbst. Der Richter erkennt nur die Regeln und wendet sie auf den einzelnen Fall an. Diese Regeln stellt nun die Rechtswissenschaft dar. Der Richter hat also hier mit dem Juristen eine Funktion gemein, doch aber auch noch eine mehr. Da das Gesetz zur Ausschließung aller Willkür gegeben wurde, so ist die einzige Behandlung und das einzige Geschäft des Richters eine rein logische Interpretation. – Dies liegt im Ausdruck: die Jurisprudenz ist eine rein philologische Wissenschaft.[15]

so handelt es sich nur scheinbar um eine rechtspositivistische Konzeption. Zur »philologischen« Arbeitsweise, die Savigny in der gleichen Schrift hinsichtlich der Rechtswissenschaft entwickelt,[16] gehört ein umfangreiches Programm der Textkritik, die auch »verlorengegangene« Teile des »Urtextes« erschließt und mit den vorhan-

15 Von Savigny, *Juristische Methodenlehre*, S. 15.
16 Ebd., S. 20, vgl. auch S. 32.

denen zu einem »organischen Ganzen« verbindet. Als »Restitution eines verdorbenen Textes«, als »Konjekturalkritik«, enthält Savignys philologische Methode hier bereits alle Züge der konstruktiven, produktiven Jurisprudenz. Auch der erste Eindruck, Savigny postuliere in der zitierten Passage ein gleichheitliches Arbeiten von Jurisprudenz und Justiz, das etwa auf die heute favorisierte Version einer Einheit von Rechtswissenschaft und Praxis hinausliefe, trügt. Der gesamte Kontext von Savignys Ausführungen stellt vielmehr klar, daß die »Ausschließung aller Willkür« sich speziell gegen die Rechtspraxis richtet, der zu diesem Zweck die »Regeln« von der Rechtswissenschaft aufbereitet werden. Indem Savigny insgesamt produktive Jurisprudenz mit Gesetzgebung gleichsetzt,[17] enthält seine Kritik des bestehenden Zustands, die »Gleichgültigkeit« der Gesetzgebung habe dazu geführt, daß »die Richter sich für berechtigt hielten, die alte Gesetzgebung zu ändern«,[18] den präzisen Sinn, die der Theorie entgegenstehende Praxis der ersteren erneut zu unterwerfen. Ist die heute herrschende rechtswissenschaftliche Diskussion nicht mehr bereit, eine juristische Methode auch nur zu erörtern, die etwas anderes wäre als eine Systematisierung der tatsächlichen Praxis, so intendiert umgekehrt Savignys Postulat der Einheit von Rechtswissenschaft und Rechtspraxis die Dominanz der ersteren. Es ist die Rechtswissenschaft, die nicht nur die Regeln für die geforderte – zwar nicht buchstäbliche Anwendung, aber logisch richtige – Interpretation des Gesetzes durch die Justiz[19] entwirft, sondern auch unter der Anforderung steht, praktische Resultate »für den Richter« zu liefern.[20] Savignys Privilegierung der Rechtswissenschaft gegenüber der Praxis hinsichtlich der »höheren« Rechtsarbeit mag durch die Frontstellung gegen den usus modernus bedingt sein, der ein freieres Verhältnis gerade auch der Praxis in bezug auf die römischen Quellen impliziert hatte.[21] Jedenfalls enthält Savignys Rückwendung zu diesen Quellen die Perspektive, die historische Anpassung und Entwicklung des Rechtssystems der Praxis zu entziehen und in der Rechtswissenschaft zu konzentrieren. Entsprechend sind die methodologischen

17 Ebd., S. 37.
18 Ebd., S. 15.
19 Ebd.
20 Ebd., S. 34.
21 Vgl. Franz Wieacker, *Privatrechtsgeschichte der Neuzeit*, Göttingen ²1967, S. 204 ff.

Erörterungen der folgenden Zeit wie zum Beispiel der Begriffsjurisprudenz Jherings,[22] soweit sie die »höhere« produktive Konstruktionsleistung betreffen, ganz auf die Rechts*wissenschaft* gerichtet. Dagegen begründen die Überlegungen von Oskar Bülow[23] und erst recht die der Freirechtstheorie einen Neubeginn, als sie den Vorgang der Rechtsschöpfung von der Rechtswissenschaft auf die richterliche Entscheidungssituation verlagern, der seit Anfang des 20. Jahrhunderts überhaupt die größere Aufmerksamkeit gilt.

Während also – mit diesen Einschränkungen – die Kontinuität der zivilrechtlichen Methode außer Frage steht, gilt – so lautet die These – für das Verfassungsrecht nicht dasselbe, weil hier erst seit der Bismarck-Verfassung von 1871 eine gesetzespositivistische Methode überhaupt möglich war. Die Vermutung, daß diese auch wirklich wurde, hat sich freilich mit der Darstellung Walter Wilhelms auseinanderzusetzen, die die Herkunft der Labandschen Methode aus der Privatrechtswissenschaft behauptet.[24] An der Studie Wilhelms – wie an anderen zu dieser Periode[25] – fällt aber auf, daß sie ihre Aussagen nicht etwa an Laband, sondern an Gerber erhärten, dessen staatsrechtliche Schriften aber *vor* der Verfassungskodifikation erschienen sind. Daß Gerber der methodologisch ergiebigere Autor unter den beiden Staatsrechtlern ist, muß nicht verwundern angesichts der Tatsache, daß er zu diesem Zeitpunkt noch mit der gleichen Problemlage konfrontiert war wie bei seinen privatrechtlichen Arbeiten. Angesichts der Partikularität der existierenden staatsrechtlichen Materialien stand die Ausarbeitung eines »allgemeinen deutschen Staatsrechts«, das ja im Verhältnis zu den Einzelstaatsverfassungen eine Schimäre darstellte, unter den gleichen Anforderungen produktiver Konstruktion wie die Privatrechtswissenschaft bei der Ausbildung des »gemeinen Rechts«. Diese klassische Begriffsjurisprudenz hat dagegen bei Laband nur noch dürftige Spuren hinterlassen, und zwar in den Vorworten zu

22 Rudolph von Jhering, *Geist des römischen Rechts*, II, 2, Leipzig 1858, S. 334 ff., zitiert nach dem Abdruck in: Werner Krawietz (Hg.), *Theorie und Technik der Begriffsjurisprudenz*, Darmstadt 1976, S. 11 ff.

23 Oskar Bülow, »Gesetz und Richteramt« (1885), in: Krawietz (Hg.), *Theorie und Technik der Begriffsjurisprudenz*, S. 107 ff.

24 Walter Wilhelm, *Zur juristischen Methodenlehre im 19. Jahrhundert. Die Herkunft der Methode Paul Labands aus der Privatrechtswissenschaft*, Frankfurt/M. 1958.

25 So zum Beispiel Peter von Oertzen, *Die soziale Funktion des staatsrechtlichen Positivismus*, Frankfurt/M. 1974, besonders S. 163 ff.

den ersten beiden Auflagen des »Staatsrechts des Deutschen Reiches«, die noch die typischen konstruktivistischen Formulierungen enthalten. Labands tatsächliche Ausarbeitung des Staatsrechts erweckt aber kaum den Eindruck, daß er seinem Methodenbekenntnis auch tatsächlich gefolgt sei. Seine Begrifflichkeit ist nicht konstruktiv, sondern dient der logischen Durchdringung des positiven Rechtsstoffs. In der Sprache Jherings formuliert: Laband folgt nicht dem Verfahren der »höheren« Jurisprudenz, sondern beschränkt sich auf die »niedere«. Daraus ist zu folgern, daß die Übertragung der privatrechtswissenschaftlichen konstruktiven Methode auf das Staatsrecht im 19. Jahrhundert nur ein politisch motivierter Vorgang im Kontext der deutschen Einheitsbestrebungen war und nach der Reichsgründung und Verfassungskodifizierung funktionslos wurde.

Angesichts dieser gesetzespositivistischen Vorzeichen in der Entwicklung der staatsrechtlichen Methode ist das Auftreten antipositivistischer Methoden in der Weimarer Staatsrechtsdiskussion, die unter dem Stichwort »Verfassung versus Verfassungsrecht«[26] geführt wurde, tatsächlich als ein Paradigmenwechsel und eine politisch folgenreiche Einführung der »höheren Jurisprudenz« in die Verfassungsrechtswissenschaft zu betrachten. Sie stand angesichts der veränderten gesellschaftlichen Situation des 20. Jahrhunderts von Anfang an nicht im Zeichen allmählichen Verfassungswandels durch Interpretation, sondern der situativen Instrumentalisierung der Verfassung, die im Prinzip der »lebendigen Verfassung« des NS-Systems eine ihrer möglichen Ausdrucksformen fand. Die extremen Konsequenzen sollen hier nicht weiterverfolgt werden. Statt dessen ist zu versuchen, die spezifischen Auswirkungen der »höheren Jurisprudenz« (dieser Begriff sei im folgenden als Abbreviatur gebraucht) in der gegenwärtigen verfassungsrechtlichen Methode anzudeuten, wie sie sich unter den Bedingungen einer institutionalisierten Verfassungsgerichtsbarkeit ergeben haben. Gleichzeitig sollen die Modifikationen berücksichtigt werden, die für die zivilrechtliche Methode der Gegenwart typisch sind und sich sehr schnell in den Methodiken *aller* Rechtsgebiete durchgesetzt haben.

---

26 So vor allem Rudolf Smend, *Verfassung und Verfassungsrecht*, München 1928; Carl Schmitt, *Verfassungslehre*, Berlin 1928. – Dazu im einzelnen Ingeborg Maus, *Bürgerliche Rechtstheorie und Faschismus. Zur sozialen Funktion und aktuellen Wirkung der Theorie Carl Schmitts*, München ²1980.

Dies ist an zwei Beispielen aus der Verfassungsrechtsprechung zu demonstrieren, der Argumentationsfigur der »Einheit der Verfassung« (1) und dem Rückgriff auf sachlogische Strukturen (2). Im ersten Aspekt sind die produktiv konstruierenden, im zweiten die spezifisch »naturhistorischen« Voraussetzungen der Begriffsjurisprudenz wirksam.

3.

1. Bekanntlich verwendet das Bundesverfassungsgericht den Begriff der »Einheit der Verfassung« nicht im Sinne systematischer, sondern substantieller Einheit,[27] d. h., die selbstverständliche Anforderung an jede Textinterpretation, daß ein Bestandteil nur im Zusammenhang des ganzen Textes verstanden werden kann und umgekehrt (!), wird durch die Vorstellung eines »Sinnganzen« der Verfassung überboten, das mehr ist als die Summe seiner Teile. Dadurch erst wird die Verfassungsinterpretation zu einem wahrhaft produktiven Verfahren, das es erlaubt, einzelne Verfassungsrechtsnormen so zu ergänzen, daß aus ihnen die Existenz von Normkomplexen wie etwa eine Wehrverfassung begründet werden kann,[28] die sich unter Umständen als stärker erweisen als einzelne Verfassungsnormen, die offensichtlich nur dem »empirischen Material« der Rechtsbearbeitung zugeordnet werden (wie zum Beispiel die Dauer des Ersatzdienstes).

Gleichzeitig führt die Argumentation aus der »Einheit der Verfassung« zu einer Nivellierung der abgestuften Gewährleistungen, die für Grundrechte in den Verfassungsnormen tatsächlich enthalten sind, und zu einer Totalisierung jedes einzelnen Grundrechtsbereichs. So hat bekanntlich die Vereinheitlichung der Gesetzesvorbehalte durch Schrankenübertragungen das Resultat, daß aus den beschränktesten Grundrechtsgewährleistungen die unbeschränktesten werden, aus den unbeschränktesten schließlich die beschränktesten. Die Wertbesetzung des Einheitsbegriffs führt andererseits zu einer Verwandlung aller Grundrechte in Werte mit der Konsequenz, daß ihre Geltungsbereiche entgrenzt werden. Die total

---

27 Friedrich Müller, *Die Einheit der Verfassung*, Berlin 1978.
28 Dazu Erhard Denninger, *Der gebändigte Leviathan*, Baden-Baden 1990, S. 53 f.

gewordenen Grundrechte können deshalb überhaupt erst in jedem einzelnen Entscheidungsfall durch Wechselwirkungsargumente und Abwägungsprozesse einer Inhaltsbestimmung zugeführt werden. Auf diese Weise entwickelt das Bundesverfassungsgericht aus der Einheit der Verfassung tatsächlich eine zweite »ungeschriebene Verfassung«[29] oder ein »Verfassungsrecht zweiter Stufe«.[30] Die in der privatrechtswissenschaftlichen Methodologie entwickelte Verpflichtung der Justiz nicht auf das Gesetz, sondern auf die »Gesamtordnung« oder den »Geist der Gesamtrechtsordnung«[31] führt jedenfalls in der Verfassungsrechtsprechung dazu, daß speziell Normenkontrollverfahren ihre Funktion der »negativen Gesetzgebung« verlieren und zu positiver Verfassunggebung avancieren.

2. Im Durchgriff des Bundesverfassungsgerichts auf sachlogische Strukturen wird die alte »naturhistorische« Methode durchgängig modernisiert. Immerhin hatte Jhering, als er Begriffsjurisprudenz und naturhistorische Methode kombinierte und Rechtswissenschaft sowie die »Natur der Sache« gleichermaßen als Rechtsquelle bezeichnete,[32] sich bereits einer Redeweise bedient, die die Anstrengung des juristischen Begriffs in scheinbar Hegelscher Manier für die Eigenbewegung der Sache selbst erklärte. Während es jedoch nicht der spezifischen juristischen Rezeption der Hermeneutik bedurfte, um die Problematik ganzheitlicher Verfassungsinterpretation zu verschärfen, ist dies bei allen sachlogischen Argumentationsfiguren des Bundesverfassungsgerichts, die von eher traditionsgeprägten Verweisen auf die »Natur der Sache«, Sachgerechtigkeit, über Erfordernisse der Funktionstüchtigkeit bis zu Effizienzkriterien reichen, die der »ökonomischen Analyse des Rechts« korrespondieren, sicher der Fall. Angesichts der spezifisch verfassungsrechtlichen Auswirkungen der Hermeneutikrezeption muß kurz erörtert werden, welche Modifikationen diese bereits für das Privatrecht und die übrigen Rechtsgebiete bedeutet hat – und

29 Ebd., S. 158.
30 So Willi Geiger, »Die Grenzen der Bindung verfassungsgerichtlicher Entscheidungen«, in: *NJW* 7 (1954), S. 1057 ff., zitiert nach (Alternativ-)*Kommentar zum Grundgesetz für die Bundesrepublik Deutschland*, Bd. 2, Neuwied, Darmstadt 1984, S. 1092.
31 Josef Esser, *Grundsatz und Norm in der richterlichen Fortbildung des Privatrechts*, Tübingen 1964, S. 263 und Vorwort S. 19.
32 Von Jhering, *Geist des römischen Rechts*, zitiert nach Krawietz (Hg.), *Theorie und Technik der Begriffsjurisprudenz*, S. 56 ff., 81 f.

welchen Adaptionen die philosophische Hermeneutik dabei ihrerseits unterworfen wurde.

Hatte die »naturhistorische« Methode noch eher metaphorischen Charakter, als sie in den Rechtsbegriffen Verweisungen auf Rechtsinstitutionen und in diesen rechtlich geformte gesellschaftliche Beziehungen und Sachverhalte sah, so scheint die juristische Anverwandlung der Hermeneutik dazu geführt zu haben, daß Rechtsnorm und Faktum überhaupt gegeneinander entgrenzt werden. Auf diese Weise kann zum Beispiel im Mitbestimmungsurteil des Bundesverfassungsgerichts die »Funktionsfähigkeit der Unternehmen und der Gesamtwirtschaft« den Rang einer Verfassungsnorm einnehmen. Nicht mehr muß die Entscheidung in Ansehung der Sache eine rechtmäßige (oder verfassungsmäßige) Entscheidung sein, sondern die Entscheidung gilt dann als richtig, wenn sie eine sachgemäße Entscheidung ist. Zwar hält zum Beispiel Esser daran fest, daß der Durchgriff auf Tatsachen diese nicht selbst als Normen behandeln darf,[33] aber das Verständnis des Applikationsvorgangs, wie es unter Vertretern der juristischen Hermeneutik geläufig ist, attestiert der Rechtsnorm Inhalt und Sinn erst im Anwendungsbezug, aus dem sie ihre Sachhaltigkeit in längerer Rechtspraxis entnimmt und »in immer neuen Schichten ansetzt«.[34] Der Sinn der Norm wird also nicht mit Blick auf die Sachverhalte innerhalb der normativen Bestandteile ermittelt, sondern durch den Sachbezug überhaupt erst konstituiert.

Dieses Verständnis wird jedenfalls durch Gadamer selbst nicht gestützt. Wenn ihm zufolge hermeneutische Textinterpretation den Blick auf die »Sachen selber« richten soll, so bestimmt er diese Sachen ausdrücklich als »sinnvolle Texte [...], die ihrerseits wieder von Sachen handeln«.[35] Der Text hat also selbst einen Sinn, der allerdings nur durch den Vorentwurf eines Sinnes im Vorverständnis des Interpreten erschlossen werden kann. Gadamer kann übrigens den hermeneutischen Zirkel des Verstehens als ein Verfahren der allmählichen Selbstkorrektur des Vorverständnisses beschreiben, weil dieses am vorausliegenden Sinn des Textes ständig »revidiert«

---

33 Josef Esser, *Vorverständnis und Methodenwahl in der Rechtsfindung. Rationalitätsgrundlagen richterlicher Entscheidungspraxis*, Frankfurt/M. ²1972, S. 35.

34 Karl Larenz, *Methodenlehre der Rechtswissenschaft*, Berlin, Heidelberg u. a. ²1969, S. 202 f.

35 Hans-Georg Gadamer, *Wahrheit und Methode*, Tübingen 1960, S. 251.

werden kann. Der Zweck des Ganzen bleibt das »Verstehen dessen, was dasteht«.[36] Insofern war Hermeneutik nicht einfach als eine Kampfansage an Methode überhaupt, sondern als Verfahren einer immanent wirkenden Methode gedacht. Die Vorstellung von in sich selbst sinnvollen Texten wird auch dort nicht aufgegeben, wo Gadamer in den Ausführungen über juristische Hermeneutik die Problematik der Geschichtlichkeit des Verstehens mit der des Verhältnisses von Rechtsnorm und Sachverhalt zusammenschließt: Es soll der in zeitlicher Horizontverschmelzung ermittelte ursprüngliche Sinn eines tradierten Gesetzes auf die gegenwärtige Situation in voller Konkretion der Sachlage angewandt und der Gegenwart angepaßt werden.[37] Wird bei Gadamer die »Sachlage« im Hinblick auf historische Anpassungsleistungen thematisch, so radikalisiert die rechtswissenschaftliche Hermeneutik Gadamers Zusammenschau der Probleme, indem sie die gleichen Anpassungserfordernisse *jeder* Relationierung von Norm und Sachverhalt unabhängig vom Alter eines Gesetzes zuschreibt. Erst dadurch wird die in Gadamers Hermeneutik bereits angelegte Situativität des Rechts radikalisiert und wird durch die Negation eines eigenständigen Sinnes der Rechtsnorm gegenüber der konkreten Sachlage die Rechtsnorm selber verdinglicht.

Auch in der verfassungsrechtlichen Methodik ist die letztere Dimension deutlich zu erkennen. So werden zum Beispiel Friedrich Müllers rechtsstaatlich begründete Rationalitätsanforderungen an Verfassungsinterpretation dadurch konterkariert, daß er den Normbereich, d. h. die Gesamtheit der normativ relevanten Sachverhalte, selber zum Bestandteil der Norm erklärt, der mit dem sprachlichen Normprogramm gleichrangig sei.[38] Dadurch ist der von Friedrich Müller sehr richtig als neuralgischer Punkt jeder Rechtsanwendung bezeichnete Selektionsvorgang, in dem die Daten des Sachbereichs für normativ relevant erklärt werden, gerade nicht mehr normativ zu steuern, weil in den Prüfungsmaßstab dieser Selektion das zu Prüfende bereits eingegangen ist. – Diese Verdinglichung der Rechtsnorm ist in keinem Rechtsgebiet vertretbar, weil sie den eigentlichen Entscheidungsvorgang der Rechtsanwendung zugleich voluntarisiert und verschleiert. Die Willkür in der Selektion der Sachver-

---

36 Ebd.

37 Ebd., S. 311.

38 Müller, *Juristische Methodik*, S. 117.

haltsmerkmale wird der normativen Struktur selbst zugerechnet und ist damit Legitimationszwängen und Begründungspflichten enthoben. Auf diese Weise führt die Negation jedes eigenständigen Sinnes der Rechtsnorm zu einer sachhaltigen Ausweitung des Rechtsbegriffs, die es erlaubt, das noch als Arbeit *am* Recht zu beschreiben, was Freirechtstheorie und Critical Legal Studies Movement ganz offen als Arbeit *gegen* das Recht bezeichnen.[39]

Der Rückblick auf die Verdinglichung der Rechtsnorm in der juristischen Methodik ist aber geeignet, noch einmal die grundsätzliche Divergenz von Verfassungsrecht und Privatrecht zu verdeutlichen. Während die Normen des Privatrechts jedenfalls auf sachlogische Strukturen *verweisen*, indem sie faktische Sozialbeziehungen selektiv verrechtlichen und für deren Beurteilung im richterlichen Rechtsentscheidungsprozeß die Kriterien angeben, sind die Normen einer demokratischen Verfassung wesentlich kontrafaktisch und verhalten sich zu den hartnäckigen Machtasymmetrien realer politischer Prozesse als regulative Prinzipien. In dieser Hinsicht hatten sich bereits die Kodifikationen des Verfassungs- und Privatrechts im Kontext der Französischen Revolution voneinander unterschieden und mit jeder traditionalistischen Verrechtlichung des faktisch Eingeübten auf je besondere Weise gebrochen. Selektiv hatte sich hier der Code civil insofern verhalten, als er unter den konkurrierenden Sozialbeziehungen in den Städten und auf dem Land eine Auswahl traf. Indem er die bürgerlich-kapitalistischen Strukturen der ersteren verrechtlichte, waren die feudalistischen Strukturen der letzteren für irrelevant oder zum Unrecht erklärt. Die Revolutionsverfassungen dagegen fanden überhaupt keine Wirklichkeit vor, auf die sie sich beziehen konnten; sie enthielten die schiere Negation der politischen Praxis des Ancien regime. Daß alle zentralen Prinzipien der Revolutionsverfassungen der theoretischen Abstraktion des Naturzustands bedurften, um aus ihm ihre Begründung in der Aufklärungsphilosophie zu erhalten, belegt ihre grundsätzliche Distanz von allen real existierenden politischen Sachverhalten.

39 Für die Freirechtschule s. zum Beispiel Ernst Fuchs, »Was will die Freirechtsschule?« (1929), in: ders., *Gerechtigkeitswissenschaft. Ausgewählte Schriften zur Freirechtslehre*, Karlsruhe 1965, S. 27 ff., 52. – Für Critical Legal Studies s. zum Beispiel Duncan Kennedy, »Freedom and Constraint in Adjudication: A Critical Phenomenology«, in: *Journal of Legal Education* 36 (1986), S. 518 ff.

Die Sachferne des Verfassungsrechts besteht jedoch in einer noch viel weiter reichenden Hinsicht. Die klassischen Theoretiker des modernen Verfassungsrechts hatten gerade deshalb ein hierarchisches Verhältnis zwischen Verfassung und einfachem Gesetz begründet, weil spezifisch demokratische Verfassungsnormen sich gar nicht »auf die Sachen selbst« beziehen, sondern als prozedurale Entscheidungsprämissen für diejenigen rechtlichen Einzelentscheidungen fungieren, in welchen überhaupt erst über »Sachen«, Inhalte und Zwecke befunden wird. Hatte Kant als spezifische Differenz des »Vertrags der Errichtung einer bürgerlichen Verfassung« angegeben, daß er nicht wie alle übrigen gesellschaftlichen Verträge und Beziehungen einen Zweck habe, sondern selbst ein Zweck sei,[40] und hatte Sieyes die Mittelbarkeit der Verfassungsgesetze von der Unmittelbarkeit der Zweckorientierung der einfachen Gesetze unterschieden,[41] so laufen diese Unterscheidungen zwischen inhaltsloser Verfassung und inhaltlichem Gesetz darauf hinaus, die Verfassung nicht als Rechtsregel, sondern als Rechtserzeugungsregel zu verstehen. Auch die Grundrechte erhalten in diesem Zusammenhang eine prozedurale Dimension. So sind Kants apriorische Prinzipien einer jeden vernünftigen Staatsverfassung, Freiheit und Gleichheit, als »unverlierbare Rechte« definiert, die jeder Mensch »nicht einmal aufgeben kann, wenn er auch wollte, und über die er selbst zu urteilen befugt ist«.[42] Gerade die apriorischen Prinzipien der Verfassung haben so nicht etwa einen definitiven Inhalt, sondern ihr Inhalt unterliegt der »Urteilsbefugnis« der Grundrechtsträger selbst – und erhält darin seine demokratische Dimension. Der von Carl Schmitt geleugnete *Zusammenhang* zwischen Grundrechtsteil und organisatorischem Teil der Verfassung[43] besteht im demokratischen Prozeduralismus der Aufklärung. Die gegenwärtig herrschende Verdinglichung des Verfassungsrechts, wie sie in herr-

---

40 Immanuel Kant, »Über den Gemeinspruch: Das mag in der Theorie richtig sein, taugt aber nicht für die Praxis«, in: Wilhelm Weichedel (Hg.), *Kant-Werkausgabe*, Frankfurt/M. 1974 ff., Bd. VI, S. 143 f.

41 Emmanuel Joseph Sieyes, »Was ist der dritte Stand?« in: Eberhard Schmitt, Rolf Reichardt (Hg.), *Emmanuel Joseph Sieyes. Politische Schriften 1788-1790*, München, Wien 1981, S. 167.

42 Kant, »Über den Gemeinspruch«, S. 161.

43 Carl Schmitt, »Legalität und Legitimität« (1932), in: ders., *Verfassungsrechtliche Aufsätze aus den Jahren 1924-1954. Materialien zu einer Verfassungslehre*, Berlin 1958, S. 263 ff., besonders S. 282, 294, 344 f.

schender Lehre und Grundrechtsjudikatur des Bundesverfassungsgerichts zum Ausdruck kommt, besteht nun darin, die Verfassung
nicht mehr als eine prozedurale Anforderung und Verpflichtung
für die inhaltlichen Entscheidungen des Gesetzgebers zu betrachten, sondern als einen Katalog richtiger vorentschiedener Inhalte
zu begreifen – ein Verfassungsverständnis, das letztlich ohne den
Umweg demokratischer Willensbildungsprozesse auskommt und
sich – wie Carl Schmitt – für den substantialisierten »Grundrechtsteil« entscheidet.

Ein immer noch klassisches Beispiel für die unproduktiven Pa-
radoxien, in die inhaltliches Verfassungsdenken selbst dann hinein-
führt, wenn es aus der Perspektive des einfachen Gesetzes argumentiert, stellen Leisners Überlegungen zum Verhältnis zwischen der
»Gesetzmäßigkeit der Verfassung« und der »Verfassungsmäßigkeit
des Gesetzes« dar.[44] Diese sind insgesamt von der Sorge getragen,
daß eine Verfassung, die ihre inhaltliche Ausfüllung erst durch das
einfache Gesetz gewinnt, nicht mehr zum Maßstab der Gesetzgebung tauge. Die Suche nach der »Selbständigkeit des Inhalts« der
Verfassung oder doch wenigstens einem »begrifflichen ›Selbststand‹
des Verfassungsrechts«[45] führt jedoch nur zu einer Abwandlung der
beklagten Situation: Die Verfassung soll ihre Substanz zwar nicht
unmittelbar aus den Gesetzen, aber aus dem »Wesentliche(n)«,
»den Grundzüge(n)« oder den »Prinzipien« der Gesetze gewinnen,
die zu formulieren also nicht Sache des demokratischen Gesetzgebers, sondern der Rechtswissenschaft ist.[46] Was Leisner auf diese
Weise noch als »eigene Methode« des Verfassungsrechts zu entwik-
keln vermag, bezieht sich auf eine Verfassung, die nur noch als zu-
sammenhaltende »Ideologie« für die »traditionsreiche Einzelrege-
lung« fungiert.[47] Es ist gerade das Insistieren auf den Inhalten der
Verfassung, die Vorstellung der Durchgängigkeit des Rechtsinhalts
in Verfassung und einfachem Gesetz, wodurch die Besonderheit
des Verfassungsrechts gegenüber allen anderen Rechtsgebieten verfehlt wird.

44 Walter Leisner, »Die Gesetzmäßigkeit der Verfassung«, in: *JZ* 19 (1964), S. 201 ff.,
    unter Verweis auf seine Schrift: *Von der Verfassungsmäßigkeit der Gesetze zur Ge-
    setzmäßigkeit der Verfassung*, Tübingen 1964.

45 Ebd., S. 201.

46 Ebd., S. 205 f.

47 Ebd.

Versteht man dagegen die Verfassung als ein System von Rechtsnormen, das sein Spezifikum darin hat, auf alle anderen Rechtsnormen in der Weise angewendet zu werden, daß die Beliebigkeit demokratischen Entscheidens über Inhalte mit der Nichtbeliebigkeit der prozeduralen demokratischen Entscheidungsprämissen kombiniert und dadurch eingeschränkt wird,[48] so ist damit die vormoderne Version substantiellen Naturrechts verabschiedet, die dem positiven Gesetz ein inhaltliches Recht überordnete, um aus ihm die richtige Einzelentscheidung zu deduzieren. Die Verfassung im Sinne des prozeduralen Naturrechts der Aufklärung hat dagegen eine kriteriologische Funktion im Verhältnis zum Gesetz. Sie ist ausschließlich demokratische Entscheidungsorganisation für die Gesetzgebung. Deshalb sind aus ihr »richtige« Gesetze nicht mehr *positiv* abzuleiten, sondern nur noch *negativ* diejenigen Gesetze zu kennzeichnen, die ihr widersprechen. Der demokratische Gesetzgebungsprozeß kann so innerhalb einer Bandbreite verfassungskonformer Lösungen operieren. Die Konsequenzen der herrschenden Substantialisierung der Verfassung aber sind an einer Entscheidung des Bundesverfassungsgericht exemplarisch aufzuzeigen: Über Prozentsätze der Beteiligung von Studierenden in Hochschulgremien enthält die Verfassung sinnvollerweise nichts. Aber das Bundesverfassungsgericht preßt solche Prozentsätze aus dem Grundgesetz heraus.[49] Angesichts solcher inhaltlicher Aufladungen der Verfassung ist dringend zu fordern, daß Verfassungsgerichtsbarkeit sich auf ihre wesentliche Aufgabe der Garantie des demokratischen

---

48 Hierzu Ingeborg Maus, »Zur Theorie der Institutionalisierung bei Kant«, in: dies., *Zur Aufklärung der Demokratietheorie. Rechts- und demokratietheoretische Überlegungen im Anschluss an Kant*, Frankfurt/M. ²1994, S. 271 ff.

49 Das Hochschulurteil (BVerfGE 35, 79), das das niedersächsische »Vorschaltgesetz«, welches für die Vertreter der Hochschulgruppen – Hochschullehrer, wissenschaftliche Mitarbeiter, Studenten und sonstige Mitarbeiter – in den Gremien gleiches Stimmrecht (mit Ausnahme einiger besonders relevanter Bereiche der Forschung und Lehre) vorsah, für verfassungswidrig erklärte, hatte im Grundgesetz nicht den geringsten Anhaltspunkt. Aus der Grundrechtsbestimmung »Wissenschaft, Forschung und Lehre sind frei« (Art. 5 Abs. 3), leitet aber das Bundesverfassungsgericht gruppenspezifische Einflusschancen ab: In Fragen der Lehre muß die Gruppe der Hochschullehrer über die Hälfte der Stimmen verfügen; in Fragen der Forschung muß ihr ein weiter gehender, ausschlaggebender Einfluß verbleiben. Dazu Otwin Massing, *Politik als Recht – Recht als Politik. Studien zu einer Theorie der Verfassungsgerichtsbarkeit*, Baden-Baden 2005, S. 133 ff.

Spielregelsystems und den Schutz der prozeduralen Dimension der Grundrechte beschränkt und daß das im Verhältnis zu den inhaltlichen Gesetzesnormen »höhere« Verfassungsrecht mit den Mitteln der »niederen« Jurisprudenz zu bearbeiten ist.

VI. Zur Problematik des Rationalitäts- und Rechtsstaatspostulats in der juristischen Methodik am Beispiel Friedrich Müllers[1]

Eine spezifische juristische Methodendiskussion wird mit dem Anspruch geführt, neue Kriterien der Rationalität richterlicher Rechtsfindung, insbesondere auch der Verfassungsjudikatur zu entwickeln. Ausgehend von der wahrscheinlich zutreffenden Behauptung, daß ein richterliches Selbstverständnis strenger Gesetzesbindung auch geeignet sei, hinter der Fassade der Urteilsbegründung unbewußte subjektive Wertungen zu verbergen,[2] verlagern Ansätze juristischer Methodik ihre gesamte Aufmerksamkeit auf die außergesetzlichen Bedingungen der Rechtsprechung. In dezidiert nachpositivistischer Orientierung wird so Rationalität richterlichen Handelns aus legislativer Programmierung freigesetzt und gleichsam autark. Rationalität wird nun von den richterlichen Wertungen selbst gefordert,[3] als eine Rationalität der Rechtsfindung, die auch »außerhalb des dogmatischen Systems und seiner ›Methoden‹« besteht[4] und sich am Konsens der Rechtsadressaten, der Fachleute oder einer unscharf umrissenen »Öffentlichkeit« orientiert,[5] die sich unmittelbar

---

1 Dieser Beitrag basiert auf einem Vortrag, der auf einer Tagung des Arbeitskreises für politische Rechtstheorie der Deutschen Vereinigung für Politische Wissenschaft im Januar 1979 in Gießen gehalten und diskutiert wurde. Friedrich Müller, der an dieser Tagung teilnahm, danke ich für eingehende kritische Erörterungen, denen ich gerecht zu werden suche.

2 Es gibt kaum einen Beitrag in der herrschenden Methodendiskussion, der auf dieses Argument verzichtet, so daß einzelne Nachweise sich erübrigen. – Zu Extremfällen solcher Divergenz zwischen positivistischer Fassade und eigenständiger Wertung vgl. Everhardt Franssen, »Positivismus als juristische Strategie«, in: *JZ* 23/24 (1969), S. 766 ff.

3 Zum Beispiel Josef Esser, *Vorverständnis und Methodenwahl in der Rechtsfindung. Rationalitätsgrundlagen richterlicher Entscheidungspraxis*, Frankfurt/M. ²1972, S. 9 ff.; s. auch S. 116 ff. et passim.

4 Ebd., S. 9.

5 Mit sehr unterschiedlichen Intentionen zum Beispiel Peter Häberle, »Die offene Gesellschaft der Verfassungsinterpreten«, in: *JZ* 30 (1975), S. 297 ff. (unter dem besonderen Aspekt einer Aktivierung dieser Öffentlichkeit im Prozeß der Verfassungsinterpretation). Esser, *Vorverständnis und Methodenwahl in der Rechtsfin-*

an sozialwissenschaftlichem Wissen festmacht[6] oder schlicht auf der Homogenität des professionalisierten Juristenstandes beruht.[7] Daß die Theorie der Rechtsfindung »ihre Maßstäbe zur Beurteilung der Praxis aus der Beobachtung der Praxis gewinnen« muß,[8] wird in dem Maße zum allgemein akzeptierten Dogma, indem die Rechtspraxis sich tatsächlich auf sich selbst gestellt hat und auch über Vernünftigkeit der Wertmaßstäbe, Auswahl der relevanten sozialwissenschaftlichen Fakten bzw. Theorien sowie Konsensfähigkeit ihrer Entscheidungen selbst entscheidet.

Überaus viele der heute vorgebrachten Argumente gegen die Möglichkeit einer Gesetzesbindung sind – wie gelegentlich auch von prominenten Vertretern dieser Methodendiskussion zugestanden wird[9] – in der Freirechtstheorie vorgebildet. Diese forderte be-

dung, S. 27 f., 118 f. und Gerd Winter, »Tatsachenurteile im Prozess richterlicher Rechtssetzung«, in: *Rechtstheorie* 2 (1971), S. 171 ff., hier: S. 173. – Zur Kritik der Ersetzung rechtmäßiger durch »konsensfähige« Urteile vgl. Helmut Ridder, »Die soziale Ordnung des Grundgesetzes. Leitfaden zu den Grundrechten einer demokratischen Verfassung«, in: Dieter Deiseroth u. a. (Hg.), *Helmut Ridder. Gesammelte Schriften*, Baden-Baden 2010, S. 146.

6 Vgl. statt sehr vieler: Hans-J. Koch, Rezension »Zur Rationalität richterlichen Entscheidens. J. Essers, ›Vorverständnis und Methodenwahl in der Rechtsfindung‹«, in: *Rechtstheorie* 4 (1973), S. 183 ff., S. 206 »Unter rationalen Lösungen verstehe ich dabei Entscheidungen, die das vorhandene natur- und vor allem sozialwissenschaftliche Wissen berücksichtigen«.

7 So Ralf Dreier, »Zur Problematik und Situation der Verfassungsinterpretation«, in: ders., Friedrich Schwegmann (Hg.), *Probleme der Verfassungsinterpretation. Dokumentation einer Kontroverse*, Baden-Baden 1976, S. 21.

8 Martin Kriele, *Theorie der Rechtsgewinnung, entwickelt am Problem der Verfassungsinterpretation*, Berlin ²1976, S. 22.

9 Vgl. die Einschätzung der Freirechtstheorie bei Esser, *Vorverständnis und Methodenwahl in der Rechtsfindung*, S. 87; in völligem Kontrast hierzu steht Essers entrüstete Abwehr einer »geistigen Verwandtschaft mit den Freirechtlern«, in: »Bemerkungen zur Unentbehrlichkeit des juristischen Handwerkszeugs«, in: *JZ* 30 (1975) S. 555 ff., hier: S. 555, wo Esser – offensichtlich unter dem Eindruck völlig irrationaler Entwicklungen der Rechtsprechung – viele seiner wesentlichsten Thesen nur noch als Deskription der bestehenden Praxis gelten lassen will. – Vgl. die Anerkennung der »Pionier«-Leistungen der Freirechtstheorie bei Kriele, *Theorie der Rechtsgewinnung*, S. 63 ff. (besonders S. 66). – Interessant ist hier die Auffassung Arthur Kaufmanns, in der Formulierung »Gesetz und Recht« Art. 20 Abs. 3 GG habe sich die Tendenz der Freirechtsbewegung durchgesetzt, in der Einleitung zu: Ernst Fuchs, *Gerechtigkeitswissenschaft. Ausgewählte Schriften zur Freirechtslehre*, Karlsruhe 1965, S. 17.

reits mit Rücksicht auf die Dynamik moderner gesellschaftlicher Entwicklungen[10] eine soziologische und vor allem ökonomisch orientierte Rechtsprechung[11] sowie eine Juristenausbildung, die »Spezialisten des Tatbestandes, nicht Tausendkünstler des Rechtssatzes« zu produzieren habe.[12] Entsprechend gilt die »Lücke« des Gesetzes so sehr als Normalfall, daß dieser Begriff angesichts der entfallenen Einheit des Rechtssystems kaum noch thematisiert wird, während die Einheit des Rechts nur noch als Produkt freier Rechtsfindung zu kennzeichnen ist.[13] Sogar das Argument, daß die Fixierung auf Gesetzestexte einer Überschätzung sprachlicher Ausdrucksmöglichkeiten zu verdanken sei, ist schon vertreten.[14] Das zentrale gemeinsame Motiv von Freirechtstheorie und neuerer Methodenlehre aber findet sich in folgendem: Mit der Offenlegung und Systematisierung dessen, was in der Rechtspraxis tatsächlich und jenseits vermeintlicher Gesetzesanwendung geschieht, verbindet sich der Anspruch, ein Mehr an Rationalität der Rechtsfindung gegenüber positivistischer Interpretationslehre zu erreichen, welche – wie Ernst Fuchs formulierte – die unter dem Schleier der Urteilsbegründung liegenden »inneren, wahren, eigentlichen Entscheidungsgründe [...] unverantwortet und unkontrolliert« ließ.[15] An diesem Anspruch werden die neueren Ansätze zu messen sein. Es ist also die Frage, ob die Bemühungen um eine Rationalisierung der Rechtsprechung gerade in jenen Bereichen, die der Rechtspositivismus unbelichtet ließ, dieses Ziel erreichen können oder ob sie das Schicksal der Freirechtsbewegung teilen, an die Stelle der geschmähten »Geheimfreirechtlerei«[16] einfach die offene Freirechtlerei zu setzen. Hier bestünde die Gefahr einer Bestätigung und Verstärkung der bestehenden Praxis, die sich vordem am Gesetz wenigstens noch legitimieren mußte, während sie

10 Hermann Kantorowicz, »Der Kampf um die Rechtswissenschaft«, in: ders., *Rechtswissenschaft und Soziologie. Ausgewählte Schriften zur Wissenschaftslehre*, Karlsruhe 1962, S. 16. – Fuchs, *Gerechtigkeitswissenschaft*, S. 31.

11 Kantorowicz, »Der Kampf um die Rechtswissenschaft«, S. 37; Fuchs, *Gerechtigkeitswissenschaft*, S. 24, 42.

12 Kantorowicz, »Der Kampf um die Rechtswissenschaft«, S. 37.

13 Ebd., S. 18; Fuchs, *Gerechtigkeitswissenschaft*, S. 26 f. – Zur einheitsstiftenden Funktion der Rechtsfindung: Fuchs, *Gerechtigkeitswissenschaft*, S. 28.

14 Ebd., S. 25.

15 Ebd.

16 Ebd., S. 26.

sich nachpositivistischem Verständnis zufolge an sich selber legitimiert.[17]

Der herrschende Trend zur Verselbständigung der Rechtspraxis ist Ausdruck einer Situation, in der Tätigkeit wie Untätigkeit des Gesetzgebers zur Kompetenzerweiterung der Justiz beitragen.[18] Trotz steigenden rechtlichen Regelungsbedarfs der gegenwärtigen Gesellschaft führt die gleichzeitig wachsende Ausdifferenzierung aller Regelungsbereiche und die Spezialisierung der Rechtsinteressen nicht nur zur Blockierung der Gesetzgebung – zumal die Wirkungen gesetzgeberischer Eingriffe immer unabsehbarer werden[19] –, sondern bedingt auch die Produktion von Gesetzen, die inhaltliche Entscheidungen der Anwendungssituation überlassen.[20] Daß das entstehende Vakuum unter Berufung auf das Rechtsverweigerungsverbot von der Justiz besetzt wird, die nach eigenen Zwecksetzungen operiert und sich in ihrer Detailarbeit der Legislativfunktion, im Urteilsermessen der Verwaltungstätigkeit annähert,[21] ist also nicht ihr allein vorzuwerfen. Wenn aber Theorie und Praxis der Rechtsfindung dieses Problem legislativer Dysfunktionalität zwecks Verselbständigung richterlichen Handelns auch gegenüber noch funktionierender Gesetzgebung generalisieren, dann scheint sich ein Ressentiment gegenüber gesetzgeberischen Vorentscheidungen geltend zu machen, das ebenfalls seit den Tagen der Freirechtstheorie wirksam ist. Der die Diskussion beherrschende Gemeinplatz, daß angesichts heterogenster Parteienkompromisse ein »Wille« des

17 Auch diese Vorstellung ist schon zur Zeit der Freirechtsbewegung formuliert in Carl Schmitts Frühschrift: *Gesetz und Urteil. Eine Untersuchung zum Problem der Rechtspraxis*, Berlin 1912, S. 86, 97 f. Zu dieser im Hinblick auf die gegenwärtige Diskussion äußerst lesenswerten Schrift s. Ingeborg Maus, *Bürgerliche Rechtstheorie und Faschismus. Zur sozialen Funktion und aktuellen Wirkung der Theorie Carl Schmitts*, München 1976, S. 86 ff.

18 So schon Friedrich Dessauer, *Recht, Richtertum und Ministerialbürokratie. Eine Studie über den Einfluß von Machtverschiebungen auf die Gestaltung des Privatrechts*, Mannheim, Berlin u. a. 1928, S. 13.

19 Vgl. Niklas Luhmanns Analyse von Rechtsänderungen im Spannungsfeld unifunktionaler gesetzgeberischer Intentionen und multifunktionaler gesellschaftlicher Wirklichkeit: *Rechtssoziologie*, Reinbek 1972, S. 309 ff.

20 Zuerst systematisch aufgearbeitet bei Justus W. Hedemann, *Die Flucht in die Generalklauseln*, Tübingen 1933.

21 Dazu Max Weber, *Wirtschaft und Gesellschaft*, Köln, Berlin 1964, S. 498. – Mit großer Zustimmung zu dieser Entwicklung: Josef Esser, *Vorverständnis und Methodenwahl in der Rechtsfindung*, S. 87 f.

Gesetzgebers nicht mehr auszumachen sei, perpetuiert Axiome einer Rechtsschule, die zuerst beanspruchte, die im Gesetz entfallene Vernunft im richterlichen Handeln zu restaurieren.[22]

Wenn einer der avanciertesten Ansätze juristischer Methodik in heutigen Gesetzen eine »in der Dialektik freier politischer Auseinandersetzung entstandene Synthese von vernünftigen Gedanken« vermißt,[23] dann ist eine Wiederholung der Weimarer Parlamentarismuskritik offenkundig. Bei Carl Schmitt findet sich allerdings nicht nur dieses Ressentiment, sondern auch eine Analyse der einsetzenden Dominanz von Rechtswissenschaft und Rechtspraxis gegenüber dem Gesetzgeber, die wegen ihrer großen Präzision hier wiedergegeben sei: Angesichts der zunehmend pluralistischen Struktur der Parlamente

mußte das Gesetz in aller Schärfe zu einer einheitlichen, von seiner Entstehung losgelösten, objektiven Größe isoliert und verselbständigt werden, wenn es nicht in seinem einheitlichen »Willen« von den inneren Gegensätzen der gesetzgebenden Körperschaft zerstört werden sollte [...]. In der objektiven, von allen parteipolitischen Widersprüchen gereinigten Norm verkörpert sich sozusagen die objektive Vernunft der politischen Einheit. Die Rechtswissenschaft aber wird, neben der richterlichen Praxis, zu einem wichtigen, unentbehrlichen Träger und Sprecher dieser objektiven Vernunft, dieser in sich folgerichtigen Einheit des Gesetzeswillens, der dem in sich gespaltenen Willen der vielen, an der Gesetzgebung beteiligten Faktoren selbständig entgegentritt.[24]

---

22 Vgl. die Ausführungen zur Kultur des Richterstandes im Verhältnis der »Mehrzahl der als Gesetzgeber funktionierenden Parteiagenten« bei Kantorowicz, »Der Kampf um die Rechtswissenschaft«, S. 38. Zum Willen des Gesetzgebers bzw. des Gesetzes s. ebd., S. 27.

23 Esser, *Vorverständnis und Methodenwahl in der Rechtsfindung*, S. 88. – Selbst Friedrich Müller, dessen Verhältnis zur herrschenden Methodenlehre im folgenden erst zu klären ist, behandelt es zweifelnd als offene Frage, wie sich »die Realität der Normentstehung im Parlamentarismus des heutigen Verbände- und Parteienstaates auf die Brauchbarkeit des genetischen Elements, also der Gesichtspunkt aus der Entstehungsgeschichte der Vorschrift, aus[wirke]«, siehe Friedrich Müller, *Juristische Methodik und Politisches System. Elemente einer Verfassungstheorie* II, Berlin 1976, S. 105.

24 Carl Schmitt, »Die Lage der europäischen Rechtswissenschaft«, in: ders., *Verfassungsrechtliche Aufsätze aus den Jahren 1924-1954*, Berlin 1958, S. 386 ff., hier: S. 402.

Indem hier der *objektive* »Wille« des Gesetzes schon als eine Metapher für die Eigenständigkeit von Rechtswissenschaft und Rechtspraxis erscheint, ist zugleich ausgesprochen, daß juristisches Arbeiten nun zu gewährleisten verspricht, was der Gesetzgeber in einer antagonistischen Gesellschaft nicht mehr erreichen kann: innere Konsistenz der Rechtsnorm und Einheit des Rechtssystems. Hielt Carl Schmitt diese Lösung auch nicht für ausreichend, sondern favorisierte die Exekutive als Institution der zwangsweisen Integration der partikularisierten gesellschaftlichen Interessen, so bildet doch dieser Anspruch den Schnittpunkt heutiger, auch in sich unterschiedlicher Ansätze juristischer Methodik und ist der eigentliche Kern des Rationalitätspostulats.[25]

Daß die Justiz einer solchen Zumutung gerecht werde, setzte voraus, daß sie gleichsam als »freischwebende Intelligenz« über allen gesellschaftlichen Interessengegensätzen sich etablierte – eine Annahme, der alle Erkenntnis gegenwärtiger Juristensoziologie widerspricht.[26] Auch eine Verallgemeinerung richterlicher Wertungen, die auf die Durchschnittsauffassung der Rechtsinteressenten rekurrierte, stellte – sofern diese empirisch erfaßt würde – Einheitlichkeit des praktizierten Rechts keineswegs sicher, sondern reproduzierte gesellschaftliche Heterogenität.[27] Aber auch sozialwissenschaftliche Orientierung – selbst wenn der immerhin vorhandene Informationsvorsprung des Gesetzgebers hinsichtlich der Folgenberechnung von Rechtsentscheidungen zu kompensieren wäre – führte nicht zum gesetzten Ziel: Der Pluralismus sozialwis-

25 Sehr deutlich bei Esser, *Vorverständnis und Methodenwahl in der Rechtsfindung*, S. 84 et passim. Mit anderen Folgerungen für juristisches Arbeiten: Friedrich Müller, *Die Einheit der Verfassung. Elemente einer Verfassungstheorie* III, Berlin 1979, S. 224, 233; ebenso: ders., *Juristische Methodik und Politisches System*, S. 22.

26 Vgl. statt vieler: Wolfgang Kaupen, *Die Hüter von Recht und Ordnung*, Neuwied 1969.

27 Vgl. zu diesem Versuch: Wolfgang Birke, *Richterliche Rechtsanwendung und gesellschaftliche Auffassungen*, Köln 1968. – Skeptisch im Hinblick auf die entfallene Homogenität gesellschaftlicher »Standards«: Gunther Teubner, *Standards und Direktiven in Generalklauseln. Möglichkeiten und Grenzen der empirischen Sozialforschung bei der Präzisierung der Gute-Sitten-Klauseln im Privatrecht*, Frankfurt/M. 1971, besonders S. 59 ff. – Klaus J. Hopt, »Was ist von den Sozialwissenschaften für die Rechtsanwendung zu erwarten?«, in: *JZ* 30 (1975), S. 341 ff., hier: S. 344, nennt das interessante Beispiel einer Entscheidung des BGH auf der Basis eines Umfrageergebnisses von 33 % pro, 33 % contra, 33 % unentschieden.

senschaftlicher Ansätze, der sich sogar auf deren empirische Ergebnisse auswirkt, ist nur Ausdruck unaufgelöster gesellschaftlicher Widersprüche. Zudem macht gerade die Arbeit am konkreten Fall, die hier der Jurist dem Gesetzgeber voraushat, die Justiz unfähig zur erwarteten Einheitsstiftung: Von einer gleichsam »diffusen« Rechtsentwicklung durch die Justiz ist eher die Gefahr einer zusätzlichen Rechtszersplitterung zu erwarten.[28] Unter diesen Bedingungen behält die seit dem Aufkommen der Freirechtsbewegung andauernde Suche nach einem »objektiven Maßstab« der Rechtsfindung[29] ihre unverminderte Aktualität.[30]

I.

Einer der anspruchsvollsten Ansätze juristischer Methodik hat das Verdienst, auf rechtsstaatliche und demokratische Defizite der gekennzeichneten Entwicklung hingewiesen zu haben. Die Arbeiten Friedrich Müllers zur juristischen Methodik, zur Verfassungs- und Rechtstheorie versuchen ausdrücklich, in eine nachpositivistische Gesamtkonzeption das Ausmaß an Rationalität einzubringen, das der Rechtspositivismus bereits erreicht hatte.[31] Ihre realistische Analyse der tatsächlichen Rechtspraxis hebt zugleich die Momente heraus, die eine Gesetzesorientierung deshalb erforderlich machen, weil juristisches Arbeiten überhaupt nicht unabhängig von rechtsstaatlichen Anforderungen des geltenden Verfassungsrechts betrachtet werden kann. Müllers Vorschlag eines Rationalitätsmaßstabs richterlichen Handelns enthält also die Besonderheit, aus dem Rechtsstaatsprinzip die Anforderung der Methodenklarheit im Sinne der tatsächlichen Berechenbarkeit von Rechtsentscheidun-

---

28 Dies wird in der gegenwärtigen Diskussion nur eher beiläufig erkannt. Essers Forderung, daß der Erweiterung der richterlichen Tatsachenwertung eine Ausdehnung der Revisionsbefugnis entsprechen müsse, scheint darauf hinzudeuten: *Vorverständnis und Methodenwahl in der Rechtsfindung*, S. 60 f.

29 Vgl. Weber, *Wirtschaft und Gesellschaft*, S. 650. – Diese Problematik ist zentral behandelt bei Schmitt, *Gesetz und Urteil*, besonders S. 72.

30 S. zum Beispiel Franz Wieacker, *Gesetz und Richterkunst. Zum Problem der außergesetzlichen Rechtsordnung*, Karlsruhe 1958, S. 9. Zur Frage der »außergesetzlichen, objektiv verpflichtenden Maßstäbe« s. auch ebd., S. 12, 17. – Esser, *Vorverständnis und Methodenwahl in der Rechtsfindung*, S. 12 et passim.

31 Friedrich Müller, *Juristische Methodik*, Berlin ²1976, S. 271.

gen[32] und aus Gleichheitssätzen und Diskriminierungsverboten des Grundgesetzes das Erfordernis gleichheitlichen methodischen Arbeitens aller rechtsentscheidenden Instanzen abzuleiten.[33] Dieser Maßstab setzt bereits Müllers Identifizierung von rechtsstaatlich korrekter und positivrechtlicher Argumentation[34] voraus und erlaubt keine Hinwegsetzung über die Intentionen des Verfassungsgebers, soweit sie im Normtext offensichtlich sind. Er bildet damit einen Kontrast zu jener Immunisierung methodischen Vorgehens gegen jede Kritik, die die im Grundgesetz verankerte Bindung der Rechtsprechung an »Gesetz und Recht« einer höchst willkürlichen Interpretation unterzieht. Letztere versteht diese Formulierung als Signal der Anerkennung außergesetzlicher Rechtsquellen, »gleich, was sich der Verfassungsgeber hierbei gedacht hat«.[35] Wenn indessen Friedrich Müller Formalgarantien und Formqualitäten des Rechtsstaats wieder zur Anerkennung bringt und die normative Bindung richterlichen Handelns betont, so ist keineswegs eine Rückkehr zur klassischen rechtspositivistischen Interpretationslehre beabsichtigt, die vielmehr durchgehend kritisiert wird. Auch Friedrich Müller konzentriert seine Bemühungen um Rationalität der Rechtsfindung auf jene faktischen Abläufe richterlicher Entscheidungsprozesse, die der Rechtspositivismus unbeachtet ließ. Die Einbeziehung gesellschaftlicher Sachverhalte und Strukturen in die Rechtskonkretisierung soll nicht etwa ausgeschaltet, wohl aber durch Rückbeziehung auf das Programm der Rechtsnorm gesteuert werden. Der völlige Umbau der Rechtsnormtheorie, der sich mit diesem Rationalitätskonzept verbindet, sowie die Ausarbeitung des leitenden Rechtsstaats- und Verfassungsverständnisses sind im folgenden zu untersuchen.

32 Ders., *Recht – Sprache – Gewalt. Elemente einer Verfassungstheorie I*, Berlin 1975, S. 28.

33 Ders., *Juristische Methodik und Politisches System*, S. 66.

34 Ders., *Die Einheit der Verfassung*, S. 81.

35 So Wieacker, *Gesetz und Richterkunst*, S. 7. – Zu den Verfassungsmaterialien, aus denen der *synonyme* Gebrauch von »Gesetz« und »Recht« hervorgeht, vgl. Ingeborg Maus, »Entwicklung und Funktionswandel der Theorie des bürgerlichen Rechtsstaats«, in: dies., *Rechtstheorie und politische Theorie im Industriekapitalismus*, München 1986, S. 11 ff., 46 f. – Daß allerdings im Gegensatz zu Wieackers freien Interpretationen Friedrich Müller nicht etwa den Akzent auf den subjektiven »Willen« des Verfassungsgebers legt, ist offensichtlich: Müller, *Juristische Methodik*, S. 203 f.

Dabei ist ein wesentliches Kriterium das von Friedrich Müller thematisierte Verhältnis von demokratisch legitimiertem Gesetzgeber und sekundär legitimierter Justiz, von Gesetzesrecht und richterlich konkretisiertem Recht. Friedrich Müller faßt dieses demokratietheoretische Problem zugleich unter dem Aspekt der Einheit der Rechtsordnung und signalisiert damit, daß in seiner Theorie der gegenwärtig vielbeschworene Inhalt des Rationalitätspostulats unter demokratischem Vorzeichen wiederkehrt: Müller zufolge ist statt der mystischen »Einheit der Verfassung«, wie sie große Partien der Judikatur des Bundesverfassungsgerichts beherrscht, die Forderung der Einheit des Grundgesetzes in dem Sinne aufrechtzuerhalten, daß es »eine Rechtsordnung für alle sein will, nicht ein Teilrechtssystem der Herrschenden zur Niederhaltung der beherrschten Klasse. Institutionelle Garantien für diese in Anspruch genommene Einheit von Recht und Verfassung sind die demokratische Erzeugung von Recht und die Bindung der dieses Recht konkretisierenden anderen Staatsfunktionen an die positive Norm. Ist das eine oder das andere nicht mehr gewährleistet, zerfällt die Rechtsordnung unter dem ideologischen Schein ihrer gleichheitlichen Einheit: in ein demokratisch erzeugtes Volksrecht und ein sich von ihm lösendes Amtsrecht, das im Konfliktfall jenes überspielt. Dies geschähe durch die Praxis einer Justiz ohne methodisch korrekt und gleichheitlich kontrollierbare, also ohne normativ gebundene Praktiken der Normumsetzung.«[36] Die zentrale politische Bedeutung methodischer Fragen ist hier auf den – idealtypischen – Begriff gebracht. In dem Maße, in dem die justizstaatliche Entwicklung der Bundesrepublik demokratische wie rechtsstaatliche Komponenten des Grundgesetzes verdrängt, ist in der Tat an jede juristische Methodik die Frage zu stellen, inwieweit ihr Rationalisierungspostulat zugleich objektive Bedingungen eines »judicial self-restraint« formuliert. Unter diesem Aspekt ist das Problem demokratischer Rechtsetzung gleichzeitig eines der Effektivität von Recht. Insofern nach allen Erfahrungen rechtliche Innovationen, die gesellschaftliche Innovationen beabsichtigen, eher vom Gesetzgeber als von der Justiz zu erwarten sind, lautet die Frage: Kann juristische Methodik die Rechtsprechung auf ein Ausmaß an Rationalität verpflichten, das verhindert, daß Recht als Instrument

36 Müller, *Die Einheit der Verfassung*, S. 172.

gesellschaftlicher Reform und Veränderung ineffektiv ist, weil es im Rechtskonkretisierungsprozeß stillschweigend zu einer Bestätigung des gesellschaftlichen Status quo umfunktioniert werden kann?

Friedrich Müllers Kritik der Rechtspraxis, hauptsächlich der Verfassungsjudikatur[37] und der herrschenden Methodik,[38] steht unter der Forderung des »Primats der Normbindung«. An wertsystematischer oder güterabwägender Behandlung von Grundrechten, topischem Problemdenken, institutionellen Argumenten oder solchen aus der »Natur der Sache« kritisiert Friedrich Müller außer ideologischen Unterstellungen nicht die Einbeziehung von Sachgehalten in den Konkretisierungsvorgang überhaupt, sondern die Willkür und mangelnde Reflexion dieser Einbeziehung (oder Verdrängung).[39] Die Orientierung an der Norm, die die Behandlung von Sachgehalten in generalisierbare Form überführen soll, meint freilich nicht Rückbindung an den Gesetzestext. Der Normbegriff wird in einer Weise erweitert, die das traditionelle Vermittlungsproblem zwischen »Sein« und »Sollen« als eines der Normkonkretisierung behandelt[40] und den Regelungsbereich der Norm unter spezifischen Aspekten in die Norm hineinverlagert. Mit dieser Erweiterung des Normbegriffs verbindet sich die Absicht, irrationale Durchgriffe der Rechtskonkretisierung nicht schon dann zuzulassen, wenn reine Textauslegung kein Ergebnis bringt, sondern die Prärogative des Gesetzgebers zur Rechtserzeugung gerade auch in den Fällen zur Geltung zu bringen, die auf dem Wege der »Subsumtion« nicht lösbar sind[41] – welch letztere die überwältigende Mehrheit in der Rechtspraxis darstellen. Damit allerdings das Mehr an Rationalität, das die Erweiterung des Normbegriffs verspricht, nicht bloß auf eine terminologische Änderung

---

37 Vgl. ders., *Juristische Methodik*, S. 26 ff.; ders., *Juristische Methodik und Politisches System*, S. 18 ff.; ders., *Die Einheit der Verfassung*, passim.

38 Vgl. zum Beispiel ders., *Juristische Methodik*, S. 50 ff.

39 Ebd., S. 265; ders., *Juristische Methodik und Politisches System*, S. 70.

40 Friedrich Müller, *Normstruktur und Normativität. Zum Verhältnis von Recht und Wirklichkeit in der juristischen Hermeneutik, entwickelt an Fragen der Verfassungsinterpretation*, Berlin 1966, S. 7; ders., *Juristische Methodik*, S. 92.

41 Friedrich Müller, »Fragen einer Theorie der Praxis«, in: ders., *Rechtsstaatliche Form – Demokratische Politik. Beiträge zu Öffentlichem Recht, Methodik, Rechts- und Staatstheorie*, Berlin 1977, S. 128 ff., hier: S. 141 ff. – Zur Kritik des Justizsyllogismus vgl. Wolfgang Kilian, *Juristische Entscheidung und elektronische Datenverarbeitung. Methodenorientierte Vorstudie*, Frankfurt/M. 1974, S. 47 ff.

in dem Sinne hinauslaufe, daß – um den Primat des Normativen zu retten – Fakten und Sachstrukturen der gesellschaftlichen Realität einfach zu Bestandteilen der Rechtsnorm erklärt werden, muß Müller die Interpretation der Sprachdaten und die Bearbeitung der Realdaten bei jeder Normkonkretisierung in ein exaktes Verhältnis zueinander bringen.

Friedrich Müllers »strukturierende« Methodik erarbeitet eine Methodenlehre auf der Basis einer »Hermeneutik«,[42] die als Rechtsnormtheorie im Normbegriff »Normprogramm« und »Normbereich« zusammenfaßt. Enthält das mit allen Mitteln sprachlicher Konkretisierung zu erarbeitende Normprogramm den im Normtext mehr oder weniger zuverlässig formulierten »Gesetzesbefehl«, so meint Normbereich (wenn er nicht ausnahmsweise selbst rechtserzeugt ist) denjenigen empirisch zu ermittelnden Ausschnitt sozialer Wirklichkeit, der am Ende eines juristischen Selektionsprozesses erscheint: Aus dem »Fallbereich«, d. h. sämtlichen dem Juristen vorgelegten Fakten und Umständen, konstituiert sich der »Sachbereich« als Summe der Realdaten, die nach Meinung des Juristen zur Rechtsvorschrift in Beziehung stehen könnten; aus dem Sachbereich »hebt« das Normprogramm – sofern es methodisch korrekt entwickelt wurde – die tatsächlich normativ relevanten Bestandteile als »Normbereich« hervor.[43] Wohl behandelt Müllers Theorie beide Bestandteile der Rechtsnorm, Normprogramm und Normbereich bzw. die auf beide Bestandteile bezogenen Konkretisierungsele-

---

42 Der von Friedrich Müller herangezogene Begriff der Hermeneutik ist in der Auseinandersetzung mit seinem Ansatz sehr oft als Bezugnahme auf die geisteswissenschaftliche Hermeneutik mißverstanden worden, so daß Müllers Methodik dem gegenwärtig starken Trend der neueren juristischen Hermeneutik zugerechnet wurde; so zum Beispiel Bernhard Schlink, »Juristische Methodik zwischen Verfassungstheorie und Wissenschaftstheorie«, in: *Rechtstheorie* 7 (1976), S. 94 ff., hier: S. 99; Dieter Simon, *Die Unabhängigkeit des Richters*, Darmstadt 1975, S. 95 f. Hubert Rottleuthner, »Hermeneutik und Jurisprudenz«, in: Hans-J. Koch (Hg.), *Juristische Methodenlehre und analytische Philosophie*, Kronberg/Ts. 1976, S. 7 ff., hier: S. 19 ff. – Zur Abwehr solcher Einordnungen s. Müller, *Juristische Methodik*, S. 109; ders., »Thesen zur Struktur von Rechtsnormen«, in: ders., *Rechtsstaatliche Form – Demokratische Politik*, S. 257 ff., hier: S. 263, und: »Rechtsstaatliche Methodik und politische Rechtstheorie«, S. 271 ff., hier: S. 278 ff. – Zu den im Text eingeführten Begriffen vgl. im übrigen Müllers Definitionen in: *Juristische Methodik*, S. 23 f.

43 Siehe zum Beispiel Müller, *Juristische Methodik*, S. 116 ff., 269 ff. et passim. Ders., »Thesen zur Struktur von Rechtsnormen«, S. 257 ff.

mente, als prinzipiell gleichrangig, sie hält aber aus rechtsstaatlichen Gründen daran fest, daß zur Grenzbestimmung zulässiger Ergebnisse den auf Normtexte und damit auf die Bestimmung des Normprogramms gerichteten Interpretationselementen der Vorrang zukomme.[44] Aus der Einführung rechtsstaatlicher Anforderungen in die Methodik folgt nicht nur die Funktion des Wortlauts der Norm als »Grenze des Spielraums zulässiger Konkretisierung«, sondern auch die Notwendigkeit und die Möglichkeit, eine Rangordnung der einzelnen Elemente des gesamten Konkretisierungsvorgangs aufzustellen.[45] In äußerstem Gegensatz zur Dominanz teleologischer Auslegung[46] und totaler Abwertung des Gesetzestextes[47] in gegenwärtiger Methodik begründet Müller im Hinblick auf die geltende Option für kodifiziertes Verfassungsrecht und zusätzliche Verfassungsgebote der Normklarheit die Sonderstellung grammatischer Auslegung unter den herkömmlichen Interpretationselementen, allerdings mit der Einschränkung, daß dieses Interpretationselement je nach Struktur des Normbereichs von höchst unterschiedlicher Reichweite ist.[48] Mit gleicher Konsequenz hat das systematische Konkretisierungselement als direkt normtextbezogenes vor den übrigen Elementen (der genetischen, historischen und teleologischen Auslegung) Vorrang. Nicht unmittelbar normbezogene (d. h. auch nicht normbereichsbezogene) Elemente werden auf bloße Hilfsfunktionen im Konkretisierungsprozeß beschränkt: gegenwärtig prominente Interpretationsgesichtspunkte wie zum Beispiel die »verfassungskonforme Gesetzesauslegung« – die Normauslegung mit Normenkontrolle im Sinne einer Rückentwicklung zu »diffusem« richterlichen Prü-

---

44 Ders., *Juristische Methodik*, S. 117, 202.

45 Ebd., S. 145, 153 ff.

46 Vgl. zum Beispiel Joachim Rahlf, »Die Rangfolge der klassischen juristischen Interpretationsmittel in der strafrechtswissenschaftlichen Auslegungslehre«, in: Eike von Savigny u. a. (Hg.), *Juristische Dogmatik und Wissenschaftstheorie*, München 1976, S. 14 ff. (besonders 17 ff., 26), wonach wenigstens für den Bereich des Strafrechts zusammenfassend festzuhalten ist, daß unter den angeführten Methodenlehren, die überhaupt eine Rangfolge der Canones für möglich halten, die überwältigende Mehrzahl die Vorherrschaft des teleologischen Elements befürwortet.

47 So besonders Esser, *Vorverständnis und Methodenwahl in der Rechtsfindung*, S. 186 et passim.

48 Müller, *Juristische Methodik*, S. 148 ff.

fungsrecht verfassungswidrig verbindet – sollen also nur noch zur Entscheidung von eventuell entstehenden Lösungsalternativen, die mit normorientierten Mitteln erarbeitet wurden, herangezogen werden.[49] Diese Rangordnung der Konkretisierungselemente, die nicht etwa eine Reihenfolge der gedanklichen Operationen des Rechtsanwenders, sondern ein Falsifikationsmodell der Rechtskonkretisierung darstellt,[50] verspricht in der Tat ein erhebliches Maß an Rationalität und Kontrollierbarkeit richterlicher Entscheidungsprozesse. Vor allem auch ihre Zuordnung von normtext- und normbereichsbezogenen Konkretisierungselementen erlaubte eine Durchdringung jenes geheimnisvollen Selektionsvorganges, in dem im Zuge der Normkonkretisierung Daten des Sachbereichs Eingang in den Normbereich finden. Der Willkür richterlicher Wertungen gesellschaftlicher Strukturen wäre hier zu steuern.

Diese Konzeption einer Methodologie indessen steht und fällt mit der Rechtsnormtheorie, auf der sie beruht. Ihr zufolge ist das Normprogramm im Wortlaut der Norm so unvollkommen enthalten, daß es nur im Ablauf des gesamten Konkretisierungsprozesses, einschließlich der Normbereichsanalyse, zu erarbeiten ist. Damit aber würde der eruierte Wortsinn zum Ergebnis der Auslegung statt zu ihrer Grenze.[51] Immerhin steht Friedrich Müller hermeneutischen Axiomen insoweit nahe, als er ein Verstehen von Texten nur in bezug auf konkrete Anwendungsfälle für möglich hält,[52] und er übernimmt von einem kommunikationstheoretischen Verständnis der Rechtssprache die These, juristischen Begriffen in Normtexten eigne nicht Bedeutung, entsprechenden Sätzen nicht Sinn nach der Konzeption eines vorgegebenen Inhalts, der gefunden oder verfehlt werden könnte, und richtet den »Blick auf die aktive konkretisie-

---

49 Ebd., S. 72 ff.

50 Ebd., S. 198 f., 266. Vgl. auch ders., »Rechtsstaatliche Methodik und Politische Rechtstheorie«, S. 281.

51 Ulfrid Neumann, »Der ›mögliche Wortsinn‹ als Auslegungsgrenze in der Rechtsprechung der Strafsenate des BGH«, in: von Savigny u. a. (Hg.), *Juristische Dogmatik und Wissenschaftstheorie*, S 42 ff. und Anm. 4, kritisiert mit diesen Worten die Praxis des BGH.

52 Bei Rottleuthner, »Hermeneutik und Jurisprudenz«, S. 25, findet sich eine Kritik dieses hermeneutischen Begriffs des Verstehens, die auch auf Friedrich Müller zutrifft.

rende Leistung des ›Empfängers‹«.[53] Hierauf bezieht sich ein zentraler Einwand:[54] Eine Normtheorie, die die eigentliche Aktivität der sprachlichen Sinngebung vom Gesetzgeber auf die Rechtspraxis verlagert, hebt ihre eigene Forderung demokratischer Genese der Rechtsentscheidungen auf. Einem gleichsam sprachlosen Gesetzgeber stünde die rhetorisch kompetente richterliche Rechtsfindung gegenüber – eine Konstellation, die übrigens der Logik entbehrte, da die Kritik vermeintlich ontologischer Sprachauffassungen dem Gesetz abspräche, was sie in der Sprache von Urteilsbegründungen, rechtswissenschaftlicher Literatur oder Methodik für möglich hält.[55] Müllers gegen den Rechtspositivismus gerichtete Kritik ontologischen Sprachverständnisses trifft vielleicht die Begriffsjurisprudenz, kaum den eigentlichen Gesetzespositivismus, den gerade der Kantianische Dualismus von Sein und Sollen davon abhielt, im Begriff die »Sache« zu vermuten. Müllers Vermittlung von Sein und Sollen in der Rechtsnorm geht davon aus, daß ein Abgrund zwischen Begriff und unmittelbarer Wirklichkeit zu schließen sei, was die Sprache des Gesetzes angeht, im Konkretisierungsprozeß aber eine Verbindung deshalb zustande komme, weil Sachgehalte nur als »begriffene« in die Norm eingehen,[56] die Vermittlung also nicht auf der Seite der »Sachen«, sondern auf der Seite der Sprache vor sich geht. Was hier freilich ausgeblendet bleibt, ist, daß Gesetzgeber und Rechtsanwender mit gleichen sprachlichen Verwendungsregeln und gleichem Wirklichkeitsverständnis operieren, weil (und sofern) sie sich im gleichen gesellschaftlichen Kontext befinden. Insoweit bilden die gelegentlich große historische Diskrepanz zwischen Gesetzgebung und -anwendung[57] und die Tat-

53 Müller, *Juristische Methodik*, S. 114 ff., 124; ebenso: Müller, *Juristische Methodik und Politisches System*, S. 77.

54 Eine konkretere Auseinandersetzung mit den sprachtheoretischen Implikationen von Müllers Normtheorie kann im vorgegebenen Rahmen dieses Beitrags nicht geleistet werden.

55 Gerd Roellecke, »Die Bindung des Richters an Gesetz und Verfassung«, in: *VVDStRL* 34 (1976), S. 711 (17) hält wegen der durchgehend problematisierten Sprachstruktur die Rechtspraxis weder durch Gesetze noch durch Methodik für steuerbar. – Zu Müllers Einschätzung der Sprache im Bereich richterlicher »Rhetorik« s. ders., *Die Einheit der Verfassung*, S. 227.

56 Müller, *Juristische Methodik*, S. 270. Ebenso Christian Starck, »Empirie in der Rechtsdogmatik«, in: *JZ* 27 (1972), S. 609 ff., hier: S. 613.

57 Die analytische Rechtstheorie behandelt Aspekte dieses Problems unter dem Be-

sache, daß in abstrakter Zukunftsorientierung und in der Behandlung konkreter abgeschlossener Fälle sich für Normsetzung und -konkretisierung die Wirklichkeit in unterschiedlichem »Aggregatzustand« befindet,[58] das eigentliche Auslegungsproblem, nicht aber die durch unterschiedlichen Wirklichkeitsbezug vermittelte bzw. sprachtheoretisch begründete Unmöglichkeit einer Kommunikation zwischen Gesetzgeber und Richter. Daß eine »Botschaft« des Gesetzes beim anwendenden Juristen nicht ankomme, ist auch nach dem faktischen Ablauf von Gesetzgebungsverfahren kaum zu befürchten, wenn Gesetzesentwürfe von Verwaltungsjuristen erstellt und von Parlamenten verabschiedet werden, die noch immer zu einem hohen Anteil aus Juristen bestehen.

Die Problematisierung des Normtextes hat entscheidende Konsequenzen für Friedrich Müllers Versuch einer rechtsstaatlich orientierten Rationalisierung des richterlichen Entscheidungsprozesses. Müller hatte an bisher vorliegenden Versuchen einer Vermittlung von Sein und Sollen, etwa der Argumentationsfigur der »Natur der Sache«, kritisiert, daß sie nicht angeben könnten, »wo die rechtlichen Grenzen für die Hereinnahme der ›Sache‹ zu suchen sind«,[59] und dagegen die Unterscheidung von Normbereich und Sachbereich, die einer schlichten »normativen Kraft des Faktischen« entgegenstehe, für rechtsstaatlich unverzichtbar erklärt.[60] Formuliert nun aber Müller zum Zwecke der Errichtung der erwähnten Grenzen, es seien »die Normbereiche methodisch und theoretisch von den Sachbereichen dadurch zu unterscheiden, daß sie sich innerhalb der Richtlinien der durch Sprachdaten konkretisierten Normprogramme halten«,[61] so werden diese Grenzen angesichts der behaupteten Inkonsistenz der Normtexte in anderslautenden Äußerungen wieder verwischt:

Der Wortlaut, der nach meiner Konzeption in bestimmten Fällen den Spielraum nicht der möglichen, wohl aber der zulässigen Konkretisierungsvarianten absteckt und begrenzt, ist nicht der lediglich »grammatisch ausgelegte« Normtext; sondern der im Verbund mit dem (sonstigen)

---

griff der »Porösität« der im Gesetz verwendeten Ausdrücke, s. dazu: Koch, »Zur Rationalität richterlichen Entscheidens«, S. 186, mit weiteren Nachweisen.

58 Insoweit zutreffend Starck, »Empirie in der Rechtsdogmatik«, S. 612.

59 Müller, »Thesen zur Struktur von Rechtsnormen«, S. 261.

60 Ders., *Juristische Methodik*, S. 267, 121 f., Anm. 201.

61 Ders., *Die Einheit der Verfassung*, S. 112; ebenso: ders., *Juristische Methodik*, S. 278.

Normprogramm und den Daten des Normbereichs [!], also mit sämtlichen (sonstigen) Entscheidungselementen konkretisierte Normtext. »Konkretisierung« heißt für mich nicht Auslegung, sondern: Entscheidung mit Hilfe von Sprachdaten und Realdaten.[62]

Eine richterliche Entscheidung, die in der Tat vorwiegend auch eine Entscheidung über die Einbeziehung von gesellschaftlichen Realstrukturen in den Normbereich darstellt, ist aber unter der letzteren Voraussetzung nicht mehr kontrollierbar. Von einer Entscheidung, die nicht mit dem Normtext, sondern mit dem durch Entscheidung konkretisierten Normtext vereinbar sein soll, wird nur noch verlangt, daß sie mit sich selbst identisch sei. Die Aussage, es seien die Konkretisierungselemente Instanzen der Falsifikation im Rechtsfindungsprozeß und es könnten am Normprogramm empirische Aussagen aus dem Normbereich scheitern,[63] läuft leer, wenn das, was zu falsifizieren wäre, in die Instanzen der Falsifikation längst eingegangen ist.

Die zirkuläre Struktur des Konkretisierungsprozesses[64] oder doch mindestens des Modells seiner Falsifikation[65] unterläuft die demokratische und rechtsstaatliche Intention von Müllers Methodik. Eine Rechtsnorm, die ihre Inhaltsbestimmung erst durch die empirische Analyse ihres Regelungsbereichs erfährt, kann die notwendige Einbeziehung sozialwissenschaftlichen Wissens nicht mehr steuern. Dies wäre noch der Fall in einer Konzeption, die empirisches Wissen dazu benutzt, die Bedeutung von Ausdrücken eines Gesetzes »besser angeben« zu können.[66] Insbesondere wäre der beanspruchte »Primat des Normativen« noch gewahrt, wenn

---

62 Ders., »Rechtsstaatliche Methodik und politische Rechtstheorie«, S. 281.

63 Ebd., S. 273.

64 Rottleuthner, »Hermeneutik und Jurisprudenz«, S. 26 f., bestreitet im Hinblick auf die nur begrenzten Zuordnungsmöglichkeiten zwischen tatbestandlichen Begriffen und beschriebenen Lebensvorgängen, daß überhaupt ein hermeneutischer Zirkel existiere.

65 Erhard Denningers »Rezension zu Friedrich Müller: ›Normstruktur und Normativität‹«, in: AöR 94 (1969), S. 333 ff., hier: S. 338 ff., behandelt u. a. diesen Aspekt des Zirkels. Zugleich ist in Müllers Bestimmungen die zirkuläre Beziehung zwischen wirklichkeitsverändernder Intention des Normprogramms und dessen Anerkennung der faktischen Grundstrukturen des Normbereiches konstatiert.

66 Rottleuthner, »Hermeneutik und Jurisprudenz«, S. 18, interpretiert Müllers Ansatz der Normbereichsanalyse in diesem – unbedenklichen – Sinne, wobei die Hervorhebung im Text zugleich die Differenz zu Müller enthält.

empirisches Wissen dazu diente, nicht den Inhalt, wohl aber die Reichweite einer Norm zu bestimmen. In der vielzitierten Teerfarbenentscheidung des BGH vom Dezember 1970 zum Beispiel hätte eine Analyse oligopolistischen Marktverhaltens nicht etwa erst zum Verständnis des Normprogramms des GWB[67] geschweige denn der Konstitution seines Sinnes (und schließlich zur richtigen Entscheidung) geführt, sondern zu der Erkenntnis, daß das gleichbleibende Normprogramm auch auf den vorliegenden Fall anwendbar war. Mit anderen Worten: Der Konkretisierungsprozeß hat nicht den Inhalt der Norm zu konstituieren, sondern ihren Anwendungsbereich zu bestimmen. Durch die Normbereichsanalyse ist nichts Zusätzliches über das Normprogramm, sondern nur über den Normbereich selbst und dessen Ausdehnung zu erfahren. Weil jedoch Friedrich Müller gerade dies nicht unterscheidet, aber auf sämtlichen Stufen der Konkretisierung – selbst der grammatischen Auslegung – eine Trennung von Sein und Sollen nicht zuläßt,[68] verflüchtigt sich ein eigenständiges Normprogramm überhaupt. Seine Methodik ist damit wehrlos gegen Verwertungen, die ihren subjektiven Intentionen durchaus fernstehen.[69]

Zugleich verselbständigt sich jene Ambivalenz, die mit jeder Einbeziehung sozialwissenschaftlicher Inhalte in den juristischen Entscheidungsprozeß gegeben ist. Der Glaube, daß mit dem »unmittelbaren Einführen politologischer, volkswirtschaftlicher, soziologischer, statistischer und anderer Tatsachen und Strukturen« in den Konkretisierungsprozeß für dessen Generalisierung schon etwas gewonnen sei,[70] kann nur so lange bestehen, als das selbständige Moment der Entscheidung verkannt wird, das vor dem Zugriff auf Fakten die Wahl zwischen sozialwissenschaftlichen Theorean-

---

67 So aber Hopt, »Was ist von den Sozialwissenschaften für die Rechtsanwendung zu erwarten?«, S. 345 f.

68 Müller, *Juristische Methodik*, S. 153.

69 So bei Reinhard Damm, »Norm und Faktum in der historischen Entwicklung der juristischen Methodenlehre«, in: *Rechtstheorie* 7 (1976), S. 213 ff., wo die Einschätzung der juristischen Methodik Müllers als »vorläufiger Höhepunkt« in der »fortschreitenden Engführung von Norm und Faktum in der Rechtsanwendung« (S. 233) sich verbindet mit einem Konzept richterlichen Handelns, das aus der Norm nicht mehr eine Entscheidungsdirektive, sondern nur noch die Legitimation zu normgelösten Entscheidungen gewinnt (S. 248 ff.).

70 Müller, »Thesen zur Struktur von Rechtsnormen«, S. 265.

sätzen leitet.[71] So käme eine Normbereichsanalyse im Gebiet des Arbeits- oder auch des Unternehmensrechts, die ihre empirischen Erhebungen entweder unter organisationssoziologischem oder konflikttheoretischem bzw. partizipationstheoretischem Aspekt durchführte,[72] zu diametral entgegengesetzten Ergebnissen. Trotz insgesamt gleichheitlichen methodischen Arbeitens wären auf diese Weise nicht nur Sicherheit der Rechtserwartung und Vergleichbarkeit von Entscheidungen nicht gewährleistet, sondern auch beliebige Formen von »Klassenjustiz« möglich.[73] Müllers Formulierung, daß das Normprogramm aus dem Sachbereich den normativ relevanten Normbereich »hervorhebt«, gerät trotz des Hinweises, damit sei ein juristischer Arbeitsprozeß bezeichnet,[74] in die Nähe eines Hegelschen Sprachgestus, so als handle es sich um eine immanente Bewegung der Norm, der der Rechtsanwender nur zusehe. Gleichzeitig verbirgt sich hier ein Glaube an juristische Objektivität, der technokratischen Illusionen verwandt ist. Indem diese Objektivität als »Objektgeprägtheit« und »normorientierte Sachgerechtigkeit« bestimmt wird,[75] ist die subjektive Wertung des Richters nur verschleiert, die erst über die »Sachgerechtigkeit« von Arbeits- oder Mietverhältnissen befindet. Noch die Problematisierung des Normtextes, juristische Objektivität auf gleichheitliches Arbeiten und die Exaktheit der Normbereichsanalyse zu stellen, scheint ein vergeblicher Versuch: An die Stelle der inkriminierten »Lebenslüge des formalistischen Rechtsstaatsverständnisses«, es sei das Normprogramm im Normtext vorgegeben,[76] tritt die Illusion, der Jurist gewinne seine subjektiven Wertungen aus den Sachstrukturen.

---

71 Dazu zutreffend: Schlink, »Juristische Methodik zwischen Verfassungstheorie und Wissenschaftstheorie«, S. 99.

72 Vgl. die instruktive Behandlung dieses Beispiels bei Gerd Winter, »Tatsachenurteile im Prozeß richterlicher Rechtssetzung«, in: *Rechtstheorie* 2 (1971), S. 171 ff., hier: S. 185 f.

73 Bei Ernst Fraenkel, »Zur Soziologie der Klassenjustiz«, in: ders., *Zur Soziologie der Klassenjustiz und Aufsätze zur Verfassungskrise 1931-1932*, Darmstadt 1968, S. 1 ff. (besonders 33 ff., 41), ist der Zusammenhang von normtextgelöster Rechtsfindung und Klassenjustiz eindringlich analysiert.

74 Müller, *Juristische Methodik*, S. 272.

75 Ebd., S. 97 f.

76 Ebd., S. 271.

Die mit dem Normtext kaum noch vermittelte Soziologisierung der Rechtsnorm kann insbesondere auch im Bereich des Verfassungsrechts dem Konservatismus einer Judikatur keinen Widerstand leisten, die – im Wege der Normbereichsanalyse – gesetzgeberische Innovationen ebenso wie Emanzipationsformeln der Verfassung an dem empirisch ermittelten gesellschaftlichen Status quo scheitern läßt. Zwar konstatiert Friedrich Müller: »Jede Norm betrifft Gegebenheiten der sozialen Welt, setzt sie voraus, soll sie bestätigen oder verändern.«[77] Aber genau diese Differenz zwischen Bestätigung und Veränderung kann von einer Normtheorie aus gar nicht erfaßt werden, die die Inhaltsbestimmung der Norm wesentlich aus der Feststellung der bestehenden Faktizität gewinnt.[78]

Im Bereich der Grundrechtsinterpretation wird diese Problematik unmittelbar virulent. Friedrich Müller beschreibt Grundrechte als Normen mit besonders vagen Normtexten und gesteigert sachhaltigen Normbereichen, als Normen, die die »verfassungsrechtliche Anerkennung« und Garantie individueller und gesellschaftlicher Sachbereiche enthalten und »wegen ihres Aufruhens auf angebbaren Strukturen der sozialen Wirklichkeit […] jeweils in sich verständlich« sind.[79] Demnach könnten Grundrechte überhaupt nur als »Gewährleistung«[80] gesellschaftlicher Realität in Betracht kommen. Indessen belegen Müllers höchst unterschiedliche Aussagen zur Normbereichsanalyse von Grundrechten noch einmal die Ambivalenz der Integration sozialer Strukturen in den Normbegriff: In Fällen, in denen ein Grundrecht (zum Beispiel Art. 5 Abs. 1 Satz 2 GG) durch oligopolistische oder monopolistische Entwicklungen in seinem Normbereich gefährdet ist, erkennt Müller gesetzliche Interventionen (hier: zum Schutz der Vielfalt

---

77 Ders., »Thesen zur Struktur von Rechtsnormen«, S. 267.

78 Vgl. Denninger, »Rezension zu Friedrich Müller: ›Normstruktur und Normativität‹«.

79 Friedrich Müller, *Die Positivität der Grundrechte. Fragen einer praktischen Grundrechtsdogmatik*, Berlin 1969, S. 11, und ders., *Juristische Methodik*, S. 273.

80 Die ausschließlich gewährleistende Funktion von Grundrechten und Rechtsstaatsprinzip bestimmt wesentlich Ernst Forsthoffs Verfassungsverständnis, s. Ernst Forsthoff, *Rechtsstaat im Wandel. Rechtsstaatliche Abhandlungen 1954-1973*, München ²1976, S. 65 ff. (besonders 74).

politischer Meinungen in der Presse) an und interpretiert diese als »Einwirken auf den Normbereich eines Grundrechts zu dem Zweck, sein im Text der Verfassungsurkunde unverändertes Normprogramm [...] auch in Zukunft realisierbar zu erhalten«.[81] Eine solche Einbeziehung von Realitätsaspekten durch das Bundesverfassungsgericht muß also zum Ergebnis der Verfassungskonformität eines entsprechenden Gesetzes und seines beabsichtigten gesellschaftlichen Eingriffs kommen. Aber auch solche praktizierten »Normbereichsanalysen« des höchsten Gerichts werden von Müller überaus positiv gewürdigt, die etwa Gewerkschaften als Verbände beschreiben, die imstande sind, »im Verein mit dem sozialen Gegenspieler das Arbeitsleben zu ordnen und zu befrieden«, oder die in einer Erkundung der »geschichtlich gewordenen Struktur des Handwerkerstandes« zu dem Ergebnis führen, daß nicht nur dessen hergebrachte Differenzierungen (etwa Ausschluß von Nichtgesellen aus der Innungskrankenkasse) mit dem Gleichheitssatz vereinbar seien, sondern daß auch sozialer Aufbau und tatsächliche Eigenart der analysierten Berufe »maßstäbliche Kraft für die Gesetzgebung« hätten.[82] Wenn nun in diesen Fällen soziale Realität schlicht normativ gewendet wird, wenn also insgesamt Normbereichsanalysen das eine Mal zur sozialwissenschaftlich kompetenten Realisierung emanzipatorischer Verfassungsbestimmungen, ein anderes Mal zur Versteinerung des Status quo gegen jede Verfassungsrealisierung dienen können, dann ist eine Methodik, die beide Möglichkeiten gleichermaßen zustimmend behandelt, nicht imstande, Direktiven für die geforderten Normbereichsanalysen anzugeben.

Sie ist es deshalb nicht, weil sie dem Normtext eine vom Normbereich unabhängige Bedeutung nicht zuerkennt. In den vorliegenden gegenläufigen Beispielen wären Progressivität oder Konservatismus der Judikatur, d. h. aber: das Ausmaß an »judicial self-restraint« gegenüber gesetzgeberischen Innovationen, vom Normbereich aus nicht zu steuern. Ihre entgegengesetzte Intention ergibt sich allein

---

81 Friedrich Müller, Nachschrift zu: »Strafrecht, Jugendschutz und Freiheit der Kunst«, in: ders., *Rechtsstaatliche Form – Demokratische Politik*, Berlin 1977, S. 75 ff., hier: S. 93.

82 Friedrich Müller, *Normbereiche von Einzelgrundrechten in der Rechtsprechung des Bundesverfassungsgerichts*, Berlin 1968, S. 24 und 28 f.; dort auch die Zitate aus den Entscheidungen des BVerfG; ebenso: ders., *Juristische Methodik*; S. 45 f., wo sich auch (S. 46) Müllers explizite Anerkennung dieser Judikatur findet.

daraus, daß im ersten Fall dem Normtext gegen die Realität zur Durchsetzung verholfen wird, während im zweiten Fall der Normbereich sich gegen alle Verfassungsorientierung verselbständigt. In gesellschaftlichen Systemen, deren demokratische Verfassungsstruktur in unvermittelter Diskrepanz zur sozialökonomischen Machtkonzentration steht, ist »Progressivität« der Verfassungsjudikatur überhaupt nur durch Normtextorientierung zu erreichen. Dies gilt um so mehr, wenn dem obersten Gericht die Befugnis zu eigenmächtiger Tatsachenfeststellung zugestanden wird,[83] was keineswegs selbstverständlich ist. Im Gegensatz zu den ordentlichen Gerichten hat nämlich das Bundesverfassungsgericht – speziell im Bereich der Normenkontrolle – nicht die Funktion, Normen auf konkrete Sachverhalte anzuwenden, sondern Normen auf Normen zu beziehen. Falls dennoch Normbereichsanalysen der Verfassungsjudikatur mit denen sonstiger Rechtsprechung in methodischer Perspektive gleichgesetzt werden, wäre gerade hier sicherzustellen, daß das Verfassungsgericht nicht Normenkontrolle durch eigene Zweckmäßigkeitserwägungen oder Prognosen gesellschaftlicher Entwicklungen ersetzt, d. h., daß nicht ein Gesetz den Stempel der Verfassungswidrigkeit einfach deshalb erhält, weil die Normbereichsanalyse des Gerichts von der des Gesetzgebers abweicht und gegen diese autoritär durchgesetzt wird.

Möglicherweise ist hier ein Konservatismus im Spiel, der nicht subjektiven Wertungen von Richtern zu verdanken ist, sondern in den Realitätsstrukturen festsitzt. Wenn zum Beispiel Niklas Luhmann – durchaus affirmativ – die äußerst begrenzte Aufnahmefähigkeit der modernen Gesellschaft für rechtlich ausgelöste Änderungen aus den hohen Interdependenzen des Gesellschaftssystems ableitet,[84] scheint Friedrich Müllers Konzeption des Normbereichs eine ähnliche Sympathie für solchen Widerstand objektiver Strukturen anzuzeigen. Der Begriff des Normbereichs meint prinzipiell, daß »die tatsächlichen Verhältnisse im Bereich der Rechtsregel nicht nur eine äußerliche Schranke für die Rechtsverwirklichung darstellen, sondern daß sie die Aussage über reale Normativität,

---

83 Diese Kompetenz ist keineswegs unumkämpft; vgl. Klaus J Philippi, *Tatsachenfeststellungen des Bundesverfassungsgerichts. Ein Beitrag zur rational-empirischen Fundierung verfassungsgerichtlicher Entscheidungen*, Köln, München 1971, und Vorwort von Wilhelm K. Geck.

84 Luhmann, *Rechtssoziologie*, S. 301 ff. (besonders 325).

das heißt: über die Aussicht auf Realitätsgestaltung durch Rechtsnormen, unmittelbar mitbegründen«.[85] Eine derartige Aussage bekundet Realitätssinn; doch auf die Rechtspraxis übertragen bedeutet sie eine Verstärkung des quasi selbsttätig wirkenden gesellschaftlichen Konservatismus. Die Justiz kann jederzeit als unrealistisch einstufen, was der Gesetzgeber an Rechtsänderungen gerade noch deshalb für möglich hält, weil eine zur Beurteilung ihrer »Verfassungsmäßigkeit« anstehende Rechtsnorm mit stützenden Maßnahmen versehen werden kann. Eine dergestalt betriebene Soziologisierung der Rechtsnorm läuft Gefahr, hinter emanzipatorische Intentionen des inkriminierten Rechtspositivismus zurückzufallen. Obwohl der Rechtspositivismus sich in reinlicher Borniertheit von den sozialen Voraussetzungen des Rechts abschnitt, enthielt doch seine Trennung von Sein und Sollen das progressive Moment einer Nichtanerkennung der gesellschaftlichen Wirklichkeit: Die Gesetzesbindung des Richters bedeutete unter diesem Gesichtspunkt die Konzession, daß die gesellschaftliche Wirklichkeit zur Disposition der Legislative stand.[86] Eine juristische Methodik aber, die die rechtliche »Anordnung« und »das durch sie Geordnete« als prinzipiell gleichrangige Momente der Normkonkretisierung »von nur relativer Unterscheidbarkeit« behandelt und für das Verfassungsrecht auch noch betont, daß eine Rechtsnorm »keine der Wirklichkeit autoritär übergestülpte Form« sei,[87] macht sich unfreiwillig zum Anwalt des Bestehenden.

Dieser Eindruck bestätigt sich in Friedrich Müllers Verfassungs- und Rechtsstaatstheorie, ungeachtet dessen, daß sie im Kontext einer durchgehenden Kritik des konservativen Verfassungsverständnisses des Bundesverfassungsgerichts entwickelt ist. In den zahlreichen Analysen einzelner Entscheidungen des Bundesverfassungsgerichts kommt die liberale Intention des Autors am deutlichsten zum Ausdruck, beispielsweise wenn das Hochschulurteil von 1973 als Muster einer Rechtsunterstellung kritisiert wird, die aus dem Grundrecht der Wissenschaftsfreiheit organisationsrechtliche Normen für den Hochschulbereich bis hin zu prozentualen

85 Müller, *Juristische Methodik und Politisches System*, S. 63 f.

86 Dazu: Ingeborg Maus, »Aspekte des Rechtspositivismus in der entwickelten Industriegesellschaft«, in: dies., *Rechtstheorie und politische Theorie im Industriekapitalismus*, München 1986, S. 205 ff.

87 Müller, *Juristische Methodik*, S. 118.

Aussagen über den »maßgebenden Einfluß« der eigentlichen »Hochschullehrer« herausdestilliert. In Übereinstimmung mit dem progressiven Flügel[88] der Diskussion zur Verfassungsjudikatur ist für Friedrich Müller der zentrale Punkt der Kritik, daß das Bundesverfassungsgericht Freiheitsrechte zu Gebotsnormen, zu Ausgestaltungsnormen der Herrschaftsorganisation umdeutet.[89] Wenn er aber dahingehend generalisiert, die Funktion der Grundrechte sei überhaupt die Absicherung der »Eigengesetzlichkeit« »geprägte[r] Sachgebiete«, die als politisch nicht funktionalisierbar, inhaltlich nicht überfremdbar garantiert werden sollten,[90] dann ist dies für die Beispiele Glaube und Gewissen, Kunst und Wissenschaft zwar äußerst zutreffend, gerät aber für andere Grundrechtsbereiche wie die Eigentumsgarantie zur Apologie gesellschaftlicher Machtpositionen. Dem entspricht die uneingeschränkte Übernahme systemtheoretischen Grundrechtsverständnisses: Grundrechte haben Subsysteme der Gesellschaft mit ihren unterschiedlichen Strukturprinzipien gegen Tendenzen der Entdifferenzierung und durchgehenden Politisierung der Sozialordnung abzusichern, so wie überhaupt der Verfassungsstaat vornehmlich durch Abgrenzung und Negation bestimmt sei.[91] Müllers überaus zutreffende Kritik des wertsystematischen und substantialisierenden Verfassungsdenkens des Bundesverfassungsgerichts ist darum ebenfalls – entgegen ihrer Intention – gegen die »linke« Konzeption einer gesellschaftlichen Gesamtverfassung[92] mobilisierbar, die aus der politischen Verfassung Konsequenzen auch für eine Demokratisierung der Gesellschaft zieht.

Gegen den Substanzbegriff der »Einheit der Verfassung«, wie

---

88 Vgl. Ridder, »Die soziale Ordnung des Grundgesetzes«, S. 92 ff., und Erhard Denninger, »Freiheitsordnung – Wertordnung – Pflichtordnung. Zur Entwicklung der Grundrechtsjudikatur des Bundesverfassungsgerichts«, in: Mehdi Tohidipur (Hg.), *Verfassung, Verfassungsgerichtsbarkeit, Politik*, Frankfurt/M. 1976, S. 163 ff.

89 Müller, *Juristische Methodik und Politisches System*, S. 24 ff.

90 Ders., *Die Einheit der Verfassung*, S. 102 f.

91 Ebd.

92 Vgl. Wolfgang Abendroth, »Zum Begriff des demokratischen und sozialen Rechtsstaates im Grundgesetz der Bundesrepublik Deutschland«, in: Ernst Forsthoff (Hg.), *Rechtsstaatlichkeit und Sozialstaatlichkeit*, Darmstadt 1968, S. 114 ff., hier: S. 139; Helmut Ridder, Artikel »Staat«, in: *Staatslexikon*, Freiburg/Br. 1957 ff., Bd. 7, Sp. 543.

er weite Bereiche der Verfassungsjudikatur beherrscht, verweist Friedrich Müller auf die gesellschaftlichen Widersprüche »in den realen Verhältnissen der Normbereiche« und macht zu Recht die Offenheit und Kompromißstruktur des Grundgesetzes geltend.[93] Freilich verlagert sich in Müllers Verfassungsbegriff die Kategorie der Substantialität auf die gesellschaftlichen Widersprüche: Freiheitliche Verfassungsfunktion und »friedenstiftende« Kompromißstruktur werden dergestalt identifiziert, daß »gesellschaftliche Widersprüche, Uneinheitlichkeit und gegensätzliche Interessen« geradezu als deren unabdingbare Voraussetzung erscheinen.[94] Bemühungen um eine Aufhebung gesellschaftlicher Widersprüche geraten so in den Verdacht, die freiheitliche Verfassungsstruktur zu unterminieren. Friedrich Müllers Kampf gegen die Erosion des Rechtsstaats durch die Verfassungsjudikatur steht unter dem Zeichen eines Rechtsstaatsbegriffs, der durch seine »konservierende Funktion« bestimmt ist und das Offenhalten der Verfassung verbindlich macht, »um die dadurch begünstigten gesellschaftlichen Interessen abzusichern«.[95] Offenheit meint hier nicht mehr eine Vielzahl von Perspektiven der Weiterentwicklung, sondern das Gebot des Stillstandes. So ist auch das ›Schweigen der Verfassung‹ vor allem im Bereich der Wirtschaftsordnung als ein »beredtes Schweigen« interpretiert,[96] analog dem Verfahren, die »›wirtschaftspolitische Neutralität‹ des Grundgesetzes [...] mit einem an die Staatsgewalt gerichteten Neutralitätsgebot der Verfassung zu vertauschen«.[97] Das derart spezifisch bestimmte Rechtsstaatsprinzip wird zum beherrschenden Faktor der Verfassung, in dessen »Dienst« und Grenzen das Sozialstaatsprinzip zu stehen hat.[98] Aus der Kompromißstruktur der Verfassung leitet Müller eine bürgerliche Verfassungsentscheidung ab.

Was bis hierhin als notwendige Bedingung freiheitlich-rechtsstaatlicher Verfassung verstanden wurde, erscheint in anderem Zusammenhang als objektiver Widerstand gegen die Realisierung der Verfassung: »Schließlich kann es das Grundgesetz nicht verhin-

93 Müller, *Die Einheit der Verfassung*, S. 106, 153.
94 Ebd., S. 182.
95 Müller, *Juristische Methodik und Politisches System*, S. 53.
96 Ebd.
97 Ridder, »Die soziale Ordnung des Grundgesetzes«, S. 119.
98 Müller, *Juristische Methodik und Politisches System*, S. 91.

dern, daß sich gesellschaftliche Realität mit ihren Widersprüchen als systemnotwendige Grenze legislatorischer, exekutivischer und judizieller Entscheidungsalternativen auswirkt, daß sich gesellschaftliche Implikationen der Verwirklichung verfassungsrechtlicher Ordnungspostulate entgegenstellen.«[99] Müllers These, die Verfassungsordnung des Grundgesetzes stehe unter dem Vorbehalt ihrer Vereinbarkeit mit der tatsächlichen Sozialstruktur,[100] besteht aus Realanalyse und resignierender Affirmation. Sie ebnet jene Differenz ein, um die eine demokratische Verfassung den realen Verhältnissen »voraushinkt«.[101] War das Bestehende bei der Bestimmung des Verhältnisses von Normprogramm und Normbereich in die Prognose »realer Normativität« gekleidet, so erweist sich die »Explikation gesellschaftlicher Implikationen« als das verfassungsrechtliche Realitätsprinzip der strukturierenden Methodik überhaupt.

Explikation war die Antwort von Müllers Rationalitätspostulat auf die hinter der Fassade von Urteilsbegründungen versteckten tatsächlichen Vorgänge und »Implikationen«.[102] Soweit es sich bei letzteren um unmittelbar gesellschaftliche handelt, wendet sich Müller gegen die tatsächliche Zumutung an die Rechtspraxis, bestehende Diskrepanzen zwischen Norm und Wirklichkeit im Wege methodisch inkorrekten Arbeitens stillschweigend zu beheben. Am Beispiel des Numerus-clausus-Urteils von 1972 ist das Lavieren des Bundesverfassungsgerichts zwischen freier Wahl der Ausbildungsstätte, Chancengleichheit und Sozialstaatsprinzip einerseits und konstatierten Grenzen staatlicher Leistungsfähigkeit und gesellschaftlichem Bedarf andererseits herausgearbeitet.[103] Explikation der Implikationen verlangte hier die Offenlegung jener gesellschaftlichen Widerstände, die einer Realisierung der Verfassungsnormen im Wege stehen. Die berechtigte Forderung nach Explikation aber führt sich dort ad absurdum, wo der Anspruch korrekten methodischen Arbeitens wichtiger wird als der Bestand einzelner Verfassungsgarantien: Im Falle des Hochschulzugangs

99 Ders., *Die Einheit der Verfassung*, S. 171.
100 Ebd.
101 So Otto Kirchheimer, »Verfassungsreform und Sozialdemokratie«, in: *Funktionen des Staats und der Verfassung*, Frankfurt/M. 1972, S. 79 ff., hier: S. 84 f.
102 Müller, *Juristische Methodik und Politisches System*, S. 33.
103 Ebd., S. 28 ff.

oder der »Radikalen«-praxis ist eine Änderung des Verfassungstextes zur Überwindung des Widerspruchs zwischen Norm und Realität einer methodischen Korrumpierung der Rechtspraxis vorgezogen. Auch wenn die Intention des Autors sich gegen eine solche politische Lösung sperrt:[104] das Durchspielen der äußersten Konsequenzen von Explikation führt wiederum zum rechtsstaatlich geordneten Rückzug vor der Übermacht der Tatsachen.

Überhaupt gerät die Forderung korrekten methodischen Arbeitens in Gefahr, sich gegenüber ihrer eigenen demokratischen Voraussetzung zu verselbständigen. Diese bestand darin, die Abkoppelung richterlichen Amtsrechts von demokratisch gesetztem Recht durch normativ gebundene Methodik zu verhindern. Um der durchgehenden demokratischen Legitimation des Rechts (auch des konkretisierten Rechts) willen wurde strikte Methodenehrlichkeit[105] gefordert und wurden sämtliche Rechtsinstanzen in Gesetzgebung, Exekutive und Justiz auf gleichheitliches methodisches Arbeiten verpflichtet. Friedrich Müllers Ableitung des »Grundrechtes auf Methodengleichheit« aus den Gleichheitssätzen und Diskriminierungsverboten des Grundgesetzes im Kontext der direkten Grundrechtsbindung aller staatlichen Gewalt enthielt die richtige Perspektive, daß demokratische Gleichheit vor dem abstrakten Gesetz wertlos ist, wenn sie vor dem angewandten Gesetz nicht existiert.[106] Wenn aber juristische Methodik – trotz der zugestandenen Prärogative des demokratisch legitimierten Gesetzgebers zu sachgerechten Rechtsänderungen[107] – Rechtsetzung und Rechtsan-

---

104 Dies wurde von Friedrich Müller in der eingangs erwähnten Gießener Diskussion dieses Beitrags mit großem Nachdruck vertreten. Siehe dazu Müller, *Juristische Methodik und Politisches System*, S. 63 Anm. 85, wo von einer entsprechenden Verfassungsänderung als einer »rechtsstaatlich korrekten [nicht aber: einer liberalen Verfassung würdigen] Lösung des Problems« gesprochen wird.

105 Im Gegensatz zur herrschenden Auffassung, daß Methodenlehre nur auf die Begründungspflicht bezogen sein könne – vgl. etwa Starck, *Die Bindung des Richters an Gesetz und Verfassung*, S. 71 f. –, fordert Müller eine Deckungsgleichheit von Erarbeitung und Begründung der Rechtsentscheidung und mildert die Durchsetzung der geforderten methodischen Schritte im Arbeitsprozeß der Rechtsentscheidung allenfalls im Sinne des Falsifikationsmodells (s. o.) ab, s. Müller, »Rechtsstaatliche Methodik und Politische Rechtstheorie«, S. 285 ff., bzw. Müller, *Die Einheit der Verfassung*, S. 223 f.

106 Müller, *Juristische Methodik und Politisches System*, S. 66.

107 Ders., *Juristische Methodik*, S. 84; s. auch S. 106.

wendung prinzipiell gleichermaßen wissenschaftlich-methodischer Beurteilung unterstellt,[108] dann verkehrt sie eine wesentliche Intention frühbürgerlicher Rechtsstaatskonzeption in ihr Gegenteil. Die Verpflichtung der Justiz zu korrekter Gesetzesanwendung sollte die Souveränität des Parlaments sichern, das seinerseits von normativen Anforderungen freigestellt war, weil die demokratische Genesis des Gesetzes »Richtigkeit« und Gleichheit verbürgte.[109] Friedrich Müllers These, daß Gesetzgebung und Rechtsprechung gleichrangig verfassungskonkretisierend arbeiten, verkennt, daß sie den Gesetzgeber auf die gleiche konservierende Funktion beschränkt, auf die die Verfassungsgerichtsbarkeit von Verfassungs wegen ausdrücklich verpflichtet ist. Die Aufgabe des Gesetzgebers ist nicht die eines »Hüters der Verfassung«; vielmehr hat der Gesetzgeber eigenständige Zwecksetzungen im Rahmen der Verfassung zu verfolgen. Die Unterscheidung zwischen Offenheit der Verfassung und dem, was traditionell als »Lücke« im Verfassungstext bezeichnet wird,[110] trägt diesem Sachverhalt Rechnung. Zulässige Verfassungskonkretisierung betreibt das Gericht, wenn es sogenannte »Lücken« schließt; die bewußte Offenheit der Verfassung für weitere Gesellschaftsgestaltung aber ist die eigentliche Domäne des Gesetzgebers. Jede Verwischung dieses Unterschiedes muß zur Kompetenzüberschreitung des Gerichts bzw. zur verfassungswidrigen Reglementierung des Gesetzgebers führen.

Trotz ihres demokratischen Ansatzes verselbständigt sich Friedrich Müllers Methodik gegen den Gesetzgeber, dessen Rechtsentscheidungen sie zur Durchsetzung verhelfen wollte. Es scheint, daß die Axiome ihrer Rechtsnormtheorie den demokratischen und rechtsstaatlichen Intentionen der Methodenlehre entgegenstehen. Indem Müller das Verhältnis von Recht und Wirklichkeit ausschließlich als Problematik der Rechtskonkretisierung thematisiert, wird die Rechtsnorm nicht mehr durch die Legislativfunktion bestimmt, sondern allein durch die juristische Arbeitsweise definiert. Diese Version der Rechtsnorm schneidet sich gerade von den realen

---

108 Ebd., S. 100, 104; Müller, *Juristische Methodik und Politisches System*, S. 68.

109 Dazu Maus, »Entwicklung und Funktionswandel der Theorie des bürgerlichen Rechtsstaates«, besonders S. 15 ff.

110 Vgl. Jürgen Seifert, »Verfassungsgerichtliche Selbstbeschränkung«, in: Mehdi Tohidipur (Hg.), *Verfassung, Verfassungsgerichtsbarkeit, Politik*, S. 116 ff., hier: S. 128 f.

gesellschaftlichen Bedingungen ab – wie sie sich im ganzen von »soziologistischer« Auffassung distanziert, die Recht nur als Ausdruck sozialer Gegebenheiten begreift.[111] Aber die Entscheidung darüber, was von den gesellschaftlichen Strukturen in »Recht« überführt wird, ist eine Kompetenzfrage, die in demokratischen politischen Systemen zugunsten derjenigen politischen Instanz geregelt ist, die aufgrund ihrer Legitimationsbeschaffung am stärksten öffentlicher Kontrolle ausgesetzt ist. Normbereichsanalysen in der juristischen Entscheidungsfindung, die sich mit der eigenständigen Konstitution der Bedeutung von Rechtsnormen zugleich gegen die »Normbereichsanalyse« des Gesetzgebers verselbständigen, beschränken diese demokratische Kompetenz.

Wie die Normkonzeption inhaltliche Entscheidung und die Vermittlung von Recht und Wirklichkeit weitgehend vom Gesetz auf die Rechtskonkretisierung verlagert, so macht sie auch demokratische Legitimität der Legalität nicht mehr am Gesetzgebungsverfahren, sondern an juristischer Methodik fest. In einem ohnehin nicht mehr input-orientierten Demokratieverständnis stellt Müller nicht auf demokratische Partizipation, sondern Abnahme von Rechtsentscheidungen durch die Betroffenen ab. Deren Konsens jedoch wird mit dem Bestand juristischer Methodik im Sinne einer rationalen wissenschaftlichen Disziplin identifiziert.[112] Rechtsstaatliche Methodik erscheint hier als Demokratie-Ersatz: Die Rationalität und Berechenbarkeit der Rechtskonkretisierung, die die richterlichen Entscheidungsprozesse für Kritik und Kontrolle – aber doch nur der Fachleute[113] – öffnet, avanciert zum Äquivalent der demokratischen Kontrolle des Gesetzgebungsprozesses in dem Maße, wie die Rechtsnormtheorie ohnehin die Rechtsentscheidung aus dem Gesetz in den Vorgang der Konkretisierung verlagert. So gesehen scheint die juristische Methodik Friedrich Müllers nicht

111 Müller, *Juristische Methodik*, S. 192.

112 Deis., *Recht – Sprache – Gewalt*, S. 29.

113 Zwar hofft Müller, daß eine rechtsstaatliche juristische Methodik, die überprüfbare Argumentationsschritte aller Entscheidungsinstanzen erzwingt, auch politische Öffentlichkeit als Kontrollfaktor ins Spiel bringt, s. Müller, *Juristische Methodik und Politisches System*, S. 28. Dies scheint schwer vorstellbar, wenn schon die von Müller selbst ausgearbeitete Methodik wegen ihres hohen Abstraktionsniveaus auch den meisten Rechtspraktikern kaum zumutbar erscheint, so Denninger, »Rezension zu Friedrich Müller: ›Normstruktur und Normativität‹«, S. 339.

geeignet, dem Gesetzgeber ein Stück des unter justizstaatlichen Entwicklungen verlorenen Terrains zurückzugewinnen. Solange der hoffnungsvolle, auf rechtsstaatliche und demokratische Defizite der gegenwärtigen Rechtspraxis sehr sensibel reagierende Ansatz der Methodologie von der Rechtsnormtheorie konterkariert wird, kann sie allenfalls eine Rationalisierung des in ständiger Ausdehnung befindlichen richterlichen Ermessensbereichs bewirken. Sie enthält den Versuch, die Herrschaft der Justiz über den Gesetzgeber durch die Herrschaft der Rechtswissenschaft zu ersetzen.

VII. Vom Rechtsstaat zum Verfassungsstaat.
Zur Kritik juridischer Demokratieverhinderung[1]

Es entbehrt nicht der bitteren Ironie, daß ein großer Geburtstag Helmut Ridders, dessen Thema seit Jahrzehnten der Zusammenhang von positiver Rechtsgeltung, Demokratie und Frieden ist, zu einem Zeitpunkt ansteht, an dem seine wissenschaftlichen Erkenntnisse durch schiere Unvernunft in den Staub getreten sind. Wie viele Menschenleben wären gerettet worden, hätte westliche Hegemonie nicht die Zuständigkeit der internationalen Gemeinschaft usurpiert, sondern sich an das kodifizierte Recht derselben gehalten.[2] Auch um die spezifische Verbindung von »Demokratie und Recht«,[3] auf die sich die folgende Betrachtung konzentriert,[4] ist es seit langem schlecht bestellt. Das Thema Helmut Ridders ist also nur in einer Oppositionswissenschaft zu bearbeiten, die der herrschenden Lehre und den real existierenden Zuständen gleichermaßen den Kampf ansagt und die – ganz im Sinne der Arbeiten Helmut Ridders – eine starke historische Dimension entwickelt, um die typisch »deutsche Flucht aus der Geschichte« zu konterkarieren und überhaupt durch kritisches Erinnern die Eindimensionalität der Gegenwart zu irritieren. Zugleich geht es um ein Thema, das angesichts der Diskussion über eine europäische Verfassung von größter Relevanz ist. Ganz offensichtlich ist diese Diskussion durch einen beängstigenden Mangel an Vertrautheit mit den Kriterien einer demokratischen Verfassung behindert – Kriterien, um die eine Auseinandersetzung bisher nur hinsichtlich innerstaatlicher demokratischer Strukturen stattfand. Ehe also über

1 Vortrag anläßlich des 85. Geburtstags Helmut Ridders.
2 Es handelt sich um die Kriegseinsätze im Irak und in Afghanistan.
3 So der Titel der Zeitschrift, in deren Redaktion Helmut Ridder sich temporär engagierte.
4 Auch dieser Aspekt des Werkes kann hier nur in einem begrenzten Ausschnitt behandelt werden. Verwiesen sei auf die Gesamtbibliographie der Schriften von Helmut Ridder (fast 500 Titel) in: Friedrich-Martin Balzer (Hg.), *Helmut Ridder für Einsteiger und Fortgeschrittene*, Bonn 2004, und auf die Herausgabe der wichtigsten Schriften: Dieter Deiseroth (Hg.), *Helmut Ridder. Gesammelte Schriften*, Baden-Baden 2010. Siehe dort auch ein Verzeichnis der Schriften Helmut Ridders (1947-2007), S. 753 ff.

die kommende europäische Verfassung verantwortlich beraten und entschieden werden kann, ist trotz des inszenierten Zeitdrucks eine Klärung der Voraussetzungen von Demokratie überaus dringlich.

Wenn unter dem Titel »Vom Rechtsstaat zum Verfassungsstaat« eine steigende Demokratieverhinderung abzuhandeln ist, so sind damit Begriffe gebraucht, die in semantischen Kämpfen historisch immer wieder neu besetzt und bis zur Unkenntlichkeit entstellt wurden. »Vom Rechtsstaat zum Verfassungsstaat« bezeichnet also eine Entwicklungslinie, deren Stationen überhaupt erst bestimmt werden müssen. Dieser Versuch wird noch dadurch erschwert, daß die genannten Begriffe in der Gegenwart einer Willkür des Zugriffs unterliegen, die eine Gleichzeitigkeit des Ungleichzeitigen generiert. Angesichts dieser Komplikationen sollte es nicht verwundern, wenn im folgenden – trotz der großen Gemeinsamkeit der Intentionen – gelegentlich auch auf Auseinandersetzungen zu verweisen ist, in denen Helmut Ridder und die Verfasserin auf unterschiedliche Weise sich der Begriffe und ihrer Gegenstände versicherten. Das bedeutet für den Gang der folgenden Argumentation, daß es sogar notwendig sein kann, sich in scheinbar verselbständigten Exkursen dem Werk Helmut Ridders anzunähern. Aus Gründen, die noch zu erläutern sind, werden »Rechtsstaat« (1) und »Verfassungsstaat« (2) getrennt abgehandelt.

I.

Helmut Ridder hat eindrucksvoll dargetan, daß Materialisierungen des Rechtsstaats (vor allem seit dem Ende der Weimarer Republik) diesen in ein Entsprechungsverhältnis zum »Staatsrecht« bringen, das eine Identifikation von Recht und Staat auf dem Niveau des Staates und der von ihm vertretenen Interessen impliziert.[5] Die Verteidigung dieses Rechtsstaats wird dadurch zu einer Formel, die tatsächlich der Freisetzung eigenständiger, die Funktion des Rechts gerade übersteigender Staatszwecke dient. Unter Rückgriff auf diese Formel kann jede beliebige inhaltliche Politik gegen den

5 Helmut Ridder, Richard Bäumlin, Kommentierung von Art. 20 Abs. 1-3 GG, III: »Rechtsstaat«, in: Rudolf Wassermann (Hg.), (Alternativ-)*Kommentar zum Grundgesetz für die Bundesrepublik Deutschland*, Neuwied, Darmstadt 1984, Bd. 1, S. 1288-1337, hier: S. 1298 ff.

Widerspruch der gesellschaftlichen Basis als rechtsstaatlich gebotene legitimiert werden. Dies bedeutet aber, wie Helmut Ridder betont, daß in dieser Gegenwart des Rechtsstaats dessen spezifisch deutsche Vergangenheit als bloße Konstitutionalisierung des monarchischen Prinzips wieder auflebt.

Dagegen findet sich bei Helmut Ridder der Begriff eines *formalen* Rechtsstaats, der in kritischer Absicht gegen konservative und linke Materialisierungen gewendet wird. An einem spezifischen Aspekt dieser formalen Rechtsstaatskonzeption möchte ich hier noch einmal ansetzen. Ich selbst hatte seinerzeit über Entwicklung und Funktionswandel der deutschen Rechtsstaatstheorie gehandelt und dabei eine »Verfallsgeschichte« vom formalen demokratischen Rechtsstaat des 18. Jahrhunderts zum sukzessive materialisierten und somit antidemokratisch gewendeten Rechtsstaat der Gegenwart geschrieben.[6] Aus dieser Sicht hatten die im 19. Jahrhundert noch bestehenden formalistischen Teilelemente der Rechtsstaatstheorie als Abwehrpositionen immerhin gegen alle Versuchungen justizförmiger Beschränkung des Gesetzgebers fungiert und wurden insoweit immer noch als Ansatzpunkte für einen demokratischen Gesetzespositivismus der Weimarer Zeit interpretiert. Helmut Ridder hatte allerdings zu Recht eingewendet, daß diese Einschätzung des 19. Jahrhunderts insgesamt zu optimistisch ausfalle, da sie die »besonderen Gewaltverhältnisse« als weite Bereiche gesetzesfreier Enklaven der Verwaltung ausblende.[7] Dies muß ich zugestehen. Dennoch stellt sich die Frage, ob der Rechtsstaat wirklich von Anfang an bloß auf eine »Mäßigung« der Staatsgewalt angelegt war oder sich nicht doch auf dem Weg zu deren Vergesetzlichung befand, welche zunächst allerdings nur sehr partiell gelang.

Franz Neumann hat darauf aufmerksam gemacht, daß unter den restriktiven Bedingungen des deutschen Konstitutionalimus ein spezifischer Kampf um den Gesetzesbegriff geführt wurde.[8] Das an der Gesetzgebung nur beteiligte, eigentlich nur mit einer

---

6 Ingeborg Maus, »Entwicklung und Funktionswandel der Theorie des bürgerlichen Rechtsstaats«, in: dies., *Rechtstheorie und politische Theorie im Industriekapitalismus*, München 1986, S. 11 ff.

7 Ridder/Bäumlin, Kommentierung von Art. 20 Abs. 1-3 GG, III, S. 1304.

8 Franz Neumann, »Der Funktionswandel des Gesetzes im Recht der bürgerlichen Gesellschaft«, in: ders., *Demokratischer und autoritärer Staat*, Frankfurt/M., Wien 1967, S. 31-81, hier: S. 52.

Vetoposition gegenüber dem König ausgestattete Bürgertum hatte einerseits als defensive Minimalposition das generelle Gesetz für jeden Eingriff in Freiheit und Eigentum gefordert und insoweit einen machtgeschützten Besitzindividualimus abgesichert. Es ist aber zu ergänzen, daß sich andererseits schon früh die Formulierung findet, das Gesetz könne darüber hinaus »jeden anderen beliebigen Gegenstand« zum Inhalt haben, der als partikularer üblicherweise durch einseitige Regierungsverfügung geregelt werde.[9] In dieser Perspektive sehe ich die maximale Hoffnung ausgedrückt, das gesamte Staatshandeln sukzessive unter das Gesetz stellen zu können. Auch wenn zu dieser Zeit die Formel von der »Allmacht des Gesetzes«[10] noch eher auf Allmachtsphantasien beruht, so ist doch eine Richtungsangabe zukünftiger Entwicklung auch darin angedeutet, daß das Postulat der Generalität des Gesetzes einseitig gegen die monarchische Exekutive gerichtet ist und sowohl Mindest- wie Maximalforderungen dieses Gesetzesbegriffs die Erweiterung der Legislativfunktion implizieren.

Unter diesem Gesichtspunkt muß der »Vorbehalt des Gesetzes« nicht als Ausdruck mediokren Rechtsdenkens verstanden werden. Helmut Ridder selbst hat auf das – wie ich meine: nur scheinbare – Paradox hingewiesen, daß die ohne Schranken des Gesetzes gewährleisteten Grundrechte des Grundgesetzes in der Verfassungspraxis mehr beschränkt werden als die unter Gesetzesvorbehalt stehenden.[11] Entsprechend beklagt Hoffmann-Riem zum Beispiel in seiner Kommentierung von Art. 8 GG, daß der Gesetzesvorbehalt nicht auch auf Versammlungen in geschlossenen Räumen erstreckt wurde, was erst die Möglichkeit mittelbarer Eingriffe der Verwaltung in das Grundrecht der Versammlungsfreiheit durch bau-, feuer- oder seuchenpolizeiliche Maßnahmen eröffnete.[12] Insofern verweist auch noch der Gesetzesvorbehalt so lange auf die Suprematie des Gesetzgebers gegenüber den anderen »Gewalten«,

9 Robert von Mohl, *Das Staatsrecht des Königreiches Württemberg*, Bd. I (1829), Tübingen 1840, S. 67 f.

10 Ebd., S. 68.

11 Helmut Ridder, »Vom Wendekreis der Grundrechte«, in: Dieter Deiseroth (Hg.), *Helmut Ridder. Gesammelte Schriften*, S. 355 f., 413 f. Ders., »Besprechung von Wolfgang Knies, Schranken der Kunstfreiheit als verfassungsrechtliches Problem«, in: *Archiv des öffentlichen Rechts*, 95/1970, S. 596 ff.

12 Wolfgang Hoffmann-Riem, in: Rudolf Wassermann (Hg.), (Alternativ-)*Kommentar zum Grundgesetz für die Bundesrepublik Deutschland*, Bd. 1, S. 744 ff., 760.

als noch nicht eine später substantialisierte Rechtsstaatlichkeit das Gesetz selbst als Einfallstor willkürlicher Durchgriffe bereitstellt. Selbst in der rechtsstaatlichen Minderform des deutschen Konstitutionalismus scheint mir daher ein emanzipatorisches Moment angelegt zu sein, das erst im Gesetzespositivismus der Weimarer Republik (für eine sehr kurze Zeit) zu sich selbst kommen konnte.

Zugleich sehe ich aber auch in den Formeln der »Allmacht des Gesetzes« und des »Primats des Gesetzgebers« eine Erinnerung an das emphatische Modell des demokratischen Rechtsstaats enthalten, das im 18. Jahrhundert entwickelt wurde und – wie ich meine – mit dem übereinstimmt, was Helmut Ridder »demokratische Gesetzlichkeit« nennt. Daß der Rechtsstaat in seinen Ursprüngen nicht etwa auf »Mäßigung der Staatsgewalt«,[13] sondern auf deren Vergesetzlichung angelegt ist, kann sogar schon an dem vorausliegenden Modell von Hobbes abgelesen werden, der bekanntlich Absolutismus und formale Rechtsstaatlichkeit im Interesse möglichster Effizienz des Staatshandelns verbindet – eines Staatshandelns, das seine Legitimation nicht mehr aus metaphysischen Staatszwecken bezieht, sondern bereits ausschließlich aus Bedürfnissen der Individuen konstruiert wird. Hobbes mißtraut der Unberechenbarkeit richterlicher Entwicklung des Common Law und fordert statt dessen eine Gesetzeskodifikation.[14] Daß das souveräne Staatsoberhaupt an die verkündeten Gesetze nur, aber immerhin so lange gebunden ist, als es sie noch nicht geändert hat, und zudem authentische Interpretationen durch die anwendenden Instanzen zu garantieren hat, ist als Forderung freilich nicht nur gegen den souveränitätsfeindlichen Traditionalismus und den Konstruktivismus der Common-Law-Jurisprudenz gerichtet, sondern hat auch eine dem Bürger zugewandte Seite: Ohne das Gesetz, das Hobbes' Staatsoberhaupt als Souverän erlassen und öffentlich verkündet hat, kann es als Exekutive nicht handeln, es unterliegt also dem Rückwirkungsverbot. Und ohne Gewährleistung der »Gleichheit vor dem Gesetz«, das heißt ohne Garantie der rechtlichen Gleichbehandlung sozial ungleicher Bürger vor Gericht, zerstört es den Frieden bzw. die »Sicherheit des Volkes« und verliert folglich je-

---

13 So aber Ridder/Bäumlin, Kommentierung von Art. 20 Abs. 1-3 GG, III, S. 1327.
14 Thomas Hobbes, *Dialog zwischen einem Philosophen und einem Juristen über das englische Recht* (1681), hg. von Bernard Willms, Weinheim 1992.

den Machtanspruch.[15] In dieser Vergesetzlichung der Staatsgewalt, die allerdings noch ganz ohne Gewaltenteilung auskommt, ist bereits ein wesentliches Element enthalten, das der demokratischen Rechtsstaatstheorie des 18. Jahrhunderts eingeschrieben bleibt.

Als deren Protagonist soll kurz Rousseau behandelt werden, dessen Theorie – wie beängstigend häufig übersehen wird – in Fragen demokratisch-rechtsstaatlicher Gewaltenteilung mit den Konstruktionen Lockes und Kants vollständig übereinstimmt[16] und der gemeinsam mit diesen Autoren die Gegenposition zu Montesquieu (siehe unten) einnimmt. Auch Rousseaus radikale Vergesetzlichung und Demokratisierung der Staatsgewalt ist gleichwohl an deren Effizienz interessiert. Der Grundsatz, nach dem Rousseau die geeignete Regierungsform je nach Größe und Bevölkerungszahl eines Landes erörtert, ist kein anderer als die möglichste Effizienz der Regierung bei der Durchsetzung des demokratischen Willens. Unter der Voraussetzung, daß »Exekutive« hier noch ganz wörtlich verstanden wird und die Regierung nichts anderes ist als der »Zwischenträger der Befehle, die das Volk sich selbst gibt«, kann sogar ein Monarch mit der Regierung betraut werden, wenn Größe und Bevölkerungszahl eines Landes deren besondere Effizienz erfordern.[17]

Was aber Rousseau von Hobbes unterscheidet, ist – so könnte man überpointiert sagen – nichts anderes als sein Prinzip strikter funktionaler Gewaltenteilung, die allerdings uno actu aus der De-

---

15 Thomas Hobbes, *Leviathan*, hg. von Iring Fetscher, Neuwied, Berlin 1966, S. 204, 209, 211, 214, 226, 255 in Verbindung mit 262.
16 Siehe Jean-Jacques Rousseau, *Über den Gesellschaftsvertrag* III 16 Abs. 1; II 4 besonders Abs. 5 Ende, Abs. 6, Abs. 9; II 5 Abs. 5; III 4 Abs. 1 u. 2 zur Ablehnung der antiken »Demokratie« wegen fehlender Gewaltenteilung; II 5 Abs. 5. – Zur Gleichsetzung von Legislative und Souveränität vgl. John Locke, *Zwei Abhandlungen über die Regierung*, §134, §143 Satz 1, §149 Satz 1, §150, §212 ff., und Immanuel Kant, *Die Metaphysik der Sitten/Rechtslehre*, in: Wilhelm Weischedel (II g.), *Kant-Werkausgabe*, Bd. VIII, Frankfurt/M. 1974 ff., §45. – In Helmut Ridders früheren Arbeiten ist die rigorose Strenge des Gewaltenteilungssystems bei Rousseau bereits vollständig anerkannt (vgl. Ridder/Bäumlin, S. 1296), während andererseits der gleichen Konstruktion bei dem »liberalen« Kant die radikaldemokratische Intention abgesprochen wird (ebd., S. 1298 f.). Hierzu und zum Folgenden vgl. Ingeborg Maus, *Zur Aufklärung der Demokratietheorie. Rechts- und demokratietheoretische Überlegungen im Anschluß an Kant*, Frankfurt/M. ²1994.
17 Rousseau, *Über den Gesellschaftsvertrag* III 1 Abs. 8, 13; 2 Abs. 4; 3 Abs. 8.

mokratisierung der Souveränität folgt. Rousseaus Volkssouveränität ist nicht einfach die umgewendete Fürstensouveränität, wie das Gerede von der absolutistischen oder sogar totalitären Demokratie (die erst zu »konstitutionalisieren« sei) gern annimmt. Mit der Demokratisierung der Souveränität werden die Funktionen überhaupt erst getrennt, die im Absolutismus zusammenfielen: Souveränität und staatliche Gewalt. Souveränität ist in langer ideengeschichtlicher Tradition ohnehin identisch mit der Funktion der Gesetzgebung: Der absolute Monarch bei Bodin oder Hobbes ist nicht etwa souverän wegen seiner Innehabung des »Gewaltmonopols«, sondern in seiner Eigenschaft als Quelle alles Rechts. Volkssouveränität besagt darum, daß die Gesetzgebung ausschließlich dem »Volk«, das heißt den Nichtfunktionären im Gegensatz zu den Amtsträgern in den Staatsapparaten, zukomme, so daß jeder Einsatz der Staatsgewalt vermittels ihrer Gesetzesbindung durch die gesellschaftliche Basis vollständig kontrolliert und dirigiert wird.

Grundlegend für dieses demokratische Modell der Gewaltenteilung ist also, daß es nicht etwa auf einer Souveränitätsteilung beruht wie das Modell Montesquieus oder die US-amerikanische Verfassung, in denen teilsouveräne Staatsapparate sich in einem Gleichgewichtssystem wechselseitig kontrollieren. Indem vielmehr die ungeteilte Souveränität beim Volk verbleibt, sind der Idee nach sämtliche gewalthabenden Staatsapparate »von unten«, durch das Volk, zu kontrollieren. Gerade diese demokratische Version der Gewaltenteilung ist deshalb auf einen geradezu pedantischen Formalismus des Rechts zwingend angewiesen, wenn die Gesetzesbindung der Apparate gelingen soll. Dem dienen Kants Überlegungen zur »mathematischen Genauigkeit« der Gesetzesbestimmungen oder zum Beispiel Rousseaus akribische Unterscheidungen zwischen Gesetz, Verwaltungsakt und justizförmigen Entscheidungen.[18] Daß das demokratische Gewaltenteilungsschema also ganz wesentlich auf der Entgegensetzung von Souveränität und Staatsgewalt beruht, erklärt auch, daß die Legislative im strengen Sinn gar keine »Gewalt« ist, sondern »Souveränität«, und begründet ihre Dominanz in dem spezifischen Gewaltenteilungssystem, das Vergesetzlichung der Staatsgewalt intendiert.

Es spricht nicht gerade für das Demokratieverständnis des

18 Kant, *Metaphysik der Sitten/Rechtslehre*, § E Abs. 2. Rousseau, *Über den Gesellschaftsvertrag* II 6 Abs. 5-8; II 5 Abs. 5.

20. Jahrhunderts, daß diese grundlegende Unterscheidung zwischen Souveränität und Staatsgewalt wieder verlorengegangen ist. So heißt es in Artikel 20 Absatz 2 GG nur noch lapidar: »Alle Staatsgewalt geht vom Volke aus.« Von der davon verschiedenen Souveränität ist hier nicht die Rede: Es gibt – so folgert die herrschende Lehre – auch nichts, was das Volk zurückbehält. Dagegen ist der Unterschied zwischen Souveränität und Staatsgewalt konstitutiv für Rousseaus Begründung der Unveräußerlichkeit der Souveränität: Da die Souveränität nichts anderes als die Ausübung des Gemeinwillens in der Gesetzgebung ist, so argumentiert Rousseau, kann sie nur durch sich selbst repräsentiert werden. Die Macht kann wohl (an die Exekutive) übertragen werden, nicht aber der Wille. (»Le pouvoir peut bien se transmettre, mais non pas la volonté.«)[19] Auf der Unterscheidung zwischen Souveränität und Staatsgewalt basieren auch die Formulierungen der repräsentativ-demokratischen girondistischen Verfassung von 1791: »die Souveränität ist einheitlich, unteilbar, unveräußerlich und unverjährbar. Sie gehört der Nation. Kein Teil des Volkes und keine einzelne Person kann sich ihre Ausübung aneignen.« (Dies wäre ein Rückfall in den Absolutismus oder ein Vorgriff auf die moderne Diktatur.) Dagegen gilt für die staatliche Gewalt: »Die Nation, von der allein alle Gewalten ihren Ursprung haben, kann sie nur durch Übertragung ausüben.«[20] Analoge Bestimmungen finden sich in der Jakobiner-Verfassung von 1793, die allerdings nicht in Kraft trat: Sie stand zur Praxis der Jakobiner-Diktatur in äußerstem Gegensatz.

Nur ein Rechtsstaat – so kann vorläufig resümiert werden –, dessen Gewaltenteilungsschema auf der strikten Funktionsteilung zwischen Souveränität und Staatsgewalt beruht, ist nicht etwa Gegenspieler der Demokratie, sondern Bedingung der Möglichkeit von Demokratie. Nur wenn alle Souveränität ungeteilt bei der gesellschaftlichen Basis monopolisiert ist und keiner Staatsgewalt der geringste Anteil an rechtsetzender Tätigkeit zugestanden wird, kann die Formel »Herrschaft des Volkes durch die Herrschaft des Gesetzes« einen nicht-ideologischen Charakter annehmen. Die Verhinderung rechtlicher Selbstprogrammierung der Staatsapparate impliziert nämlich eine spezifische Asymmetrie der Verteilung

19 Rousseau, *Über den Gesellschaftsvertrag* II 1 Abs. 2.
20 Titel III, Art. 1 und 2. Text (französisch/deutsch) in Günther Franz (Hg.), *Staatsverfassungen*, Darmstadt 1975, S. 314 f.

rechtsfreier Räume, die als konstitutiv für eine Demokratie angesehen werden muß: die totale Verrechtlichung der Staatsapparate und umgekehrt – für die Bürger – die fortbestehende Freiheit des Naturzustandes jenseits der Grenzen eines jeden genau bestimmten Gesetzes.[21]

Die spezifisch demokratische Bedeutung rechtsfreier Räume wird noch deutlicher im Hinblick auf den raschen Änderungsbedarf des modernen Rechts. Der moderne Begriff der Souveränität wird überhaupt erst im Kontext der Vollpositivierung des Rechts entwickelt. Erst wenn bewußt wird, daß alles Recht auf Entscheidungen beruht und durch Entscheidungen wieder geändert werden kann, ist die rechtsetzende und schließlich verfassunggebende Funktion auf den Begriff der Souveränität zu bringen. Unter demokratischem Vorzeichen ist es nun völlig unbedenklich, daß Souveränität im rechtsfreien Raum residiert. Damit ist nicht etwa das Recht des Ausnahmezustands, sondern die Normalität der rechtsändernden Innovationen des »Volkes« gemeint. In diesem Sinn formuliert Sieyes, daß nur die Regierung, nicht aber das Volk an die Verfassung gebunden sei;[22] das heißt: Das Volk ist der Verfassung und den Gesetzen nur so lange unterworfen, wie es sie noch nicht geändert hat, während umgekehrt die Staatsapparate, weil sie das Gewaltmonopol innehaben, zu keiner Änderung befugt sind.

Wie mit der Vollpositivierung des Rechts sich gerade die Anerkennung vorpositiver Souveränität durchsetzt, so ist es auch kein Widerspruch, daß mit der verfassungsrechtlichen Positivierung der Menschenrechte sich deren Auszeichnung als überpositive Rechte verbindet. Deren Doppelcharakter ist wiederum nur unter der Bedingung demokratischer Asymmetrie in der Verteilung rechtsfreier Räume unbedenklich. Während der positivrechtliche Aspekt der Rechte einseitig gegen die Staatsapparate gerichtet ist, folgt aus

---

21 Was dieser Aspekt bürgerlicher Freiheit, der sich in der Formel ausdrückt: »alles, was das Gesetz nicht ausdrücklich verbietet, steht in der Willkür jedes einzelnen«, praktisch bedeutet, läßt sich angesichts seiner Umkehrung in der Rechtsstruktur des NS-Systems verdeutlichen: Durch extrem unbestimmte Gesetzesbegriffe und rechtsschöpferische Interpretationsmethoden wurde die große Freiheit der Staatsapparate nach dem Motto eröffnet: Es wäre absurd, wenn wir jemanden nicht verurteilen könnten, bloß weil nichts im Gesetz steht. Dazu unten.

22 Emmanuel Joseph Sieyes, »Was ist der Dritte Stand?« in: Eberhard Schmitt, Rolf Reichardt (Hg.), *Emmanuel Joseph Sieyes. Politische Schriften 1788-1790*, München, Wien 1981, S. 117-195, hier: S. 167.

dem überpositiven oder sogar »vorstaatlichen« Charakter der Menschenrechte, daß kein überpositivrechtliches Argument jemals von seiten der Staatsapparate gegen die Individuen geltend gemacht werden kann, sondern daß der Durchgriff auf überpositive Rechte ausschließlich denen zukommt, die nicht politische Funktionäre, sondern »nur« Menschen sind.

Daß im 18. Jahrhundert Menschenrechte nicht etwa als Schranken von Volkssouveränität und Gesetzgebung gedacht werden, sondern umgekehrt Volkssouveränität als Optimierungsprinzip von Menschenrechten gilt (weshalb übrigens beide Prinzipien gemeinsam in den Grundrechtekatalogen des 18. Jahrhunderts aufgeführt sind),[23] folgt ebenso aus der asymmetrischen Verteilung der rechtsfreien Räume, die gegen die Staatsgewalt gerichtet ist. Indem nur die Träger der Rechte selbst darüber befinden können, was der Inhalt ihrer Rechte ist – oder, wie Kant formuliert – indem »jeder Mensch [...] unverlierbare Rechte hat, die er nicht einmal aufgeben kann, wenn er auch wollte, und über die er selbst zu urteilen befugt ist«,[24] wird der unmittelbare Zusammenhang von Menschenrechten und Volkssouveränität hergestellt: Menschenrechte können nur im Wege der demokratischen Gesetzgebung und des öffentlichen Diskurses der Bürger konkretisiert und positiviert werden. Die Theorie des demokratischen Rechtsstaats des 18. Jahrhunderts hat daher die typisch konservative Polemik Edmund Burkes wohl verdient, der zufolge sie den Menschen die Rechte des vorstaatlichen und des staatlichen Zustandes gleichzeitig zuspreche:[25] Genau dies hat sie gewollt.

Dieser Exkurs zu einschlägigen Konzeptionen der Aufklärung soll einen zentralen Aspekt von Helmut Ridders Demokratietheorie, die sein weitgespanntes juristisches Werk bestimmt, verdeutlichen, obwohl Ridder selbst sich in seinen großen klassischen Arbei-

---

23 Virginia Bill of Rights (1776), Section 2. – Französische Verfassung von 1791: Erklärung der Menschen- und Bürgerrechte, Art. 3. Französische Verfassung von 1793: Erklärung der Menschen- und Bürgerrechte, Art. 23-29, in: Franz (Hg.), *Staatsverfassungen*.

24 Kant, »Über den Gemeinspruch: Das mag in der Theorie richtig sein, taugt aber nicht für die Praxis«, in: Weischedel (Hg.), *Kant-Werkausgabe*, Bd. XI, S. 127 ff., S. 161.

25 Edmund Burke, *Betrachtungen über die Französische Revolution*, Frankfurt/M. 1967, S. 107.

ten auf diese Theoriegeschichte nicht berufen.[26] Es handelt sich um jene komplexen Überlegungen Ridders, die von der herrschenden Lehre entweder überhaupt nicht verstanden oder aus Gründen staatsautoritärer Fixierung geradezu dämonisiert wurden. Wenn Ridder sich gegen die herrschende Doktrin verwahrt, die im Sinn einer »Verstaatlichung gesellschaftlicher Freiheit« die Bürger eines demokratischen Gemeinwesens nur als »Staatsorgane« identifizieren kann[27] oder sogar ein staatlich verliehenes »politisches Mandat« als Voraussetzung politischer Meinungsäußerung verlangt,[28] so hat er die gegenwärtige Entdemokratisierung des Rechtsstaats eindrucksvoll dargetan. Die »Verstaatlichung« der Bürger bedeutet im ersten Fall, daß (zumal angesichts des extrem repräsentativen Charakters des Grundgesetzes) die Bürger nur in ihrer äußert beschränkten verfassungsmäßig institutionalisierten Kompetenz existent sind: als Wähler. Das heißt in der Sprache einer Rekonstruktion der Demokratietheorie der Aufklärung: Volkssouveränität in ihrer Doppelfunktion als verfassungsrechtlich abgeleitete Kompetenz des Volkes und zugleich allem (Verfassungs-)Recht vorausliegende Quelle des gesamten Rechts wird so radikal dezimiert. Demokratische Lernprozesse und rechtliche Innovationen an der Basis der Gesellschaft werden aus dem politischen System ausgeschlossen.

Im Fall des sogenannten »politischen Mandats«, das der organisierten Studentenschaft durch die herrschende Lehre bestritten oder seitens liberaler Positionen zugebilligt wurde, legt Ridder hinsichtlich der politischen Meinungsäußerungsfreiheit exemplarisch dar, was das Ergebnis des heutigen Umgangs mit ursprünglichen Freiheitsrechten ist: Diese verwandeln sich in ein staatlich mediatisiertes, entweder verliehenes oder verweigertes Gut. Beide konstitutiven Momente der Demokratie, Volkssouveränität und öffentlicher Diskurs, sind so durch die etablierten Machtapparate um ihre vorstaatliche Dimension gebracht.

26 Später dagegen Helmut Ridder, »Wie und warum (schon) Weimar die Demokratie verfehlte«, in: Roland Herzog (Hg.), *Zentrum und Peripherie. Festschrift für Richard Bäumlin zum 65. Geburtstag*, Chur, Zürich 1992, S. 79-93.

27 Helmut Ridder, »Die soziale Ordnung des Grundgesetzes. Leitfaden zu den Grundrechten einer demokratischen Verfassung«, in: Dieter Deiseroth (Hg.), *Helmut Ridder. Gesammelte Schriften*, S. 103.

28 Helmut Ridder, »Das sogenannte politische Mandat von Universität und Studentenschaft«, in: *Demokratie und Recht*, 3/1975, S. 194-209.

Dem Denken des 18. Jahrhunderts wäre eine getrennte Abhandlung der Begriffe »Rechtsstaat« und »Verfassungsstaat« ganz inadäquat. Die Verfassung war die Kodifikation der garantierten demokratischen Vergesetzlichung der Staatsgewalt. Dagegen ist mit dem Begriff des Verfassungsstaats – so wie ihn die herrschende Lehre seit den letzten Jahrzehnten des 20. Jahrhunderts gebraucht – geradezu ein Gegenmodell zum demokratischen Rechtsstaat bezeichnet. War ursprünglich der normative Begriff der Verfassung im Sinne eines geschriebenen Verfassungsdokuments, der überhaupt erst im Kontext der demokratischen Verfassunggebung des 18. Jahrhunderts aufkam, mit der Absicht verbunden, dem Volk einen Kontrollmaßstab dafür an die Hand zu geben, ob politische Gewalt sich stets an die Bedingungen ihrer Übertragung halte,[29] so verkehrt das heutige Modell des Verfassungsstaats dieses Verhältnis in sein Gegenteil. Heute stehen von der gesellschaftlichen Basis geforderte Innovationsschübe zu Gesetzänderungen oder Konkretisierungen von Freiheitsrechten unter der Anforderung der Treue zu einer Verfassung, deren Inhalte die Staatsapparate mit Hilfe freizügiger Interpretationsmethoden von Fall zu Fall neu definieren.

In diesem Kontext wird der »Verfassungsstaat« heute theoretisch der »Souveränitätsdemokratie« konfrontiert,[30] um letzterer überhaupt den Verfassungscharakter abzusprechen. Einigermaßen verräterisch wird in der gegenwärtigen Verfassungstheorie auch der Begriff des »Konstitutionalismus«, der bislang den spezifischen Verfassungstypus des deutschen 19. Jahrhunderts bezeichnete, generalisierend für die Existenz moderner Verfassungskodifikation verwendet, womit die Verdrängung des gegenläufigen Typus des demokratischen Rechtsstaats auf den Begriff gebracht ist.[31] Konstitutionalisiert werden soll aber nicht mehr – wie noch in den Verfassungen des 19. Jahrhunderts – das monarchische Prinzip, sondern das Prinzip der Volkssouveränität.

Der »Vorrang« einer mittels spezifischer Methoden (siehe un-

---

29 Französische Verfassung von 1791, in: Franz (Hg.), *Staatsverfassungen*, S. 302 f.
30 So Martin Kriele, *Einführung in die Staatslehre*, Reinbek 1975, S. 111.
31 Dazu: Ingeborg Maus, »Volkssouveränität versus Konstitutionalismus. Zum Begriff einer demokratischen Verfassung«, in: dies., *Über Volkssouveränität. Elemente einer Demokratietheorie*, Berlin 2011, S. 44-61.

ten) zu einem System von Grundwerten und Rechtsgütern substantialisierten Verfassung wurde zunächst gegen den gerade demokratisierten Gesetzgeber der Weimarer Republik durchgesetzt. Die Konsequenzen betreffen unmittelbar die demokratische Version der Gewaltenteilung. Die schon in den Beratungen der Weimarer Verfassung versuchte, in der herrschenden Weimarer Staatsrechtslehre und -praxis vertretene und schließlich im Grundgesetz positivierte Adressierung der Grundrechte auch an den Gesetzgeber verändert das Verhältnis der Gewalten zueinander ganz grundsätzlich. Es ist kein Geringerer als Carl Schmitt, der erläuterte, daß der Rechtsstaat als parlamentarischer Gesetzgebungsstaat auf der überragenden Position der Legislative basiert und durch die Überordnung materialer Verfassungswerte »zerstört« würde.[32] Carl Schmitt beteiligt sich nicht nur an dem letzteren Geschäft, indem er sich für die »Werthaftigkeit« des Grundrechtsteils gegen den parlamentarisch-basisdemokratisch-rechtsstaatlichen Verfahrensteil der Weimarer Verfassung entscheidet,[33] sondern zeigt sich auch an den Konsequenzen für das Gewaltenteilungssystem interessiert. Die neue Hierarchie »höhere Norm« vs. einfaches Gesetz stellt die demokratische Hierarchie der Supramatie der Gesetzgebung gegenüber den gesetzesanwendenden Staatsapparaten auf den Kopf, das heißt, letztere können im Durchgriff auf die »höheren« Normen des zu einem Wertesystem mutierten Grundrechtsteils sich aus der Bindung an »einfache« Gesetze befreien und zur Selbstprogrammierung übergehen.[34] Es paßt zu dieser Verabschiedung des auf Volkssouveränität basierten Gewaltenteilungssystems, daß Carl Schmitt überall da, wo er idealtypisch von »dem« Gewaltenteilungssystem spricht (ohne auch für ein solches überhaupt zu optieren), die Kriterien Montesquieus bzw. die des Präsidialsystems verabsolutiert: wechselseitige Balancierung und Hemmung der Gewalten sowie das Inkompatibilitätsprinzip.

32 Carl Schmitt, »Legalität und Legitimität« (1932), in: ders., *Verfassungsrechtliche Aufsätze*, Berlin 1958, S. 263-350, hier: S. 299. – Dazu: Ingeborg Maus, *Bürgerliche Rechtstheorie und Faschismus. Zur sozialen Funktion und aktuellen Wirkung der Theorie Carl Schmitts*, München 1976.

33 Schmitt, »Legalität und Legitimität«, S. 344 f. – Zu Carl Schmitts dichotomisierender Verfassungsinterpretation vgl. Ulrich Thiele, *Advokative Volkssouveränität*, Berlin 2003.

34 Schmitt, »Legalität und Legitimität«, S. 308 f.

Bis heute scheitert die Klärung unserer demokratischen Zustände an der suggestiven Wirkung der Schmittschen Konstruktionen. Daß der Rechtsstaat eher eine Zwangsjacke als die Bedingung der Möglichkeit von Demokratie sei, daß es ein höheres Recht über dem Gesetz geben müsse und Montesquieus tatsächliche »Mäßigung« der Staatsgewalt durch (noch feudalständische) Souveränitätsteilung einer auf Volkssouveränität basierten Gewaltenteilung vorzuziehen sei, ist gegenwärtig eine Grundüberzeugung sogar unter »linken«, »kritischen« oder »alternativen« Diskutanten. Dies ist um so leichter der Fall, als unbewußte deutsche Kontinuitäten der Verhinderung einer starken parlamentarischen Demokratie bestehen: Bereits der übermächtige Reichspräsident der Weimarer Verfassung wurde zwecks Vermeidung eines englischen oder französischen »Parlamentsabsolutismus« favorisiert – entsprechend den Prinzipien der US-amerikanischen Verfassung, die nach 1945 eine hegemoniale Wirkung entfaltete.

Wie Federalist No. 78 belegt, ist es die vordringliche Absicht der Verfassungsväter, den »Vorrang der Verfassung« gegen die Legislative zu sichern. Die hier vorgebrachten Argumente für die Prüfung von Gesetzen auf ihre Verfassungsmäßigkeit durch den Supreme Court (bekanntlich erst in der Rechtsprechungspraxis des letzteren gegen den Text der Verfassung durchgesetzt[35]) besagen: Das Volk hat als verfassunggebende Gewalt seinen höherrangigen Willen einmal in der Verfassung niedergelegt. Dieser geronnene Wille soll seitens des Supreme Court gegen den in Gesetzgebungsakten je neu artikulierten Volkswillen korrigierend ausgespielt werden können – wobei der Supreme Court die Verfassung sehr weitgehend auslegen kann.[36]

Das durchgängige Mißtrauen der Federalist-Autoren gegen das Volk und die es unmittelbar repräsentierende Legislative[37] bedient sich des Montesquieuschen Gewaltenteilungsarrangements, das gegen die Macht des Königs und des Volkes gleichermaßen ge-

---

35 Siehe die berühmte Entscheidung Marbury vs. Madison von 1803, in: Ernst Fraenkel, *Das amerikanische Regierungssystem. Quellenbuch*, Köln, Opladen ²1962, S. 38 ff.

36 Alexander Hamilton, James Madison und John Jay, *Die Federalist-Artikel*, in: Angela Adams, Willi P. Adams (Hg.), *Hamilton/Madison/Jay. Die Federalist-Artikel*, Paderborn, München u. a. 1994, S. 469 ff.

37 Vgl. ebd., No. 10, S. 50 ff.

richtet war, als einer adäquaten Konstruktion – freilich mit einer charakteristischen Abwandlung. Hatte Montesquieu gerade auch die »furchtbare« Macht der Justiz durch strenge Gesetzesbindung beschränken wollen und insofern gegen sie die berühmte Formel, daß sie »en quelque façon nulle«, also gewissermaßen ein Nichts sei, als normative Forderung gerichtet,[38] nehmen die Federalist-Autoren diese Formel als deskriptive Aussage und basieren darauf ihre Ermächtigung einer unkontrollierten Justiz zur Kontrolle des Gesetzgebers.[39] Hatte Montesquieu die gesetzgebende Souveränität zwischen Legislative und Exekutive mittels Vetorecht des Monarchen geteilt, aber als spezifisches Charakteristikum der Justiz eines rechtsstaatlichen Systems angegeben, daß sie dem Gesetz schlechterdings unterworfen sei,[40] so bestimmt sich, was ein US-amerikanisches Gesetz ist, durch Kongreß, Vetorecht des Präsidenten und inzidente Normenkontrolle des Supreme Court. Indem so die US-amerikanische Version der »Gewaltenteilung« in Wirklichkeit Souveränitätsteilung ist, weil sie sämtliche Gewalten an der Rechtsetzung beteiligt, verzichtet sie tatsächlich auf jede Form einer Teilung der Gewalten nach ihren Funktionen und richtet lediglich ein Inkompatibilitätsgebot gegen etwaige Durchgängigkeit des Personals in Kongreß und Exekutive bzw. Verwaltung. Umgekehrt beruht jede echte parlamentarische Demokratie auf einer personellen Identität – die Regierungsmitglieder sind zugleich Abgeordnete des Parlaments[41] – und kann sich diese leisten, weil sie funktionale Gewaltenteilung voraussetzt.

Was nun die Möglichkeit demokratischer Verhältnisse unter der Geltung des Grundgesetzes angeht, so finden sich Restriktionen sowohl in der Verfassung selbst als auch in der auf das Grundgesetz nur höchst ungefähr bezogenen Verfassungspraxis sowie – wiederum – in Unkenntnis der sogenannten »kritischen Intellektuellen« hinsichtlich verfassungsrechtlicher Bedingungen von Demokra-

---

38 Charles-Louis de Montesquieu, *Vom Geist der Gesetze*, Ernst Forsthoff (Hg.), Tübingen ²1992, Bd. I, S. 217, 220.

39 Adams/Adams (Hg.), *Hamilton/Madison/Jay. Die Federalist-Artikel*, S. 471.

40 Montesquieu, *Vom Geist der Gesetze*, Bd. I, S. 109.

41 Der Beginn der Durchsetzung des Parlamentarismus wird zu Recht auf den Zeitpunkt der Aufhebung der Inkompatibilitätsgebote datiert: Ernst Fraenkel, *Das amerikanische Regierungssystem. Eine politologische Analyse*, Köln, Opladen 1960, S. 34; Karl Loewenstein, *Der britische Parlamentarismus*, Reinbek 1964, S. 66 f.

tie. Zum letzteren Aspekt gehören Forderungen nach Einführung von Inkompatibilitäten oder Direktwahl exekutivischer Instanzen durch das Volk, die jede nichtpräsidentielle Demokratie (entgegen den guten Absichten der Befürworter) vernichten würden. – Die abschließenden Überlegungen konzentrieren sich auf die Innovation der deutschen Verfassungsgeschichte, die Einführung gerichtlicher Normenkontrolle des Gesetzgebers nach US-amerikanischem Vorbild, wenngleich in der spezifischen Ausformung einer Verfassungsgerichtsbarkeit. Während der Einbau des präsidentiellen Widerparts in das parlamentarische System aufgrund der Weimarer Erfahrungen vermieden wurde, bot sich in der Errichtung eines Verfassungsgerichts mit exorbitanten Kompetenzen eine neue Möglichkeit der Demokratieverhinderung an.

Die Verweigerung des Lernens aus der spezifisch deutschen NS-Vergangenheit besteht bereits bei der Kompetenzausstattung dieses Gerichts in dem Umstand, daß nicht ohne intensive Lobby des Deutschen Richterbundes in den Verfassungsberatungen[42] die Position der Justiz insgesamt ausgebaut wurde, die sich im NS-System als äußerst willfährig erwies. Daß gerade die deutsche Justiz in dieser Situation zum »Hüter« der neuen demokratischen Verfassung avancieren konnte, ist angesichts der ungebrochenen personellen Kontinuität der juristischen Standesorganisationen, der amtierenden Richter und der Lehrstuhlinhaber an den rechtswissenschaftlichen Fakultäten vor und nach 1945 daraus zu erklären, daß die ins nationalsozialistische Rechtssystem zum Teil tief Verstrickten nun in der Lage waren, ihre eigene Vergangenheit zu bewältigen. Ihre Definitionsmacht hinsichtlich der Ursachen nationalsozialistischen Unrechts und deren künftiger Vermeidung begründete zudem die Festschreibung der bereits erprobten juristischen Methoden, durch die fortan das Bundesverfassungsgericht seinen Aktionsradius weit über die bereits großzügigen Kompetenzzuweisungen des Grundgesetzes hinaus ausdehnte – Methoden, die Helmut Ridder, wie noch zu zeigen ist, überaus eindrucksvoll analysiert hat.

Bis heute finden sich noch Anhänger jener Nachkriegslegende, die besagt, es sei die Gesetzestreue der deutschen Richter, ihr rechtspositivistisches Verständnis der Anwendung des Rechts gewesen, was ihre Willfährigkeit im NS-System bedingt habe. Auch

---

42 Werner Sörgel, *Konsensus und Interessen. Eine Studie zur Entstehung des Grundgesetzes für die Bundesrepublik Deutschland*, Stuttgart 1969.

diese Legende hatte ihren Ursprung in der Rechtfertigungsstrategie derer, die selbst in höchsten Gerichten dem NS gedient hatten.[43] Die angebliche Unterwerfung unter den nationalsozialistischen Gesetzesbefehl – ein Begriff, der einen Befehlsnotstand der Richter suggerieren sollte – existierte aber deshalb nicht, weil es weder präzise Gesetze gab noch eine Duldung rechtspositivistischer Rechtsanwendung. Ausweislich des umfänglichen rechtstheoretischen und rechtsmethodologischen Quellenmaterials der NS-Zeit war »Rechtspositivismus« ein Kampfbegriff, mit dem etwaige juristische Gegner des Systems mundtot gemacht wurden. Ferner bestanden die vom Reichsjustizministerium seit 1942 herausgegebenen *Richterbriefe* auf der »Wert«-Orientierung der Richter statt der Gesetzesbindung[44] und verdeutlichten, daß nur die weitestgehende Flexibilisierung aller Rechtsbestimmungen die systemgerechten Entscheidungen ermöglichen konnte.

Die Kontinuität der juristischen Methode nach 1945 auch in der Judikatur des Bundesverfassungsgerichts verdeutlicht erst wirklich, was es mit dem »Verfassungsstaat« der Bundesrepublik auf sich hat. Die Verfassungsmäßigkeit demokratischer Gesetze wird nicht etwa anhand der geschriebenen Verfassung überprüft, sondern bestimmt sich an einer Verfassung, die jenseits des Verfassungstextes liegt und durch die Entscheidungstätigkeit des Gerichts zutage gefördert wird. Insbesondere in den Anfängen seiner Judikatur, in denen das Gericht fast mehr mit sich selbst und seinem Methodenverständnis befaßt ist als mit den vorgelegten Fällen, wird überdeutlich, daß diese Verfassungstheorie weit mehr impliziert als die selbstverständliche Tatsache, daß ein Verfassungstext (wie jeder Text) der Interpretation bedarf. Aus der Sicht des Bundesverfassungsgerichts ist »eine Verfassung nicht mit der Summe ihrer verfassungsgesetzlichen Einzelbestimmungen identisch, sondern besteht aus elementaren Verfassungsprinzipien, die wegen ihres überpositiven Charak-

---

43 Ein typisches Beispiel für diese Rechtfertigungsliteratur ist Hermann Weinkauff, *Die deutsche Justiz und der Nationalsozialismus*, Stuttgart 1968. Der Autor dieses Buches war (entsprechend den Nachweisen bei Ingo Müller, *Furchtbare Juristen. Die unbewältigte Vergangenheit unserer Justiz*, München 1987) bis 1945 Reichsgerichtsrat und nach 1945 erster Präsident des Bundesgerichtshofs, zudem Mitglied der NSDAP seit 1933 und Träger des nationalsozialistischen »Silbernen Treudienst-Ehrenzeichens«.

44 Nachweise im einzelnen in den Beiträgen III und IV in diesem Band.

ters einen höheren Rang einnehmen, so daß einzelne geschriebene Verfassungsnormen wegen eines Verstoßes gegen sie nichtig sein können«.[45]

Nicht, daß eine solche einzelne Nichtigkeitserklärung jemals vorgekommen wäre, macht den Skandal dieser Ausführungen aus, sondern die offene Ankündigung, daß für die künftige Verfassungsjudikatur geschriebene Verfassungsbestimmungen überhaupt minderen Ranges sind. Es wird überdeutlich, daß hier der innerste Kern von Carl Schmitts Verfassungstheorie, die durchgängig eine höhere »Verfassung« gegen das einfache »Verfassungsgesetz« ausspielte,[46] in die Verfassungsjudikatur der Bonner Demokratie inkorporiert wird. Daß das Bundesverfassungsgericht um so mehr zum Vormund demokratischer Gesetzgebung wird, je »höher« seine Durchgriffe über die positivrechtlichen Verfassungsbestimmungen hinweg ausfallen, zeichnet sich hier schon ab.

Helmut Ridder hat das große Verdienst, die scheinbare »Erhöhung« der Grundrechte durch die totalisierenden und wertorientierten Interpretationen des Bundesverfassungsgerichts als einen Vorgang durchschaut zu haben, in dem die ursprünglichen Freiheitsrechte der Bürger sich in staatlich zugeteilte Güter verwandeln, die nur nach den besonderen Umständen des jeweils vorliegenden Einzelfalles situativ zugestanden werden.[47] Er hat zudem eindringlich analysiert, wie im Zuge dieser Judikatur auch die Rechtsprechung der Instanzgerichte auf die Lockerung der Gesetzesbindung verwiesen wird. Zwei seiner Beispiele aus den ersten Jahrzehnten dieser Verfassungsrechtsprechung seien hier eingeführt.

An dem berühmten, epochemachenden Lüth-Urteil von 1958[48] zeigt Ridder, daß das schöne Ergebnis sich einer freiheitsfeindlichen Grundgesetzinterpretation verdankt. Das Lüth-Urteil hatte den von einem Zivilgericht (nach §826 BGB) als »sittenwidrig« eingestuften Boykottaufruf gegen einen Film, der auch von dem Nazi-Regisseur Veit Harlan stammte, unter den Schutz der Meinungsäußerungsfreiheit gestellt. Helmut Ridder zeigt,[49] daß die (hoch komplexe) Begründung des Lüth-Urteils auf einem totali-

45 BVerfGE 1, 14, 32.
46 Schmitt, »Legalität und Legitimität«, S. 311.
47 Ridder, »Die soziale Ordnung des Grundgesetzes«, S. 94 ff.
48 BVerfGE 7, 198.
49 Ridder, »Die soziale Ordnung des Grundgesetzes«, S. 97 ff.

sierenden Verständnis der Grundrechte beruht, das deren Bezug auf jeweils konkrete Freiheitsbereiche übersieht und dadurch erst jene Kollisionen entweder mit anderen Grundrechten oder sonstigen »Rechtsgütern«[50] erzeugt, die das Bundesverfassungsgericht anschließend aufzulösen hat. Die im Lüth-Urteil hergestellte spezifische Kollision zwischen zwei angeblich gleichrangigen Bestandteilen, dem Grundrecht der Meinungsäußerungsfreiheit und den Eigentumsrechten der Filmverleihfirma im Fall Veit Harlans, macht erst den Weg für jene unberechenbaren »Abwägungen« frei, durch die das Bundesverfassungsgericht den Inhalt von Grundrechten nicht nur täglich neu bestimmen kann, sondern auch das gleiche Grundrecht jedes Bürgers auf Meinungsäußerungsfreiheit in ein zugestandenes Privileg transformiert.[51] Helmut Ridder kann darauf verweisen, daß noch am gleichen Tag eine Bundesverfassungsgerichtsentscheidung erging, die dem Eigentumsrecht eines

---

50 Unter »Rechtsgütern« versteht das Bundesverfassungsgericht rechtlich geschützte »Gemeinschaftswerte« oder wesentliche Güter der menschlichen Persönlichkeit, zum Beispiel die »Ehre«, die durch ein Grundrechte einschränkendes »allgemeines Gesetz« geschützt sein können. Mit dem Begriff der »Rechtsgüter« etabliert das Gericht bereits eine Wertebene, die das positivierte »allgemeine Gesetz« transzendiert und weite Interpretationsspielräume eröffnet. Darüber hinaus kamen bis zum Lüth-Urteil des Bundesverfassungsgerichts als »allgemeine Gesetze« nur strafrechtliche Bestimmungen in Betracht. Die Besonderheit des Lüth-Urteils besteht im Kontext seiner werthaften Rechtsgüterkonzeption darin, den Begriff des allgemeinen Gesetzes um privatrechtliche Bestimmungen zu erweitern. Dadurch wurde nicht nur die Möglichkeit zur Einschränkung von Grundrechten inflationär ausgedehnt, sondern auch eine »Güterabwägung« eröffnet, in der einfachgesetzliche Bestimmungen auf gleicher Augenhöhe mit ebenfalls zu »Rechtsgütern« deklarierten Grundrechten abgeglichen werden konnten. – Helmut Ridder zufolge bringen jedoch die »Schranken« der »allgemeinen Gesetze« unterschiedslos nichts anderes zum Ausdruck, als daß jedes Grundrecht nur die Freiheit eines konkreten sozialen Feldes organisiert und folglich durch dessen Radius begrenzt ist. Dagegen führt die Unterstellung eines totalen Anspruchs eines jeden einzelnen Grundrechts zu jenen verfassungsgerichtlichen »Abwägungen«, die den Vorrang der Grundrechte insgesamt in Frage stellen. Das im Sinne Helmut Ridders redundante Verhältnis zwischen immanenter Grundrechtsgrenze und den »Schranken« der »allgemeinen Gesetze« wird dadurch zu einer Wechselwirkung verkehrt, daß das Bundesverfassungsgericht die »allgemeinen Gesetze« mit »Werten« auflädt und so auf die gleiche Ebene mit den Grundrechten bringt, so Ridder, »Die soziale Ordnung des Grundgesetzes«, S. 99 f.

51 Ebd.

Vermieters den Vorrang vor der (plakatierten) politischen Meinungsäußerung des Mieters zuerkannte.[52] Daß aber überhaupt das für den demokratischen Prozeß konstitutive Grundrecht der Meinungsäußerungsfreiheit der Abwägung mit privatrechtlich geschützten »Gütern« unterliegen kann, folgt aus seiner Überführung in eine »objektive Wertordnung«, die nach den Ausführungen des Bundesverfassungsgerichts »für alle Bereiche des Rechts gilt«. Deutlicher als in der Analyse Ridders kann nicht vorgeführt werden, daß der usus modernus eines »Vorrangs der Verfassung«, der eine höhere Verfassung gegen das bloße Verfassungsgesetz ausspielt, den demokratischen Vorrang der Meinungsäußerungsfreiheit gerade zerstört.

Viel zuwenig wurde beachtet, daß Helmut Ridders Kritik zentraler Entscheidungen des Bundesverfassungsgerichts zugleich die Justizpraxis im ganzen betrifft. Während das spezifische Recht-vor-Gesetz-Denken in der Bundesrepublik ohnehin einen zentralen Gegenstand seiner kritischen Arbeiten bildet, hat Ridder an einer Entscheidung des Bundesverfassungsgerichts, die Anweisungen zur juristischen Methode an die Instanzgerichte enthält, grundsätzlich gezeigt, wie ein »rechtlicher Mehrwert« gegen das Gesetz in einer Weise ausgespielt wird, die die Rechtsordnung insgesamt verflüssigt und für situationsgerechte Entscheidungen aufbereitet.[53] Da eine starke Kritik des Bundesverfassungsgerichts hierzulande stets auf ungläubiges Staunen stößt, sei der einschlägige Passus des Soraya-Beschlusses hier zitiert:

Das Recht ist nicht mit der Gesamtheit der geschriebenen Gesetze identisch. Gegenüber den positiven Setzungen der Staatsgewalt kann unter Umständen ein Mehr an Recht bestehen, das seine Quelle in der verfassungsmäßigen Rechtsordnung als einem Sinnganzen besitzt und dem geschriebenen Gesetz gegenüber als Korrektiv zu wirken vermag. [...] Die Aufgabe der Rechtsprechung kann es insbesondere erfordern, Wertvorstellungen, die der verfassungsmäßigen Rechtsordnung immanent, aber in den Texten der geschriebenen Gesetze nicht oder nur unvollkommen zum Ausdruck gelangt sind, in einem Akt des bewertenden Erkennens, dem

---

52 Ebd., S. 90 f.
53 Ebd. und Helmut Ridder, »Alles fließt. Bemerkungen zum ›Soraya-Beschluss‹ des ersten Senats des Bundesverfassungsgerichts«, in: *Archiv für Presserecht*, 20/1973, S. 453-457.

auch willenhafte [!] Elemente nicht fehlen, ans Licht zu bringen und in Entscheidungen zu realisieren.[54]

Wenn das Bundesverfassungsgericht die Korrektur der Gesetze durch das »Recht« der gesamten Justiz überträgt, kann es sich dafür nur scheinbar auf eine Formulierung des Grundgesetzes berufen, die die Rechtsprechung an »Gesetz und Recht« bindet (Art. 20 Abs. 3 GG). Diese Formel wurde im Parlamentarischen Rat unter deutlichem Hinweis auf die synonyme Bedeutung beider Begriffe eingesetzt,[55] aber von einer Rechtsprechung, die sich längst im Sinne einer »objektiven« Methode der Verfassungsinterpretation vom Willen des Verfassungsgebers distanziert hatte, reklamiert, um dem eigenen Voluntarismus auf Kosten des Verfassungsgesetzes und der einfachen Gesetze Spielräume zu eröffnen. Die Tatsache, daß sich im zitierten Text der Verfassungsgerichtsentscheidung die methodischen Anweisungen reproduzieren, die bereits in den *Richterbriefen* des NS-Systems an die gesamte Justiz adressiert waren, ist beängstigend – auch wenn es sich selbstredend nicht um dieselben »Wertvorstellungen« handelt, die der Justiz, anstelle der Gesetzesbindung, zur Aufgabe gemacht wurden. Es bleibt festzuhalten, daß in dieser 1973 ergangenen verfassungsgerichtlichen Funktionsbeschreibung der Justiz der Rechtsstaat als demokratische Vergesetzlichung aller Staatsgewalt zur Disposition gestellt ist.

Die Aushöhlung des demokratischen Rechtsstaats durch den Vorrang einer entformalisierten Verfassung ist bisher in zwei Versionen erkennbar. Hatte Carl Schmitt eine »höhere« werthafte Verfassung gegen das Verfassungsgesetz und alle einfachen Gesetze ausgespielt, um das Verteilungsschema des demokratischen Rechtsstaats – völlige Vergesetzlichung der Staatsapparate, rechtsfreie Räume nur für den demokratischen Souverän – auf den Kopf zu stellen und die verfassunggebende Souveränität des Volkes auf die Diktatur des Reichspräsidenten umzuleiten, so spielt sich unter der Herrschaft einer entformalisierenden Verfassungsjudikatur ein moderateres Drama ab. Das Bundesverfassungsgericht, das vom Grundgesetz als »Hüter« der geschriebenen Verfassung eingesetzt war, usurpiert in der freizügigen Auslegung einer »Verfassung«, de-

54 BVerfGE 34, 269, 286 f.

55 Dazu im einzelnen: Ingeborg Maus, »Entwicklung und Funktionswandel der Theorie des bürgerlichen Rechtsstaats«, in: dies., *Rechtstheorie und politische Theorie im Industriekapitalismus*, München 1986, S. 47.

ren Inhalt es selber durch seine Entscheidungen je nach Sachlage stets neu bestimmt, die verfassunggebende Gewalt des Volkes, ohne daß ein Verfassungsgesetz zustande käme. Auf diese Weise verschwinden auch die rechtsfreien Räume der Bürger, die nur durch präzise Gesetzesbestimmungen ausgegrenzt werden können, während die gesetzgebende Souveränität des Volkes in der Selbstprogrammierung der Apparate verschwindet. Auch wenn zugestanden werden muß, daß in neuerer Zeit Phasen größerer Zurückhaltung des Bundesverfassungsgerichts zu verzeichnen sind, so ist doch »self-restraint« keine demokratische Kategorie: Sie entspricht der »Mäßigung«, die der aufgeklärte absolute Monarch sich aus eigener Einsicht auferlegt.

Demokratien, die noch auf Volkssouveränität beruhen, gehören zu einer »bedrohten Art«, die zum Beispiel in den Niederlanden, Großbritannien oder den skandinavischen Staaten noch einige Reservate findet. Ansonsten ist seit 1945, erst recht nach 1989 die Bereitschaft groß, Verfassungsgerichtsbarkeit und starke Präsidialpositionen in parlamentarische Systeme einzubauen. Im Zuge dieses Verfassungseklektizismus schwindet das Bewußtsein, daß auf Volkssouveränität basierte Gewaltenteilungssysteme nicht beliebig mit souveränitätsteilenden Balancierungen kombiniert werden können, ohne die je spezifischen Kontrollfunktionen außer Kraft zu setzen. Auf diese Weise entstehen zunehmend Verfassungen, die Härtetests so wenig bestehen werden wie einst die Weimarer Verfassung.

Verständnis und Interesse für Probleme nationalstaatlicher Demokratie sind freilich in dem Maße rückläufig, als die Aufmerksamkeit sich der Struktur einer europäischen Verfassung zuwendet. Aber auch bei größter Zustimmung auch zur Erweiterung der EU muß hinsichtlich der Qualität ihrer angestrebten Vertiefung gefragt werden, welche Kriterien für eine demokratische Verfassung überhaupt noch bestehen. Der Verfassungsentwurf für Europa wurde zunehmend mit der Parole akzeptiert »besser diese Verfassung als gar keine« – als gälte es, aus dem »Naturzustand« herauszukommen. Mit Kant wäre hier daran zu erinnern, daß die (bereits vertraglich verbundenen) europäischen Einzelstaaten auch »innerlich schon eine rechtliche Verfassung haben«,[56] und das Verständnis für

56 Immanuel Kant, »Zum ewigen Frieden«, in: Wilhelm Weischedel (Hg.), *Kant-Werkausgabe*, Frankfurt/M., 1974 ff., Band XI, S. 211.

demokratische Strukturen soweit zu schärfen, daß die »Verfassung« für Europa in ihrer jetzigen Gestalt als ein neues großes Projekt der Demokratieverhinderung zu erkennen ist. Die Errichtung einer tatsächlich demokratischen europäischen Verfassung ist ein neues Thema, das gleichwohl nicht unter dem Reflexionsniveau der noch innerstaatlich orientierten Demokratietheorie verhandelt werden sollte. Die Besinnung auf das Werk Helmut Ridders ist deshalb dringend zu empfehlen.

VIII. Zum Verhältnis
von Recht und Moral[1]

Nach einer verbreiteten Auffassung vertritt der Rechtspositivismus, der den Rechtscharakter von Gesetzen ausschließlich aus den Rechtserzeugungsregeln ableitet, einen weiten, für beliebige Rechtsinhalte offenen Rechtsbegriff, während Theorien, die die Rechtsqualität der Normen von der Übereinstimmung mit obersten moralischen bzw. überpositiven Rechtsprinzipien abhängig machen, einen eingeschränkten, engeren Rechtsbegriff voraussetzen.[2] Entsprechend wird in der rechtstheoretischen Diskussion über das Verhältnis von Recht und Moral ganz überwiegend die Hoffnung zum Ausdruck gebracht, durch die Einführung moralischer Prinzipien in das Recht Kriterien zu gewinnen, die nicht nur in ihrem qualitativen Sinn der Beliebigkeit positiver Rechtsetzung entgegenwirken, sondern auch der quantitativen Zunahme von Recht in der steigenden Verrechtlichung aller gesellschaftlichen Prozesse Schranken setzen. Moralische Prinzipien haben demzufolge eine doppelte Funktion: Sie zeichnen als Legitimationsgrundlage des Rechts nur »richtiges Recht« als Recht aus, und sie sichern moralisch integrierte gesellschaftliche Zusammenhänge gegen den Zugriff staatlich gesetzten Rechts ab.[3] Moral wird in diesem doppelten Sinne als Grenze des positiven Rechts verstanden.

Die folgenden Ausführungen versuchen zu zeigen, daß das Gegenteil der Fall ist. Es wird die These vertreten, daß gerade die unmittelbare Einbeziehung moralischer Prinzipien in den Rechtsbegriff die Grenzen des Rechts und damit die Grenzen staatlicher Regulierung aufhebt. Diese These stützt sich auf eine Analyse der zum großen Teil gegenläufigen Wirkungszusammenhänge, in de-

---

1 Dieser Beitrag basiert auf einem Vortrag, den ich auf dem Symposium »The Legitimacy of Law« im Murikka-Institut (Finnland) im August 1988 gehalten habe. – Die Abhandlung ist hier leicht gekürzt.

2 Norbert Hoerster, »Zum begrifflichen Verhältnis von Recht und Moral«, in: *Neue Hefte für Philosophie* 17 (1979), S. 77 ff., hier: S. 79.

3 Diese Intention findet sich zum Beispiel bei Günter Ellscheid, »Die Verrechtlichung sozialer Beziehungen als Problem der praktischen Philosophie«, in: *Neue Hefte für Philosophie* 17 (1979), S. 37 ff., hier: S. 45 ff., 57 f.

nen jeweils Rechts- oder Moralnormen stehen. Dabei sind folgende Gesichtspunkte wesentlich:

1. In modernen Gesellschaften sind Rechtsnormen im Unterschied zu moralischen Normen nicht nur in intersubjektiven Beziehungen relevant, sondern richten sich auch direkt an die Staatsapparate. Dies bedeutet angesichts rasch wechselnder Anwendungskontexte, daß einerseits die Situativität postkonventioneller Moral der Autonomie der Individuen gegenüber faktisch geltenden Standards zugute kommt, während andererseits jede Entwicklung zur Situativität des Rechts die Autonomie der Staatsapparate befördert, die sich im Einzelfall aus Rechtsbindungen befreien können. Unter diesem Aspekt bedeutet die gegenwärtig theoretisch begründete und in der Rechtspraxis durchgesetzte unmittelbare Remoralisierung des Rechts eine Vergrößerung des Aktionsradius der Staatsapparate.

2. Die spezifischen Bedingungen der Kodifikation und Änderung positiv gesetzten Rechts garantierten ursprünglich einen Rechtsformalismus, der rechtsfreie Räume zuläßt: Was nicht durch einen gesetzlichen Tatbestand im jeweils geltenden Recht erfaßt ist, unterliegt überhaupt keiner rechtlichen Regelung und ist – jedenfalls unter rechtsstaatlichen Bedingungen – dem staatlichen Zugriff entzogen. Dagegen hat die unvermittelte Einbeziehung moralischer Prinzipien in das Recht zur Folge, daß die rechtsfreien Räume verschwinden. Die im Vergleich zu Rechtsnormen erheblich größere Unbestimmtheit moralischer Prinzipien läßt es aber zu, daß fast jeder denkbare Sachverhalt als ein rechtlich relevanter identifiziert und zum Gegenstand gerichtsförmiger Entscheidung gemacht werden kann. Damit wird zugleich die staatliche Sanktionsgewalt auf Anforderungen ausgedehnt, die nach klassisch-rechtsstaatlichem Verständnis nur als moralische galten und der immanent gesellschaftlichen Problembearbeitung überlassen blieben.

3. Die Remoralisierung des Rechts hat auch weitreichende Folgen für dessen Legitimationsstruktur. Wie gezeigt werden soll, basiert die klassische Konzeption des demokratischen Rechtsstaats auf der Trennung zwischen demokratischer Legitimation des Rechts und dessen moralischer Begründung und Geltung. Ist demokratische Legitimation auf die Institutionalisierung von Verfahren angewiesen, die die Prinzipien von Freiheit und Gleichheit in den Modus der faktischen Beteiligung am staatlichen Recht-

setzungsprozeß übersetzen, so beruht die moralische Begründung des Rechts – auch wenn sie als prozedurale die gleichen Prinzipien voraussetzt – auf nichtinstitutionalisierten Prozessen, die von faktischer Partizipation der potentiellen Normadressaten unabhängig sind. Indem in der heutigen rechtstheoretischen Diskussion (und Rechtspraxis) die moralische Begründung des Rechts zunehmend dessen demokratische Legitimationsform durchdringt, wird deren spezifische Auszeichnungsfähigkeit aufgehoben. Die Entdifferenzierung von demokratischer Legitimation und moralischer Begründung des Rechts bedeutet die Aufhebung einer gesellschaftlichen Kontrollfunktion durch die politischen Entscheidungsinstanzen. Sie führt dazu, daß der mögliche Konflikt zwischen demokratischer und moralischer Rechtfertigung von Rechtsentscheidungen innerhalb der Staatsapparate ausgetragen wird. Das moralische Argument kann so leicht als Demokratieersatz mißbraucht werden. Auf diese Weise sind Rechtsentscheidungsstäbe zur Selbstlegitimation imstande. Sie produzieren selber die Rechtfertigungsgründe, auf die sie ihre Entscheidungen stützen. Die folgenden Ausführungen konzentrieren sich zuerst auf Formen gegenwärtiger Remoralisierung des Rechts in der rechtstheoretischen Diskussion und der Rechtspraxis (1) und entwickeln dann in historischer Perspektive Argumente für die Trennung von Recht und Moral (2).

I.

Die durchaus liberale Theorie von Ronald Dworkin beruft sich auf den sonst kritisierten H. L. A. Hart, wenn sie moralische Prinzipien als Beschränkungen repressiver Rechtsetzung versteht.[4] Es ist aber zu fragen, ob Dworkins spezifische Weise der Einbeziehung moralischer Prinzipien ins Recht seiner eigenen Intention gerecht werden kann. Dworkin zufolge »moral disagreement raises no special problems when it breaks out in court«,[5] weil »jurisprudential issues are at their core issues of moral principle«.[6] Die Besonderheit von Dworkins Theorie richterlicher Entscheidung besteht nicht darin, daß sie das moralische Argument da zuläßt oder empfiehlt,

---

4 Ronald Dworkin, *Taking Rights Seriously*, Cambridge/Mass. 1978, S. 12.
5 Ders., *Law's Empire*, London 1986, S. 3.
6 Dworkin, *Taking Rights Seriously*, S. 7.

wo die Entscheidungsfindung bereits die Spielräume der expliziten Rechtsregeln ergebnislos ausgeschöpft hat – diese Auffassung wird vielmehr als rechtspositivistische Rechtsanwendungslehre nachdrücklich kritisiert.[7] Nach Dworkin ist die Bestimmung *juristischer* Rechte ohne die Berücksichtigung moralischer Prinzipien gar nicht möglich, d. h.: Dworkins Begriff des Rechts umfaßt immer schon den der Moral. Es ist nun zu fragen, ob ein Rechtsbegriff, der über die Grenzen der gesetzten Rechtsregeln hinaus expandiert und moralische Prinzipien gleichursprünglich mit umfaßt, durch ebendiese Prinzipien zu einer neuen Begrenzung gelangen kann.

Zunächst ist festzustellen, daß Dworkins Moralbegriff außerordentlich unbestimmt ist. Zwar glaubt Dworkin, die Spannung zwischen der persönlichen Moral des Richters und der »community morality«, welch letztere »is presupposed by the laws and institutions of the community«,[8] durch eine eigentümliche Interaktion auflösen zu können: Ausschlaggebend ist jeweils des Richters eigenes Verständnis dessen, was die »community morality« ausmacht.[9] Offensichtlich ist unterstellt, daß das richterliche Verständnis dem objektiven Gehalt dieser Moral näher kommt als das (irrelevante) Urteil, das die meisten Mitglieder der Gemeinschaft über den Inhalt dieser Moral haben.[10] Dabei bleibt die Frage, ob überhaupt ein empirischer oder ein normativer Moralbegriff vorausgesetzt ist, noch offen: Was das richterliche Verständnis der institutionell verkörperten Moral leiten soll, hängt Dworkin zufolge sowohl von der tatsächlichen Praxis als auch von der Gerechtigkeit der Institutionen ab.[11] Ob ein so verwendeter Moralbegriff ausreicht, um Recht als richtiges Recht auszuzeichnen, erscheint äußerst zweifelhaft.

Die Unbestimmtheit, die durch diesen Moralbegriff dem Recht inkorporiert wird, ist noch dadurch überboten, daß Dworkin die Struktur der Rechtsregel selbst der eo ipso unbestimmteren Struktur des moralischen Prinzips annähert. Der »Wert«, den Dworkin jeder Rechtsnorm zuschreibt, löst diese bis zur Unkenntlichkeit auf und macht sie einer »creative interpretation« verfügbar: »The strict rules must be understood or applied or extended or modified or

7 Ebd., S. 17, 125.
8 Ebd., S. 126.
9 Ebd., S. 129.
10 Ebd.
11 Ebd., S. 87.

qualified or limited by that point.«[12] Angesichts des von Dworkin eingeräumten Werte-Pluralismus der modernen Gesellschaft, der sich in den Wertvorstellungen der Richter reproduziert, stellt sich die Frage, ob seine Anforderungen an die Rechtsprechung überhaupt die beabsichtigte normative Intention haben können. Zwar soll die richterliche Interpretation aus den vorhandenen Rechtsmaterialien »das Beste machen«, aber die Aussage, daß richterliche Entscheidungen existierende politische Rechte durchsetzen,[13] kann wegen der mangelnden Auszeichnungsfähigkeit der moralischen Prinzipien auch als eine affirmative Beschreibung der Rechtspraxis verstanden werden: Mehr Rechte, als durch richterliche Entscheidungen gesetzt werden, existieren nicht. Dworkins These »what the law is depends on what it should be«[14] erweckt den Eindruck, daß die Spannung zwischen Sein und Sollen, die einen kritischen Maßstab des Rechts überhaupt erst zuläßt, zugunsten eines eindimensionalen Rechtsbegriffs aufgehoben wurde. Moral kann deshalb nicht als Grenze des Rechts fungieren, weil sie selbst im Recht enthalten ist.

Gerade Dworkins Voraussetzung, daß Richter Recht nicht machen, sondern finden,[15] immunisiert die Rechtsprechung gegen die Kritik, der sie zugänglich gemacht werden sollte. Sie hat immer einen durch ihre eigenen moralischen Erwägungen erweiterten Rechtsbegriff auf ihrer Seite. Zumindest die Rechtsanwendungslehre Herbert L. A. Harts ist insofern rationaler, als sie durch die Trennung von Recht und Moral den richterlichen Anteil an der Rechtsetzung nicht verschweigt, sondern offenlegt. Jeder Rückgriff auf moralische Prinzipien, die außerhalb des Bedeutungsspielraums gesetzter Rechtsnormen liegen, jede interpretative Ausdehnung von Normen erscheint bei Hart als »richterliche Gesetzgebung«, die übrigens insofern provisorischen Charakter hat, als sie unter dem Vorbehalt des statute law steht.[16] Während bei Hart richterliche Rechtsschöpfung als Rechtsentscheidung thematisiert wird und darum

12 Dworkin, *Law's Empire*, S. 47, 50.
13 Dworkin, *Taking Rights Seriously*, S. 87.
14 Dworkin, *Law's Empire*, S. 7 et passim.
15 Dworkin, *Taking Rights Seriously*, S. 81.
16 Herbert Lionel Adolphus Hart, »Der Positivismus und die Trennung von Recht und Moral«, in: ders., *Recht und Moral*, Göttingen 1971, S. 14 ff., 55, 57; ders., *The Concept of Law*, Oxford 1961, S. 93, 98.

kritisierbar und korrigierbar bleibt, wird bei Dworkin in letzter Konsequenz die Bindung des Richters an »richtiges Recht« unterstellt, dessen Inhalt er tatsächlich mit Hilfe von unterbestimmten Prinzipien selber definiert. – Die Frage, ob der Begriff des Rechts den der Moral mit umfassen soll, oder ob in der Rechtsfindung zwischen Recht und Moral unterschieden werden soll, ist also mehr als ein terminologisches Problem. Die rechtspositivistische Trennungsthese enthält die Forderung, daß moralische Erwägungen wegen ihrer Unbestimmtheit und mangelnden Auszeichnungsfähigkeit im richterlichen Entscheidungsprozeß höchstens dann einsetzen dürfen, wenn die Auslegung des Gesetzes zu keinem Resultat führt. Nach dieser Auffassung ist aus Gründen rechtsstaatlicher Rechtssicherheit und aus Gründen des Vorrangs demokratisch legitimierter Gesetzgebung die Gesetzesbindung des Richters im Verhältnis zu moralischen Erwägungen stets dominant. Dagegen bedeutet es ein Mißverständnis der Forderung Harts, moralische Probleme nicht zu kaschieren, wenn daraus der Vorschlag einer *gleichrangigen* Bindung der Rechtsprechung »an Recht und Moral« abgeleitet wird.[17] Dies wäre nicht bloß ein Antrag auf eine dramatische Verfassungsänderung (nicht nur des Grundgesetzes der Bundesrepublik), die die Prinzipien des Rechtsstaats und der Demokratie aufheben würde, sondern bedeutete im Verhältnis zu Dworkin den noch deutlicheren Übergang von »law's empire« zu judge's empire.

Eine Theorie, die in vieler Hinsicht Dworkins Konzeption überbietet, hat Robert Alexy entwickelt. Seine besonders elaborierte Theorie steht hier als Beispiel für die durchaus herrschende Verfassungstheorie der Bundesrepublik und kann zugleich als ein sehr genauer Ausdruck der tatsächlichen Verfassungsgerichtspraxis dieses Landes gelten. Insofern bezieht sich die folgende Kritik immer zugleich auf diese Verfassungsjudikatur. – Eine zusätzliche Entgrenzung des Rechts besteht bei Alexy im Verhältnis zu Dworkin darin, daß ein besonders weiter Begriff des Prinzips eingeführt wird. Dworkin hatte Prinzipien noch als Garantien individueller Rechte verstanden und von »policies« unterschieden, die sich auf kollektive Güter beziehen und in den Kompetenzbereich der Legislative fallen. Allerdings findet sich auch bei ihm bereits die Andeutung, daß unter manchen Umständen sogar Prinzipien hinter

17 So aber Heinrich Geddert, *Recht und Moral. Zum Sinn eines alten Problems*, Berlin 1984, S. 226.

policies zurücktreten müssen.[18] Alexy kommt der – jedenfalls in der Bundesrepublik herrschenden – Verfassungsgerichtsbarkeit noch weiter entgegen, indem er von vornherein individuelle Rechte und kollektive Güter als gleichrangige Inhalte von Prinzipien zusammenfaßt.[19] Durch diese Erweiterung des Prinzipienbegriffs wird die Grenze dessen, was geltendes Verfassungsrecht überhaupt sei, noch mehr ausgeweitet, während gleichzeitig die verfassungsrechtlichen Garantien individueller Rechte größeren Einschränkungen unterliegen. Wenn zum Beispiel das »kollektive Gut« der Funktionstüchtigkeit der Strafrechtspflege zu einem Verfassungsprinzip erklärt wird (obwohl es im Wortlaut des Grundgesetzes dafür nicht den geringsten Anhaltspunkt gibt), so kann es überhaupt dadurch erst als ein gleichrangiger Gesichtspunkt in eine verfassungsgerichtliche »Abwägung« eingehen, in der es zum Beispiel den Grundrechten eines vom Herzinfarkt bedrohten, verhandlungsunfähigen Angeklagten auf Leben und körperliche Unversehrtheit gegenübersteht. Wie auch immer diese künstlich herbeigeführte Prinzipienkollision im Einzelfall durch das Bundesverfassungsgericht gelöst wird,[20] so verdankt sie ihre Existenz einem Verfassungsverständnis, das der freiheitlichen Verfassungskonzeption, wie sie sich im 18./19. Jahrhundert durchsetzte, diametral widerspricht. Die Verfassung im klassisch-rechtsstaatlichen Sinne setzte die Funktionsfähigkeit der Staatsapparate, der Strafverfolgungsbehörden etc. immer als ein Faktum voraus und bestimmte deren Grenzen. Diese Funktionsfähigkeit selbst muß also nicht durch eine Verfassung gewährleistet werden. An der klassisch-rechtsstaatlichen Konzeption des Ausnahmezustands wird der Gegensatz von staatlicher Effizienz und Verfassungsrecht ganz deutlich: Zur Steigerung der Effizienz wird die Verfassung (oder ein Teil der Verfassung) vorübergehend außer Kraft gesetzt. Die Effizienz der Staatsapparate kann somit nicht selbst Inhalt eines Verfassungsprinzips sein, weil die ratio essendi der Verfassung gerade darin besteht, diese Effizienz zu beschrän-

18 Dworkin, *Taking Rights Seriously*, S. 82 ff., 92.

19 Robert Alexy, *Theorie der Grundrechte*, Frankfurt/M. ²1986, S. 99.– Zur Kritik dieses Aspekts siehe schon die Rezension von Frank Scholderer, in: *Kritische Justiz* 20 (1987), S. 115 ff., hier: S. 118. Als antizipierende Kritik an Alexy kann verstanden werden: Ulrich K. Preuß, *Die Internalisierung des Subjekts. Zur Kritik der Funktionsweise des subjektiven Rechts*, Frankfurt/M. 1979, S. 180.

20 BVerfGE 51, 324, 345. Dazu Alexy, *Theorie der Grundrechte*, S. 79 ff.

ken. Im Unterschied dazu ist der in der Verfassungsjudikatur der Bundesrepublik faktisch durchgesetzte und von der herrschenden Verfassungstheorie vertretene Verfassungsbegriff in dem spezifischen Sinne entgrenzt, daß er durch die Einbeziehung seines eigenen Gegenteils erweitert worden ist.

Das rechtsstaatliche Verteilungsschema zwischen vorausgesetzter faktischer Staatsmacht und deren verfassungsrechtlicher Beschränkung wird auch an der Struktur des »Gesetzesvorbehalts« deutlich. Das Grundgesetz der Bundesrepublik, das in seinem Grundrechtsteil der klassischen Konzeption folgt, läßt staatliche Grundrechtseingriffe nur in der Form des allgemeinen Gesetzes und nicht für den Einzelfall zu (Art. 19 Abs. 1 GG). Das bedeutet aber wiederum, daß die Gesichtspunkte, die die Freiheitsrechte einschränken können, nicht selbst schon in der Verfassung enthalten sind, sondern daß die Einschränkung dieser Rechte neue rechtsetzende Akte der Volksvertretung erfordert. Daß diese Akte außerdem allgemein sein müssen, soll Willkür im Einzelfall gerade verhindern. Die Rechtsprechung des Bundesverfassungsgerichts besteht dagegen aus einer endlosen Folge von Beispielen, in denen Beschränkungen der Grundrechte ohne jede gesetzliche Grundlage bestimmt werden, wobei die Entscheidungsgründe besonders darauf insistieren, daß die jeweilige Beschränkung immer nur im Hinblick auf die besonderen Umstände des Einzelfalles gilt,[21] also unter anderen Umständen anders bestimmt werden kann. Diese Verfahrensweise mag bei einer »Prinzipienkollision«, bei der es sich um das Zusammentreffen unterschiedlicher Freiheitsrechte handelt, etwas weniger bedenklich sein. Schlechterdings freiheitsgefährdend ist sie aber dann, wenn als Prinzipien auch kollektive Güter auftreten können. Verfassungsrechtliche Freiheitsgarantien finden sich in diesem Fall in Konkurrenz mit Prinzipien, die nicht nur ihrem Inhalt, sondern auch ihrer ganzen Struktur nach gegensätzlich sind, wie die Funktionstüchtigkeit der Strafrechtspflege, die »Funktionsfähigkeit der Bundeswehr« bzw. die »Funktionstüchtigkeit der militärischen Landesverteidigung«,[22] die »Funktionsfähigkeit der Unternehmen und der Gesamtwirtschaft«.[23] Von

---

21 Diese Argumentation findet sich durchgehend in der Judikatur des Bundesverfassungsgerichts, s. zum Beispiel: BVerfGE 7, 198 (212).

22 BVerfGE. 28, 243 (261); 48, 127 (159 f.).

23 BVerfGE 50, 290 (332).

allen diesen »kollektiven Gütern« findet nur das der Landesverteidigung in der Verfassung überhaupt Erwähnung – aber auch nur in dem Sinne, daß der Gesetzgeber ermächtigt wird, Landesverteidigung und Wehrpflicht in den bestehenden verfassungsrechtlichen Grenzen zu konkretisieren. Die kollektiven Güter transformiert das Bundesverfassungsgericht jedoch zu unmittelbaren Verfassungsaufträgen, die der Gesetzgeber unter jeweils situativ zu bestimmenden Kosten für die Freiheitsrechte auszuführen gezwungen ist.[24] Nicht nur die freiheitssichernden Grundrechte, sondern auch die freiheitsbeschränkenden Staatsfunktionen sind Maßstab der verfassungsgerichtlichen Prüfung. Genau dadurch verliert die Verfassung ihre Funktion der Begrenzung staatlicher Machtentfaltung.

Daß das höchste Gericht sich überhaupt in die Lage versetzt, existierende und nicht-existierende Verfassungsnormen[25] gegeneinander abzuwägen, verdankt es einer Verfassungstheorie, die es seit Beginn seiner Entscheidungstätigkeit vertritt. Ihr zufolge ist eine Verfassung nicht mit der Summe bzw. dem systematischen Zusammenhang ihrer verfassungsgesetzlichen Einzelbestimmungen identisch, sondern besteht aus elementaren Verfassungsprinzipien, die wegen ihres überpositiven Charakters einen höheren Rang einnehmen, so daß einzelne geschriebene Verfassungsnormen wegen eines »Verstoßes« gegen sie nichtig sein können.[26] Welche Moralprinzipien in diesen überpositiven Verfassungsgrundsätzen enthalten sind, kann nur eine detailliertere Untersuchung der bisher vorliegenden Verfassungsjudikatur ergeben. Die Tatsache aber, daß diese Verfassungstheorie des Bundesverfassungsgerichts zuerst von dem konservativen bis rechten Flügel der Weimarer Staatsrechtslehre entwickelt wurde, die eine höhere »Verfassung« gegen das einfache »Verfassungsgesetz« ausspielte, um einem autoritären Maßnahmenstaat die nötigen Aktionsspielräume zu verschaffen,[27] zeigt die ungeheure Ambivalenz höherstufiger Verfassungsprinzi-

---

24 Die beiden gegensätzlichen Rechtskonzeptionen sind in den beiden folgenden Passagen der Entscheidung gut zu erkennen: BVerfGE 48, 127 (147, 160).

25 Wo Alexy den Begriff »zugeordnete Grundrechtsnormen« einführt, *Theorie der Grundrechte*, S. 57 f., spricht Friedrich Müller von »Rechtsunterstellungen«: Friedrich Müller, *Juristische Methodik und Politisches System*, Berlin 1976, S. 24 ff.

26 BVerfGE 1, 14 (32).

27 Rudolf Smend, *Verfassung und Verfassungsrecht*, München 1928; Carl Schmitt, »Legalität und Legitimität«, in: ders, *Verfassungsrechtliche Aufsätze aus den Jahren 1924-1954. Materialien zu einer Verfassungslehre*, Berlin 1958, S. 263 ff.

pien angesichts ihrer Unbestimmtheit und mangelnden Auszeichnungsfähigkeit.

Die Theorie Alexys nimmt in diesem Punkt eine vorsichtigere Position ein als das Bundesverfassungsgericht. Die Grundrechte der Verfassung sind ihm zufolge zugleich Regeln und Prinzipien (gehören also dem »Verfassungsrecht« und der »Verfassung« an), wobei sogar ein Vorrang der Regelebene vor der Prinzipienebene eingeräumt wird – allerdings mit einer charakteristischen Einschränkung: »es sei denn«, die »Stärke der Gründe« rechtfertigt ein Abweichen vom Wortlaut der Verfassung.[28] Das heißt aber auch nach Alexys Konzeption, daß der Wortlaut der Verfassung nur so lange als Grenze möglicher Auslegung gilt, wie das höchste Gericht sich nicht selbst eine Ausnahme begründet. Darüber hinaus belegt schon die in jeder Hinsicht grenzenlose Weite des Prinzipienbegriffs, daß auch jenseits des Doppelaspekts von Regel- und Prinzipienstruktur von Verfassungsnormen kaum ein Gesichtspunkt existiert, der nicht zum Prinzip und damit zum Inhalt der Verfassung erklärt werden kann. Alexy widmet Problemen der Abwägung zwischen verschiedenen Verfassungsprinzipien und der Frage ihrer relativen Vorrangrelationen alle Aufmerksamkeit, hält es aber für eine »leichte« Frage, ob ein Prinzip überhaupt zur Rechtsordnung gehört: dies sei immer dann der Fall, wenn ein Prinzip an irgendeiner Stelle seines Anwendungsbereichs »zu Recht« relevant ist.[29] Diese tautologische Freizügigkeit wird der Verfassungsrechtsprechung offenbar in der optimistischen Annahme konzediert, daß durch die anschließenden Abwägungsprozeduren zwischen den Prinzipien eine nachträgliche Eingrenzung des vorher entgrenzten Verfassungsrechts zu erreichen sei. Aber auch wenn rationale Kriterien dieser Abwägungen im Kontext einer Moraltheorie zu entwickeln sind, bleibt das für die Praxis der Verfassungsrechtsprechung folgenlos. Es fehlt jeder institutionelle Zwang, der die Anwendung dieser Kriterien in der Verfassungsrechtsprechung garantierte. Wie Habermas gezeigt hat, nimmt die Legitimation von Entscheidungen in der Moderne eine reflexive Struktur an: die legitimierenden Gründe müssen dem jeweiligen Entscheidungsverfahren vorauslie-

28 Alexy, *Theorie der Grundrechte*, S. 121 f.
29 Ders., »Zum Begriff des Rechtsprinzips«, in: *Rechtstheorie*, Beiheft 1 (1979), S. 59 ff., hier: S. 83.

gen.[30] Indem aber das Bundesverfassungsgericht die Gründe selbst produziert, auf die es seine Abwägungsentscheidungen stützt, wird seine Legitimation in einem schlichten Sinne selbstreferentiell. Es rechtfertigt seine Entscheidungen nicht an den Gründen, die ihm in der bestehenden Verfassung vorausliegen, sondern entscheidet auch noch über Existenz und Inhalt dieser verfassungsmäßigen Gründe. Angesichts dieses Verfahrens der Selbstlegitimation des Gerichts ist allgemein das Bewußtsein geschwunden,[31] daß auch die Methode der Verfassungsinterpretation noch verfassungskonform sein muß.

An diesem Punkt besteht die eigentliche Problematik der Übertragung moralischer Argumentation in das Verfahren der Rechtsanwendung. Indem die Rechtsprechung, insbesondere die Verfassungsrechtsprechung, eine juristische Methode entwickelt hat, die es erlaubt, über die Intention moralischer Prinzipien selbst zu entscheiden, ist zu befürchten, daß durch die Remoralisierung des Rechts demokratische und rechtsstaatliche Verfassungsinhalte außer Kraft gesetzt werden, ohne daß moralische Prinzipien eine neue Bindung der Justiz erreichen könnten, die an die Stelle ihrer gesetzlichen oder verfassungsrechtlichen Programmierung träte. Betrachtet man die Verfassungsrechtsprechung in der Bundesrepublik, besonders ihre Transformation von Grundrechten in Werte und Prinzipien und deren »Abwägung«, so kommt man leicht zu dem Ergebnis, daß die praktizierte Remoralisierung des Rechts zum großen Teil ganz anderen Zwecken dient, als von rechtstheoretischen Vertretern einer Verbindung von Recht und Moral beabsichtigt ist. Sie fördert die Umstellung der Rechtsstruktur auf die Bedürfnisse situativen Verwaltungshandelns und substituiert die politischen Legitimationsdefizite, die sich aus der Entwicklung von liberal-demokratischen Vergesellschaftungen zu autoritär-verwaltungsstaatlichen Systemen ergeben, welch letztere mit aktuellen Erscheinungsformen des Sozialstaats nicht notwendig, aber faktisch verbunden waren. Diese These muß näher erläutert werden.

30 Jürgen Habermas, »Legitimationsprobleme im modernen Staat«, in: *Politische Vierteljahresschrift*, Sonderheft 7 (1976), S. 39 ff. (4.4); ders., *Theorie des kommunikativen Handelns*, Frankfurt/M. 1981, Bd. 1, S. 354; Bd. 2, S. 266.

31 In der herrschenden Diskussion über juristische Methodenlehre nimmt Friedrich Müller, *Juristische Methodik und Politisches System*, allerdings eine alternative Position ein.

Die Abwägungen des Bundesverfassungsgerichts zwischen verschiedenen Grundrechten, zwischen Grundrechten und einfachen Gesetzen und zwischen Grundrechten und »kollektiven Gütern« sind grundsätzlich am Einzelfall orientiert.[32] Indem sie Rechte, Gesetze und »Güter« wechselseitig flexibilisieren, stellen sie das gesamte Recht auf eine situative Struktur um, die der Situativität gegenwärtigen Verwaltungshandelns entspricht. Von den jeweils besonderen Umständen des Einzelfalls hängt es zum Beispiel ab, wie groß die Reichweite eines Grundrechts ist und was sein Inhalt sein kann. Das Grundrecht wird auf diese Weise zu einer »Größe, die in jedem Konfliktfall neu entsteht«.[33] Ist diese Situativität bei der Begründung und Anwendung moralischer Normen in rechtsfreien Kontexten unbedenklich, weil hier kein staatliches Sanktionspotential vorhanden ist, so hat die gleiche Situativität bei der Verteilung politischer Machtanwendung ganz andere Konsequenzen. Grundrechtsnormen, deren Inhaltsbestimmung von den Staatsapparaten selbst vorgenommen wird, verlieren ihre Funktion, staatliche Macht zu begrenzen. Das ist zunächst bei möglichen Konflikten zwischen Freiheitsrechten und verwaltungsinternen Kriterien von großer Bedeutung. So kann nach der Rechtsprechung des Bundesverfassungsgerichts die Ausübung von verfassungsmäßigen Rechten wie der Meinungs- und Versammlungsfreiheit einem Bewerber für den Referendar-Vorbereitungsdienst verhängnisvoll werden, wenn die Einstellungsbehörde auch nur »Zweifel« an der Verfassungstreue des Bewerbers äußert, obwohl die Frage der Verfassungswidrigkeit von Organisationen, an deren Veranstaltungen der Betroffene teilnahm, der verfassungsmäßig vorgeschriebenen Prüfung gar nicht unterlag. Ausdrücklich konzediert das Gericht den Einstellungsbehörden eine Freiheit des Urteils und der Prognose bei der Einschätzung des Bewerbers, die sich »auf eine von Fall zu Fall wechselnde Vielzahl von Elementen und deren Bewertung« stützen darf.[34] Hier wie in anderen Fällen, die von Instanzgerichten entschieden werden, sind die Grenzen staatlicher Eingriffsmöglichkeiten aufgehoben, die durch die Rechtssicherheit stehenden Rechts einst gezogen waren. Die Situativität alles Rechts, die mit

32 Vgl. Fn. 20.
33 So durchaus affirmativ: Peter Häberle, *Die Wesensgehaltsgarantie des Art. 19 Abs. 2 Grundgesetz*, Karlsruhe 1962.
34 So BVerfGE 39, 334.

238

der Erweiterung des Verfassungs- bzw. des Rechtsbegriffs verbunden ist, erlaubt den Verwaltungen auch da noch »verfassungsmäßige« oder »rechtmäßige« Beschränkungen individueller Aktivitäten, wo keine verfassungsgesetzliche oder einfachgesetzliche Regelung besteht.

Die Situativität des Rechts bedeutet nicht nur eine große Autonomie des Bundesverfassungsgerichts gegenüber verfassungsrechtlichen Bindungen, sondern fördert zugleich die Machterweiterung der öffentlichen Verwaltung auf Kosten der Legislative. In den Prüfungsmaßstäben des Bundesverfassungsgerichts kommt insgesamt eine Tendenz zum Ausdruck, die dem Bedarf gegenwärtigen Verwaltungshandelns an situativem Recht Rechnung trägt, während die legislative Produktion stehenden Gesetzesrechts einem Funktionsverlust unterliegt. Gerade darauf beruht die Arbeitsweise eines Verwaltungsstaates, der im Sinne von Krisenmanagement oder Prävention immer mehr gesellschaftliche Teilbereiche seinen einzelfallorientierten Zugriffen öffnet. Wenn das Bundesverfassungsgericht jede Selbstbindung vermeidet, indem es seine Bindung an ein Wertsystem behauptet, dessen Rangordnung es immer erst im Einzelfall feststellt,[35] so praktiziert es genau jene »opportunistische Behandlung von Werten«, die Niklas Luhmann als zentrale Strategie moderner Verwaltung beschrieb.[36] Unter dem Schleier einer Werte-Judikatur nähert das Bundesverfassungsgericht nicht nur seine eigene Tätigkeit dem Verwaltungshandeln an, sondern unterstellt auch den Gesetzgeber Grundsätzen des Verwaltungshandelns. So stammt zum Beispiel der die Abwägungen steuernde Grundsatz der »Verhältnismäßigkeit«, den das Gericht angesichts fehlender Anhaltspunkte im Verfassungsgesetz aus dem Prinzip der Rechtsstaatlichkeit deduziert,[37] ursprünglich aus dem Verwaltungsrecht. Der Grundsatz der Verhältnismäßigkeit setzt aber dort die Orientierung der Verwaltung an legislativ gesetzten Zwecken voraus und

---

35 Erhard Denninger, »Freiheitsordnung – Wertordnung – Pflichtordnung«, in: Mehdi Tohidipur (Hg.), *Verfassung, Verfassungsgerichtsbarkeit, Politik*, Frankfurt/M. 1976, S. 163 ff., 167. – Siehe auch Helmut Ridder, »Die soziale Ordnung des Grundgesetzes. Leitfaden zu den Grundrechten einer demokratischen Verfassung«, in: Dieter Deiseroth (Hg.), *Helmut Ridder. Gesammelte Schriften*, Baden-Baden 2010, S. 7 ff., 354.

36 Niklas Luhmann, »Opportunismus und Programmatik in der öffentlichen Verwaltung«, in: ders., *Politische Planung*, Opladen 1971, S. 166 ff.

37 Zum Beispiel BVerfGE 39, 1 (47).

steuert lediglich die Wahl der Mittel zur Erreichung dieser Zwecke. Indem das Verfassungsgericht den Gesetzgeber diesem verwaltungsrechtlichen Grundsatz unterwirft, also nicht eigentlich die Verfassungsmäßigkeit, sondern die »Verhältnismäßigkeit« von Gesetzen prüft, reduziert es den Gesetzgeber auf verwaltungstypische Probleme der Mittelwahl und spricht ihm die Kompetenz zu politischen Zwecksetzungen, auch wenn sie im Rahmen des Verfassungsrechts verbleiben, ab. Der Gesetzgeber wird zum Ausführungsorgan für verwaltungsgerechte Zwecke, die das Bundesverfassungsgericht aus seinem erweiterten Verfassungsbegriff deduziert.

Hatte die klassisch-rechtsstaatliche Konzeption des Verhältnisses von Verfassung und Gesetzgebung die Handlungsfreiheit des demokratischen Gesetzgebers und Spielräume demokratischer Willensbildungsprozesse überall da vorausgesetzt, wo keine ausdrückliche Verfassungsbestimmung entgegenstand, so erlaubt die Ausweitung des Verfassungsbegriffs die immer stärkere Einengung jener noch rechtsfreien Räume, die die »Offenheit« von Verfassungen demokratisch legitimierten Entscheidungen gewährt. Die *faktischen* Erscheinungsformen der Remoralisierung des Rechts haben in diesem Sinne die Funktion, die demokratische Legitimation von Rechtsentscheidungen in dem Ausmaß zurückzudrängen, in dem Gesetzesrecht den Effizienzkriterien des Verwaltungsstaates weichen muß.[38] Bei der Rechtfertigung gegenwärtiger Formen des Staatshandelns spielen »Prinzipien« eine entscheidende Rolle. Sie haben allerdings in der Rechtspraxis selten die moralische Intention, die ihnen die Rechtstheorie zuschreibt, sondern werden zunehmend mit den Prinzipien des Verwaltungsstaats identisch. Damit ist aber nur ein Problem der Umstellung des Legitimationsmodells politischer und rechtlicher Entscheidungen bezeichnet, wobei moralische Begründung immer mehr an die Stelle demokratischer Legitimation tritt. Auch Verfassungsbestandteile, die noch ganz dem klassischen Verständnis des demokratischen Rechtsstaats entstammen, verlieren in diesem Zusammenhang ihre ursprüngliche Funktion, wie die Transformation der Grundrechte zu Werten oder Prinzipien verdeutlicht. Wie Peter Häberle affirmativ, Ulrich

---

38 Luhmann spricht in diesem Sinne von einer grundsätzlichen Diskrepanz zwischen Gesetzesrecht und Sozialplanung. Niklas Luhmann, *Rechtssoziologie*, Opladen ²1983, S. 333.

K. Preuß kritisch gezeigt haben,[39] legitimiert sich gegenwärtiges Staatshandeln zunehmend als »Grundrechtspolitik«, indem der Staat sich als Sachwalter und Verteiler von Grundrechtsansprüchen definiert. Indem die Grundrechte zum legitimierenden Grund des Staatshandelns avancieren, verlieren sie wiederum ihre Fähigkeit, das Staatshandeln zu begrenzen. Die klassischen Freiheitsrechte schlagen um in staatliche Ermächtigungsnormen.[40] – Die Remoralisierung des Rechts erweist sich so als äußerst ambivalent. Auch wenn sie gelegentlich zu berechtigten Korrekturen politisch-demokratischer Prozesse führt, wiegen sie den Verlust an demokratischer Kontrollfunktion nicht auf. Der moralische Diskurs, der in einer demokratischen Gesellschaft »von unten« geführt werden muß, ist gegenwärtig von den Staatsapparaten usurpiert. Deren Gerechtigkeitsexpertokratie aber zeigt eine starke Neigung, Gesichtspunkte der »Sachgerechtigkeit« geltend zu machen. Die »Kolonialisierung von Lebenswelt«[41] geht den Weg über eine situative Entgrenzung des Rechts, die sich moralischer Argumente bedient.

2.

Angesichts dieser Problemlage ist im folgenden die Funktion der Trennung von Recht und Moral in der klassischen Konzeption des demokratischen Rechtsstaats untersucht, um daran die Möglichkeit ihrer Rekonstruktion unter gegenwärtigen gesellschaftlichen Bedingungen zu prüfen.

Alle Gründe für eine Trennung zwischen Recht und Moral sind in der Philosophie Kants bereits enthalten. Dies übersieht die heutige, ausschließlich moralorientierte Interpretation. Die Tatsache, daß Kant sämtliche Gesetze, die Gegenstand der praktischen Philosophie sind, im Unterschied zu Naturgesetzen als »moralische« bezeichnet, somit Recht und Ethik unter den gemeinsamen Oberbegriff der »Moral« faßt, also überhaupt als Ethik bezeichnet, was

39 Peter Häberle, »Grundrechte im Leistungsstaat«, in: *VVDStRL* 30 (1970), S. 43 ff., hier: S. 103; Preuß, *Internalisierung des Subjekts*, S. 175, 177.

40 Preuß, *Internalisierung des Subjekts*, S. 175, 177.

41 Habermas, *Theorie des kommunikativen Handelns*, Bd. 2, S. 522 ff.; ders., »Legitimationsprobleme im modernen Staat«, S. 39 ff., 44.

wir Moral nennen,[42] scheint Kants Position verdunkelt zu haben. Tatsächlich hat Kant das Recht nicht ethisch, sondern rein juridisch begründet.[43] Recht und Ethik sind zwar gleichursprüngliche Emanationen des allgemeinen Grundgesetzes der Freiheit. Aber der ethische Imperativ hat bei dieser Ableitung des Rechts lediglich die Funktion eines Erkenntnisgrundes der sittlichen Freiheit, die Recht und Ethik gleichermaßen voraussetzen müssen.[44] Die gemeinsame Abkunft aus dem Grundgesetz der praktischen Vernunft, dem Prinzip der Selbstgesetzgebung, ist die Voraussetzung dafür, daß für Recht und Ethik die Prinzipien der Freiheit und Gleichheit grundlegend sind. Aber die Bedingungen ihrer Verwirklichung arbeitet Kant für Recht und Ethik bis zur völligen Entgegensetzung heraus.

Recht und Ethik unterscheiden sich nach Kant nicht nur durch die »Verschiedenheit der Gesetzgebung« und die andere »Art der Verpflichtung« hinsichtlich des äußeren oder inneren Gebrauchs der Freiheit,[45] sondern auch dadurch, daß das Recht in dem spezifischen Sinne »formal« ist, daß es von jeder »Materie der Willkür« abstrahiert, während die Ethik als »Gegenstand der Willkür« einen »Zweck der reinen Vernunft« vorgibt.[46] Während die Rechtspflicht nur eine legale Übereinstimmung der äußeren Handlung mit dem Rechtsgesetz verlangt und insofern die Zwecksetzung jedermanns freier Willkür überläßt, geht die Ethik den »entgegengesetzten« (!) Weg: sie kann als Zwecke nicht die empirischen Zwecke der Menschen gelten lassen, sondern verlangt, daß die Zwecke selber moralisch sind.[47] Mit dieser gegenläufigen Struktur von Recht und Ethik ist eine zweite eng verbunden. Da man »zwar zu Handlungen, die als Mittel auf einen Zweck gerichtet sind, nie aber einen Zweck zu haben von anderen gezwungen werden« kann, ist nur die Legalität von Handlungen mit äußerem Zwang zu kombinieren, während ethisch begründete Handlungen ausschließlich auf

---

42 Immanuel Kant, *Metaphysik der Sitten/Rechtslehre*, in: Wilhelm Weischedel (Hg.) *Kant-Werkausgabe*, Bd. VIII, Frankfurt/M. 1974ff., S. 318.

43 Siehe auch Otfried Höffe, »Kants Begründung des Rechtszwangs und der Kriminalstrafe«, in: Reinhard Brandt (Hg.), *Rechtsphilosophie der Aufklärung*, Berlin, New York 1982, S. 335 ff., hier: S. 344.

44 So bereits Werner Haensel, *Kants Lehre vom Widerstandsrecht*, Berlin 1926, S. 14.

45 Kant, *Metaphysik der Sitten/Rechtslehre*, S. 325 f., 319.

46 Ebd., S. 337, 509.

47 Ebd., S. 511.

»Selbstzwang« beruhen.[48] Damit ist eine besonders folgenreiche Differenz zwischen Recht und Ethik begründet: Die Anforderungen des Rechts haben, da sie sich nur auf äußere Handlungen und auf Mittelwahl beziehen, einen sehr viel geringeren Intensitätsgrad als die der Ethik, werden aber in der härteren Form des äußeren Zwangs durchgesetzt. Die gegenläufige Struktur ethischer Anforderungen wird noch dadurch verstärkt, daß der gebotene Zweck die Wahl der Mittel und die entsprechenden Handlungen nicht mit Bestimmtheit strukturiert, sondern hier einen »Spielraum« offenläßt. Darauf bezieht sich Kant, wenn er zwischen der »weiten Verbindlichkeit« ethischer und der »engen Verbindlichkeit« rechtlicher Pflichten unterscheidet.[49] Daß die Beziehungen zwischen Individuen und Staat, die Beziehungen der Individuen untereinander als auch die Interaktionen innerhalb der Staatsapparate – was jeweils die staatlichen Reaktionsweisen angeht – nicht durch moralische, sondern durch Rechtsnormen gesteuert werden sollen, ist im Hinblick auf diese Unterscheidungen Kants verdeutlicht. Öffentliches Recht, Privatrecht und Organisationsrecht haben aufgrund ihrer formalen Struktur und engen Verbindlichkeit gegenüber ethisch strukturierten Interaktionsformen zunächst den Vorzug, den staatlichen Anforderungen an die Individuen Grenzen zu setzen. Nicht nur ist jeder staatliche Zugriff auf die Motive der Individuen, zum Beispiel in der Form eines Gesinnungsstrafrechts, ausgeschlossen, sondern der geringere »Spielraum« einer äußeren Handlungsnorm stellt das Recht auch unter Präzisionsanforderungen inhaltlicher Bestimmtheit, die den möglichen Regelungsbereich des Gesetzes beschränkt. Vergleicht man zum Beispiel die rechtliche Fassung des spezifischen Verleumdungstatbestandes mit der unbestimmt weiten moralischen Norm »Du sollst nicht lügen« so wird deutlich, daß die unmittelbare Übersetzung von Moralnormen in Rechtsnormen die staatliche Zwangsgewalt zu offenem Terror entgrenzen würde. In diesem Sinne hält Kant zwar die Wirksamkeit von Tugendgesetzen für »wünschenswert«, lehnt aber deren staatliche Durchsetzung nachdrücklich ab: »Weh aber dem Gesetzgeber, der eine auf ethische Zwecke gerichtete Verfassung durch Zwang bewirken wollte! Denn er würde dadurch nicht allein gerade das

48 Ebd., S. 510.
49 Ebd., S. 520.

Gegenteil der ethischen bewirken, sondern auch seine politische untergraben und unsicher machen.«[50]

Hält die engere Verbindlichkeit des Rechts die staatliche Sanktionsgewalt gegenüber den Individuen in Grenzen, so garantiert auch die Präzision der Rechtsnormen Einhegungen der Staatsgewalt. Lassen ethische Forderungen der Staatsgewalt zu großen »Spielraum«, so kann diese selbst nur durch Gesetze im strengen Sinne verpflichtet werden. Kants Ausführungen zur Zweideutigkeit jeder Bindung der Politik an »Moral«, die sich aus deren ethisch-juridischer Doppelbedeutung ergibt, lassen daran keinen Zweifel: »Mit der Moral im ersteren Sinne (als Ethik) ist die Politik leicht einverstanden, um das Recht·der Menschen ihren Oberen preiszugeben: Aber mit der in der zweiten Bedeutung (als Rechtslehre), vor der sie ihre Knie beugen müßte, findet sie es ratsam, sich gar nicht auf Vertrag einzulassen, ihr lieber alle Realität abzustreiten, und alle Pflichten auf lauter Wohlwollen auszudeuten.«[51]

Der heutige Verlust an Rechtspositionen entspricht den vernachlässigten Warnungen Kants. Die verfassungsmäßigen Rechte sind heute kaum noch imstande, die staatlichen Amtswalter zu verpflichten, sondern werden den Individuen eher aufgrund staatlichen »Wohlwollens« abgewogen und zugeteilt. In den Abwägungen des Bundesverfassungsgerichts wird die »enge« rechtliche Verpflichtung, die Grundrechte für den Staat haben sollten, in die »weite« Verbindlichkeit ethischer Anforderungen transformiert. Kant hatte diese spezifisch ethischen Spielräume durch die Möglichkeit der »Einschränkung einer Pflichtmaxime durch die andere (zum Beispiel die allgemeine Nächstenliebe durch die Elternliebe)« charakterisiert.[52] Heute beschreibt dieses Modell am genauesten die Handhabung jener Prinzipienkollisionen, zu denen die Verfassungsjudikatur das Recht aufbereitet. Auch an der gegenwärtigen Zurückdrängung der Konditionalstruktur des Rechts wird dessen eigentümliche »Ethisierung« erkennbar. Hatte Kant noch gefordert, daß die staatliche Rechtsregelung sich darauf beschränke, die Freiheit jedes Handelnden mit der Freiheit jedes anderen zu

50 Kant, »Die Religion innerhalb der Grenzen der bloßen Vernunft«, in: Weischedel (Hg.), *Kant-Werkausgabe*, Bd. VIII, S. 754 f.

51 Kant, »Zum ewigen Frieden«, in: Weischedel (Hg.), *Kant-Werkausgabe*, Bd. XI, S. 250.

52 Kant, *Metaphysik der Sitten/Rechtslehre*, S. 520.

vereinbaren und die Zwecke der Handlungen »jedermanns freier Willkür« zu überlassen,[53] so wird in der heutigen Verwirklichung einer autoritären Sozialstaatsvariante der Staat selbst zum Sachwalter von Zwecken, die er unabhängig auch von empirischer Konsensermittlung definiert. Entsprechend wird das Recht von einer konditionalen Struktur auf Zweckprogrammierung umgestellt. Es läßt nun in der Wahl der Mittel zur Erreichung des gesetzten Zwecks jene Spielräume, die Kant als Kennzeichen ethischer Verbindlichkeit beschrieb.[54] Indem die Zwecke aber nicht mehr von den Individuen gesetzt werden, fallen auch diese Spielräume den Verwaltungsstäben zu.

Eine besonders dramatische Konsequenz ergibt sich aus der gegenwärtigen Ethisierung des Rechts für dessen Legitimationsstruktur. Der Vergleich mit Kants Theorie soll auch hier die eingetretene Veränderung verdeutlichen. Kategorischer Imperativ und allgemeine (juridische) Gesetzgebung sind bei Kant gleichrangige Konkretisierungen des Grundprinzips der praktischen Vernunft. Als Kriterien der Verwirklichung sittlicher Freiheit hinsichtlich der Ethik oder des Rechts aber haben sie eine durchaus gegenläufige Struktur. Der kategorische Imperativ ist ein Prüfungsverfahren der Generalisierbarkeit von Maximen des Handelns, das die Prinzipien der Freiheit und Gleichheit in der Weise zum Maßstab hat, daß es einerseits jeden einzelnen Handelnden zur autonomen Reflexion seiner Maximen, in die immer auch tradierte gesellschaftliche Verhaltensstandards eingehen, freisetzt, andererseits im Kriterium der Generalisierbarkeit die Berücksichtigung der gleichen Freiheit aller erfordert.

Die allgemeine (juridische) Gesetzgebung hat Kant zufolge dieselben Prinzipien der Freiheit und Gleichheit in ganz anderer Weise zur Voraussetzung. Gleiche Freiheit, die Vereinbarkeit der Freiheit eines jeden mit der Freiheit des anderen, kann nur in Gesetzgebungsakten gewährleistet werden, in denen »ein jeder über alle und alle über einen jeden ebendasselbe beschließen«.[55] Die auszeichnende Struktur dieses Gesetzgebungsverfahrens besteht in seiner demokratischen Organisation. Ist das Prüfverfahren des kategorischen Imperativs ergebnisorientiert direkt auf die Verallgemeiner-

53 Ebd., S. 511.
54 Ebd., S. 520.
55 Ebd., S. 432.

barkeit einer Maxime gerichtet, so soll im Rechtsetzungsprozeß die Allgemeinheit der demokratischen Genese des Gesetzes erst sekundär dessen inhaltliche Allgemeinheit garantieren. Die demokratische Legitimation des Rechts unterscheidet sich genau darin von der Begründung moralischer Normen, daß sie die sehr folgenreiche Auszeichnung »gerechter« Gesetze von sehr viel anspruchsvolleren Voraussetzungen auf der Verfahrensseite abhängig macht: Die demokratische Organisationsform von Verfahren ist aufgrund ihrer Institutionalisierung nach dem Grad ihrer Intensität bzw. Realisierung meßbar und ihrerseits überprüfbar.

Diese strenge Unterscheidung zwischen der Begründung moralischer Normen und der demokratischen Legitimation von Rechtsnormen wird lediglich durch Kants Konzessionen an die »res publica phaenomenon«, den noch bestehenden Obrigkeitsstaat, abgeschwächt. Zwar läßt Kant keinen Zweifel, daß nur demokratische Gesetzgebung legitim ist. Aber die Gesetze eines Obrigkeitsstaates sind nur an ihrer Beschaffenheit zu prüfen, »als [ob] sie aus dem vereinigten Willen eines ganzen Volkes haben entspringen können«.[56] Hier setzt sich also die Akzentuierung der Ergebnisorientierung auf Kosten der demokratischen Verfahrensorientierung durch: sie nähert sich dem in foro interno simulierten moralischen Begründungsverfahren an. Die antidemokratische Konsequenz der gegenwärtigen Entdifferenzierung zwischen moralischer Begründung und demokratischer Legitimation des Rechts kann nicht deutlicher demonstriert werden als an dieser obrigkeitsstaatlichen Konzession Kants.

Die Struktur demokratischer Legitimation des Rechts hatte nicht nur eine spezifische Auszeichnungsfähigkeit »richtigen«, besser: nichtwillkürlichen Rechts, sondern war auch als Grenze der Rechtsetzung im quantitativen Sinne gedacht. Wie so unterschiedliche Vertreter der Konzeption des demokratischen Rechtsstaats wie Locke, Rousseau oder die Federalists übereinstimmend formulieren, galt die demokratische Genese der Gesetze zugleich als Engpaß der Verrechtlichung. Begrenzt zum Beispiel Rousseau ausdrücklich die rechtliche Regulation der Gesellschaft auf den konstatierten geringen Umfang allgemeinen Interesses,[57] so leiten die Federalists

---

56 Kant, »Über den Gemeinspruch: Das mag in der Theorie richtig sein, taugt aber nicht für die Praxis«, in: Weischedel (Hg.), *Kant-Werkausgabe*, Bd. XI S. 153.

57 Jean-Jacques Rousseau, *Über den Gesellschaftsvertrag* II, 1; vgl. IV, 1.

aus der wechselseitigen Behinderung konfligierender Interessen im institutionalisierten Entscheidungsprozeß die Hoffnung auf eine begrenzte Zahl von Gesetzen ab.[58] Auch das rechtsstaatliche Prinzip der Gewaltenteilung, das die reflexive Struktur demokratischer Legitimation gewährleistet,[59] wirkt zugleich als Grenze der Verrechtlichung. Die gewaltenteilende Anordnung differenzierter und einander zeitlich und an Generalisierungsgrad nachgeordneter Rechtsentscheidungsverfahren bewirkt, daß eine schlichte Selbstreferentialität in der Legitimation politischer Entscheidungen verhindert wird. Auf keiner Stufe des Entscheidungsprozesses kann politische Macht sich einfach an dem Recht legitimieren, das sie selbst gesetzt hat: Der Gesetzgeber legitimiert sich durch die Beachtung der prozeduralen Vorgaben der Verfassung, nicht aber an einfachen Gesetzen. Erst die rechtsanwendenden Instanzen legitimieren sich am einfachen Recht, das sie aber deshalb nicht selbst setzen dürfen. Diese Struktur gewährleistet zugleich eine abgestufte Unkenntnis konkreter Entscheidungsadressaten im rechtsstaatlichen Instanzenzug und begrenzt so die Weite des rechtsgestaltenden Durchblicks auf die gesellschaftlichen Regelungsbereiche. Im Zeichen gegenwärtiger Umstellung des Rechts auf prinzipiengesteuerte Situativität werden auch alle diese Begrenzungen aufgehoben.

Die Betonung der strukturellen Auszeichnungsfähigkeit demokratischer Legitimation und rechtsstaatlicher Verfahren im Sinne einer quantitativen Begrenzung des Rechts setzt sich leicht dem Einwand aus, daß diese bei starken Herausforderungen »gesetzlichen Unrechts«, zum Beispiel des NS-Systems, nicht ausreiche und deshalb die moralische Begründung des Rechts sich mit dessen Legitimation unmittelbar verbinden müsse. Dieser Einwand bezieht sich insbesondere auf den Rechtspositivismus. Ein genauerer Blick auf dessen Theorie läßt allerdings zwei Varianten erkennen, die wiederum in ganz unterschiedlicher Weise an Kant anschließen. Tatsächlich sind diejenigen Vertreter des Rechtspositivismus, die nicht Kants demokratische Legitimationskonzeption, sondern dessen Konzession an den noch existierenden Obrigkeitsstaat über-

58 Alexander Hamilton, James Madison und John Jay, Die *Federalist-Artikel*, in: Angela, Willi P. Adams (Hg.), *Hamilton/Madison/Jay. Die Federalist-Artikel*, Paderborn, München u. a. 1994, Nr. 73.

59 Ingeborg Maus, *Zur Aufklärung der Demokratietheorie. Rechts- und demokratietheoretische Überlegungen im Anschluß an Kant*, Frankfurt/M. ²1994, S. 249 ff.

nehmen und eine individuelle moralische Verbindlichkeit voraussetzen, vom Vorwurf des theoretischen Versagens angesichts der
nationalsozialistischen Rechtsentwicklung am ehesten betroffen.
Die Rechtsphilosophie Radbruchs in ihrer Fassung während der
Weimarer Republik ist dafür ein aufschlußreiches Beispiel. Radbruch negiert jede Auszeichnungsfähigkeit der Legitimationsform
des Rechts, indem er wie Kelsen und später Herbert L. A. Hart
das Recht auf eine beliebige Rechtserzeugungsregel basiert, die als
»Grundnorm« oder als »sekundäre Regel« sich gegenüber demokratischer und undemokratischer Genese des Rechts neutral verhält.[60]
Damit wird bei Radbruch alles Recht, wenn es nur überhaupt »gesetzt« ist, für den Rechtsanwendungsmaßstab schlechterdings verbindlich. Gleichzeitig wird die Differenzierung von Recht und Moral in bezug auf die einzelnen Rechtsadressaten aufgehoben: »Aus
den Rechtssätzen als Imperativen Willensäußerungen kann [...]
vielleicht ein Müssen, niemals aber ein Sollen abgeleitet werden«,
von Rechtspflichten kann nur die Rede sein, wenn »der rechtliche
Imperativ vom Einzelgewissen mit moralischer Verpflichtungs-
kraft ausgestattet wird«.[61] Radbruchs Unterscheidung, die wiederum Harts Differenzierung zwischen »being obliged« und »having
an obligation« sehr nahekommt,[62] kann die Nichtverbindlichkeit
von Recht nur als eine moralische und nur aus der Perspektive des
machtlosen Einzelgewissens thematisieren, während es zur »Berufs-
pflicht« des Richters erklärt wird, beliebigem Recht zu folgen.[63]

Gegen nationalsozialistisches Unrecht hatte diejenige Variante
des Rechtspositivismus, die an Kants demokratisches Legitimati-
onsmodell des Rechts anschloß, eine bessere Auskunft, als sie in
Radbruchs nachträglicher Wendung zum »übergesetzlichen Recht«
enthalten war.[64] Weimarer Staatsrechtslehrer wie Gerhard Anschütz oder Richard Thoma konnten sich auf eine rechtspositivistische Tradition berufen, die den Begriff des Gesetzes ausschließlich
an die prozedurale Voraussetzung seiner demokratischen Genese
band. Ihr zufolge bedurften sämtliche Eingriffe in die Rechte der

60 Gustav Radbruch, *Rechtsphilosophie*, Stuttgart ⁵1956, S. 174 ff., 180, 190.
61 Ebd., S. 138.
62 Hart, »Der Positivismus und die Trennung von Recht und Moral«, S. 79 ff.
63 Radbruch, *Rechtsphilosophie*, S. 182.
64 Radbruch, »Gesetzliches Unrecht und übergesetzliches Recht«, in: ders., *Rechtsphilosophie*, S. 347 ff.

Bürger eines Gesetzes und waren deshalb ohne Zustimmung der Volksvertretung »nichtig und unverbindlich«;[65] Gesetze waren ihrer Definition nach »alle, aber auch nur« die mit Zustimmung der Volksvertretung ergangenen Anordnungen.[66] Die Auszeichnungsfähigkeit dieses Legitimationsmodells gegenüber nationalsozialistischen Rechtsnormen bestand darin, daß diese aufgrund ihrer exekutivischen Genese überhaupt nicht als »Gesetze« zu qualifizieren waren. An dieser demokratischen Legitimationsvoraussetzung gemessen, waren nicht nur »ganze Partien nationalsozialistischen Rechts« – wie Radbruch 1946 formulierte –, sondern war das gesamte nationalsozialistische Recht ohne Gültigkeit und Geltung. Die Anforderungen dieses demokratischen Legitimationsverständnisses an die Richter wären allerdings die höchsten gewesen. Sie hätten nicht nur verlangt, einzelne NS-Normen in ihrer Anwendung zu unterlaufen oder abzumildern, sondern dem gesamten Recht – unabhängig von einzelnen Inhalten – die Anwendung zu versagen. Nur so auch wäre diesem System der legitimatorische Schleier einer aufrechterhaltenen Justizfunktion entzogen worden.

Die Idee einer moralischen Begründung des Rechts mündet freilich nur so lange in die Sackgasse staatlicher Gerechtigkeitsexpertokratie, als sie von dessen demokratischer Legitimation nicht getrennt wird. Als selbständige Perspektive bildet sie dagegen ein gesellschaftliches Widerstandspotential, das dem staatlichen Rechtsetzungsprozeß um so notwendiger entgegengesetzt werden muß, als dessen Verfahren auch durch gerechteste Strukturen niemals automatisch gerechte Ergebnisse garantieren. Diese Endkontrolle kann aber in einem demokratischen System nicht wiederum bei einem Staatsapparat wie einem höchsten Gericht, sondern nur an der gesellschaftlichen Basis liegen, die sich gegen jede Verstaatlichung des moralischen Diskurses wehren muß. Insofern setzt die moralische Kritisierbarkeit demokratisch gesetzten Rechts die Trennung von Recht und Moral gerade voraus.

---

65 Robert von Mohl, *Das Staatsrecht des Königreiches Württemberg*, Bd. I, Tübingen ²1840, S. 67 f.
66 Georg Jellinek, *Gesetz und Verordnung*, Freiburg i. Br. 1887, S. 115.

Literaturverzeichnis

Abendroth, Wolfgang, »Zum Begriff des demokratischen und sozialen Rechtsstaates im Grundgesetz der Bundesrepublik Deutschland«, in: Ernst Forsthoff (Hg.), *Rechtsstaatlichkeit und Sozialstaatlichkeit*, Darmstadt 1968, S. 114-144.

Abromeit, Heidrun, »Volkssouveränität in komplexen Gesellschaften«, in: Hauke Brunkhorst, Peter Niesen (Hg.), *Das Recht der Republik*, Frankfurt/M. 1999, S. 17-36.

Abromeit, Heidrun, *Democracy in Europe. Legitimizing Politics in a Non-State Polity*, New York, Oxford 1998.

Adams, Angela, Willi P. Adams (Hg.), *Hamilton/Madison/Jay. Die Federalist-Artikel*, Paderborn, München u. a. 1994.

Adomeit, Klaus, »Juristische Methode«, in: Axel Görlitz (Hg.), *Handlexikon zur Rechtswissenschaft*, München 1972, S. 217-222.

Agamben, Giorgio, *Homo Sacer. Die souveräne Macht und das nackte Leben*, Frankfurt/M. 2002.

Agamben, Giorgio, *Ausnahmezustand*, Frankfurt/M. 2004.

Alemann, Ulrich von (Hg.), *Neokorporatismus*, Frankfurt/M., New York 1981.

Alexy, Robert, »Zum Begriff des Rechtsprinzips«, in: *Rechtstheorie*, Beiheft 1 (1979), S. 59-87.

Alexy, Robert, *Theorie der Grundrechte*, Frankfurt/M. ²1986.

Arendt, Hannah, *Elemente und Ursprünge totalitärer Herrschaft*, München 1986.

Balzer, Friedrich-Martin (Hg.), *Helmut Ridder für Einsteiger und Fortgeschrittene*, Bonn 2004.

Barth, Alan, *Prophets with Honor. Great Dissents and Great Dissenters in the Supreme Court*, New York 1974.

Bast, Jürgen, *Totalitärer Pluralismus. Zu Franz Neumanns Analysen der politischen und rechtlichen Struktur der NS-Herrschaft*, Tübingen 1999.

Bermbach, Udo, »Widerstandsrecht, Souveränität, Kirche und Staat: Frankreich und Spanien im 16. Jahrhundert«, in: Iring Fetscher, Herfried Münkler (Hg.), *Pipers Handbuch der politischen Ideen*, Bd. 3, S. 101-162.

Birke, Wolfgang, *Richterliche Rechtsanwendung und gesellschaftliche Auffassungen*, Köln 1968.

Blaich, Fritz, »Phasen der Wirtschaftsorganisation im Nationalsozialismus«, in: *Aus Politik und Zeitgeschichte*, 1971.

Blankenagel, Alexander, *Tradition und Verfassung. Neue Verfassung und alte*

Geschichte in der Rechtsprechung des Bundesverfassungsgerichts, Baden-Baden 1987.

Blankenburg, Erhard (Hg.), *Alternative Rechtsformen und Alternativen zum Recht. Jahrbuch für Rechtssoziologie und Rechtstheorie*, Bd. 6, Opladen 1980.

Boberach, Heinz (Hg.), *Richterbriefe. Dokumente zur Beeinflussung der deutschen Rechtsprechung 1942-1944*, Boppard a. Rh. 1975.

Böckenförde, Ernst-Wolfgang, »Grundrechtstheorie und Grundrechts-interpretation«, in: ders., *Staat – Gesellschaft – Freiheit*, Frankfurt/M. 1976, S. 221-252.

Bodin, Jean, *Über den Staat* (= *Sechs Bücher über die Republik*, 1583), Stuttgart 1976.

Bogdandy, Armin von (Hg.), *Europäisches Verfassungsrecht. Theoretische und dogmatische Grundzüge*, Berlin, Heidelberg 2003.

Böhm, Franz, *Die Ordnung der Wirtschaft als geschichtliche Aufgabe und rechtsschöpferische Leistung*, Stuttgart, Berlin 1937.

Broszat, Martin, *Der Staat Hitlers*, München 1969.

Brunkhorst, Hauke, Peter Niesen (Hg.), *Das Recht der Republik*, Frankfurt/M. 1999.

Bülow, Oskar, »Gesetz und Richteramt« (1885), in: Werner Krawietz (Hg.), *Theorie und Technik der Begriffsjurisprudenz*, Darmstadt 1976, S. 107-135.

Burke, Edmund, *Betrachtungen über die Französische Revolution*, Frankfurt/M. 1967.

Caesar-Wolf, Beatrice, »Der deutsche Richter am Kreuzweg zwischen Professionalisierung und Deprofessionalisierung«, in: Stefan Breuer, Hubert Treiber (Hg.), *Zur Rechtssoziologie Max Webers*, Opladen 1984, S. 199-222.

Christie, Nils, »Konflikte als Eigentum«, in: *Informationsbrief der Sektion Rechtssoziologie der Deutschen Gesellschaft für Soziologie*, Nr. 12/1976.

Dahm, Georg, Karl A. Eckardt u. a., »Leitsätze über Stellung und Aufgaben des Richters«, in: *Deutsche Rechtswissenschaft* 1 (1936), S. 123 f.

Damm, Reinhard, »Norm und Faktum in der historischen Entwicklung der juristischen Methodenlehre«, in: *Rechtstheorie* 7 (1976), S. 213-248.

Däubler, Wolfgang, Gudrun Küsel (Hg.), *Verfassungsgericht und Politik. Kritische Beiträge zu problematischen Urteilen*, Reinbek 1979.

Denninger, Erhard, »Rezension zu Friedrich Müller: ›Normstruktur und Normativität‹«, in: *AöR* 94 (1969), S. 333-340.

Denninger, Erhard, »Freiheitsordnung – Wertordnung – Pflichtordnung«, in: Mehdi Tohidipur (Hg.), *Verfassung, Verfassungsgerichtsbarkeit, Politik*, Frankfurt/M. 1976, S. 163-183.

Denninger, Erhard, *Staatsrecht 2*, Reinbek 1979.

Denninger, Erhard, »Der Präventions-Staat«, in: *Kritische Justiz* (1988) Heft 1, S. 1-15.

Denninger, Erhard, *Der gebändigte Leviathan*, Baden-Baden 1990.

Denninger, Erhard, »Vom Rechtsstaat zum Präventions-Staat«, in: ders.: *Recht in globaler Unordnung*, Berlin 2005, S. 223-237.

Derrida, Jacques, *Gesetzeskraft. Der mystische Grund der Autorität*, Frankfurt/M. 1991.

Dessauer, Friedrich, *Recht, Richter und Ministerialbürokratie. Eine Studie über den Einfluß von Machtverschiebungen auf die Gestaltung des Privatrechts*, Mannheim, Berlin u. a. 1928.

Dreier, Ralf, »Zur Problematik und Situation der Verfassungsinterpretation«, in: ders., Friedrich Schwegmann (Hg.), *Probleme der Verfassungsinterpretation. Dokumentation einer Kontroverse*, Baden-Baden 1976, S. 13-47.

Durkheim, Emile, *Montesquieu et Rousseau: Précurseurs de la Sociologie*, Paris 1953.

Durkheim, Emile, *Über soziale Arbeitsteilung. Studie über die Organisation höherer Gesellschaften*, Frankfurt/M., ²1988.

Dworkin, Ronald, *Taking Rights Seriously*, Cambridge, Mass. 1978.

Dworkin, Ronald, *Bürgerrechte ernstgenommen*, Frankfurt/M. 1984.

Dworkin, Ronald, *Law's Empire*, Cambridge, Mass. 1986.

Ellscheid, Günter, Winfried Hassemer (Hg.), *Interessenjurisprudenz*, Darmstadt 1974.

Ellscheid, Günter, »Die Verrechtlichung sozialer Beziehungen als Problem der praktischen Philosophie«, in: *Neue Hefte für Philosophie* 17 (1979), S. 37-61.

Esser, Josef, *Grundsatz und Norm in der richterlichen Fortbildung des Privatrechts*, Tübingen 1964.

Esser, Josef, *Vorverständnis und Methodenwahl in der Rechtsfindung. Rationalitätsgrundlagen richterlicher Entscheidungspraxis*, Frankfurt/M. ²1972.

Esser, Josef, »Bemerkungen zur Unentbehrlichkeit des juristischen Handwerkszeugs«, in: *JZ* 30 (1975), S. 555-558.

Euchner, Walter, »Thomas Hobbes«, in: Iring Fetscher, Herfried Münkler (Hg.), *Pipers Handbuch der politischen Ideen*, München 1985 ff., S. 353-368.

Forsthoff, Ernst, *Rechtsstaat im Wandel. Rechtsstaatliche Abhandlungen 1954-1973*, München ²1976.

Fraenkel, Ernst, *Das amerikanische Regierungssystem. Eine politologische Analyse*, Köln, Opladen ²1960.

Fraenkel, Ernst, »Zur Soziologie der Klassenjustiz«, in: ders., *Zur Soziolo-*

gie der Klassenjustiz und Aufsätze zur Verfassungskrise 1931-32, Darmstadt 1968, S. 1-41.

Fraenkel, Ernst, *Der Doppelstaat*, Frankfurt/M. 1974.

Franssen, Everhardt, »Positivismus als juristische Strategie«, in: *JZ* 23/24 (1969), S. 771-774.

Franz, Günther (Hg.), *Staatsverfassungen*, Darmstadt 1975.

Freisler, Roland, »Recht, Richter und Gesetz«, in: *Deutsche Justiz* 95 (1933), S. 694-696.

Freisler, Roland, »Richter und Gesetz«, in: Hans-Heinrich Lammers, Hans Pfundtner (Hg.), *Grundlagen, Aufbau und Wirtschaftsordnung des nationalsozialistischen Staates*, Bd. 1, Berlin 1936, S. 1-12.

Freisler, Roland, *Nationalsozialistisches Recht und Rechtsdenken*, Berlin 1938.

Freud, Sigmund, »Die Zerlegung der psychischen Persönlichkeit«, in: Alexander Mitscherlich u. a. (Hg.), Studienausgabe Bd. 1, Frankfurt/M. 1969, S. 496-516.

Friedman, Leon, Fred L. Israel (Hg.), T*he Justices of the United States Supreme Court. Their Lives and Major Opinions*, New York, London 1969.

Frischning, Carl von, *Die deutschen Richtervereinigungen*, Diss., Freiburg/Br. 1936.

Frommel, Monika, *Die Rezeption der Hermeneutik bei Karl Larenz und Josef Esser*, Ebelsbach 1981.

Fuchs, Ernst, »Recht und Wahrheit in unserer heutigen Justiz« (1908), in: ders., *Gerechtigkeitswissenschaft. Ausgewählte Schriften zur Freirechtslehre*, Karlsruhe 1965, S. 65-165.

Fuchs, Ernst, *Schreibjustiz und Richterkönigtum*, Leipzig 1907.

Fuchs, Ernst, »Was will die Freirechtsschule?« (1929), in: ders., *Gerechtigkeitswissenschaft. Ausgewählte Schriften zur Freirechtslehre*, Karlsruhe 1965, S. 21-63.

Gadamer, Hans-Georg, *Wahrheit und Methode, Grundzüge einer philosophischen Hermeneutik*, Tübingen 1960.

Geddert, Heinrich, *Recht und Moral. Zum Sinn eines alten Problems*, Berlin 1984.

Göring, Hermann, *Die Rechtssicherheit als Grundlage der Volksgemeinschaft*, Hamburg 1935.

Grimm, Dieter, »Methode als Machtfaktor«, in: Norbert Horn u. a. (Hg.), *Europäisches Rechtsdenken in Geschichte und Gegenwart. Festschrift für Helmut Coing zum 70. Geb.*, München 1982, S. 469-492.

Grimm, Dieter, *Deutsche Verfassungsgeschichte 1776-1866*, Frankfurt/M. 1988.

Grimm, Dieter, »Der Verfassungsbegriff in historischer Entwicklung«, in: ders., *Die Zukunft der Verfassung*, Frankfurt/M. 1991, S. 101-155.

Grimm, Dieter, »Entstehungs- und Wirkungsbedingungen des modernen Konstitutionalismus«, in: ders., *Die Zukunft der Verfassung*, Frankfurt/M. 1991, S. 31-66.

Grimm, Dieter, »Braucht Europa eine Verfassung?«, in: ders., *Die Verfassung und die Politik. Einsprüche in Störfällen*, München 2001, S. 215-254.

Gürtner, Franz, »Richter und Rechtsanwalt im neuen Staat«, in: *Deutsche Justiz* 96 (1934), S. 369-372.

Häberle, Peter, *Die Wesensgehaltsgarantie des Art. 19 Abs. 2 Grundgesetz*, Karlsruhe 1962.

Häberle, Peter, »Grundrechte im Leistungsstaat«, in: *Veröffentlichungen der Vereinigung der Deutschen Staatsrechtslehrer* 30 (1970), S. 43-131.

Häberle, Peter, »Die offene Gesellschaft der Verfassungsinterpreten«, in: *JZ* 30 (1975), S. 297-305.

Habermas, Jürgen, »Naturrecht und Revolution«, in: ders., *Theorie und Praxis*, Neuwied, Berlin 1969, S. 52-88.

Habermas, Jürgen, »Legitimationsprobleme im modernen Staat«, in: *Politische Vierteljahresschrift*, Sonderheft 7 (1976), S. 39-61.

Habermas, Jürgen, *Theorie des kommunikativen Handelns*, Frankfurt/M. 1981.

Habermas, Jürgen, »Moralität und Sittlichkeit. Treffen Hegels Einwände gegen Kant auch auf die Diskursethik zu?«, in: Wolfgang Kuhlmann (Hg.), *Moralität und Sittlichkeit*, Frankfurt/M. 1986, S. 16-37.

Habermas, Jürgen, *Faktizität und Geltung*, Frankfurt/M. 1992.

Haensel, Werner, *Kants Lehre vom Widerstandsrecht*, Berlin 1926.

Hardt, Michael, Antonio Negri, *Empire. Die neue Weltordnung*, Frankfurt/M., New York 2002.

Hart, Herbert L. A., *The Concept of Law*, Oxford 1961.

Hart, Herbert L. A., »Der Positivismus und die Trennung von Recht und Moral«, in: ders., *Recht und Moral*, Göttingen 1971, S. 14-57.

Hassemer, Winfried, *Tatbestand und Typus. Untersuchungen zur strafrechtlichen Hermeneutik*, Köln, Berlin u. a. 1968.

Heck, Philipp, *Rechtserneuerung und juristische Methodenlehre*, Tübingen 1936.

Hedemann, Justus W., *Die Flucht in die Generalklauseln*, Tübingen 1933.

Hegel, Georg Wilhelm Friedrich, *Grundlinien der Philosophie des Rechts*, hg. von Eva Moldenhauer, Markus Michel, Frankfurt/M. 1970, Bd. 7.

Held, David, »Democracy, the Nation-State and the Global System«, in: ders. (Hg.), *Political Theory today*, Stanford/CA 1991, S. 197-235.

Heller, Hermann, »Die Souveränität«, in: ders., *Gesammelte Schriften*, Bd. 2, Leiden, Tübingen 1971, S. 443-462.

Henrich, Dieter, *Einführung in das englische Privatrecht*, Darmstadt 1971.

Hirsch, Martin u. a. (Hg.), *Recht, Verwaltung und Justiz im Nationalsozialismus*, Köln 1984.

Hobbes, Thomas, *Dialog zwischen einem Philosophen und einem Juristen über das englische Recht* (1681), hg. von Bernard Willms, Weinheim 1992.

Hobbes, Thomas, *Leviathan*, hg. von Iring Fetscher, Neuwied, Berlin 1966.

Hoerster, Norbert »Zum begrifflichen Verhältnis von Recht und Moral«, in: *Neue Hefte für Philosophie* 17 (1979), S. 77-88.

Höffe, Otfried, »Kants Begründung des Rechtszwangs und der Kriminalstrafe«, in: Reinhard Brandt (Hg.), *Rechtsphilosophie der Aufklärung*, Berlin, New York 1982, S. 335-375.

Hoffmann-Riem, Wolfgang, in: Rudolf Wassermann (Hg.), (Alternativ)- *Kommentar zum Grundgesetz für die Bundesrepublik Deutschland*, Bd. 1, S. 747-775.

Hopt, Klaus J., »Was ist von den Sozialwissenschaften für die Rechtsanwendung zu erwarten?«, in: *JZ* 30 (1975), S. 341-349.

Horkheimer, Max (Hg.), *Autorität und Familie*, Paris 1936.

Jellinek, Georg, *Gesetz und Verordnung*, Freiburg i. Br. 1887.

Jhering, Rudolph von, *Geist des römischen Rechts*, II, 2, Leipzig 1858.

Johe, Werner, *Die gleichgeschaltete Justiz. Organisation des Rechtswesens und Politisierung der Rechtsprechung 1933-1945*, Frankfurt/M. 1967.

Kant, Immanuel, »Die Religion innerhalb der Grenzen der bloßen Vernunft«, in: Wilhelm Weischedel (Hg.), *Kant-Werkausgabe*, Bd. VIII, Frankfurt/M. 1974 ff., S. 654-879.

Kant, Immanuel, »Über den Gemeinspruch: Das mag in der Theorie richtig sein, taugt aber nicht für die Praxis«, in: Wilhelm Weischedel (Hg.), *Kant-Werkausgabe*, Bd. VI, Frankfurt/M. 1974 ff., S. 125-172.

Kant, Immanuel, »Zum ewigen Frieden«, in: Wilhelm Weischedel (Hg.), *Kant-Werkausgabe*, Bd. XI, Frankfurt/M., 1974 ff., S. 193-251.

Kant, Immanuel, *Die Metaphysik der Sitten/Rechtslehre*, in: Wilhelm Weischedel (Hg.), *Kant-Werkausgabe*, Bd. VIII, Frankfurt/M. 1974 ff., S. 307-499.

Kantorowicz, Hermann, »Der Kampf um die Rechtswissenschaft«, in: ders., *Rechtswissenschaft und Soziologie. Ausgewählte Schriften zur Wissenschaftslehre*, Karlsruhe 1962, S. 13-39.

Kaufmann, Arthur, *Analogie und »Natur der Sache«. Zugleich ein Beitrag zur Lehre vom Typus*, Heidelberg ²1982.

Kaufmann, Erich, »Die Gleichheit vor dem Gesetz im Sinne des Art. 109 der Reichsverfassung«, in: *VVDStRL* 3 (1927), S. 2-24.

Kaupen, Wolfgang, *Die Hüter von Recht und Ordnung*, Neuwied 1969.

Kelsen, Hans, *Wer soll der Hüter der Verfassung sein?*, Berlin 1931.

Kempner, Robert Max W., »Richterbriefe und Nürnberger Juristenprozeß«, in: Heinz Boberach (Hg.), *Richterbriefe. Dokumente zur Beeinflussung der deutschen Rechtsprechung 1942-1944*, Boppard a. Rh. 1975, S. 473-484.

Kennedy, Duncan, »Freedom and Constraint in Adjudication: A Critical Phenomenology«, in: *Journal of Legal Education* 36 (1986), S. 518-562.

Kilian, Wolfgang, *Juristische Entscheidung und elektronische Datenverarbeitung. Methodenorientierte Vorstudie*, Frankfurt/M. 1974.

Kirchheimer, Otto, Rezension zu »Ernst Fraenkel. The Dual State«, in: *Political Science Quarterly* 56 (1941), S. 434-436.

Kirchheimer, Otto, »Die Rechtsordnung des Nationalsozialismus«, in: ders., *Funktionen des Staats und der Verfassung. Zehn Analysen*, Frankfurt/M. 1972, S. 115-142.

Kirchheimer, Otto, »Verfassungsreform und Sozialdemokratie«, in: *Funktionen des Staats und der Verfassung. Zehn Analysen*, Frankfurt/M. 1972, S. 79-99.

Knoepfel, Peter, »Verrechtlichung und Interesse«, in: Rüdiger Voigt (Hg.), *Verrechtlichung*, Königstein/Ts. 1980, S. 77-93.

Knoepfel, Peter, Helmut Weidner, »Normbildung und Implementation: Interessenberücksichtigungsmuster in Programmstrukturen von Luftreinhaltepolitiken«, in: Renate Mayntz (Hg.), *Implementation politischer Programme*, Königstein/Ts. 1980, S. 82-104.

Koch, Hans-Joachim, Rezension »Zur Rationalität richterlichen Entscheidens. J. Essers ›Vorverständnis und Methodenwahl in der Rechtsfindung‹«, in: *Rechtstheorie* 4 (1973), S. 183-206.

Koch, Hans-Joachim, (Hg.), *Juristische Methodenlehre und analytische Philosophie*, Kronberg/Ts. 1976.

Koch, Hans-Joachim, *Seminar: Die juristische Methode im Staatsrecht*, Frankfurt/M. 1977.

Konitzer, Werner (Hg.), *Moralisierung des Rechts. Kontinuitäten und Diskontinuitäten nationalsozialistischer Normativität, Fritz-Bauer-Institut, Jahrbuch*, Frankfurt/M. 2014.

Krause, Hermann, »Rechtseinheit und ständisches Recht«, in: *Deutsche Rechtswissenschaft* 1 (1936), S. 300-330.

Krawietz, Werner (Hg.), *Theorie und Technik der Begriffsjurisprudenz*, Darmstadt 1976.

Krawietz, Werner, »Zum Paradigmenwechsel im juristischen Methodenstreit«, in: *Rechtstheorie*, Beiheft 1 (1979), S. 113-152.

Kriele, Martin, *Einführung in die Staatslehre*, Reinbek 1975.

Kriele, Martin, *Theorie der Rechtsgewinnung, entwickelt am Problem der Verfassungsinterpretation*, Berlin ²1976.

Kübler, Friedrich Karl, »Der deutsche Richter und das demokratische Gesetz«, in: *AcP* 162 (1963), S. 104-128.

Kuhfuß, Walter, *Mäßigung und Politik*, München 1975.

Kuhlen, Lothar, *Typuskonzeptionen in der Rechtstheorie*, Berlin 1977.

Ladeur, Karl-Heinz, »Vom Gesetzesvollzug zur strategischen Rechtsfortbildung«, in: *Leviathan* 7 (1979), S. 339-375.

Ladeur, Karl-Heinz, »›Abwägung‹ – ein neues Rechtsparadigma?«, in: *ARSP* 69 (1983), S. 463-483.

Lange, Heinrich, *Liberalismus, Nationalsozialismus und bürgerliches Recht*, Tübingen 1933.

Lange, Heinrich, *Vom Gesetzesstaat zum Rechtsstaat*, Tübingen 1934.

Lange, Heinrich, *Lage und Aufgabe der deutschen Privatrechtswissenschaft*, Tübingen 1937.

Lange, Heinrich, *Die Entwicklung der Wissenschaft vom bürgerlichen Recht seit 1933*, Tübingen 1941.

Larenz, Karl, *Deutsche Rechtserneuerung und Rechtsphilosophie*, Tübingen 1934.

Larenz, Karl, *Rechtsperson und subjektives Recht. Zur Wandlung der Rechtsgrundbegriffe*, Berlin 1935.

Larenz, Karl, *Vertrag und Unrecht. Erster Teil: Vertrag und Vertragsbruch*, Hamburg 1936.

Larenz, Karl, *Über Gegenstand und Methode des völkischen Rechtsdenkens*, Berlin 1938.

Larenz, Karl, »Zur Logik des konkreten Begriffs«, in: *Deutsche Rechtswissenschaft* 5 (1940), S. 279-99.

Larenz, Karl, »Sittlichkeit und Recht«, in: ders. (Hg.), *Reich und Recht in der deutschen Philosophie*, Stuttgart, Berlin 1943, S. 169-412.

Larenz, Karl, *Methodenlehre der Rechtswissenschaft*, Berlin, Heidelberg u. a. [2]1969.

Lautmann, Rüdiger, *Justiz – die stille Gewalt*, Frankfurt/M. 1972.

Leisner, Walter, »Die Gesetzmäßigkeit der Verfassung«, in: *JZ* 19 (1964), S. 201-206.

Leisner, Walter, *Von der Verfassungsmäßigkeit der Gesetze zur Gesetzmäßigkeit der Verfassung*, Tübingen 1964.

Locke, John, *Zwei Abhandlungen über die Regierung*, hg. von Walter Euchner, Frankfurt/M., Wien 1967.

Loewenstein, Karl, *Der britische Parlamentarismus*, Reinbek 1964.

Lüderssen, Klaus, »Dialektik, Topik und ›konkretes Ordnungsdenken‹ in der Jurisprudenz«, in: ders., *Kriminalpolitik auf verschlungenen Wegen*, Frankfurt/M. 1981, S. 115-142.

Luhmann, Niklas, »Opportunismus und Programmatik in der öffentlichen Verwaltung«, in: ders., *Politische Planung*, Opladen 1971, S. 165-180.

Luhmann, Niklas, *Rechtssoziologie*, Reinbek 1972.

Luhmann, Niklas, »Die Funktion des Rechts: Erwartungssicherung oder Verhaltenssteuerung?«, in: *ARSP* Beiheft 8 (1974), S. 31-45.

Luhmann, Niklas, »Positivität des Rechts als Voraussetzung einer modernen Gesellschaft«, in: ders., *Ausdifferenzierung des Rechts*, Frankfurt/M. 1981, S. 113-153.

Luhmann, Niklas, »Die Einheit des Rechtssystems«, in: *Rechtstheorie* 14 (1983), S. 129-154.

Macpherson, C. B., *Die politische Theorie des Besitzindividualismus. Von Hobbes bis Locke*, Frankfurt/M. 1967.

Mansfeld, Werner u. a. (Hg.), *Die Ordnung der nationalen Arbeit. Kommentar*, Berlin u. a. 1934.

Marcuse, Herbert, »Das Veralten der Psychoanalyse«, in: ders., *Kultur und Gesellschaft 2*, Frankfurt/M. 1965, S. 85-106.

Massing, Otwin, *Politik als Recht – Recht als Politik. Studien zu einer Theorie der Verfassungsgerichtsbarkeit*, Baden-Baden 2005.

Maus, Ingeborg, »Die Basis als Überbau oder: ›Realistische‹ Rechtstheorie«, in: Hubert Rottleuthner (Hg.), *Probleme der marxistischen Rechtstheorie*, Frankfurt/M. 1975, S. 484-513.

Maus, Ingeborg, *Bürgerliche Rechtstheorie und Faschismus. Zur sozialen Funktion und aktuellen Wirkung der Theorie Carl Schmitts*, München ²1980.

Maus, Ingeborg, »Aspekte des Rechtspositivismus in der entwickelten Industriegesellschaft«, in: dies., *Rechtstheorie und politische Theorie im Industriekapitalismus*, München 1986, S. 205-226.

Maus, Ingeborg, »Entwicklung und Funktionswandel der Theorie des bürgerlichen Rechtsstaats«, in: dies., *Rechtstheorie und politische Theorie im Industriekapitalismus*, München 1986, S. 11-82.

Maus, Ingeborg, »Verrechtlichung, Entrechtlichung und der Funktionswandel von Institutionen«, in: dies., *Rechtstheorie und politische Theorie im Industriekapitalismus*, München 1986, S. 277-331.

Maus, Ingeborg, *Zur Aufklärung der Demokratietheorie. Rechts- und demokratietheoretische Überlegungen im Anschluß an Kant*, Frankfurt/M. ²1994.

Maus, Ingeborg, »Zur Theorie der Institutionalisierung bei Kant«, in: dies., *Zur Aufklärung der Demokratietheorie. Rechts- und demokratietheoretische Überlegungen im Anschluß an Kant*, Frankfurt/M. ²1994, S. 261-271.

Maus, Ingeborg, *Über Volkssouveränität. Elemente einer Demokratietheorie*, Berlin 2011.

Maus, Ingeborg, »Volkssouveränität versus Konstitutionalismus. Zum Begriff einer demokratischen Verfassung«, in: dies., *Über Volkssouveränität. Elemente einer Demokratietheorie*, Berlin 2011, S. 44-61.

Mayer, Franz C. »Europäische Verfassungsgerichtsbarkeit. Gerichtliche

Letztentscheidung im europäischen Mehrebenensystem«, in: Armin von Bogdandy (Hg.), *Europäisches Verfassungsrecht. Theoretische und dogmatische Grundzüge*, Berlin, Heidelberg 2003, S. 229-282.

Menger, Anton, *Das bürgerliche Recht und die besitzlosen Volksklassen* (1890), Tübingen ³1904.

Messerschmidt, Manfred, Fritz Wüllner (Hg.), *Die Wehrmachtsjustiz im Dienste des Nationalsozialismus. Zerstörung einer Legende*, Baden-Baden 1987.

Michaelis, Karl, »Ständische Ehrengerichtsbarkeit«, in: *Deutsches Recht* 5 (1935), S. 572-575.

Mitscherlich, Alexander, *Auf dem Weg zur vaterlosen Gesellschaft*, München 1973.

Mohl, Robert von, *Das Staatsrecht des Königreiches Württemberg*, Bd. I, Tübingen ²1840.

Möllers, Christoph, »Verfassunggebende Gewalt – Verfassung – Konstitutionalisierung«, in: Armin von Bogdandy (Hg.), *Europäisches Verfassungsrecht*, Berlin, Heidelberg u. a. 2003, S. 1-57.

Möllers, Christoph, *Das entgrenzte Gericht. Eine kritische Bilanz nach sechzig Jahren Bundesverfassungsgericht*, Berlin 2011.

Montesquieu, Charles-Louis de, *L'esprit des lois*, hg. von André Masson, Paris 1950.

Montesquieu, Charles-Louis de, *Vom Geist der Gesetze*, 2 Bde., hg. von Ernst Forsthoff, Tübingen ²1992.

Müller, Friedrich, *Normstruktur und Normativität. Zum Verhältnis von Recht und Wirklichkeit in der juristischen Hermeneutik, entwickelt an Fragen der Verfassungsinterpretation*, Berlin 1966.

Müller, Friedrich, *Normbereiche von Einzelgrundrechten in der Rechtsprechung des Bundesverfassungsgerichts*, Berlin 1968.

Müller, Friedrich, *Die Positivität der Grundrechte. Fragen einer praktischen Grundrechtsdogmatik*, Berlin 1969.

Müller, Friedrich, *Recht – Sprache – Gewalt. Elemente einer Verfassungstheorie I*, Berlin 1975.

Müller, Friedrich, *Juristische Methodik und Politisches System. Elemente einer Verfassungstheorie II*, Berlin 1976.

Müller, Friedrich, *Juristische Methodik*, Berlin ²1976.

Müller, Friedrich, »Fragen einer Theorie der Praxis«, in: ders., *Rechtsstaatliche Form – Demokratische Politik. Beiträge zu Öffentlichem Recht, Methodik, Rechts- und Staatstheorie*, Berlin 1977, S. 128-144.

Müller, Friedrich, Nachschrift zu: »Strafrecht, Jugendschutz und Freiheit der Kunst«, in: ders., *Rechtsstaatliche Form – Demokratische Politik. Beiträge zu Öffentlichem Recht, Methodik, Rechts- und Staatstheorie*, Berlin 1977, S. 75-89.

Müller, Friedrich, »Rechtsstaatliche Methodik und politische Rechtstheorie«, in: ders., *Rechtsstaatliche Form – Demokratische Politik. Beiträge zu Öffentlichem Recht, Methodik, Rechts- und Staatstheorie*, Berlin 1977, S. 271-292.

Müller, Friedrich, *Die Einheit der Verfassung. Elemente einer Verfassungstheorie III*, Berlin 1979.

Müller, Ingo, *Furchtbare Juristen. Die unbewältigte Vergangenheit unserer Justiz*, München 1987.

Münch, Ingo von (Hg.), *Gesetze des NS-Staates. Dokumente eines Unrechtssystems*, Paderborn, München u. a. 1994.

Naucke, Wolfgang, *Über Generalklauseln und Rechtsanwendung im Strafrecht*, Tübingen 1973.

Neumann, Franz, »Der Funktionswandel des Gesetzes im Recht der bürgerlichen Gesellschaft« (1937), in: ders., *Demokratischer und autoritärer Staat*, Frankfurt/M., Wien 1967, S. 31-81.

Neumann, Franz, *Behemoth. Struktur und Praxis des Nationalsozialismus 1933-1944*, Frankfurt/M. 1977.

Neumann, Ulfrid, »Der ›mögliche Wortsinn‹ als Auslegungsgrenze in der Rechtsprechung der Strafsenate des BGH«, in: Eike von Savigny u. a. (Hg.), *Juristische Dogmatik und Wissenschaftstheorie*, München 1976, S. 42-59.

Oertzen, Peter von, *Die soziale Funktion des staatsrechtlichen Positivismus*, Frankfurt/M. 1974.

Ogorek, Regina, *Richterkönig oder Subsumtionsautomat? Zur Justiztheorie im 19. Jahrhundert*, Frankfurt/M. 1986.

Ott, Claus, »Die soziale Effektivität des Rechts bei der politischen Kontrolle der Wirtschaft«, in: *Jahrbuch für Rechtssoziologie und Rechtstheorie*, Bd. 3 (1972), S. 345-408.

Pauer-Studer, Herlinde, Julian Fink (Hg.), *Rechtfertigungen des Unrechts. Das Rechtsdenken im Nationalsozialismus in Originaltexten*, Berlin 2014.

Philippi, Klaus J., *Tatsachenfeststellungen des Bundesverfassungsgerichts. Ein Beitrag zur rational-empirischen Fundierung verfassungsgerichtlicher Entscheidungen*, Köln, München 1971.

Preuß, Ulrich K., »Gesellschaftliche Bedingungen der Legalität«, in: ders., *Legalität und Pluralismus*, Frankfurt/M. 1973, S. 7-113.

Preuß, Ulrich K., *Die Internalisierung des Subjekts. Zur Kritik der Funktionsweise des subjektiven Rechts*, Frankfurt/M. 1979.

Preuß, Ulrich K., »Die Aufrüstung der Normalität«, in: *Kursbuch* 56 (1979), S. 15-37.

Preuß, Ulrich K., »Politik aus dem Geiste des Konsenses. Zur Rechtsprechung des Bundesverfassungsgerichts«, in: *Merkur* 41 (1987), S. 1-12.

Radbruch, Gustav, *Rechtsphilosophie*, Stuttgart ⁵1956.

Radbruch, Gustav, »Klassenbegriffe und Ordnungsbegriffe im Rechtsdenken«, in: ders., *Der Handlungsbegriff in seiner Bedeutung für das Strafrechtssystem*, Darmstadt 1967, S. 167-175.

Rahlf, Joachim, »Die Rangfolge der klassischen juristischen Interpretationsmittel in der strafrechtswissenschaftlichen Auslegungslehre«, in: Eike von Savigny u. a. (Hg.), *Juristische Dogmatik und Wissenschaftstheorie*, München 1976, S. 14-26.

Rasehorn, Theo, »Richterbriefe und Rechtspflege heute«, in: Heinz Boberach (Hg.), *Richterbriefe. Dokumente zur Beeinflussung der deutschen Rechtsprechung 1942 und 1944*, Boppard a. Rh., S. 485-496.

Richter, Melvin, *The Political Theory of Montesquieu*, Cambridge, London u. a. 1977.

Ridder, Helmut, Artikel »Staat«, in: *Staatslexikon*, Freiburg/Br. 1957 ff., Bd. 7, Sp. 543.

Ridder, Helmut, »Besprechung von Wolfgang Knies, Schranken der Kunstfreiheit als verfassungsrechtliches Problem«, in: *Archiv des öffentlichen Rechts*, 95 (1970), S. 496-501.

Ridder, Helmut, »Alles fließt. Bemerkungen zum ›Soraya-Beschluss‹ des ersten Senats des Bundesverfassungsgerichts«, in: *Archiv für Presserecht*, 20 (1973), S. 453-457.

Ridder, Helmut, »Das sogenannte politische Mandat von Universität und Studentenschaft«, in: *Demokratie und Recht*, 3 (1975), S. 194-209.

Ridder, Helmut, »Wie und warum (schon) Weimar die Demokratie verfehlte«, in: Roland Herzog (Hg.), *Zentrum und Peripherie. Festschrift für Richard Bäumlin zum 65. Geburtstag*, Chur, Zürich 1992, S. 79-93.

Ridder, Helmut, »Die soziale Ordnung des Grundgesetzes. Leitfaden zu den Grundrechten einer demokratischen Verfassung«, in: Dieter Deiseroth u. a. (Hg.), *Helmut Ridder. Gesammelte Schriften*, Baden-Baden 2010, S. 7-190.

Ridder, Helmut, »Vom Wendekreis der Grundrechte«, in: Dieter Deiseroth (Hg.), *Helmut Ridder. Gesammelte Schriften*, Baden-Baden 2010, S. 355-415.

Ridder, Helmut, Richard Bäumlin, Kommentierung von Art. 20 Abs. 1-3 GG, III: »Rechtsstaat«, in: Wolfgang Hoffmann-Riem, Rudolf Wassermann (Hg.), (Alternativ)-*Kommentar zum Grundgesetz für die Bundesrepublik Deutschland*, Neuwied, Darmstadt 1984, Bd. 1, S. 1288-1337.

Roellecke, Gerd, »Die Bindung des Richters an Gesetz und Verfassung«, in: *VVDStRL* 34 (1976), S. 7-39.

Rottleuthner, Hubert, *Rechtswissenschaft als Sozialwissenschaft*, Frankfurt/M. 1973.

Rottleuthner, Hubert, *Richterliches Handeln*, Frankfurt/M. 1973.

Rottleuthner, Hubert, »Hermeneutik und Jurisprudenz«, in: Hans-J. Koch (Hg.), *Juristische Methodenlehre und analytische Philosophie*, Kronberg/Ts. 1976, S. 7-30.

Rousseau, Jean-Jacques, *Du contrat social ou principes du droit politique*, Garnier Frères, Paris 1962.

Rousseau, Jean-Jacques, *Vom Gesellschaftsvertag oder Grundsätze des Staatsrechts*, hg. von Hans Brockardt, Stuttgart ²1986.

Rüthers, Bernd, *Die unbegrenzte Auslegung. Zum Wandel der Privatrechtsordnung im Nationalsozialismus*, Tübingen 1968.

Rüthers, Bernd, *Institutionelles Rechtsdenken im Wandel der Verfassungsepochen*, Bad Homburg v. d. H. 1970.

Savigny, Friedrich Carl von, *Juristische Methodenlehre* (1802/03), Stuttgart 1951.

Scheuerman, William E., »American Kingship? Monarchical Origins of Modern Presidentialism«, in: *Polity* 37 (2005), S. 24-53.

Schmitt, Carl, *Gesetz und Urteil. Eine Untersuchung zum Problem der Rechtspraxis* (1912), München ²1969.

Schmitt, Carl, *Die Diktatur. Von den Anfängen des modernen Souveränitätsgedankens bis zum proletarischen Klassenkampf* (1921), Berlin ³1964.

Schmitt, Carl, *Politische Theologie. Vier Kapitel zur Lehre von der Souveränität* (1922), München, Leipzig 1934.

Schmitt, Carl, *Verfassungslehre* (1928), Berlin ³1957.

Schmitt, Carl, »Die Diktatur des Reichspräsidenten nach Art. 48 der Reichsverfassung«, in: ders., *Die Diktatur* (1921), ³Berlin 1964, S. 213-259.

Schmitt, Carl, »Fünf Leitsätze für die Rechtspraxis«, hg. vom Presse- und Zeitschriftenamt des Bundes Nationalsozialistischer Deutscher Juristen, Berlin 1933.

Schmitt, Carl, »Die Lage der europäischen Rechtswissenschaft«, in: ders., *Verfassungsrechtliche Aufsätze aus den Jahren 1924-1954*, Berlin 1958, S. 386-439.

Schmitt, Carl, »Gesunde Wirtschaft im starken Staat«, in: *Mitteilungen des Vereins zur Wahrung der gemeinsamen wirtschaftlichen Interessen in Rheinland und Westfalen*, 1932, Heft 21, S. 13-32.

Schmitt, Carl, »Legalität und Legitimität« (1932), in: ders., *Verfassungsrechtliche Aufsätze*, Berlin 1958, S. 263-350.

Schmitt, Carl, »Nationalsozialistisches Rechtsdenken«, in: *Deutsches Recht* 4 (1934), S. 226-229.

Schmitt, Carl, *Über die drei Arten des rechtswissenschaftlichen Denkens*, Hamburg 1934.

Scholderer, Frank, »Rezension zu Robert Alexy, ›Theorie der Grundrechte‹«, in: *Kritische Justiz* 20 (1987), S. 115-119.

Schorn, Hubert, *Der Richter im Dritten Reich*, Frankfurt/M. 1963.

Schuppert, Gunnar F., *Funktionell-rechtliche Grenzen der Verfassungsinterpretation*, Frankfurt/M.1980.

Seifert, Jürgen, *Grundgesetz und Restauration*, Darmstadt, Neuwied 1974.

Seifert, Jürgen, »Verfassungsgerichtliche Selbstbeschränkung«, in: Mehdi Tohidipur (Hg.), *Verfassung, Verfassungsgerichtsbarkeit, Politik*, Frankfurt/M. 1976, S. 116-135.

Sieyes, Emmanuel Joseph, *Abhandlung über die Privilegien*, hg. v. Rolf H. Foerster, Frankfurt/M. 1968.

Sieyes, Emmanuel Joseph, »Versuch über die Privilegien«, in: Eberhardt Schmidt, Rolf Reichardt (Hg.), *Emmanuel Joseph Sieyes. Politische Schriften 1788-1790*, München, Wien ²1981, S. 91-116.

Sieyes, Emmanuel Joseph, »Was ist der dritte Stand?«, in: Eberhardt Schmidt, Rolf Reichardt (Hg.), *Emmanuel Joseph Sieyes. Politische Schriften 1788-1790*, München, Wien ²1981, S. 117-196.

Simon, Dieter, *Die Unabhängigkeit des Richters*, Darmstadt 1975.

Smend, Rudolf, *Verfassung und Verfassungsrecht*, München 1928.

Sörgel, Werner, *Metallindustrie und Nationalsozialismus*, Frankfurt/M. 1965.

Sörgel, Werner, *Konsensus und Interessen. Eine Studie zur Entstehung des Grundgesetzes für die Bundesrepublik Deutschland*, Stuttgart 1969.

Staff, Ilse, *Justiz im Dritten Reich. Eine Dokumentation*, Frankfurt/M. 1978.

Starck, Christian, »Empirie in der Rechtsdogmatik«, in: *JZ* 27 (1972), S. 609-614.

Stolleis, Michael, »Gemeinschaft und Volksgemeinschaft. Zur juristischen Terminologie im Nationalsozialismus«, in: *VfZ* 20 (1972), S. 16-58.

Stolleis, Michael, *Gemeinwohlformeln im nationalsozialistischen Recht*, Berlin 1974.

Stolleis, Michael, »Die Rechtsordnung des NS-Staates«, in: *JuS* (1982), S. 645-651.

Stolleis, Michael (Hg.), *Herzkammern der Republik. Die Deutschen und das Bundesverfassungsgericht*, München 2011.

Talmon, Jacob L., *Die Ursprünge der totalitären Demokratie*, Köln, Opladen 1961.

Teubner, Gunther, *Standards und Direktiven in Generalklauseln. Möglichkeiten und Grenzen der empirischen Sozialforschung bei der Präzisierung der Gute-Sitten-Klauseln im Privatrecht*, Frankfurt/M. 1971

Thiele, Ulrich, *Advokative Volkssouveränität. Carl Schmitts Konstruktion einer »demokratischen« Diktaturtheorie im Kontext der Interpretation politischer Theorien der Aufklärung*, Berlin 2003.

Thoma, Richard, »Zur Ideologie des Parlamentarismus und der Diktatur«, in: *ASWSP* 53 (1925), S. 212-217.

Thoss, Peter, *Das subjektive Recht in der gliedschaftlichen Bindung*, Frankfurt/M. 1968.

Tohidipur, Mehdi (Hg.), *Verfassung, Verfassungsgerichtsbarkeit, Politik. Zur verfassungsrechtlichen und politischen Stellung und Funktion des Bundesverfassungsgerichts*, Frankfurt/M. 1976.

Tohidipur, Mehdi (Hg.), *Der bürgerliche Rechtsstaat*, Frankfurt/M. 1978.

Wagner, Albrecht, *Die Umgestaltung der Gerichtsverfassung und des Verfahrens- und Richterrechts im nationalsozialistischen Staat*, Stuttgart 1968.

Wagner, Heinz, »Kontinuitäten in der juristischen Methodenlehre am Beispiel von Karl Larenz«, in: *Demokratie und Recht* 8 (1980), S. 243-261.

Walk, Joseph (Hg.), *Das Sonderrecht für die Juden im NS-Staat. Eine Sammlung der gesetzlichen Maßnahmen und Richtlinien*, Karlsruhe 1981.

Weber, Max, *Wirtschaft und Gesellschaft*, Tübingen 1956.

Weinkauff, Hermann, *Die deutsche Justiz und der Nationalsozialismus*, Stuttgart 1968.

Wieacker, Franz, *Gesetz und Richterkunst. Zum Problem der außergesetzlichen Rechtsordnung*, Karlsruhe 1958.

Wieacker, Franz, *Privatrechtsgeschichte der Neuzeit*, Göttingen [2]1967.

Wiethölter, Rudolf, »Begriffs- oder Interessenjurisprudenz – falsche Fronten im internationalen Privatrecht und Wirtschaftsverfassungsrecht«, in: Alexander Lüderitz, Jochen Schräder (Hg.), *Internationales Privatrecht und Rechtsvergleichung im Ausgang des 20. Jahrhunderts. Festschrift für Gerhard Kegel*, Frankfurt/M. 1977, S. 213-263.

Wiethölter, Rudolf, »Ist unserem Recht der Prozeß zu machen?« in: Axel Honneth u. a. (Hg.), *Zwischenbetrachtungen. Im Prozeß der Aufklärung. Jürgen Habermas zum 60. Geburtstag*, Frankfurt/M. 1989, S. 794-812.

Wilhelm, Walter, *Zur juristischen Methodenlehre im 19. Jahrhundert. Die Herkunft der Methode Paul Labands aus der Privatrechtswissenschaft*, Frankfurt/M. 1958.

Winter, Gerd, »Tatsachenurteile im Prozeß richterlicher Rechtssetzung«, in: *Rechtstheorie* 2 (1971), S. 171-192.

Nachweise

Alle Texte wurden für den vorliegenden Band stark überarbeitet.

I. »Justiz als gesellschaftliches Über-Ich. Zur Funktion von Rechtsprechung in der ›vaterlosen Gesellschaft‹«, in: Werner Faulstich, Gunter E. Grimm (Hg.), *Sturz der Götter? Vaterbilder im 20. Jahrhundert*, Frankfurt/M. 1989, S. 121-149.

II. »Zur Ideengeschichte der Gewaltenteilung und der Justizfunktion. Demokratie und Justiz in nationalstaatlicher und europäischer Perspektive«, in: Tanja Hitzel-Casagnes, Thomas Schmidt (Hg.), *Demokratie in Europa und europäische Demokratien. Festschrift für Heidrun Abromeit*, Wiesbaden 2005, S. 224-262 (mit redaktionellen Mängeln); unter dem Titel »Die Errichtung Europas auf den Trümmern der Demokratie? Zur Verteidigung der Prinzipien des ›alten‹ Europa«, in: *Blätter f. dt. und intern. Politik*, Heft 6/2005, S. 679-692; Heft 7/2005, S. 827-839; Heft 8/2005, S. 965-979.

III. »›Gesetzesbindung‹ der Justiz und die Struktur der nationalsozialistischen Rechtsnormen«, in: Ralf Dreier, Wolfgang Sellert (Hg.), *Recht und Justiz im »Dritten Reich«*, Frankfurt/M. 1989, S. 80-103.

IV. »Juristische Methodik und Justizfunktion im Nationalsozialismus«, in: *Archiv für Rechts- und Sozialphilosophie*, Beiheft 18/1983, S. 176-196.

V. »Plädoyer für eine rechtsgebietsspezifische Methodologie oder: wider den Imperialismus in der juristischen Methodendiskussion«, in: *Kritische Vierteljahresschrift für Gesetzgebung und Rechtswissenschaft* 74/1991, S. 107-122.

VI. »Zur Problematik des Rationalitäts- und Rechtsstaatspostulats in der juristischen Methodik am Beispiel Friedrich Müllers«, in: Wolfgang Abendroth u. a., *Ordnungsmacht? Über das Verhältnis von Legalität, Konsens und Herrschaft. Festschrift für Helmut Ridder*, Frankfurt/M. 1981, S. 153-179.

VII. »Vom Rechtsstaat zum Verfassungsstaat. Zur Kritik juridischer Demokratieverhinderung«, in: *Blätter f. dt. und intern. Politik*, Heft 7 (2004), S. 835-850. – Außerdem in: Detlef G. Schulze u. a. (Hg.), *Rechtsstaat statt Revolution. Verrechtlichung statt Demokratie? Transdisziplinäre Analysen zum deutschen und spanischen Weg in die Moderne*, Münster 2010, S. 517-536.

VIII. »Zum Verhältnis von Recht und Moral«, zuerst erschienen in: *Rechtstheorie* 20 (1989), S. 191-210. – Außerdem in: Ingeborg Maus, *Zur Aufklärung der Demokratietheorie. Rechts- und demokratietheoretische Überlegungen im Anschluß an Kant*, Frankfurt/M. ²1994, S. 308-336 (jeweils unter dem Titel »Die Trennung von Recht und Moral als Begrenzung des Rechts« in ausführlicherer Fassung erschienen).